项目管理
专业人士（PMP）®

认证考试指南

［美］**格雷戈里·M. 霍林**（Gregory M. Horine）

［美］**阿萨德·E. 哈克**（Asad E. Haque）◎著

王安 韩路珍 王朗◎译

PMP®

Project Management Professional
(PMP)® Cert Guide

人民邮电出版社

北京

图书在版编目（CIP）数据

项目管理专业人士（PMP）®认证考试指南 ／（美）格雷戈里·M.霍林（Gregory M. Horine），（美）阿萨德·E. 哈克（Asad E. Haque）著 ； 王安，韩路珍，王朗译. 北京 ： 人民邮电出版社，2025. -- ISBN 978-7-115-67558-3

Ⅰ. F224.5

中国国家版本馆 CIP 数据核字第 202597AL51 号

版 权 声 明

- ◆ 著　　　 ［美］格雷戈里·M. 霍林（Gregory M. Horine）
　　　　　　　阿萨德·E. 哈克（Asad E. Haque）
　　译　　　　王 安　韩路珍　王 朗
　　责任编辑　陈灿然
　　责任印制　王 郁　胡 南
- ◆ 人民邮电出版社出版发行　　北京市丰台区成寿寺路 11 号
　　邮编　100164　电子邮件　315@ptpress.com.cn
　　网址　https://www.ptpress.com.cn
　　北京天宇星印刷厂印刷
- ◆ 开本：800×1000　1/16
　　印张：27.75　　　　　　　　2025 年 9 月第 1 版
　　字数：574 千字　　　　　　 2025 年 9 月北京第 1 次印刷
　　著作权合同登记号　图字：01-2024-2020 号

定价：139.90 元

读者服务热线：**(010)81055410**　印装质量热线：**(010)81055316**
反盗版热线：**(010)81055315**

内容提要

本书是 PMI®官方授权的 PMP®认证考试指南，旨在帮助读者掌握该考试的所有主题，为其顺利通过考试打下基础。

本书分为 17 章，包含 PMP 考试如何备考和通过、项目管理 101、开发方法和生命周期绩效域、启动项目和整合管理、干系人管理、范围管理、项目进度、项目成本、管理资源和团队、项目沟通、项目质量、项目采购、不确定性、项目测量、收尾项目、更多要知道的事和最后准备等内容。为了帮助广大读者更好地掌握各章所学知识，每章开头都设置了"摸底小测试"，每章末尾也设置了"复习题"，还帮助读者制定了详细的学习计划，方便读者参考和复习。

本书是参加 PMP®认证考试人员的官方参考书，也非常适合项目管理人员在实践应用中参考。

作者简介

格雷戈里·M. 霍林（Gregory M. Horine）是一位持有项目管理专业人士（Project Management Professional，PMP）认证的敏捷项目管理专家（Certified Scrum Master，CSM），六西格玛绿带等认证的业务技术和信息技术（Information Technology，IT）项目管理专家，在使用仆人式领导方法和以客户为中心方面有着成功的实践记录。格雷戈里在人员管理、领导力成熟度、沟通技巧、问题解决能力以及长期客户关系建立等方面因其卓越表现而持续得到认可。他的专业领域和优势包括：项目管理和领导力；跨行业的完整项目生命周期经验；敏捷、瀑布和混合应用开发；软件包实施和集成；企业解决方案开发；有效使用项目管理工具；微软项目；应用发布管理；应用开发团队管理；产品和产品线管理；项目和投资组合管理工具；数据分析和转换；业务过程分析和改进；供应商和采购管理；思维导图工具；测试、质量和风险管理；监管和过程合规；安全和隐私合规；IT 基础设施升级和推广；IT 服务管理（IT Service Management，ITSM）过程；项目管理办公室（Project Management Office，PMO）的建立和实施；远程团队管理。

此外，格雷戈里还拥有美国鲍尔州立大学的计算机科学硕士学位和美国安德森大学（位于美国印第安纳州安德森市）的市场营销和计算机科学学士学位。

通过他的仆人式领导方法，格雷戈里在增强团队成员能力、改善项目沟通、克服技术和政治障碍，以及成功完成符合目标的项目方面建立了良好的记录。

在格雷戈里的整个职业生涯中，他从许多导师那里获得了悉心指导的宝贵机会，对此他深表感激。他们的耐心教诲对格雷戈里产生了深远影响，帮助他塑造了一段以持续学习、不断提升为特色的宝贵职业生涯。

阿萨德·E. 哈克（Asad E. Haque）持有 PMP®和 PMI-ACP®认证，是一位项目管理培训师、顾问和 PMP®讲师，拥有超过 30 年的行业经验。他是项目管理协会（Project Management Institute，PMI）的授权培训伙伴（Authorized Training Partner，ATP）讲师，并为培生/奥莱利公司开发了 PMP 认证完整视频课程和实践测试。他是培生公司为期两天的 PMP 认证速成课程的主讲人。

阿萨德在 2010 年获得了他的 PMP®认证，并在不久之后开始为美国一些顶级的项目管理培训公司的员工教授 PMP 教学大纲，直到现在仍在为他们授课。他帮助数千名学生顺利通过 PMP 考试并取得了较高的首次通过率，而且一直受到学生的好评。此外，阿萨德还为大学、军队和 PMI 的授权培训机构（Authorized Training Provider，ATP）授课。

从英国索尔福德大学毕业，获得计算机科学和经济学学士学位后，阿萨德开始了短暂的会计和财务工作，然后转到 IT 领域。在 20 多年的时间里，他管理和领导了许多功能性的 IT 项目，包括人力资源信息系统（Human Resource Information System，HRIS）、商务智能（Business Intelligence，BI）和企业资源计划（Enterprise Resource Planning，ERP）。阿萨德曾领导技术和业务团队为《财富》世界 500 强排行榜上的几家客户实施 401K 固定缴款计划、健康和福利及其他员工福利的解决方案。他曾在全球范围内管理跨职能团队，并一直以其在团队成员、客户和供应商之间的出色沟通能力而受到认可，这一点也真实地反映在他的教学质量上。阿萨德过去工作过的公司包括翰威特咨询公司、IBM 公司、汇丰银行、第一工业地产信托公司和北方信托银行。

阿萨德是第一选择项目管理培训公司（1st Choice Project Management Training，位于美国伊利诺伊州芝加哥）的联合创始人和讲师，他经常在美国国内外出差，为客户进行此类培训。通过第一选择项目管理培训公司，他为客户开发了管理培训材料，并讲授一些与领导力、战略和商业管理以及 PMI-ACP 备考相关的专业发展单元（Professional Development Unit，PDU）课程。他还与其他人合作开发了 PMP 考试模拟器。

献辞

　　谨将本书献给我撰写时脑海中不断想象出的"学生"，以及围绕着我的生活充满欢乐和关怀的家庭，包括我的妻子、父母、兄弟姐妹、姻亲、姑姑、叔叔和祖父母。

　　本书也献给我的父亲纳尔逊"巴德"霍林（Nelson "Bud" Horine），他在 2020 年去世了。我们在现在和将来都会怀念他。

　　本书同样献给那些致力于将儿童从孤独症谱系障碍与双相情感障碍困境中解救出来的父母、其他家庭成员、从业者以及研究人员。

　　本书献给我的重要灵感来源：我完美的妻子——梅姆（Mayme），以及我的 5 个"美妙的"孩子——迈克尔（Michael）、维多利亚（Victoria）、亚历克斯（Alex）、卢克（Luke）和伊蕾恩（Elayna）。他们每个人都是我的英雄。

——格雷戈里

　　谨将本书献给我无与伦比的爱妻拉什达（Rashida），她是我的生活伴侣、我的商业伙伴、我的人生挚友，如果没有她坚定不移的支持和鼓励，本书将不会完成。还要将本书献给我的大女儿阿力玛（Aleema），过去多年，她一直在督促我写作一本项目管理图书，她的激励和热忱让我看到了"有志者事竟成"。本书还要献给二女儿阿莉莎（Alisha），她的勤勉和奉献精神感染了我，并向我传导了这样一种信念：即使事情未能按照预期进展，我们也不要放弃。最后，还要将本书献给小女儿萨巴（Sabeen），尽管她还不知道什么是项目管理，但她答应一定会读这本书。

——阿萨德

致谢

写作本书其实也是一个项目管理的过程。与任何项目一样，本书的出版离不开众多优秀团队成员的参与。非常感谢我们的编辑团队所表现出的耐心、支持和团队精神，他们是 Laura Norma、Chris Cleveland 和 Tonya Simpson，其中 Laura Norma 始终把控着本书的写作节奏，Chris Cleveland 和 Tonya Simpson 为本书的写作质量提供了保障。此外，向培生出版团队的其他成员表示感谢。

前言

    PMP 认证是国际公认的项目管理学科的认证。获得它则标志着一个人拥有实践 PMI 规定的方法所需的过程知识、经验并接受了相关培训。它已经成为无数组织和公司的专业标准，许多公司要求将它作为就业的先决条件。根据 PMI 的数据，截至本书撰写之时，目前在 120 多个国家和地区有超过 100 万的 PMP 认证持有者，而且这个数字还在持续增长。

    依靠 PMP 认证的行业包括 IT、电信、建筑、医疗保健、政府和许多其他行业。由于项目管理适用于所有行业，因此 PMP 认证适用于所有行业的所有项目，无论其规模和性质如何。PMP 认证的要求非常严格。在提交申请之前，PMI 要求申请人具有具体的教育和工作经验证明。在满足要求并通过考试后，申请人还必须满足额外的持续认证要求才能保持认证状态。

    这些要求以及关于 PMP 考试预期内容的详细讨论，将在第 1 章进行介绍。

    如果你打算成为一名 PMP 认证的项目经理，建议你了解一下 PMI，该机构可以为你提供支持和教育机会。成为这个专心治学、学识渊博的专业机构的一员，将为你在成为一名项目经理的过程中提供极大的帮助和支持。

    我们还建议你寻找你所在地区的 PMI 分会。许多地方分会都有经验丰富的专业人士，并设有学习小组，他们可以在你备考 PMP 期间提供帮助和鼓励。地方分会一般每月或每两个月举行一次会议，并有嘉宾演讲，他们也可以丰富你的项目管理知识。虽然本书是一本优秀的学习资料，但与学习小组和伙伴合作可以帮助你巩固、强化所学的知识。

目标和方法

    本书的首要目标是帮助你通过 PMP®认证考试，我们以合理的方式编排了本书，以确保你理解通过考试所需的主题。本书内容基于《项目管理知识体系指南（PMBOK®指南）》第六版、《项目管理知识体系指南（PMBOK®指南）》第七版和《项目管理专业人士（PMP）®考试内容大纲》（2021 年 1 月）编写。PMI 指出，PMP 考试是以构成 ATP 材料的多种资源为基础的，而本书已经以一种简单而有逻辑的方式涵盖所有这些主题。

    我们还一并提供许多考试技巧和要点，以确保你在学习中获得最大的收获。

    每一章都列出适用于该章的考试内容大纲（Examination Content Outline，ECO）任务。这些 ECO 任务可以直接或间接地应用于有关章节。ECO 任务的性质决定了它们与许多主题相重叠。

    此外，我们在本书和练习考试中共提供超过 290 个问题/答案和解释，包括两套 180 道题的练习考试。这些练习考试是为了检查你的知识，并为你的真实考试做好准备。

如何使用本书

本书采用几种关键的方法来帮助你发现需要多加复习的考试主题，以使你充分理解和记住这些主题的细节，并确保已经记住了与这些主题相关的知识。但是，本书并不希望你通过记忆来通过考试，而是希望能帮助你真正学习和理解这些主题。

本书包含许多功能，提供不同的学习方法（工具），使你能够为考试做好准备。如果你在阅读时理解了某个主题，但没有进一步学习，你可能就没有准备好，无法自信地通过考试。本书所包含的功能给你提供了一些工具，帮助你确定你所知道的，复习你所知道的，更好地学习你所不知道的，并为考试做好充分准备。这些工具如下。

- **摸底小测试**：除第 1 章外，每一章开始都有一个小测试，帮助你确定需要花多少时间来学习该章。答案在附录 A 中提供。
- **基础主题**：这部分是每一章的核心部分，它解释了工具的概念。
- **备考任务**：这部分列出一系列的学习活动，你应该在阅读"基础主题"部分后完成。每一章都包括对学习该章主题最有意义的活动。这些活动包括以下内容。
  - ◆ **复习所有关键主题**：关键主题图标出现在本章"基础主题"部分中最重要的项目旁边。复习所有关键主题活动列出了该章的关键主题以及相应描述。虽然整个章节的内容都可能出现在考试中，但你一定要知道每个章节中的关键主题，以认真复习这些主题。
  - ◆ **复习题**：每一章都有复习题，以帮助你确认是否理解了刚才的内容。答案在附录 A 中提供。

谁应该阅读本书

对于下述人员来说，本书是他们不可或缺的宝贵资料。

- 想通过 PMP®认证考试并在项目管理方面取得进步的人；
- 以前没有成功通过考试，希望复习 PMP®资料和考试技巧，以便在下次考试中取得成功的人；
- 正在备考 PMP®认证，因此需要一本能提供一站式服务的图书，以帮助他们完成申请流程，并获取学习材料、考试技巧和通过考试所需的所有知识的人；
- 想了解 PMI 项目管理原则和标准并将这些原则和标准应用到项目中的人。

要参加该考试，需要满足如下要求：对于拥有四年制学士学位（或全球同等学力）的考生，需要在过去 8 年内有 3 年的项目管理或领导经验；对于没有学士学位的考生，则需要在过去 8 年内有 5 年的项目管理或领导经验。

即使你不符合这些要求，也可以通过本书对项目管理术语和流程有一个深入的了解。

当你符合这些要求并准备参加考试时，也可以从本书开始学起。踏上 PMP® 的征程，并为未来的道路奠定基础，越早准备越好。

PMP® 认证考试题目

如果你还没有下载《项目管理专业人士（PMP）® 考试内容大纲》和规范，现在可以从 PMI 网站下载。仔细查看文件，确保熟悉列出的每一项内容。在学习本书时，可以使用文件中的信息来辅助学习。

以下两个表格是从上述文件中摘录出来的。表 0-1 列出了 PMI-PMP® 的领域和每个领域在考试中的占比。

表 0-1 　　　　　　　　　PMI-PMP® 的领域和占比

领域	占比
人员	42%
过程	50%
业务环境	8%

PMI-PMP® 领域随后将被进一步细分为具有一些驱动因素（使能因子）的单个任务，这些驱动因素是一些与任务相关的工作示例。

表 0-2 列出了 PMI-PMP® 的领域、任务以及相关章节。它并没有列出每项任务的驱动因素。请参考 PMI-PMP® ECO 和规范，以了解全部细节。

表 0-2 　　　　　　　　　PMI-PMP® 的领域、任务以及相关章节

领域一：人员	
任务	**章节**
1. 管理冲突	3, 5, 9
2. 领导团队	4, 6, 7, 8, 9, 13
3. 支持团队绩效	4, 7, 9, 10, 13, 15
4. 向团队成员和干系人授权	6, 9, 11
5. 确保团队成员/干系人得到充分培训	9
6. 建设团队	4, 9
7. 为团队解决和消除各种障碍	4, 9, 11, 13
8. 协商项目协议	8, 9, 12, 13
9. 与干系人协作	4, 5, 6, 8, 9, 10, 12, 13, 14, 15
10. 建立共识	4, 5, 6, 7, 8, 10, 11, 12, 14, 15
11. 让虚拟团队参与进来并为其提供支持	4, 9, 10

领域一：人员	
任务	**章节**
12. 定义团队的基本规则	9
13. 指导有关的干系人	5, 9, 13
14. 通过运用情商来提升团队绩效	9, 13
领域二：过程	
任务	**章节**
1. 执行需要紧急交付商业价值的项目	3, 4, 6, 7, 8, 11, 14, 15
2. 管理沟通	10, 12, 14, 15
3. 评估和管理风险	7, 12, 13, 14
4. 让干系人参与进来	4, 5, 6, 9, 10, 13, 14, 15
5. 规划并管理预算和资源	8, 9, 12, 13, 14
6. 规划和管理进度	7, 8, 12, 13, 14
7. 规划和管理产品/可交付物的质量	4, 6, 8, 11, 12, 13, 14
8. 规划和管理范围	6, 8, 12, 13, 14
9. 整合项目规划活动	3, 4, 7, 8, 9, 11, 12, 13, 14, 15
10. 管理项目变更	4, 6, 8, 11, 12, 13, 14
11. 规划和管理采购	8, 11, 12, 14
12. 管理项目工件	4, 12, 14, 15
13. 确定合适的项目方法论/方法和实践	3, 7, 13
14. 制定项目治理结构	2
15. 管理项目问题	4, 11, 12, 13, 14
16. 确保进行知识交流，使项目得以持续开展	4, 9, 10, 11, 12, 14, 15
17. 规划和管理项目/阶段收尾和过渡工作	6, 14, 15
领域三：业务环境	
任务	**章节**
1. 规划和管理项目的合规性	6, 11, 13
2. 评估并交付项目利益和价值	4, 6, 7, 8, 11, 13, 14, 15
3. 评估并解决外部业务环境变化对范围的影响	11, 13, 14, 16
4. 为组织变更提供支持	9, 16

目录

本章介绍备考 PMP 的方法，涵盖以下学习目标。

- 了解 PMI 是谁以及它的愿景是什么。
- 理解 PMP 考试的内容。
- 了解新考试的变化和《PMBOK®指南》第七版的变化，以及与《PMBOK®指南》第六版的关系。
- 了解备考 PMP 的学习方法。
- 理解不同考生在经验和术语方面可能存在的常见差距，以及如何在备考中填补这些差距。

第 1 章

PMP 考试：如何备考和通过

1.1 PMI 是谁？

PMI 是全球公认的创建和更新项目管理标准和原则的机构。该机构成立于 1969 年。

PMI 创造了项目管理的标准和框架；PMI 不会告诉你如何管理项目。PMI 并不是为项目管理创造了一种方法论——这是在备考 PMP 时需要了解的非常重要的事情。

为什么 PMI 不会告诉你如何管理项目？因为每个行业管理项目的方式不同。IT 项目与建筑项目的管理方式截然不同，也与开发疫苗的制药项目的管理方式不同。管理项目涉及很多因素（这些因素都将在本书中讨论），例如地理位置（在北极管理项目和在撒哈拉沙漠管理相同项目的方式会有很大不同）。PMI 已经考虑到所有这些因素，并创建了通用的项目管理标准/框架，可以适用于任何行业的任何情况。这些项目管理的标准或框架记录在《项目管理知识体系指南（PMBOK®指南）》（简称《PMBOK®指南》）中，各组织对 PMI 的标准/框架进行裁剪，以匹配各自的相关情况。PMI 会定期更新《PMBOK®指南》，截至本书撰写时，最新版本是《PMBOK®指南》第七版。

因此，PMP 认证不以任何行业、过程或组织为基础。PMP 认证与建筑工程师有关，同样也与在 IT、医疗和制造业工作的人有关。它适用于小型项目和大型项目。它适用于北极以及赤道上的项目。PMI 的标准适用于所有项目。

对于考试来说，重要的是回答基于 PMI 框架（不一定基于考生所在组织或行业的实践）的问题。考生在学习的过程中，重要的是了解 PMI 术语和 PMI 关于项目管理的实践。永远记住，确切的项目管理方式在不同的行业和组织中是不同的。即使在同一个行业和组织内，不同的团队也可能以不同的方式管理项目。在回答考试问题时，考生应该避免从所在行业或组织的角度去思考。

1.2 《PMBOK®指南》第七版的变化

虽然本节讨论《PMBOK®指南》从第六版到第七版的变化，但 PMP 考试本身并不基于某本特定的《PMBOK®指南》。PMI 使用多个来源来制定其考试内容大纲（ECO），并最终制定 PMP 考试题目。考生可以在 PMI 官方网站上找到 PMI 参考的最新图书清单。

《PMBOK®指南》的较早版本侧重于输入、工具和技术以及输出（Input, Tool&

Technique and Output，ITTO），这代表了过程驱动的项目管理方法。

《PMBOK®指南》第七版侧重于向干系人提供价值和成果，因此，PMI 创建了 PMIstandards+。按照 PMI 的说法，这是第一个互动数字平台，包含现实和未来的模型、方法、工件和其他有用信息。图 1-1 总结了《PMBOK®指南》第六版和第七版之间的变化，以及其与 PMIstandards+数字平台的联系。

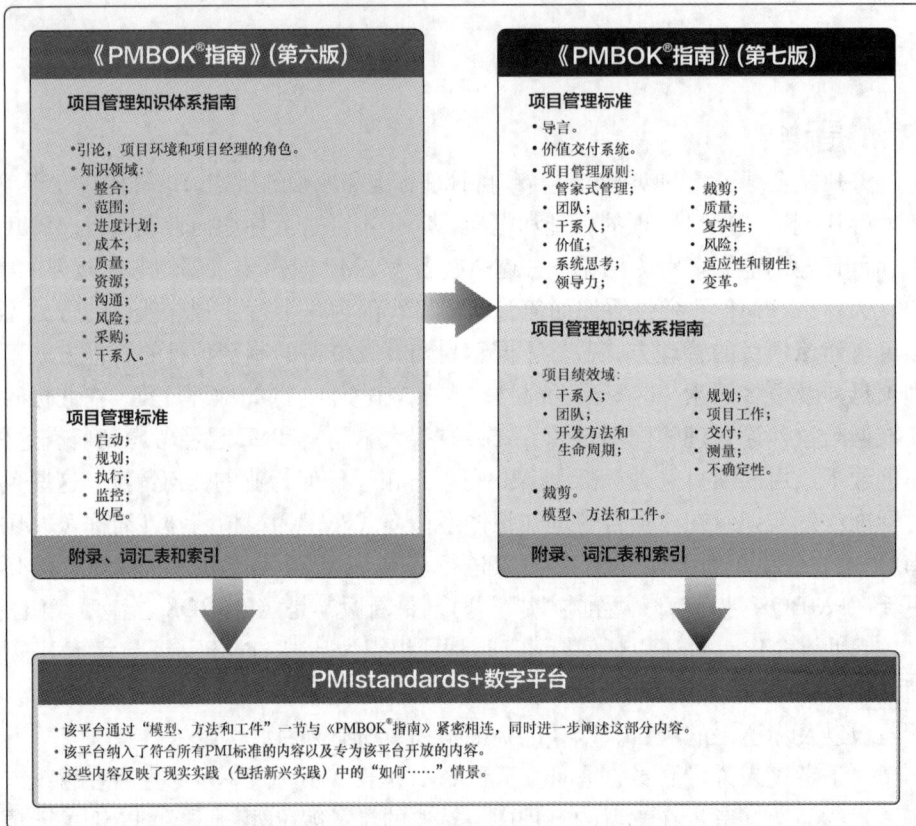

《PMBOK®指南》(第六版)

项目管理知识体系指南

- 引论，项目环境和项目经理的角色。
- 知识领域：
  - 整合；
  - 范围；
  - 进度计划；
  - 成本；
  - 质量；
  - 资源；
  - 沟通；
  - 风险；
  - 采购；
  - 干系人。

项目管理标准

- 启动；
- 规划；
- 执行；
- 监控；
- 收尾。

附录、词汇表和索引

《PMBOK®指南》(第七版)

项目管理标准

- 导言。
- 价值交付系统。
- 项目管理原则：
  - 管家式管理；　　· 裁剪；
  - 团队；　　　　　· 质量；
  - 干系人；　　　　· 复杂性；
  - 价值；　　　　　· 风险；
  - 系统思考；　　　· 适应性和韧性；
  - 领导力；　　　　· 变革。

项目管理知识体系指南

- 项目绩效域：
  - 干系人；　　　　· 规划；
  - 团队；　　　　　· 项目工作；
  - 开发方法和　　　· 交付；
    生命周期；　　　· 测量；
  　　　　　　　　　· 不确定性。
- 裁剪。
- 模型、方法和工件。

附录、词汇表和索引

PMIstandards+数字平台

- 该平台通过"模型、方法和工件"一节与《PMBOK®指南》紧密相连，同时进一步阐述这部分内容。
- 该平台纳入了符合所有PMI标准的内容以及专为该平台开放的内容。
- 这些内容反映了现实实践（包括新兴实践）中的"如何……"情景。

图 1-1 《PMBOK®指南》第六版与《PMBOK®指南》第七版之间的变化，
以及其与 PMIstandards+数字平台的联系（经 PMI 许可使用）

《PMBOK®指南》第七版与项目管理标准介绍了价值交付系统和 12 项项目管理原则。

1.2.1 价值交付系统

价值交付系统的重点是为干系人和客户创造价值。价值可以有多种形式，如创造新的产品或服务、提高效率、进行环境改善和组织变革，这里仅举几例。每个组织都会确定要从商业冒险中实现的价值，以及项目的成功或失败意味着什么。

价值交付系统涵盖以下主题。

- **创造价值**：价值是指从商业活动中获得的可量化的净收益，可以有多种形式，如财务收益、市场份额、率先进入市场和新客户，这里仅举几例。
- **组织治理系统**：项目治理是指政策、职能、过程、程序和责任的框架，以确保项目顺利和持续地运行。
- **与项目相关的职能**。
  - 职能是指项目中需要协调的许多角色和活动，协调职能有助于成功完成项目。
  - 项目中的各种职能对工作进行监督和协调；提出目标和反馈；引导和支持工作；提供知识、技能和经验；为项目提供资源。

1.2.2　12 项项目管理原则

这里所描述的 12 项项目管理原则，将在后面的章节中详细讨论。这些原则为有效的项目管理提供基础，它们在本质上不是规定性的。12 项项目管理原则的应用方式将因组织、项目、团队、干系人等因素的不同而不同。这些原则交织在项目绩效域（在本书后面会有更详细的探讨）中。在一定程度上，它们也受到《PMI 道德和职业行为准则》和《敏捷宣言》的影响。

- **管家式管理**：这一原则包含组织内部和外部的职责，包括正直、关心、可信和合规。
- **团队**：团队由具有多样的技能、知识和经验的个人组成，他们协同工作，分享共同的目标和宗旨，以实现项目的成功。
- **干系人**：干系人是指任何可能影响或被影响，如认为自己受到项目、项目集、项目组合或任何活动或决策的影响的个人、团体或组织。
- **价值**：价值是项目成功或失败的最终指标，可以在项目进行期间的任何时刻或项目结束时实现，这取决于项目的类型、性质和规模。
- **系统思考**：实现这一原则需要从整体角度了解项目的各个部分如何相互作用以及如何与外部系统交互。
- **领导力**：项目经理（Project Manager，PM）和领导者将个人和团队聚集在一起，完成项目目标。拥有领导力是获得成功的关键，有助于取得积极成果。任何团队成员都可以表现出领导力行为。
- **裁剪**：裁剪是指根据特定的背景、地点或环境，调整项目管理的方法、治理手段和过程。
- **质量**：质量是指一系列内在特性满足要求的程度（见 ISO 9000:2015）。
- **复杂性**：复杂性是由人类行为、系统互动、不确定性（风险）和模糊性造成的，并可能会出现在项目期间的任何时候。

- **风险**：风险是指未来的不确定事件，如果风险发生，其会产生积极或消极的影响。

- **适应性和韧性**：适应性是指应对不断变化的情形的能力。韧性是指从挫折和失败中恢复的能力。

- **变革**：组织必须适应变化以在商业世界中保持竞争力。由于当今商业环境变化快速，拥有结构化的变革管理方法对于任何组织的成功来说都是至关重要的。并非所有的干系人都能接受变革；因此，这对许多组织来说具有挑战性。

1.2.3　项目绩效域

《PMBOK®指南》第七版确定了以下 8 个绩效域，它们形成一个综合系统以保证项目的成功交付。

- **干系人绩效域**：这个绩效域指的是在整个项目期间与识别和管理干系人参与有关的活动和功能。

- **团队绩效域**。
  - ◆ 这个绩效域指的是与团队成员有关的活动和功能，这些负责产生项目的最终结果，并在整个项目中做出决策。
  - ◆ 项目中有许多角色都需要协同工作。

- **开发方法和生命周期绩效域**。
  - ◆ 项目管理方法有许多种，它们可分为不同类型，如预测型（通常称为传统或瀑布式）、敏捷型、增量型、迭代型和混合型。
  - ◆ 根据项目的规模、复杂性、行业和其他情况，不同的方法适合不同的项目。没有"一刀切"的方法可以用于每个项目。

- **规划绩效域**：这个绩效域的重点是规划活动、工作包，以及在执行前对工作进行协调。

- **项目工作绩效域**：这个绩效域涉及根据计划执行工作，并管理所需的资源以便成功执行工作。

- **交付绩效域**：这个绩效域指的是交付项目范围内的、实现预期质量所需的功能和活动。

- **测量绩效域**：这个绩效域是指将实际结果与计划进行比较以评估项目的绩效。这通常被称为"监控"。

- **不确定性绩效域**：这个绩效域指的是风险管理。风险可以影响项目的每一项活动。

1.2.4　裁剪

裁剪是指对 PMI 的标准、项目管理方法、治理手段和过程进行调整，以与特定行业、组织和项目性质相适应。例如，在沙漠中修建道路的建筑项目与在人口稠密的大城市中的 IT 项目的管理方式截然不同。这两个项目将采用不同的过程和方法，因此将对 PMI 的标准进行不同程度的调整。

8 个绩效域和 12 项原则中的任何一个/项都可以根据项目的规模、性质和情况进行调整。项目的目标应该始终是交付价值。

1.2.5　模型、方法和工件

团队将创建一个构建项目的框架用来向客户交付价值和成果。在此过程中，团队将需要利用各种模型、方法和工件，它们的定义如下。

- **模型**：用来解释过程和框架的思考策略。
- **方法**：获得成果、输出、结果或可交付物的手段。
- **工件**：项目资料，如模板、输出或可交付物。

项目从业人员需要熟悉《PMBOK®指南》第六版和第七版中概述的通用模型、方法和工件，并裁剪使用。《PMBOK®指南》第六版中的过程组和知识领域方法，是许多从业人员参考的几个有效且可靠的模型之一。本书内容涵盖考生在考试中需要了解的核心模型。

1.3　PMP 考试是怎样的

PMP 考试有 180 道随机题目需要考生在 3 小时 50 分钟内回答完成，即 230 分钟（即每道题平均回答时长约为 76 秒）。

考生没有很多时间来回答问题，所以时间管理在考试中至关重要。有些问题可能只需要几秒钟就能回答，但有些问题可能需要花费几分钟。最重要的是，不要在某道题上花费太多时间。

在 180 道题中，有 5 道是实验题，没有标记，也不用来决定考生是通过还是未通过。因此，考试是在 175 道题中评分的。在实验题成为实际考试题目之前，会先加入 PMI 的题库来观察考生的答题情况，再决定将实验题添加、修改或删除。考生无法知道哪些题是实验题。

题目以 PMP ECO 为基础，基于以下 3 个领域。

- **人员**：占比为 42%。
- **过程**：占比为 50%
- **业务环境**：占比为 8%

大约一半的题目与项目管理的预测型方法有关，另一半与敏捷型和混合型方法有关。预测、敏捷和混合型方法与所有 3 个领域都有关，不单独附属于某个领域。

> **注意：**在预测型方法中，项目经理在项目开始时规划所有的工作，将工作委托给合适的团队，并在项目结束时向客户交付最终产品。在敏捷型方法中，团队成员自己对项目进行决策，并在被称为冲刺的定期迭代中向客户交付价值。混合型方法是预测型方法和敏捷型方法的结合。

每个领域都由任务和驱动因素组成。这些术语的定义如下。

- **领域**：领域的定义为对管理项目实践非常重要的高层级知识。
- **任务**：任务是项目经理在各领域的基本职责。
- **驱动因素**：驱动因素是与任务相关的工作实例。在 ECO 中，只提供几个驱动因素来展示内容，而非穷尽式列举。

本章末尾的表 1-2 展示了完整的 ECO。

PMI 不公布通过分数，因为没有固定的通过分数，分数取决于考试中的实际题目。考生最终获得的结果是通过或不通过，并对 3 个领域中的每个领域进行以下分类。

- 高于目标。
- 达到目标。
- 低于目标。
- 需要改进。

考生需要在每个领域中都实现高于目标或达到目标，才能通过 PMP 考试。

题目的类型

考生在考试中会看到以下一些题目类型。

- **场景/情境问题**：考生需要将 PMI 的原则和标准应用于特定的场景/情境。例如，考生可能会遇到这样的情况，某件事情出了问题，题目会问原本应该做什么来避免这种问题出现；或者题目可能会问接下来应该做什么。考试题目经常会问如何与干系人和团队成员打交道。

> **考试小贴士：**当遇到问如何与干系人和团队成员打交道的题目时，要寻找能让干系人和团队成员参与和合作的选项，以及项目经理是主动而非被动的选项。如果题目提到了某种过程（"你接下来应该做什么？"），请寻找更新计划文件的选项。

- **无关的信息、不相干的情景、冗长的语言。**

有些情景问题可能会包含无关的信息。考生必须能够从模棱两可的题干中挑出关键词和短语来回答问题。有时，整个问题可能与情景无关，这些题可以称为"诱饵和转换"题。

> **考试小贴士：**先读题干最后一句话，因为这往往是问题所在。在开始阅读情景之前，先了解问题。

- **多于一个的可能选项**：很多时候，所有给定的选项似乎都是不错的选项。但只有一个是正确选项。考生需要学会挑选最佳选项。例如，在情景模拟之后，题目可能会问："你应该参考什么文件？"所有 4 个选项看起来都不错。它们都指明了需要参考的文件，但只有一个正确的选项。

> **考试小贴士：** 一个关键词或短语就能引导考生找到正确选项。考生要学会在题目中挑选出关键词和短语。

- **"没有一个选项是好的！"：** 很多时候，给出的选项似乎都不是好的，所以可能看不到完美的选项。同样，考生必须学会从这些"没有好的"的选项中选择最好的。
- **选择 2 或 3 项：** 这是在 2021 年 PMP ECO 中引入的 PMP 考试的一种新题型。这种类型的题目可能有 4 个或更多的选项，其中有 2 个（或 3 个）是正确的。考生必须选择所有的正确选项才能得到该题的分数。题目将说明必须选择多少个选项。如果没有说明，则只有一个选项是正确的。这种类型的任何题目都不存在使考生获得部分分数。如果有一个选项选择不正确，整道题目就会被标记为不正确。
- **对不同问题的正确回答：** 考生必须回答所给的问题，问题通常出现在题干最后一句话。如果不仔细阅读最后一句话，考生有时会根据自己想当然的问题而不是问题的实际内容做出假设，从而导致选择错误选项。错误选项可能是基于情景的真实陈述，但并没有回答题干所提出的问题。
- **数学：** 考试中会有几道数学题，但自 2021 年 PMP ECO 发布后，大多数数学题都考查考生对数据的解释，只有非常少的数学题需要计算。但是，考生仍然必须理解公式以便能够回答这些数学题。
- **记忆测试：** 与所有考试一样，考试中可能会有一些需要死记硬背的内容，但这是很少的。大多数题目是关于应用所理解的知识，而不是所记忆的内容。
- **似乎没有意义或模糊不清的问题：** 考生可能需要多次阅读题目来理解问题的到底在问什么。
- **现实世界与 PMI®：** 如果现实世界与 PMI 的原则和标准之间存在差异，那么在回答 PMP 考试题目时，PMI 的原则和标准总是占上风。许多行业和组织以不同的方式管理项目，并遵循他们自己的程序和准则，这些内容可能与 PMI 的原则和标准不一致。考生必须根据 PMI 的原则和标准来回答问题，而不是根据所在行业或组织的程序和准则。

1.4　新考试的变化

PMP 考试不再基于任何版本的《PMBOK®指南》。PMP 考试基于 PMI.org 网站上列出的几本参考书；但是，考生不需要购买所有这些书来备考 PMP。

直到 2020 年 12 月 31 日，PMP 考试主要基于《PMBOK®指南》第六版，考试题目是根据过程组（知识领域）随机分配的。这 5 个过程组的占比如下。

- 启动：13%。
- 规划：24%。
- 执行：31%。
- 监控：25%。
- 收尾：7%。

大多数题目（95%以上）基于预测型的项目管理方法，只有几道关于敏捷型的题目。每道题都是单选题，包含 4 个选项，其中只有一个正确答案。

2021 年 1 月 4 日，PMI 对考试进行了重大调整，其中包括不将《PMBOK®指南》第六版作为考试题目的重要来源。此外，PMI 发布了 10 本书，这些书将成为 PMP 考试题目的灵感来源。ECO 记录在《项目管理专业人士（PMP）®考试内容大纲》（2021 年 1 月）中，可以从 PMI.org 网站上下载该文件。

2021 年的 ECO 比以前增加了很多关于敏捷型的概念，以及以前没有的领导力题目。如前所述，考试题目现在基于 3 个领域，50%的考试题目与预测型概念有关，50%的考试题目与敏捷型和混合型概念有关。在 PMP 考试中，混合型概念被认为是预测型和敏捷型概念的混合。

在 2021 年 1 月之前，考试的重点是理解构成 PMI 项目管理原则的过程组和知识领域。了解每个过程的 ITTO 是很重要的，每个过程中都有关于 ITTO 的具体题目。考生需要知道哪个 ITTO 属于 49 个过程中的哪个过程，建议考生记住十五至尊图，即显示过程组、知识领域和过程之间关系的表格。

对于目前的考试，考查的重点是 ITTO 的目的——何时使用以及如何使用 ITTO，而不一定是它们属于哪一个单独的过程。考生现在需要集中精力了解哪些工具和文件在特定情况下是合适的，而不是某个文件是哪个单独过程的输入或输出。考生需要在情景问题上运用 12 项项目管理原则和 8 个绩效域的知识。

此外，以前称为输入和输出的项目文件现在称为工件。

近年来，PMP 考试的形式发生了几次变化。

2020 年 3 月以前，考试包括 200 道选择题，考生在 4 小时（240 分钟）内答题，中间没有安排休息时间。考试必须在授权的考场进行。

2021 年 1 月，在 2021 年新的 ECO 开始生效时，考试形式再次改变，变成了现在的形式。现在的 PMP 考试包括 180 道题，考生需要在 3 小时 50 分钟（230 分钟）内完成。

表 1-1 列出了新考试的变化摘要。

表 1-1　　　　　　　　　　　　　　　　新考试的变化摘要

类别	2021 年之前的考试	2021 年及之后的考试
领域	启动（13%） 规划（24%） 执行（31%） 监控（25%） 收尾（7%）	人员（42%） 过程（50%） 业务环境（8%）
生命周期	预测型 （几道题目关于敏捷型）	预测型（50%） 敏捷型和混合型（50%）
题目数量	200 道	180 道
计分题目数量	175 道	175 道
考试时长	4 小时	3 小时 50 分钟
题目类型	只有一个正确答案的单选题	只有一个正确答案的单选题 有多个正确答案的多选题
考试地点	授权的考场	授权的考场

1.5　考试技巧和应试策略

除了理解课程材料外，考生还需要了解考试技巧和应试策略以便成功通过 PMP 考试。

考生在考试中可能会遇到许多挑战，因此最重要的是能在考试中通过在有细微差别和含糊不清的地方找出关键词或短语进而选择正确答案。

有时，情景可能包含不相关的信息；有时术语可能使用不正确或不匹配。很多时候，所有的选项看起来都是正确的，但只有一个正确选项。同样，很多时候，所有的选项可能看起来都不正确，但必须从给出的选项中挑选出最好的。有的时候，考生甚至不理解所问的问题，或者一个关键词或短语可能会引导考生找到正确的选项。

能够适应 PMP 考试题目并能够识别关键词、干扰因素、不相关信息和相关信息是很重要的。请考虑以下策略来处理这些题目内容。

- 整个问题可能取决于一个关键词或短语。要学会挑出关键词、短语、干扰因素和不相关的信息。
- 要注意一些关键词，如不是、下一个、最不可能、最可能、最好、第一、除外。这些关键词在考生阅读问题时经常被忽略。
- 谨防非实质性的选项，如"质量真的很重要"。这类选项可能在表达上是正确的，但结合题目的问题，这句话的实际含义是什么并不清楚。这类选项通常是不正确的。
- 忘掉现实世界的经验！学习 PMI 的思考方式。

- 始终以 PMI 原则来思考。PMI 标准是为了支持所有行业的所有项目而制定的，无论项目多么简单或复杂。有些标准可能适用于考生所在的行业，也可能不适用。

- 排除不正确的选项。有时考生需要从"不好"的选项中选择最好的！

- 只有在完全确定的情况下才改变答案。

- 对于"你接下来应该做什么？"的问题，寻找诸如更新文件、评估或分析过程、与干系人沟通、引导干系人参与，或执行十五至尊图上的下一个过程的选项。

- 不要留下空白。考试中没有负分，而空白的题目永远得不到分。

1.6　常见的概念性差距

PMI 正在制定可以适用于任何行业、任何地点、任何规模的项目框架和标准。但是，基于行业、地点、规模和许多其他因素，项目的管理方式非常不同。IT 开发项目与房屋建筑项目的管理方式是不同的。在人口稀少的北极村修路的项目与在人口稠密的中亚城市修路的项目在管理方式上会有很大不同。

因此，根据不同的行业和经验，许多需要理解和掌握的 PMI 概念可能不适用于考生所在的工作领域。如果考生在建筑行业工作，敏捷的概念将不适用，然而考生仍然需要掌握敏捷的概念以便能够回答相关问题并通过考试。

即使熟悉某些 PMI 概念，考生的经验也可能与 PMI 标准和原则所倡导的不同。例如，考生可能习惯于在工作分解结构（Work Breakdown Structure，WBS）中包括项目活动，但是，对于 PMP 考试，活动不是 WBS 的一部分。对于 PMI 来说，粗略的数量级（Rough Order of Magnitude，ROM）估算范围被定义为−25%到+75%。在考生的经验中，ROM 可能是不同的范围。当然，根据作者的经验，干系人绝不会接受这么大的估算范围。

在备考过程中，当回答 PMP 考试问题时，最重要的是根据 PMI 的标准和原则来回答，而不是根据所在组织的程序和公司或行业的最佳实践来考虑。

以下是现实世界的经验和 PMI 概念之间常见的概念性差距的几个例子。

- **文化冲突**：几乎每个组织都以不同方式实施项目管理，组织在许多项目上的观点可能与 PMI 的观点不一致。考生要针对自己的情况识别这些差异。

- **"项目经理"的头衔**：在大多数组织中，项目经理是一个非常宽泛的头衔，对于特定的项目，可能有很多层级的项目经理。例如，在 IT 行业，技术团队负责人、项目管理者、首席分析师、项目负责人、项目协调人和系统顾问都可能被视为项目经理。然而，他们有不同的职责。就 PMI 的考试而言，预测型项目的项目经理对项目负责，因此对项目的决策有很高的权力。然而，在敏捷型项目中，团队成员自己负责做出项目决策；团队促进者（或敏捷教练——最接近项目经理的角色）是仆人式领导。考生需要在考试题目上能够区分项目经理的角色和团队促进者的角色。就 PMI 而言，纯粹的敏捷型项目本身并没有项目经理，但项目经理的责任由敏捷团队、团队促进者和产品负责人分别承担。

- **未经批准的实践**：在许多组织的许多项目中，经常使用的项目管理实践和技术可能被 PMI 认为是"不适当的"（例如，高级管理层将自己的估算强加给团队）。包含这些内容的选项出现在考试中将是不正确的选项。
- **更宽泛和复杂的领域**：对于许多行业来说，PMI 的标准和原则所描述的项目管理领域比现实生活中的要宽泛和复杂得多。
- **完整过程**：许多项目经理在项目管理的整个生命周期中缺乏经验。一般来说，他们对启动和收尾阶段的工作接触得较少。一些行业的项目经理可能不熟悉敏捷原则。对于只从事过敏捷工作的人来说，可能不熟悉预测型概念。考生必须了解 PMI 所描述的完整的项目管理过程，对于预测型和敏捷型项目都是如此。

1.7　常见的经验差距

项目经理的角色在不同的组织和行业中是非常广泛和多样的。在某些情况下，团队领导可以被视为项目经理且向高层人员汇报，而高层人员也可以被视为项目经理，等等。

此外，项目经理在预测型项目中的角色与在敏捷型项目中的团队促进者的角色截然不同。

PMP 考试的假设是，如果题目与预测型项目有关，那么，除非题目另有说明，否则项目经理在强矩阵组织中有"指挥和控制"的权力。换句话说，项目经理有很高的权力，负责对项目进行日常的决策。

尽管在预测型项目中，项目经理承担最终责任，但在纯粹的敏捷型项目中，产品负责人对业务解决方案承担最终责任。

无论在组织的项目中扮演什么角色，对于 PMP 考试来说，无论题目与预测型还是敏捷型项目有关，考生必须根据 PMI 关于项目经理和所有其他团队成员的权力和责任的原则来考虑问题。考生自己的个人经验可能不包括 PMI 所讨论的项目经理角色所假定的全部经验和技能组合。考生需要正确理解项目经理的角色以便通过 PMP 考试。

考生在实际工作中的角色可能在以下方面与 PMI 的假设不同。以下不是一份详尽的清单。

- **项目过程**：《PMBOK®指南》第六版中列出了 49 个过程。考生可能不会在现实世界的项目中执行所有这些过程。例如，如果项目不需要联系供应商或外部组织来提供资源，那么考生作为项目经理将不需要执行任何采购管理过程。然而，对于任何预测型题目，要做的假设是，所有这 49 个过程都可能与预测型情景相关。同样地，PMI 的所有敏捷概念都与任何敏捷型题目有关，尽管考生的敏捷经验可能不同。

■ **项目管理计划**：就 PMP 考试而言，假定项目管理计划的所有组成部分将被记录下来，并在整个预测型项目中逐步阐述。在现实中，许多组织可能把一些管理计划当作标准操作程序（Standard Operating Procedure，SOP），用作所有项目的最佳实践。例如，收集需求的程序可能在所有的项目中都是一样的，所以项目经理不需要为每个项目创建一个单独的需求管理计划。然而，在许多外部咨询项目中，需求管理计划将需要从头开始创建，因为每个任务的程序可能是不同的。然而，为了达到裁剪的目的，PMI 承认以上两种方法并将这些 SOP 称为组织过程资产（Organizational Process Asset，OPA），它们是预测型项目中每一个规划过程的输入。项目管理计划中的这些组成部分，大部分都与敏捷型项目不相关。

■ **项目进度计划**：一些组织简单地将项目进度计划或甘特图称为"项目计划"。这是不正确的方法。项目计划的内容远远超出了进度计划的内容，应该包括《PMBOK®指南》第六版中列出的所有知识领域的计划。制定进度计划的方法有很多，但 PMP 考试中讨论的方法是关键路径法。考生必须使用零点法和一点法来理解关键路径法。这两种方法在第 7 章中都有详细讨论。敏捷型项目不使用真正的进度计划，而是使用产品路线图。

■ **项目预算和绩效跟踪**：PMI 推荐的跟踪预算和绩效的方法是挣值管理（Earned Value Management，EVM），也被称为挣值分析（Earned Value Analysis，EVA）。这并不是所有行业都使用的方法，考生可能不熟悉这个方法。此外，根据不同的角色，考生可能只有有限的管理成本和项目预算的经验。无论如何，考生需要熟悉 EVM 的原则和公式以便通过考试。

■ **风险管理**：项目的规模、性质和目的有很大不同。考生可能有或者没有参与管理和控制项目风险的经验。风险管理是 PMP 考试的一个重要知识领域，所以考生必须为通过 PMP 考试而掌握该领域的概念。

1.8 常见的术语差距

对考生来说，根据 PMI 术语回答问题并在正确的背景下使用正确的术语非常重要。你可能会发现如下问题。

■ 你不熟悉某个术语、工件或工具。
■ 你可能对某个术语、工件或工具有不同的定义或理解。

当你使用本书时，要重点关注文件、工件、工具和程序的目的，并了解如何和何时使用它们。

以下是几个例子，用于说明现实世界中的一些组织在使用某些术语时可能与 PMI 不同。

■ **项目章程**：就 PMI 而言，项目章程只是一份授权项目开始的高级文件。在项目章程阶段，关于项目的信息不多，所以章程里面没有记录项目细节。在一些组织中，项目章程包含项目的基准预算和进度/最后期限。对于 PMP 考试来说，这将被视为错误答案。另外，在许多组织中，项目章程可能被赋予其他名称（例如，项目启动表、项目授权）。

■ **项目管理计划**：《PMBOK®指南》中解释，项目管理计划是许多文件的组合，横跨所有的知识领域，包括附属计划、基准和其他组成部分。然而，许多组织认为项目管理计划是甘特图或进度计划。在考试中这被视为不正确的观点，因为项目经理需要规划项目的所有方面，而不仅仅是进度计划。敏捷型项目没有基准，也没有组成项目管理计划的其他组成部分。

■ **WBS**：对 PMI 而言，WBS 的底层是工作包（而不是活动，许多组织通常认为 WBS 的底层是活动）。

■ **风险减轻**：第 13 章中提到几种风险应对策略，所有这些术语都与 PMI 术语相对应。在现实中，许多组织只是用减轻这个词来泛指所有这些风险应对策略的组合。考生必须能够清楚地识别并理解何时使用 PMI 所讨论的所有这些风险应对策略。

■ **ROM**：每个组织都有自己的对高层级范围估算数量级的定义。《PMBOK®指南》将其定义为-25%到+75%。

■ 本书中包括 PMP 术语的词汇表，其可以在《PMBOK®指南》第六版和第七版中找到。请确保理解这些术语。

1.9　什么对 PMI 来说是重要的？

为了更好地理解为什么存在这些常见的差距，并更好地准备考试，下面介绍一下指导 PMI 的项目管理愿景的一些基本原则。

■ 项目经理"使之发生"和"使之结合"。项目经理是能够完成工作并让团队成员一起工作的人。项目经理可以把团队成员聚集在一起，让他们共同解决问题、应对挑战和消除冲突，确保完成工作并满足项目的范围。项目经理不被认为是技术专家，但他将带领技术专家一起工作以实现项目的目标。预测型项目的项目经理在某种程度上具有"指挥和控制"的权力并对项目的所有制约因素负责。

此外，敏捷型项目中的团队促进者是仆人式领导，他将敏捷团队成员聚集在一起并为敏捷团队创造出进行项目决策的环境。团队促进者确保团队拥有所有必要的工具和信息以做出决策并开始工作。这个角色还会消除任何可能影响团队进展的障碍或阻挠。

- 规划在预测型项目中是最重要的。事实上，在《PMBOK®指南》第六版中，49 个过程中有 24 个过程属于规划过程组。项目的每个方面都必须进行规划，然后相应地执行（执行过程组）。在整个项目过程中，执行的实际结果要与计划进行比较以确定差异，并且必须就如何继续前进做出决策（监控过程组）。

    即使在敏捷中，尽管在整个敏捷发布过程中会不断有新的需求加入，规划也是最重要的。例如，团队必须规划一个发布应该有多少个冲刺、每个冲刺的长度，以及团队在一个冲刺中可以完成多少个用户故事或故事点。

- 敏捷型项目必须遵循《敏捷宣言》，包括第 3 章中讨论的 4 个成对的价值观和12 项项目管理原则。

- 项目文件现在被称为工件，考生必须知道每个工件的目的和何时使用它们。

- 项目管理计划描述了项目将如何计划、执行、监控以及收尾，它包括所有知识领域的计划。每个子计划加上基准和其他附件共同组成了项目管理计划。

- WBS 是预测型项目的重要规划工具，并作为逐步阐述的起点。

- 沟通是项目经理最重要的工作技能（项目经理约 90%的时间都花在沟通上）。项目经理将干系人聚集在一起对项目做出重要的决策，并将团队成员聚集在一起成功地实现项目的交付物。因此，项目经理必须具备领导力技能、维护人际关系的技能和管理技能，所有这些内容将在后面的章节中详细讨论。

- 风险管理过程非常重要，这是一项持续的项目管理活动。

- 同样地，质量应该被纳入项目管理过程。重点应该是防止问题的发生，但如果问题确实发生了，需要修复问题并确保同样的问题不会再次发生。

- 所有的估算都应该由将实际执行工作的人完成。估算应该由主题专家完成，而不是由高级管理层完成。

- 所有的项目，无论结果如何，都应完成收尾程序。两个需要强调的重点如下。
    - 汲取经验教训。
    - 执行适当的行政收尾。

1.10 关键的 PMI 假设

在回答 PMP 考试问题时，可以做出某些假设，这些假设有时可以帮助考生选择正确的选项。以下不是一个穷尽式列举列表，但代表了 PMP 考试的许多常见假设。

- 项目经理是主动的，总是采取某种行动。考生应该总是选择主动的选项而不是被动的选项。
- 项目经理是在项目授权时选定的，此时还未进行任何估算或初步需求收集。项目经理深度参与初步估算，并协助撰写项目章程。
- 在预测型项目中，项目经理是最终的责任人，但在纯粹的敏捷型项目中，产品负责人对业务解决方案承担最终的责任。
- 项目经理总是与干系人接触和合作。因此考生应该寻找涉及协作和参与的选项进行选择。
- 项目经理做对项目最有利的事情（而不是对项目经理自己最有利的事情）。项目经理为了项目的利益而做出决策并影响干系人，而不是为了项目经理个人获得什么。
- 除非题目另有说明，否则应假定已有充分的文档记录。项目文件定期更新，包含最新信息和状态。
- 除非题目另有说明，否则历史信息总是可用的。项目经理可以利用历史项目文件来对当前项目进行决策。
- 除非题目另有说明，否则对于预测型项目，已经有变更控制过程并且团队正在遵循该过程。项目经理正确控制项目的所有变更，防止不必要的变更。如果确定变更会影响基准，该变更必须经过变更控制过程。
- 对于采购问题，通常从买方的角度出发进行考虑。除非题目另有说明，否则你是买方，而卖方向你出售货物或服务。因此，你现在是客户，是关键的干系人。
- 项目基准用来监控预测型项目。任何偏离基准的变更都必须经过变更控制过程。敏捷型项目没有基准。
- 一般来说，选项中的"负面"语气标志着错误的方法。例如，如果看到有的选项因为问题的发生而把矛头指向另一个团队，这标志着错误的方法。如果看到有的选项建议忽略干系人，这也标志着错误的方法。

1.11　PMP ECO

2021 年发布的 ECO 代表现行 PMP ECO，其分为 3 个领域。

- 人员。
- 过程。
- 业务环境。

每个领域包括一些任务，还包括执行这些任务的驱动因素。表 1-2 显示了 2021 年

PMP ECO 的领域、任务和驱动因素。

表 1-2 2021 年新增或重点的 PMP ECO

领域一	人员 42%
任务 2	领导团队： ■ 设定清晰的愿景和使命； ■ 支持多样性和包容性（例如行为类型、思维过程）； ■ 重视仆人式领导（例如将仆人式领导的方法与团队联系起来）； ■ 确定适当的领导风格（例如指导型、协作型）； ■ 激发、激励和影响团队成员/干系人（例如通过团队合同、社会合同/团队章程、奖励制度）； ■ 分析团队成员和干系人的影响力； ■ 区分领导各类团队成员和干系人的不同选项
任务 4	向团队成员和干系人授权： ■ 根据团队优势进行组织； ■ 支持对团队实行任务问责； ■ 评估任务问责的表现情况； ■ 决定和授予决策权的级别
任务 5	确保团队成员/干系人得到充分培训： ■ 确定培训后必须具备的能力以及培训的组成部分； ■ 根据培训需要确定培训方案； ■ 为培训分配资源； ■ 衡量培训结果
任务 7	为团队解决和消除各种障碍： ■ 确定团队面临的各种障碍； ■ 确定团队面临的各种障碍的优先级； ■ 使用网络实施解决方案，以消除团队面临的各种障碍； ■ 持续进行重新评估，以确保团队面临的各种障碍正在得到解决
任务 14	通过运用情商来提升团队绩效： ■ 使用个性指标对行为做出评估； ■ 分析个性指标并使其适应关键项目干系人的情感交流的需要
领域二	过程 50%
任务 1	执行需要紧急交付商业价值的项目： ■ 评估可循序渐进地交付价值的机会； ■ 审视项目整个实施过程中的商业价值； ■ 支持团队对项目任务进行细分，以便发现最小化可实行产品
任务 13	确定合适的项目方法论/方法和实践： ■ 评估项目的需要、复杂性和重要性； ■ 提出项目执行策略（例如合同签订、财务）方面的建议； ■ 提出项目方法论/方法（例如预测型方法、敏捷型方法、混合型方法）方面的建议； ■ 在整个项目生命周期采用迭代式和循序渐进的实践（例如经验教训、干系人参与、风险管理）

续表

领域二	过程 50%
任务 14	制定项目治理结构： ■ 确定项目的适当治理（例如复制组织治理）； ■ 定义上报问题的路径和门槛
任务 15	管理项目问题： ■ 识别风险何时会演变为问题； ■ 采取最优行动解决问题，以使项目取得成功； ■ 与有关的干系人就解决问题的方法开展协作
任务 16	确保进行知识交流，使项目得以持续开展： ■ 讨论团队内的项目职责分工； ■ 概述对于工作环境的期望； ■ 确认知识交流的方法
领域三	业务环境 8%
任务 1	规划和管理项目的合规性： ■ 确认项目合规要求（例如保护措施、健康和安全、监管合规）； ■ 对合规类别进行分类； ■ 确定合规面临的潜在威胁； ■ 采用干系人法为合规提供支持； ■ 分析不合规的后果； ■ 确定必要的方法和行动来满足合规要求（例如风险、法律方面的）； ■ 衡量项目的合规程度
任务 2	评估并交付项目利益和价值： ■ 调查所识别的利益； ■ 记录所有权相关的共识，以便持续实现利益； ■ 核实是否已建立可对利益进行跟踪的相关衡量体系； ■ 评估将展现价值的交付方案； ■ 对获得价值进展的干系人做出评价
任务 4	为组织变更提供支持： ■ 评估组织文化； ■ 评估组织变更对项目的影响，并确定必要的行动； ■ 评估项目对组织的影响，并确定必要的行动

本章涵盖以下内容，这些内容是备考 PMP 以及从本书后续章节中获得最大收益的基础。

- 项目管理的核心概念：介绍并阐明什么是项目，什么是项目管理，与项目相关的常见职能，以及项目经理的角色。
- 项目管理基础知识：介绍项目管理领域的理论内容，包括项目管理过程组、知识领域、原则、绩效域和项目生命周期。
- 项目环境：介绍项目环境的关键方面，以及它们如何影响项目，包括价值交付系统、干系人、组织结构、项目管理办公室（PMO）类型，以及其他内部和外部因素。

第 2 章

项目管理 101

本章介绍项目管理核心概念、基础知识和项目环境，这些主题为你准备 PMP 考试提供基础，也为本书其他部分的深入研究打下基础。虽然 PMP ECO 没有具体涉及这些主题，但你需要对本章内容有深刻的理解才能更好地理解考试题目所涉及的背景。

虽然本章中的一些内容在《PMBOK®指南》第七版的"项目管理标准"部分有所涉及，但作者仍希望介绍所有关键的项目管理 101 要素，以便帮助你更好地为考试做准备。

2.1 摸底小测试

摸底小测试可以帮助你评估自己是应该认真阅读本章内容，还是直接跳到"备考任务"部分。如果你对答案没有把握，或者你对题目涉及的知识有疑问，请认真阅读本章内容。表 2-1 列出了本章知识点和相对应的测试题目。你可以在附录 A 中找到这些题目的答案。

表 2-1　　　　　　　　本章知识点和相对应的测试题目

本章知识点	测试题目
项目管理的核心概念	1~7
项目管理基础知识	8~12
项目环境	13~18

> **注意**：自我评估的目的是衡量你对本章内容的掌握程度。如果你不知道某道题的答案，或者感到模棱两可，你应该将此题标记为错误，以便对相关内容进行学习。如果猜对了答案，会使你的自我评估产生偏差，并可能产生一种"已经掌握"的错觉。

1. 根据 PMI，描述项目的两个最重要的属性是什么？
   A. 必须有项目章程和项目经理
   B. 产生独特的产品、服务或成果，并且是临时性的工作
   C. 生产产品并有专门的资源
   D. 必须得到高管发起人的批准，并有可衡量的投资回报率

2. 根据 PMI，什么是项目管理？

   A. 应用仆人式领导来实现项目目标

   B. 成为有效的沟通者，并制作定时状态报告

   C. 将知识、技能、工具和技术应用于项目活动以满足项目要求

   D. 遵循严格的方法论，确保项目在预算范围内按时完成

3. 以下哪项是与项目有关的常见职能？

   A. 维持治理，提出目标和反馈，制作挣值分析报告

   B. 提供资源和方向，引导和支持，产生详细的进度计划

   C. 运用专业知识，提供监督和协调，进行敏捷开发

   D. 开展工作并贡献洞察，提供业务方向和维持治理

4. 成为一名成功的项目经理所需的关键技能是什么？

   A. 领导力、技术项目管理、沟通

   B. 领导力、技术项目管理、商业敏锐度

   C. 状态报告、沟通、制订进度计划

   D. 战略和商业管理、制订进度计划、促进会议的召开

5. 项目和产品之间的关系是什么？

   A. 它们之间没有区别

   B. 项目创造产品

   C. 产品持续不断地为客户产生收入和价值

   D. 两者都是项目组合和项目集管理的一部分

6. 项目经理必须平衡的一些常见的项目制约因素是什么？

   A. 范围、进度、文件

   B. 范围、进度、高管支持

   C. 预算、质量、PMO 监督

   D. 资源、范围、进度

7. 在混合和敏捷型项目中，项目经理的角色与敏捷教练的角色和产品负责人的角色有什么不同？

   A. 他们的角色没有不同。他们的角色是可以互换的

   B. 项目经理的角色和敏捷教练的角色是可以互换的。产品负责人的角色关注的是正在交付的产品

   C. 项目经理的角色和产品负责人的角色是可以互换的。敏捷教练的角色专注于指导核心团队完成 Scrum 过程

   D. 项目经理的角色关注的是项目的整体表现。敏捷教练的角色专注于指导核心团队完成 Scrum 过程。产品负责人的角色关注的是正在交付的产品

8. 以下哪项是 PMI 规定的 12 项项目管理原则中的一部分？
   A. 有效的干系人参与；聚焦于价值；为实现预期的未来状态而驱动变革
   B. 营造协作的项目团队环境；拥抱适应性和韧性；始终把进度和预算放在优先于其他干系人的位置上
   C. 展现领导力行为；将质量融入过程和可交付物中；为每个干系人群体定制状态报告
   D. 根据环境进行裁剪；驾驭复杂性；在项目工作计划中首先解决高风险事项

9. 项目管理的过程组是什么？
   A. 启动、规划、开发、测试和部署
   B. 规划、实施、监督和控制、收尾
   C. 启动、规划、执行、监督和控制、收尾
   D. 商业论证开发、规划、执行、控制、收尾

10. 以下哪项是项目管理的 10 个知识领域中的一部分？
    A. 范围管理、进度管理、状态报告管理
    B. 整合管理、成本管理、干系人管理
    C. 质量管理、采购管理、问题管理
    D. 沟通管理、风险管理、团队管理

11. 以下哪项是项目管理的 8 个绩效域中的一部分？
    A. 规划、项目工作、整合管理
    B. 开发方法和生命周期、交付、收尾
    C. 团队、测量、不确定性
    D. 干系人、不确定性、领导力

12. 在项目生命周期中，什么时候的不确定性和风险水平是最高的？
    A. 开发过程中
    B. 在开始的时候
    C. 就在部署之前
    D. 测试期间

13. 什么是价值交付系统？
    A. 一个专注于实现项目目标的项目管理系统
    B. 一种确保实现项目投资回报率的项目财务方法
    C. 一个专注于最大化客户满意度的项目和产品的集合
    D. 一系列旨在建立、维持和/或使组织得到发展的战略业务活动

14. 项目、项目集和项目组合之间的关系是什么？
    A. 唯一的区别是其范围的大小
    B. 项目组合的重点是项目集和项目的财务方面

    C. 项目组合可以由项目集和项目组成；项目集是一组相互关联的项目

    D. 项目组合由项目集组成，而项目集由相互关联的项目组成

15. 组织结构的 3 种重要类型是什么？

    A. 职能型、矩阵型、项目导向型

    B. 层级型、扁平型、团队导向型

    C. 项目型、平衡矩阵型、层级型

    D. 职能型、分权型、集中型

16. OPA 中经常包括哪些资源？

    A. 过程资产、组织文化、基础设施

    B. 过程资产、数据资产、市场条件

    C. 方法论、模板、文件库、政策和程序

    D. 模板、文件库、治理系统和监管环境

17. PMO 的 3 种不同类型是什么？

    A. 监督、执行、报告

    B. 支持型、控制型、指令型

    C. 低级别的控制、中级别的控制、高级别的控制

    D. 职能型、综合型、支持型

18. 谁被认为是项目中的干系人？

    A. 只有客户和最终用户

    B. 项目领导团队、最终用户、项目发起人、竞争对手组织

    C. 只有购买项目工作或使用项目产生的产品/服务的人

    D. 项目经理、客户、最终用户、运营

基础主题

2.2 项目管理的核心概念

    本节介绍项目、与项目相关的职能、项目管理以及项目经理的角色等项目管理的核心概念。明确这些主题并更好地理解 PMI 所期望的项目经理心态，将有助于考生在考试中正确回答更多问题。

    虽然和大多数人一样，你"非常确定"地知道什么是项目，你"认为"你知道什么是项目管理（以及项目经理需要做什么），但这些认知中总有不同程度的不确定性。因此，下面首先澄清一些核心概念。

    项目管理就是管理项目的过程（人们认为这将是困难的）。虽然这个定义不是特别

有用，但它确实说明了 3 个关键点。

- 项目管理并不像"脑外科手术"般复杂。是的，它涵盖了大量的主题、过程、技能和工具，但项目管理的关键基础知识是直截了当的，而且在各行各业中是一致的。
- 为了更好地理解项目管理，需要理解什么是项目。项目的性质提供了对项目管理的范围和挑战的见解。
- 为了更好地理解项目管理，需要理解管理这个词所隐含的内容，以及项目管理与传统商业管理的区别。

在深入研究这 3 个关键点之前，首先看看 PMI 是如何定义项目管理的。

关键主题 PMI 对项目管理的定义是在项目活动中应用知识、技能、工具和技术来满足项目要求。项目管理指的是指导项目工作以交付预期的**成果**。

项目团队可以使用广泛的方法（如预测型方法、混合型方法和适应型方法）来实现这些成果。

2.2.1　究竟什么是项目？

关键主题 根据 PMI，项目是为创造独特的产品、服务或成果而进行的临时性工作。项目的临时性表明项目工作或项目工作的一个阶段有起点和终点。项目可以独立存在，也可以是项目集或项目组合的一部分。

换句话说，**项目**是为产生独特的成果而由组织进行的一次性工作。所谓一次性，是指工作有明确的起点和终点；所谓独特，是指工作成果在一个或多个方面与组织以前产生的任何成果都不同。项目的例子包括以下内容。

- 建造一座新房子。
- 开发一个新的软件应用程序。
- 对当前的生产过程进行评估。
- 改进一个组织的业务流程。
- 编写一本书。
- 将公司的技术基础设施迁移到一个新的地点或云平台上。
- 合并两个组织。
- 开发一种新的医疗设备。

项目的定义与组织的运营是相对应的。运营工作是为了支持组织发展而进行的一系列持续、重复的活动。持续运营的例子包括以下内容。

- 处理客户订单。
- 执行应收账款和应付账款活动。
- 处理日常制造订单。

■ 执行建议的设备维护程序。
■ 进行客户账户维护。

为了进一步了解项目（和项目管理）的性质，以及项目与组织的运营的比较，请查看表 2-2 的总结。

关键
主题

表 2-2   项目与运营的比较

特点	项目	运营
重要相似点	规划、执行、控制 由人执行 资源受限	规划、执行、控制 由人执行 资源受限
目的	实现目标	支持组织发展
时间	临时的 有明确的起点和终点	持续的
成果	独特的产品、服务或成果	重复的产品、服务或成果
人员	为满足项目需求而组建的动态、临时团队，通常与组织结构不一致	职能团队，一般与组织结构一致
经理的权力	因组织结构而异 一般来说，如果有权力，也是最小的直接授权的权力	一般是正式的、直接的权力

2.2.2 项目和产品的比较

为了更好地澄清什么是项目，要审查的一个方面是项目和**产品**的比较。随着组织对产品管理的日益关注和接受，人们往往对项目和产品的区别感到困惑。本书中会涉及这个问题，但为了实现更好的理解，请查看表 2-3 的总结。

关键
主题

表 2-3   项目和产品的比较

特点	项目	产品
彼此之间的关系	创造产品 可用于更新或改进产品	项目的成果
目的	实现目标	为组织创造收入，为客户持续创造价值
重点	执行过程以实现目标，同时管理制约因素	产品的价值最大化
时间	临时的 有明确的起点和终点	持续进行，直到产品退市
重要相似点	为客户交付价值 聚焦质量 资源和预算受限	为客户交付价值 聚焦质量 资源和预算受限
团队	为满足项目需求而组建的动态、临时团队	职能性的长期团队 最初的项目团队成员可能成为长期团队成员的一部分

2.2.3　与项目相关的职能

在讨论项目管理和项目经理的角色之前，值得注意的是 PMI 强调了与项目相关的一系列常见职能。表 2-4 中的重点是需要项目团队高效而有效地合作来交付项目的价值，而且项目经理不是执行所有这些职能的人。项目经理不能独自完成工作。这并不是什么新鲜事，但是 PMI 通过表 2-4 承认，负责关键项目职能的团队成员将根据项目环境和使用的项目方法而有所不同。表 2-4 总结了《PMBOK®指南》第七版中的与项目相关的职能，并提供了执行职能的常见项目角色的例子。

关键主题　　表 2-4　　《PMBOK®指南》第七版中对与项目相关的职能的简要说明

职能	常见活动	通常执行职能的角色
1. 提供监督和协调	策划项目工作 领导项目的规划、控制和监督活动 咨询管理层和业务单元领导的想法推进目标的实现，提高项目绩效，满足客户需求 实现和维持项目收益 支持项目所属的项目集和项目组合	项目经理
2. 提出目标和反馈	提供客户和最终用户关于需求、成果和期望的观点、见解和清晰指导 在适应型和混合型环境中，更需要持续反馈	项目发起人 项目经理 业务分析师 产品负责人 业务主题专家
3. 引导和支持	鼓励团队成员参与、协作，以及对工作结果有共同的责任感 帮助团队就解决方案达成共识、做出决策，并解决冲突 组织协调会议 通过变革为员工提供支持 积极、主动地克服障碍	项目经理
4. 开展工作并贡献洞察	提供知识、技能和经验以产生项目的交付物和成果	项目团队 主题专家 顾问
5. 运用专业知识	提供与项目特定主题相关的知识、愿景和专业技能 提供建议和支持，并为项目团队实现高效的学习过程和提高工作质量作出贡献 可以是组织内部或外部人员 可以是全职或兼职人员	技术主题专家 顾问 团队领导
6. 提供业务方向和洞察	引导和明确项目方向和/或产品成果的方向 根据商业价值、依赖关系和风险确定需求的优先级 向项目团队提供关于下一步工作增量的反馈，特别是在混合型和适应型项目上 征求其他干系人、客户和项目团队的反馈意见，使产品的价值最大化	产品负责人 业务领导 商业分析师 项目经理 指导委员会

续表

职能	常见活动	通常执行职能的角色
7. 提供资源和方向	推广项目，并与项目团队和更广泛的干系人群体传达组织的愿景、目标和期望 支持项目团队，帮助获得项目推进所需的决策、资源和职权 充当高级管理层和项目团队之间的联络人，确保项目目标与业务目标保持一致，消除障碍，解决问题，并处理项目团队决策权范围之外的风险	业务关系经理 项目集经理 指导委员会 项目发起人 业务经理
8. 维持治理	批准并支持项目团队提出的建议 监督项目在实现预期成果方面的进展 维持项目团队与战略/业务目标之间的联系，这些目标可能会随着时间的推移而变化	指导委员会 PMO 项目发起人

2.2.4　项目管理

本书的"项目管理"是什么意思？

- 指的是为交付预期成果，应用科学和艺术来规划、组织、实施、领导和指导项目工作。
- 指的是定义项目、制订计划、执行计划、根据计划监督进展、克服障碍、管理风险以及采取纠正措施的过程。
- 指的是管理项目的预期结果（范围、绩效、质量）和项目的天然制约因素（时间和成本）之间的竞争需求和对它们进行权衡的过程。
- 指的是领导一个从未合作过的团队，在一定的时间内用有限的资金完成一件从未做过的事情的过程。

听起来很有趣，不是吗？本书将逐一解释项目管理的这些重要方面，并在本章后续内容中讨论项目经理执行的许多具体任务和具有的职责。

2.2.5　项目管理的价值是什么？

随着组织运行环境不断变得更加全球化、更具竞争性、要求更高，组织必须进行调整以适应这种变化。组织必须变得更有效率，更有生产力；必须少花钱，多办事。组织必须不断地进行创新，必须对快速变化的环境做出快速反应。组织如何才能做到这些，并且仍然有适当的管理控制？如何能以战略方式做到这些？组织可以通过有效的项目管理来做到这些。有效的项目管理可以为组织提供的战略**价值**点包括但不限于以下几点。

- 提供可控的方式来快速响应不断变化的市场条件和迎接新的战略机会。
- 通过创造专注和开放的沟通环境，最大限度地提高组织的创新和创造能力。

- 能够以更低的成本完成更多的工作。
- 能够更好地利用内部和外部的专业知识。
- 提供项目指标的关键信息和可视性以实现更好的决策管理。
- 提高干系人对任何战略变革的接受速度和程度。
- 通过在项目生命周期的早期"扼杀"不良项目投资，减少财务损失。

除了为组织提供明显的价值外，项目管理还为每个人提供了巨大的价值。在个人层面上，有效的项目管理的价值在于如下方面。

- 确保个人工作能够在组织中发挥最大的作用，并得到适当的认可。
- 提供职业道路，在每个新项目中提供独特的、具有挑战性的机会。
- 提供职业道路，需要运用所有能力和知识，包括个人的管理、业务、人际关系和技术技能。
- 提供需求量大且通常会带来收入增长的职业道路。
- 提供为担任组织领导职位做准备的职业道路。
- 提供职业道路，随着越来越多具有项目管理经验的人进入高管职位，该路径每年都被更多认可为通往 C 级高管职位的优质准备。
- 提供职业道路，使你能够站在组织战略举措的第一线，对组织的未来产生重大影响。

2.2.6　为什么项目有挑战性？

学习完 2.2.1～2.2.5 节的内容，根据自己的经验，或根据阅读的商业出版物，考生可能对成功完成一个项目的难度有了一定的了解。下面介绍项目管理具有挑战性的重要原因。

- **未涉足的领域**：每个项目都是独一无二的。要做的工作很可能是团队成员在某个特定环境中从未做过的。
- **多重期望**：每个项目都有多个干系人，他们都有自己的需求和对项目的期望。
- **沟通障碍**：由于组织的天然边界、沟通渠道和团队发展阶段的影响，必须主动管理项目信息的传递以确保适当的信息流动。
- **平衡相互矛盾的项目要求**：每个项目都定义为在规定的时间（时间）内，在批准的预算（成本）下，用一组指定的资源产生一个或多个可交付物（范围）。此外，可交付物必须达到一定的性能水平（质量），并获得关键干系人的认可（期望）。如图 2-1 所示，这些要求中的每一个要求都会影响其他要求。例如，如果需要额外的功能（范围、质量），项目的时间和成本（需要的资源）将会增加。这是出色的项目经理的关注重点。

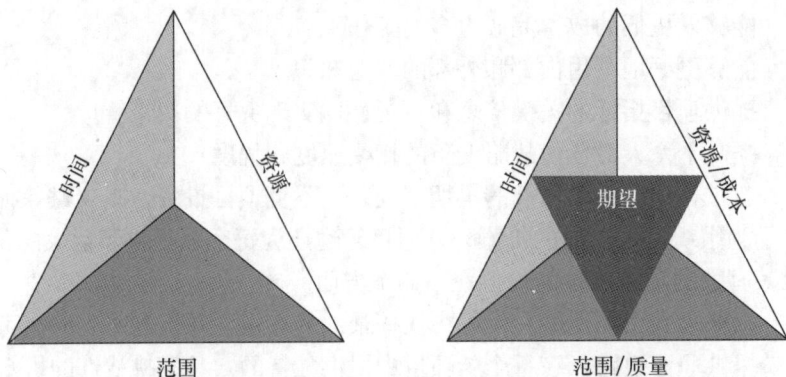

图 2-1 相互矛盾的项目要求（传统模型在左边，现代模型在右边），
总结了项目的天然矛盾的要求之间的关系

> **注意**：相互矛盾的项目要求通常被称为项目管理的三重约束。时间和成本（或资源）始终是三角形的两边。如你所见，三角形的第三条边要么是范围，要么是质量。在任何一种情况下，第三条边都是项目的"输出"。此外，这个模型的许多变体都包括客户期望的额外要求。

关键主题　为了详细说明平衡常见的项目要求和制约因素所面临的挑战，这是项目经理的重要关注点之一。其中任何一个因素的变化都可能对其他因素和项目的潜在成果产生影响或冲击。此外，项目经理必须结合干系人的期望，传达平衡这些制约因素的重要性，并了解哪些方面对干系人来说具有更高的优先级。常见的项目制约因素包括但不限于如下内容。

- **范围**：项目需完成的工作。扩大范围会导致有更多的工作要做，通常会导致更多的成本以及需要更多的时间和资源。
- **质量**：项目必须达到的质量标准。更高的质量标准往往需要做更多的工作来达到，这通常会转化为需要更多的成本和时间……而且往往是需要更多的资源。
- **进度**：完成项目所需的日历时间。进度的变化通常会对范围、质量、预算、资源或风险产生影响。
- **预算**：完成项目目标所需的成本。预算的变化通常会对项目的范围、进度或质量产生影响。
- **资源**：完成项目工作所需的资源。每个资源都涉及相关的成本，以及与资源相关的技能或质量水平。
- **风险**：在项目的规划和执行过程中，每个决定所带来的权衡。风险管理决策可能会产生影响其他制约因素的后果。

- **前沿**：项目通常是有战略性和创新性。因此，项目往往涉及新的、前沿的技术。在这种情况下，项目有更高的风险、更多的不确定性，而且更难准确估算。
- **组织影响**：除了克服项目结构造成的天然沟通障碍外，项目经理还必须管理组织审批和权力范围的重叠，协调共享资源的优先级竞争，处理可能与项目资金需求不一致的年度预算周期，并确保项目与组织的重点保持一致。
- **合作**：根据项目的战略级别和范围，项目团队将由组织内来自不同职能领域的干系人组成，他们很可能不习惯一起工作。为了确保项目的成功，这些来自不同职能领域的干系人必须学会合作，了解他人的观点，以便为项目做出最好的决策。通常情况下，项目经理在这个合作过程中起着关键的促进作用。
- **估算工作量**：估算项目的工作量是困难的，但项目的时间和成本维度是建立在这些估算之上的。鉴于项目的工作往往是独特的（以前根本没有做过，从来没有用某些工具做过，也从来没有由某些人做过），而且大多数组织没有对以前的项目（可能有类似的工作内容）保存准确的历史记录，所以很难准确估算单个工作事项的工作量，更不用说估算整个项目的工作量，以及克服在全部需求没有确定的情况下需要提供解决方案的挑战。这尤其说明了为什么敏捷管理在许多组织中越来越受欢迎和越来越多地被使用。

2.2.7　项目经理

项目经理要执行许多活动，克服挑战，在项目生命周期中承担责任。根据个人经验、行业背景以及项目管理在组织中的实施方式，这种全面的观点可能对考生有很大的启发。

为了确保对项目经理的工作有共同的理解，下面介绍项目经理在项目生命周期中所扮演的不同角色，并讨论扮演这些角色所需要的关键技能。最重要的是，本节将通过分享成功的项目经理具有的素质和其他许多项目经理所犯的常见错误来优化考生的学习曲线。

2.2.7.1　一个头衔，多种角色

人们以前可能听过很多对项目经理角色的比喻——轮船的船长、乐队的指挥、团队的教练、引擎的催化剂等。每一个比喻都富有真理性和洞察力，但每一个比喻也可能是不完整的。为了更好地理解项目经理的工作，下面简单讨论一下项目经理所扮演的每个关键角色。澄清一点，下面介绍的术语并不是考生在 PMP 考试中需要知道的术语，但这些术语在这里用来澄清项目经理的角色和思维方式。

- **规划者**：为保证项目成功，确保项目被正确且完整地定义；确保所有干系人都参与进来，确定工作方法，确保所需的资源能在适当的时间到位，并且有适当的流程来执行和控制项目。

- **组织者**：使用工作分解、估算和进度安排技术，确定项目的全部工作、工作的适当顺序、何时完成工作、谁来做哪些工作，以及工作的成本。
- **联络点**：作为所有口头和书面项目沟通的中心联络点。
- **后勤官**：确保项目在需要时拥有所需的资源、材料和设施。
- **促进者**：确保站在不同角度的干系人和团队成员能够相互理解，共同完成项目目标。
- **说服者**：争取干系人对项目定义、成功标准和方法的同意；在整个项目中管理干系人的期望，同时管理时间、成本和质量的竞争需求；在资源决策和问题解决的行动步骤上达成一致。
- **问题解决者**：利用根本原因分析经验、先前的项目经验和技术知识来解决未预见的技术问题，并采取任何必要的纠正措施。
- **保护伞**：为项目团队提供保护，使其免受政治和项目周围的"噪声"的影响，以便他们能够保持专注和高效。
- **教练**：确定并传达每个团队成员所扮演的角色以及该角色对项目成功的重要性，找到激励每个团队成员的方法，寻找提高每个团队成员技能水平的方法，并对个人绩效提供建设性意见和及时的反馈。
- **斗牛犬**：执行后续行动以兑现承诺，解决问题，完成行动事项。
- **图书管理员**：管理项目中涉及的所有信息、沟通记录和文件。
- **保险代理人**：努力识别风险，提前制定应对这些风险的措施。
- **警务人员**：始终如一地根据计划测量进度，制定纠正措施，并审查项目过程和项目交付物的质量。
- **销售人员**：说服者和教练角色的延伸，但这个角色的重点是向组织"推销"项目的好处，充当变革代理人，并激励团队成员实现项目目标，克服项目挑战。

2.2.7.2 项目经理的关键技能

尽管有效管理任何项目的人员、过程和技术方面都需要广泛的技能，但很明显，每个项目经理都应该拥有一套关键技能。这些技能类别不一定是相互排斥的，下文把它们分为 5 类以简化回顾和讨论。

1. 项目管理基础技能：项目管理的"科学"部分在本书中有所涉及，包括使用办公生产力软件（如微软 Office、电子邮件软件等）、项目管理软件、项目协作工具和工作管理工具等的技能。

2. 业务管理技能：对运营或业务线经理同样有价值的技能，如预算、财务、采购、组织动力学、团队发展、绩效管理、辅导和激励方面的技能。

3. 技术知识技能：从项目重点领域的经验和能力中获得知识的技能。有了它，项目经理就能大大提高工作效率。项目经理能有更高的可信度，可以问更好的问题，更好地验证团队成员的估算和详细计划，更好地帮助解决技术问题，开发更好的解决方案，并发挥更大的领导力作用。注意，这并不意味着项目经理是技术专家，只是意味着具备这些知识使项目经理在与技术专家合作完成项目目标时更加有效。

4.　沟通技能：因为沟通技能被 PMI 认为是最重要的项目管理技能之一，所以作者觉得有必要把沟通技能单独分类。沟通技能包括所有书面沟通技能（如通过信件、电子邮件、文件进行沟通的技能）、口头沟通技能、促进技能、演讲技能，以及最宝贵的技能——积极倾听。积极倾听可以定义为"真正的倾听"，以及带着专注、同理心和与说话者连接在一起的愿望去倾听的技能。

提示：积极倾听是出色的项目经理的"秘密武器"之一，在第 10 章中将更详细地介绍这一点。

5.　领导力技能：这个类别与其他类别有一些重叠，侧重于项目管理所需的态度和思维方式。然而，领导力技能也包括一些关键技能，如特殊人际关系和一般人际关系的建立技能、适应能力、灵活性、人员管理、客户导向程度、分析技能、解决问题的技能，以及保持大局观的技能。

注意：项目经理要在一个特定的项目中获得成功，需要的具体技能组合取决于项目的规模和性质。例如，作为一般规则，在大型项目中，技术知识不如其他类别的技能重要。

截至 2022 年，PMI 在 PMI 人才三角中把这些关键技能组合成 3 个类别，如图 2-2 所示。

- **工作方式**：与项目、项目集和项目组合管理的特定领域有关的知识、技能和行为。履行自己角色的技术方面。这个类别以前被称为技术项目管理。
- **权力**：指导、激励和引导团队以帮助组织实现其业务目标所需的知识、技能和行为。这个类别以前被称为领导力。
- **商业敏锐度**：在行业和组织中的知识和专长可用于提高绩效，更好地交付商业成果。这个类别以前被称为战略和商业管理。

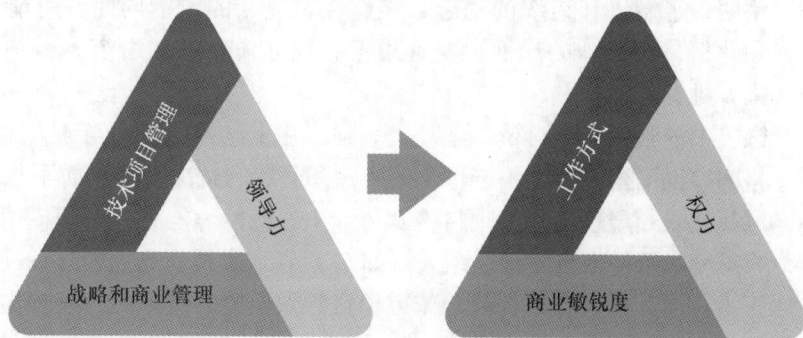

图 2-2　PMI 人才三角（经 PMI 许可使用）

我知道，我知道……看完这些，你可能在想以下的一个或多个问题。

- "你一定是在开玩笑！我需要在所有这些类别都很出色才能管理一个项目？"
- "等等！我以前也做过项目，但我还没有见过一个能做到在所有这些类别都很出色的项目经理。"
- "等等，你一定是在开玩笑！如果有人在所有这些类别都很出色，他会成为我们公司的 C 级管理人员。"

为了帮助回答所有这些问题，请你理解两个重要的意见。

1．许多项目都不成功。

2．你不需要在所有这些类别中得到"A"，就能成为一名成功的项目经理。

关键是项目经理要有正确的技能组合来满足特定项目的需求。此外，根据这些技能类别进行自我评估，你可以利用优势，弥补不足，并关注自我提高计划。

2.2.7.3 成功的项目经理的素质

鉴于项目经理所扮演的角色众多，所需的技能广泛，以及成功交付项目的内在挑战，我们需要找到加速学习的方法。加速学习的两个关键方法是了解成功的项目经理的素质和了解项目经理的常见错误。

成功的项目经理没有共同的性格类型、外表或体格，但他们确实有 4 个重要的特征。

1．他们专注于整个项目的沟通、协作和参与。

2．他们通过为团队配备相应的人员来弥补任何技能上的不足。

3．他们避免出现 2.2.7.4 节所述的常见错误。

4．他们为项目管理带来了一种思维方式和方法，最能体现以下一种或多种素质。

- **掌握所有权**：对项目承担责任和履行义务，以身作则，为项目带来活力和动力。如果没有这种素质，世界上所有的技能和技术都无法让项目经理走得更远。
- **精明**：了解人和组织的动态；能够应对复杂的政治局面；有能力快速识别和化解情绪激烈的局面；快速思考；建立关系；利用个人影响力为项目带来好处。
- **微笑中的强度**：在自信、坚韧、顽强、注重结果的风格与让人愿意帮助的风格间取得平衡；持续跟进每一个问题和问题的解决过程，而不惹恼所有人。
- **风暴之眼**：展现出作为项目"飓风"中心的冷静能力；对模糊情况有很高的容忍度；承受来自关键干系人（如 C 级管理人员、业务经理和项目团队）的压力；当其他人有出现问题或因项目导致压力的迹象时，表现出平静、自信的态度。

- **强大的客户服务导向**：表现出从每个干系人的角度看问题的能力；能够为所有关键干系人（尤其是发起人）向项目团队提供意见；有很强的促进和协作能力；有很好的积极倾听能力。
- **以人为本**：采取以团队为导向的方法；理解尽管方法论、过程和工具很重要，但如果没有高质量的人员，就很难成功地完成项目。
- **始终集中注意力**：始终专注于项目的目标和任务。有许多方法可以完成特定的目标，当事情没有按计划进行时，记住这一点尤其重要。
- **控制激情**：在完成项目目标的热情与保持健康的超然视角之间取得平衡，这使项目经理能够做出更好的决定，持续看到所有的观点，更好地预测风险，并更好地应对项目问题。
- **健康的多疑**：在自信和积极的心态下，保持一种现实主义的态度，不假设任何事情，不断质疑，并验证一切。
- **理解背景**：理解项目的背景——该项目在组织的项目组合中具有的优先权，以及它如何与组织的总体目标保持一致。
- **寻找潜在问题**：不断寻找和倾听潜在的风险、问题或障碍；直面疑问；立即处理用户的不满情绪；理解这些情况大多是机会，可以在它们演变成全面危机之前将其解决。

2.2.7.4　项目经理的 15 个常见错误

了解最常见的项目经理犯的错误将有助于项目经理集中精力，在项目中避免犯同样的错误，同时帮助考生避免在考试中选择错误选项。以下是项目经理的一些常见错误。

1．没有明确理解或确保项目符合组织目标。
2．在整个项目中没有正确管理干系人的期望。
3．没有获得关键干系人对项目目标和成功标准的认同和支持。
4．没有制订切实可行的进度计划，该进度计划包括所有的工作、任务依赖关系、自下而上的估算和分配的相应水平的资源。
5．没有获得干系人对项目进度的认同和接受。
6．没有明确沟通和决定谁负责什么。
7．没有利用变更控制程序来管理项目的范围。
8．没有与所有的关键干系人进行一致和有效的沟通。
9．没有执行项目计划。
10．没有在项目早期消除关键风险。
11．没有积极主动地识别风险并为这些风险制订应急计划（应对措施）。

12．没有在正确的时间获得具有正确技能的适当资源。

13．没有积极地寻求问题的解决方法。

14．没有充分地定义和管理需求。

15．对项目团队的管理和领导不力。

2.2.7.5 项目经理 vs 敏捷教练 vs 产品负责人

为了进一步澄清项目经理的角色，下面快速回顾一下这个角色在敏捷型项目中的不同之处，特别是其与敏捷过程中两个重要角色的不同之处：敏捷教练（Scrum Master，SM）和产品负责人（Product Owner，PO）。随着敏捷型项目方法和 Scrum 敏捷方法论的不断采用，人们最初常常对项目经理在这种环境中的定位感到困惑，因为 Scrum 敏捷方法论并没有定义项目经理的角色。坦率地说，许多组织在向采用敏捷型项目方法和 Scrum 敏捷方法论过渡时，都在努力弄清如何利用组织现有的项目经理。结果，正是这种挣扎导致了敏捷型项目中关于项目经理角色的混乱和不确定性。

总之，当理解了敏捷教练、产品负责人和项目经理的角色后，就会更容易看到每个角色的重要性，以及为什么他们都是成功的项目所需要的。

在本书第 1 章中，PMI 对纯粹的敏捷型项目中的敏捷教练的角色使用了团队促进者的说法，并没有为纯粹的敏捷型项目定义一个传统的项目经理的角色。因此，从技术上讲，这个讨论适用于 PMI 的混合型项目，而现实世界中的大多数敏捷/适应型项目在实施中并不纯粹。

说到这里，首先简单讨论一下每个角色以帮助你快速理解。

- **敏捷教练**：定义的 Scrum 指导角色，专注于核心团队并指导他们完成 Scrum 过程。敏捷教练是开发团队和产品负责人甚至是组织的教练和促进者。敏捷教练专注于工作过程，致力于突破瓶颈，并不断努力改进过程。PMI 称这个角色为团队促进者。
- **产品负责人**：定义的 Scrum 指导角色，专注于最大化所交付产品的价值。产品负责人代表客户，负责定义待办事项（如需求和功能），设定优先级，并在每个冲刺（工作增量）后向核心开发团队提供反馈。
- **项目经理**：这个角色作为项目本身的总体领导者和管理者。项目经理与敏捷教练和产品负责人合作，确保项目满足组织和业务的需求。项目经理负责按时、按预算、按商定的范围交付项目。此外，项目经理还负责组建团队，规划预算，制定和维护项目进度，提供项目沟通途径，管理项目问题和风险，以及协调发布和部署过程。

这 3 个角色看起来相当简单，对吗？那么，困惑出现在哪里呢？根据作者的经验，这些困惑来自以下这些因素中的一个（如果不是全部）。

- 一些传统的项目经理职能是由敏捷教练、产品负责人和核心敏捷团队共同承担的。
- 敏捷教练和/或产品负责人的角色没有得到适当的配备，或者个人缺乏必要的 Scrum 培训。
- 由一个人担任这些角色的组合。

现在，是否可以由一个人在混合型项目中同时担任这 3 个角色？当然可以，但这确实有较高的损害 Scrum 过程的风险。最常见的项目成功情况之一是项目经理同时担任敏捷教练的角色，但这需要项目经理有适当的技能、时间和接受过适当的培训来正确地担任这两个角色。一般来说，组织结构与 Scrum 敏捷角色越一致，组织在成功利用 Scrum 敏捷方法论方面越成熟，这些角色的区别和重要性就越清晰。

2.3　项目管理基础知识

到目前为止，本章已经介绍了项目、项目管理和项目经理角色等核心关键概念，下面从学术角度来看看项目管理领域的广度。这些内容是考生需要了解的项目管理基础知识，以便在考试中取得更好的成绩。

PMI 在其前 6 个版本的标准中，将项目管理定义为 5 个过程组（见表 2-5）、10 个知识领域（见表 2-6）和一个矩阵图，将所有不同的过程映射到过程组和知识领域。这些参考资料取自 PMI 的《PMBOK®指南》第六版。

关键主题

表 2-5　　　　　　　　　项目管理过程组

序号	过程组	根据《PMBOK®指南》第六版的描述	常见术语
1	启动	定义一个新项目或现有项目的一个新阶段，授权开始该项目或阶段的过程	初步规划 开工
2	规划	明确项目或项目阶段的范围，优化目标，并为实现目标制定行动方案的过程	定义 制订计划 设定阶段
3	执行	协调执行项目或项目阶段的计划所需的人员和资源的过程	实施 完成 协作
4	监控	跟踪、审查和调整项目或项目阶段的进展与绩效，识别必要的计划变更并启动相应变更的过程	跟踪进展 保持方向 衡量实际与计划绩效
5	收尾	正式完成或关闭项目、项目阶段或合同所执行的过程	转移 收尾

表 2-6　　　　　　　　　　　　项目管理知识领域

序号	知识领域	根据《**PMBOK**®指南》第六版的描述	常见可交付物
1	整合管理	为识别、定义、组合、统一和协调项目管理过程组的各个过程和项目管理活动而开展的过程和活动	项目章程 项目管理计划 变更请求 工作成果
2	范围管理	确保项目做且只做所需的全部工作以成功完成项目的各个过程	范围说明书 工作分解结构 正式验收
3	进度管理	为管理项目按时完成所需的各个过程	进度网络图 工作估算 项目进度
4	成本管理	为使项目在批准的预算内完成而对成本进行规划、估算、预算、融资、筹资、管理和控制的各个过程	成本估算 项目预算
5	质量管理	把组织的质量政策应用于规划、管理和控制项目和产品质量，以满足干系人的期望的各个过程	质量管理计划 检查表 质量审查
6	资源管理	为最有效地利用项目所涉及的人员、设备、供应品、原材料、设施等所需的各个过程	资源需求 角色和责任矩阵 组织结构体 绩效测量
7	沟通管理	为确保项目信息及时且恰当地规划、收集、生产、发布、存储、检索、管理、控制、监督和最终处置所需的各个过程	沟通管理计划 状态报告 演示 经验教训 知识库
8	风险管理	规划风险管理计划、识别风险、开展风险分析、规划风险应对计划、实施风险应对计划和监督风险的各个过程	风险管理计划 风险应对计划 风险登记册
9	采购管理	项目团队从外部采购或获取所需产品、服务或成果的各个过程	采购管理计划 采购说明书 建议书 合同
10	干系人管理	识别干系人，分析干系人的期望和对项目的影响，制定合适的管理策略来调动干系人有效参与项目决策和执行的各个过程	干系人登记册 干系人参与计划 项目进度 问题日志 变更请求

　　然而，在《PMBOK®指南》第七版中，PMI 进行了重大更新以应对不断变化的形势，强调项目价值和成果，并包含成功的从业人员如何实际应用这些过程组和知识领

域为其组织交付成功的项目。因此，尽管项目管理过程组和知识领域不是《PMBOK®指南》第七版的一部分，但这并不会改变它们是一个成功的从业人员需要熟悉并知道何时和如何应用的项目管理基础知识的事实。

图 2-3 基于《PMBOK®指南》第六版，总结了项目管理过程组之间的关系。

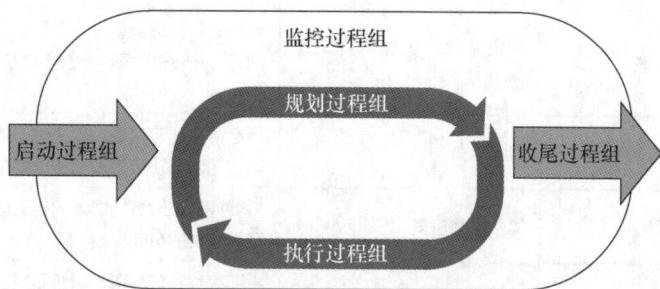

图 2-3 项目管理过程组之间的关系

注意：《PMBOK®指南》第六版于 2017 年发布。《PMBOK®指南》第七版于 2021 年 8 月正式发布。PMI 的目标是每 4 年对《PMBOK®指南》进行一次更新。

正如第 1 章所述，《PMBOK®指南》第七版提供了一个可根据组织和具体项目需求进行定制的基础。PMI 现在将项目管理定义为 12 项项目管理原则（见表 2-7）和 8 个绩效域（见表 2-8）。这些原则与 PMI 期望的每个绩效域的执行方式交织在一起，本书将在后续章节对它们进行详细介绍。

关键主题

表 2-7 《PMBOK®指南》第七版中 12 项项目管理原则的说明

序号	类别	原则标签	原则说明
1	管家式管理	成为勤勉且尊重和关心他人的管家	在遵守内部和外部准则的同时，管家应以负责任的方式行事，以正直、关心和可信的态度开展活动
2	团队	营造协作的项目团队环境	与独自工作的个人相比，协同工作的项目团队可以更有效率且有效果地实现共同目标
3	干系人	有效的干系人参与	积极主动地让干系人参与进来，使他们的参与达到促使项目成功和客户满意所需的程度
4	价值	聚焦于价值	对项目是否符合商业目标以及是否可以实现预期收益和价值持续进行评估并作出调整
5	系统思考	识别、评估和响应系统交互	从整体角度识别、评估和响应项目内部和周围的动态环境，从而积极地影响项目绩效
6	领导力	展现领导力行为	展现并调整领导力行为，为个人和团队的需要提供支持，并促进项目成功

续表

序号	类别	原则标签	原则说明
7	裁剪	根据环境进行裁剪	根据项目的背景及其目标、干系人、治理和环境设计项目开发方法，使用"刚好够"的过程实现预期成果，同时使价值最大化、管理成本并提高速度
8	质量	将质量融入过程和可交付物中	对可交付物的质量保持关注，这些可交付物要符合项目目标，并与相关干系人提出的需要、用途和验收需求保持一致
9	复杂性	驾驭复杂性	不断评估和应对项目复杂性，以便方法和计划能够帮助项目团队成功应对项目生命周期
10	风险	优化风险应对	持续评估风险敞口以最大化正面影响，并最小化对项目及其成果的负面影响
11	适应性和韧性	拥抱适应性和韧性	将适应性和韧性融入组织和项目团队的方法之中，以帮助项目适应变革，从挫折中恢复并推进项目工作
12	变革	为实现预期的未来状态而驱动变革	使受影响者做好准备，以采用和维持新的和不同的行为和过程，即从当前状态过渡到项目成果所带来的预期的未来状态所需的行为和过程

注意：《PMBOK®指南》第七版中的 12 项项目管理原则反映了敏捷宣言中的价值观和原则的影响。

表 2-8 　　《PMBOK®指南》第七版中项目管理的 8 个绩效域的描述

序号	绩效域	关注点	期望的成果
1	干系人	与干系人相关的活动和功能	与干系人建立富有成效的工作关系 干系人对项目目标表示同意
2	团队	与负责产出项目可交付物的人员相关的活动和功能	共享责任 高绩效团队 所有团队成员都展现出相关领导力和其他人际关系技能
3	开发方法和生命周期	与项目的方法、节奏和生命周期阶段相关的活动和功能	与项目可交付物相符的开发方法 从项目开始到结束的项目生命周期，将交付与价值联系起来 由促进产出项目可交付物的交付节奏和开发方法组成的项目生命周期
4	规划	与确保交付项目可交付物和项目成果所需的初始、持续进行和不断发展的组织和协调相关的活动和功能	项目以有条理、协调一致和经过周密考虑的方式推进一种交付项目成果的整体方法 对不断演变的信息做出了详细说明，以生成项目可交付物和项目成果 规划所花费的时间与情况相符 规划信息足以用于管理期望 根据新出现的和不断变化的需要或条件，有一个对计划进行调整的过程

续表

序号	绩效域	关注点	期望的成果
5	项目工作	与建立项目过程、管理实物资源和营造学习环境相关的活动和功能	有效率且有效果的项目绩效 适合项目和环境的项目过程 干系人的适当沟通和参与 有效管理实物资源 对采购进行有效管理 通过持续学习和过程改进提高团队能力
6	交付	与交付目标范围和质量相关的活动和功能	项目有助于实现业务目标 项目实现预期的成果 在规划的时间框架内实现了项目收益 项目团队对需求有清晰的理解 干系人对项目可交付物感到满意
7	测量	与评估项目绩效和采取适当行动以维持可接受绩效相关的活动和功能	对项目状况有可靠的了解 可操作的数据，以促进决策 及时采取适当行动，确保项目绩效处于正轨 根据可靠的预测和评估做出明智而及时的决策来实现目标并产生商业价值
8	不确定性	与风险和不确定性相关的活动和功能	了解项目整体运行环境 积极探索和应对不确定性 了解项目中多个变量之间的相互依赖性 能够预测威胁和机会并了解后果 利用机会改进项目的绩效和成果 利用成本和进度储备，以保持与项目目标的一致性

注意：项目管理是一个广阔的领域，在专业化和深入研究方面有很大的潜力。一些相关的图书和培训课程专注于对个别过程组、知识领域、原则和绩效域进行高级分析。

　　同样，根据个人经验，考生可能没有意识到项目管理包括所有这些要素，也可能没有在组织中作为一个项目经理实际执行所有这些活动。然而，重要的是要了解你在这个考试中的发挥领域有多大。本书不会完全介绍这些项目管理基础知识的每个方面——过程组、知识领域、原则和绩效域——但本书将提供对所有这些知识的指导和见解，以提高考生在考试中的效率。

项目生命周期

关键主题

　　在继续介绍项目环境的关键方面之前，先来谈谈与项目生命周期有关的一些关键基础知识，这些是考生在考试中需要知道的。**项目生命周期**包括从项目开始到项目结束的整个过程。任何给定项目的具体生命周期都会因行业、组织、项目风险程度和项目目标的性质的不同而不同，本书在第 3 章中会更详细地探讨这个话题。

概括地说，3 种不同的项目方法会影响到项目生命周期的具体性质，分别是预测型方法、混合型方法和适应型方法。预测型方法是传统的、瀑布式的方法，当需求在前期固定，且团队从一开始就有信心完成详细的计划时，就会使用这种方法。适应型方法通常被称为敏捷方法，在需求不确定和/或有变化时使用。在适应型方法中，工作被分解成短期迭代，并且需要与客户进行大量的互动和反馈，目的是产生可行的产品，并尽快满足优先需求。在混合型方法中，项目同时利用了预测型和适应型元素。混合型项目通常使用增量型和迭代型方法的不同方面，而且可能有广泛的实践方式。关键是为项目中的每个目标成果使用正确的方法。如前所述，本书将在第 3 章中更详细地介绍所有这些内容。

除了公认的不同的高层级方法，几乎所有的项目都有一些共同的特点，考生可能会在考试中遇到一些考查考生对这些特点的理解的题目。

- **风险和不确定性的水平在项目开始时是最高的**：随着项目的成熟，人们对项目和它所生产的产品有更多的了解。这个过程被称为渐进明细。随着人们对项目和它所产生的产品的了解增多，所有的计划和预测都变得更加准确，风险和不确定性的水平也随之降低。这是敏捷型和混合型方法越来越受欢迎和被接受的原因之一，也是为什么在项目早期阶段会包括可行性研究、原型法和概念证明等技术，以便在进行重大投资之前消除风险。

- **干系人在项目开始时对项目的成果施加最大的影响**：一般来说，在项目开始后，干系人的影响不断下降。他们对项目成果的影响在项目结束时处于最低点。这也是敏捷型和混合型方法现在更常用的另一个原因，因为从设计上来说，它们能让干系人的影响在更长的时间内保持较高的水平。

- **成本和活动量在整个项目中是不同的**：成本和活动量在项目开始时都很低，随着项目工作的执行而增加，并在项目接近完成时逐渐降低并趋于最低水平。

- **变更越早确定，成本就越低**：任何与项目变更相关的成本在项目开始时都处于最低点。此时还没有做任何工作，所以变更很容易。随着更多工作的完成，任何变更的成本都会上升。在敏捷型和混合型方法中，从本质上讲，这些方法可以预见变更，但项目经理仍然应该试图尽早识别任何重大变更的需要。

参见图 2-4，以说明这些关键的项目生命周期特点。

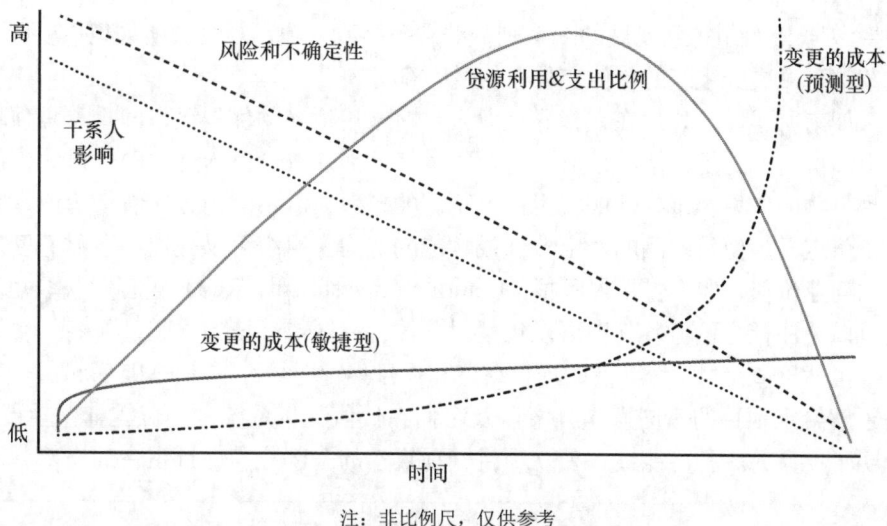

注：非比例尺，仅供参考

图 2-4　项目生命周期特点

2.4　项目环境

2.2 节和 2.3 节介绍了项目管理的核心概念和项目管理基础知识，下面讨论项目环境，以及与此相关的、考生在考试中需要了解的重要方面。

首先，承认一个显而易见的事实：项目并不存在于真空中。项目在组织内运作，目的是为该组织的干系人创造价值。鉴于此，组织内部和组织外部都会对项目产生明显的影响。

2.4.1　价值交付系统

关键主题

本节从第 1 章中提到的一个概念开始：价值交付系统。这个概念在 PMI 中并不新鲜，过去只是以不同方式谈论它。PMI 一直承认，大多数组织在任何时候都有多个项目同时运行，项目可以独立运行，可以作为项目集的一部分运行，也可以作为项目组合的一部分运行。为了澄清这一点，PMI 将**项目集**定义为一组相互关联且被协调管理的项目和活动，以便获得分别管理所无法获得的收益。项目集的一个例子是一家房屋建筑公司开发一个新社区。社区开发项目是项目集，每座正在建造的房屋都是其项目。此外，PMI 将**项目组合**定义为为实现战略目标而组合在一起管理的项目、项目集、子项目组合和运营工作。按照相同的房屋建设来举例，项目组合是公司已经规划或正在规划的未来几年的所有新社区开发项目，而每个社区开发项目都是一个项目集。

通过《PMBOK®指南》第七版中的价值交付系统，PMI 建议组织应系统地确保战略目标和目的侧重于干系人的价值，并且组织的活动和资源管理，包括运营，应与交付干系人价值保持一致并专注于此。具体而言，PMI 将价值交付系统定义为旨在建立、维持和/或使组织得到发展的一系列战略业务活动。项目组合、项目集、项目、产品和运营都可以成为组织的价值交付系统的一部分。

如前所述，PMI 现在在指导从业人员时采用适当的优先级，即重点是项目交付的成果和价值。这是衡量项目成功与否的最终标准。按价值衡量，PMI 认为价值指的是某种事物的作用、重要性或实用性。不同的干系人以不同的方式看待价值。客户可以将价值定义为使用产品的特定特性或功能的能力。组织可以关注基于财务度量指标确定的商业价值，如广告投入回报（Return on Investment，ROI）或客户获取矩阵。组织还可以关注社会价值，其中可以包括对群体、社区或环境的贡献。

虽然价值交付系统涉及的项目组合和项目集管理学科不是 PMP 考试的一部分，但是了解给定项目的不同操作方案以及它们在价值交付系统中的位置非常重要。图 2-5 说明了项目的 3 种可能性：独立项目、项目集的一部分和项目组合的一部分。

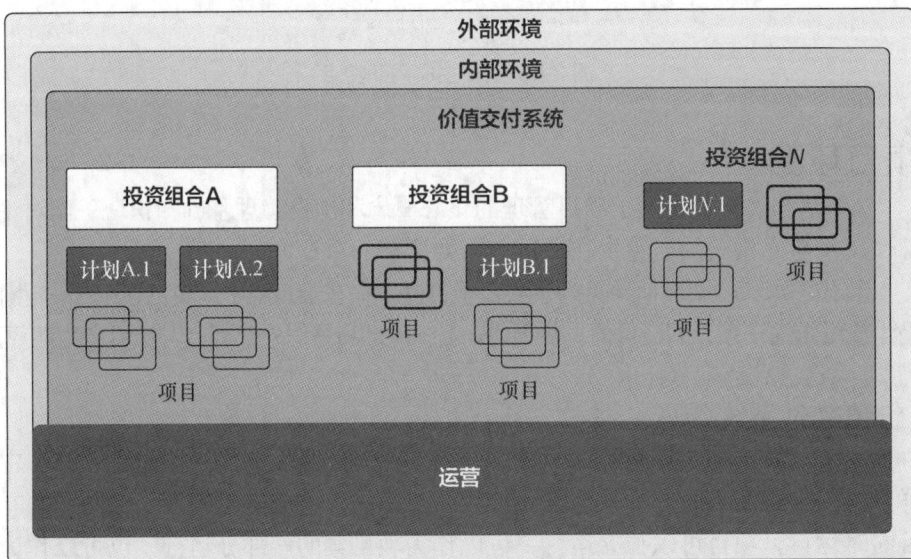

图 2-5　价值交付系统示例

2.4.2　干系人

关键主题　正如在 2.4.1 节中提到的，项目的存在是为了交付价值，对于受项目影响的各个干系人来说，价值可能不同。尽管 PMI 现在有关于干系人管理的整个绩效域，并且本书将在第 5 章中详细介绍干系人管理，但在本节，作者希望确保考生对于干系人是谁有基本了解。在某些工作环境中，人们对干系人受众（不仅仅是客户）的看法可能有限。此外，可以随着项目在整个生命周期中的进展而变化和发展。为了帮助建立这个基础置此基准，以下列表包含项目中的典型干系人。

- **项目经理**：负责管理项目的人。
- **客户**：购买项目产品的个人或组织。可以与项目发起人相同，但并非总是如此。
- **最终用户**：将接收和使用项目产品或服务的个人或组织。
- **执行组织**：执行项目工作的组织。
- **项目团队成员**：直接参与执行项目工作的团队成员。
- **发起人**：为项目提供权力和财务资源的个人或组织。
- **项目领导团队（如 PMO、指导委员会、理事机构）**：直接参与项目管理、指导或治理的项目团队成员。
- **供应商**：向执行组织提供商品或服务以帮助完成项目工作的个人或组织。
- **监管机构**：负责从法律上规范目标活动的公共组织或政府机构。对于项目，监管机构可以要求相关人员必须遵守标准才能成功完成项目。
- **运营**：组织内日常履行组织职能所需的小组和活动。

2.4.3　组织环境

项目在组织环境中运行，组织结构和项目的组织成熟度水平将极大地影响项目经理履行其职责以及决定哪些类型的资产将帮助他们执行项目工作。本节将介绍现在存在的各种组织结构及其对项目的影响。组织结构会影响运营和项目之间的关系，并且至少会影响项目的以下方面。

- 项目经理的权力。
- 资源可用性。
- 项目的预算控制。
- 项目经理和行政人员角色。

2.4.3.1　职能型组织结构

职能型组织结构是一种经典的层级结构，其中每个员工都有上级。组织按专业知识管理员工，员工完成的工作通常限定于该专业知识。与其他部门的沟通通常通过将信息请求向上传递到高层级结构并传递给所需的部门或经理来实现。在所有组织结构中，职能型组织结构对项目经理来说往往是最难管理的，因为资源没有完全分配给项目，项目经理缺乏控制工作分配和人员的决策权，通常必须与多个职能经理（Functional Manager，FM）合作以获取资源。在这种环境中，项目经理通常更像是项目加速者。

2.4.3.2　矩阵型组织结构

矩阵型组织结构是处于职能型组织结构和项目导向型组织结构之间的混合组织结构。矩阵型组织结构又分为弱矩阵型组织结构、平衡矩阵型组织结构和强矩阵型组织结构。三者之间的区别在于授予项目经理与职能经理分配资源和管理项目的权力级别不同。弱矩阵型组织结构为职能经理授予更多权力，而强矩阵型组织结构为项目经理授予更多权力。顾名思义，平衡矩阵型组织结构平衡职能经理和项目经理之间的权力。在弱矩阵型组织结构中，项目经理更像是项目协调员。

2.4.3.3 项目导向型组织结构

在项目导向型组织结构中，没有定义的层级结构，工作是基于项目的。项目经理拥有获取资源、管理项目和实现项目目标的全部权力。这包括在必要时将麻烦和问题上报给组织最高层的权力。尽管项目经理同样也对项目的成果负全部责任，无论其是积极的还是消极的，但对于项目经理来说，项目导向型组织结构是最理想的工作环境。

表 2-9 总结了组织结构的类型、项目管理属性及其优劣势。

关键主题

表 2-9　　　　　　　　　　组织结构对项目的影响汇总

类型	职能型	弱矩阵型	平衡矩阵型	强矩阵型	项目导向型
描述	传统型 员工向职能经理汇报	项目经理和职能经理分担责任，职能经理拥有更大的权力	项目经理和职能经理分担责任，各自拥有同等的权力	项目经理和职能经理分担责任，项目经理拥有更大权力	职能部门下不存在项目。项目经理通常拥有唯一的管理权
项目经理角色	项目加速者 兼职或受限	项目协调员 兼职 参与度增加	项目管理者 全职	项目管理者 全职	项目管理者 全职
项目经理权力级别	很低	低	从低到适当	从适当到高	高
团队成员分配	兼职	兼职	兼职	全职	全职
资源可用性	很低	低	从低到适当	从适当到高	高
优势	职能经理对工作人员和项目负责	项目经理具有一定程度的权力来管理项目	项目经理增加了分配资源和管理项目的权力	项目经理拥有分配资源和管理项目的进一步权力	项目经理拥有分配资源和管理项目的全部权力
劣势	项目经理几乎没有或没有权力	职能经理和项目经理之间可能会发生冲突	可能在谁实际负责项目的哪些部分上产生混淆	除非项目经理随时通知职能经理，否则职能经理可能会感到被排除在过程之外	项目经理全权负责

2.4.3.4 其他组织因素

除了组织结构之外，其他组织因素也会影响项目。每个因素可以是有利的、不利的或中性的。项目经理需要清点这些因素，尤其是在规划项目时。可能影响项目的常见组织因素如下。

■ **过程资产**：组织内存在的工具、方法论、方法、模板、框架、模式和其他 PMO

资源；属于 OPA 的一部分。

- **数据资产**：数据库、文档库、历史指标和以前项目中的工件；属于 OPA 的一部分。
- **知识资产**：存在于项目团队成员和组织其他成员中的隐性知识。
- **治理系统和文档**：组织结构、系统、过程、政策和程序，规定如何在整个项目生命周期中建立、管理和监控项目；属于 OPA 的一部分。
- **组织文化**：组织内存在的愿景、使命、价值观、文化规范、领导风格、道德、风险承受能力和行为准则。
- **安保和安全**：与设施访问、数据保护、保密级别和专有信息有关的政策和程序。
- **基础设施**：组织内现有的设施、设备和通信渠道、信息技术硬件、软件和容量。
- **信息技术**：用于促进项目工作的软件系统，如项目管理信息系统（Project Management Information System，PMIS）、调度软件、团队协作工具、配置管理系统、工作授权系统以及与现有系统的接口。
- **设施和资源的地理分布**：工作设施、团队成员和共享系统的物理位置。
- **采购程序**：组织批准的供应商和承包商、合作协议、与资源采购有关的任何限制以及采购资源的预期时间表。
- **员工能力**：组织员工中存在的一般和专业知识、技能、专长和能力。

关键主题　值得注意的是，PMI 在《PMBOK®指南》第七版中修改了涵盖项目环境中各种内部和外部因素的方式，而不再采用以前的方式。在《PMBOK®指南》第六版中，内部因素和外部因素被分类为 OPA 和**事业环境因素**（Enterprise Environment Factor，EEF）。OPA 包括以上列表中包含的过程资产、数据资产以及治理程序等资产，EEF 包括以上列表中的其他组织因素以及 2.4.4 节介绍的所有外部因素。

关键主题　### 2.4.3.5　项目管理办公室

下面要强调的内部组织环境的一个方面是项目管理办公室（PMO），考生可能会在考试中遇到有关题目。许多组织发现项目管理是如此有效，以至于他们愿意维持一个组织单元，主要负责管理项目和项目集。该单元通常称为 PMO。PMO 负责协调项目，在某些情况下，为管理项目提供资源。PMO 可以通过维护项目管理标准并在组织内实施通用的策略和过程来简化项目经理的工作。PMO 可以通过以下方式向项目经理提供支持。

- 对 PMO 所辖的全部项目的共享资源进行管理。
- 识别和制定项目管理方法、最佳实践和标准。

■ 提供指导、辅导、培训和监督。
■ 通过项目审计，监督相关人员对项目管理标准、政策、程序和模板的遵守程度。
■ 制定和管理项目管理标准政策、程序、模板和其他共享的文件（如 OPA）。
■ 对跨项目的沟通进行协调。

PMO 有 3 种类型，具体取决于 PMO 对项目的影响和控制程度。

■ 支持型：PMO 提供技术和行政支持，并根据需要向项目经理提供意见。这种类型的 PMO 对项目的影响和控制程度很低。
■ 控制型：PMO 不直接管理项目，但确实要求遵守组织方法论、框架和工具。这种类型的 PMO 对项目的影响和控制程度中等。
■ 指令型：PMO 直接管理项目。这种类型的 PMO 对项目的影响和控制程度很高。

2.4.4 外部因素

除了组织内的因素可能影响项目外，组织外部的因素也会影响项目。和 2.4.3 节介绍的一样，对项目来说，每个因素都可以是有利的、不利的或中性的。以下是一些需要注意的常见外部因素。

■ **市场条件**：包括市场竞争、市场份额、品牌知名度、关键季节性销售期、技术趋势和商标等因素。
■ **社会和文化影响**：包括政治氛围、习俗、道德、观念、传统、公共假期以及特定于项目所在地区和文化的事件。
■ **监管环境**：包括影响数据保护、安全、商业行为、就业、许可或采购的国家或地区层面的法律和法规。
■ **行业标准**：包括影响产品功能、质量或工艺的适用标准。这些标准也会影响产品的生产和环境。
■ **物理环境**：包括影响工作条件的任何因素，例如天气。
■ **财务考虑**：包括货币汇率、利率、税收、关税和通货膨胀。
■ **商业数据库**：包括标准成本估算和行业风险分析数据库。
■ **学术研究**：包括行业研究、出版物和基准测试结果。

备考任务

2.5 复习所有关键主题

复习本章中最重要的关键主题，这些关键主题在相应页面都标记有"关键主题"图标。表 2-10 列出了这些关键主题以及相应的描述。

关键主题

表 2-10　　　　　　　　　第 2 章的关键主题以及相应的描述

关键主题	描述
段落	项目管理的定义
段落	项目的定义
表 2-2	项目与运营的比较
表 2-3	项目和产品的比较
表 2-4	《PMBOK®指南》第七版中对与项目相关的职能的简要说明
段落	平衡常见的项目要求和制约因素
章节	项目经理的关键技能
表 2-5	项目管理过程组
表 2-7	《PMBOK®指南》第七版中 12 项项目管理原则的说明
章节	项目生命周期
章节	价值交付系统
章节	干系人
表 2-9	组织结构对项目的影响汇总
段落	OPA 和 EEF
章节	项目管理办公室

2.6　复习题

1. 以下哪项不被视为 EEF？

   A. 市场状况

   B. 公司政策

   C. 政府条例

   D. 文化

2. 以下哪项将被视为 OPA？

   A. 监管要求

   B. 当前的项目的经验教训登记册

   C. 企业文化

   D. 组织的标准操作程序

3. 以下哪项将被视为项目制约因素？

   A. 预算

   B. 资源和进度

   C. 预算、进度和质量

   D. 质量、资源、进度和预算

4. 你的职能经理告诉你，她将负责做出项目的所有关键决策，但你将有权将任务委派给团队成员。你的角色是什么？

    A. 项目经理

    B. 项目协调员

    C. 团队促进者

    D. 项目加速者

5. 某寿险公司的项目经理正在尝试完成一个工作包应用程序实施项目，但无法从关键资源那里获得计划中的工作时间来完成关键路径任务。这些关键资源专注于完成其日常工作，项目经理无法控制这些人的工作分配。此方案是哪种类型的组织结构的示例？

    A. 项目导向型

    B. 紧密矩阵

    C. 职能型

    D. 平衡矩阵型

6. 关于管理和领导在项目中的重要性，除了以下哪项陈述，其他所有陈述都是错误的？

    A. 技术领导在项目管理中至关重要

    B. 一个项目只能有一个领导

    C. 在大型项目中，项目经理不应成为项目的领导者

    D. 管理主要关注的是始终如一地产生干系人所期望的关键成果

7. 项目经理需要具备扎实的沟通、领导和谈判技能，主要是因为以下哪项原因？

    A. 他们必须向高级管理层介绍情况和制作简报

    B. 他们可能在领导一个团队，但对团队成员没有直接控制权

    C. 他们必须能够有效地分享他们的技术专长

    D. 这些技能是锁定与分包商和供应商的最佳交易所必需的

8. 以下哪项陈述最能描述项目生命周期阶段与项目管理过程之间的关系？

    A. 项目管理过程与项目生命周期阶段一一对应

    B. 项目生命周期阶段可以在项目管理过程中重复

    C. 项目管理过程可以在项目生命周期阶段中重复

    D. 项目管理过程完全独立于项目生命周期阶段

9. 你是一家地区医院公司的项目经理。你已被分配负责管理执行每月安全漏洞评估并解决任何已识别漏洞的项目。你质疑这样的工作分配是因为以下哪项原因？

    A. 安全漏洞评估不会对组织的价值交付系统产生重大影响，并没有重要到足以归类为项目的程度

    B. 安全漏洞评估不会生成特定的产品，因此它不是一个项目

    C. 安全漏洞评估不能被视为项目，因为没有指定开始日期

D. 除了缺乏目标结束日期外，评估的重复性质意味着安全漏洞评估根本不是一个项目

10. 在人力资源软件实施项目中，两个项目团队成员难以协同工作。他们来找你寻求解决问题的帮助。你是项目经理，你可以立即安排一场包括职能经理在内的会议。会议结束后，你和职能经理讨论问题并就解决方案达成一致。这种类型的管理可能表明你在什么类型的组织结构中工作？

A. 平衡矩阵型

B. 职能型

C. 弱矩阵型

D. 项目导向型

11. 以下哪项陈述最能描述干系人对预测型项目生命周期的影响？

A. 干系人不直接影响项目的结果，他们只提供权威意见和资源

B. 干系人最终指导所有项目活动

C. 干系人的影响力在项目开始时最高，并在整个项目中趋于下降

D. 干系人的影响力在项目开始时很低，并且在整个项目中会增长

12. 在装配线软件实施项目中，你发现培训进度没有按计划要求的进度进行，用户在完成课程后无法完成工作。调查情况后，你发现培训师没有适当的经验和知识来有效地培训你的用户。以下哪项陈述最能描述这种问题对项目的影响以及你需要采取哪些措施来解决这种问题，这些措施会产生什么影响？

A. 进度受到影响。要解决这种问题，你必须聘请更有经验的培训师并安排额外的培训课程。你的进度将恢复到计划值，而成本将会增加。

B. 质量和进度正在受到负面影响。为了解决这种问题，你可能需要以更高的价格聘请更有经验的培训师并安排额外的培训课程。质量和进度将恢复到计划值，而成本将会增加。

C. 出现这种问题，是提供培训师的组织的责任。该组织以相同价格提供合格的替代培训师，以继续所需的培训。

D. 虽然你的培训看起来好像落后于计划，但你明智地利用了足够的闲暇时间来解决这样的问题。你只需找到合格的替代培训师并继续培训即可。

本章介绍有关开发方法和生命周期绩效域的以下主题。

- 开发方法和项目生命周期的基本概念：介绍并澄清与开发方法和项目生命周期相关的重要基本概念和术语。
- 开发方法选择：介绍在确定可交付物的开发方法时必须考虑的各种变量。
- 项目可交付物、交付节奏、开发方法和项目生命周期之间的关系：介绍并阐明项目可交付物的性质、所需的交付节奏、开发方法和项目生命周期之间的关系以及它们如何相互影响。
- 对其他项目因素的影响：介绍并澄清确定开发方法和项目生命周期绩效域如何与其他项目绩效域相互关联。

第 3 章

开发方法和生命周期绩效域

本章介绍与项目的开发方法、交付节奏和生命周期阶段相关的活动和功能。本章重点介绍 PMI 强调的重要基本原则、概念和术语，包括如何为项目可交付物选择适当的开发方法，以及为什么选择的开发方法会影响项目生命周期和项目的其他关键活动。

本章介绍 PMP ECO 中的以下目标。

领域	任务	考试目标
人员	任务 10	建立共识
过程	任务 1	执行需要紧急交付商业价值的项目
过程	任务 9	整合项目规划活动
过程	任务 13	确定合适的项目方法论/方法和实践

3.1 摸底小测试

摸底小测试可以帮助你评估自己是应该认真阅读本章内容，还是直接跳到"备考任务"部分。如果你对答案没有把握，或者你对题目涉及的知识有疑问，请认真阅读本章内容。表 3-1 列出了本章知识点和相对应的测试题目。你可以在附录 A 中找到这些题目的答案。

表 3-1　　　　　　　　　　本章知识点和相对应的测试题目

本章知识点	测试题目
开发方法和项目生命周期的基本概念	1~6
开发方法选择	7~8
项目可交付物、交付节奏、开发方法和项目生命周期之间的关系	9
对其他项目因素的影响	10

注意：自我评估的目的是衡量你对本章内容的掌握程度。如果你不知道某道题的答案，或者感到模棱两可，你应该将此题标记为错误，以便对相关内容进行学习。如果猜对了答案，会使你的自我评估产生偏差，并可能产生一种"已经掌握"的错觉。

1. 为什么开发方法和项目生命周期对项目很重要？
   A. 它们是规划和组织项目的重要方面
   B. 它们决定需要哪种类型的开发团队以及项目将持续多长时间

    C. 项目生命周期决定了可以使用哪种类型的开发方法

    D. 从项目开始到结束，开发方法和后续的项目生命周期必须为有效地交付业务和干系人价值提供支持

2. 项目生命周期和开发生命周期有什么区别？

    A. 没有区别。两者都涉及预测型、混合型和适应型项目

    B. 开发生命周期是标准生命周期，不受特定项目的约束

    C. 项目生命周期受开发生命周期的影响，但包括项目的所有工作

    D. 开发生命周期是项目生命周期的阶段之一

3. 项目生命周期的最佳定义是什么？

    A. 项目团队生成项目可交付物的过程

    B. 项目从开始到结束所经历的一系列阶段

    C. 产品从诞生到报废的过程

    D. 管理项目从开始到结束的过程

4. 交付节奏是什么意思？

    A. 它仅适用于音乐行业的项目

    B. 项目可交付物的交付时间安排和交付频率

    C. 项目工作发生的自然流动和节律

    D. 项目经理口头沟通的质量

    E. 适应型/敏捷型项目中迭代的时间和频率

5. 增量型开发方法和迭代型开发方法有什么区别？

    A. 数字产品采用迭代型开发方法，实物产品采用增量型开发方法

    B. 增量型开发方法侧重于产品改进。迭代型开发方法侧重于开发过程改进

    C. 它们之间没有区别。它们的意思是一样的

    D. 当需要逐步阐述以澄清和完善初始想法、概念或愿景时，使用迭代型开发方法。增量型开发方法侧重于在一段时间内交付可交付物的组成部分

6. 哪个选项最能描述适应型/敏捷型开发方法的特征？

    A. 规划、需求、设计、开发、测试、部署

    B. 迭代型和增量型开发方法，自上而下的管理，预期会发生变更

    C. 冲刺，使用待办事项列表，专注于完美的产品，交付多个产品

    D. 迭代型和增量型开发方法，不断地反馈循环，预期会发生变更

7. 哪个选项最能描述在确定项目开发方法时需要考虑的因素？

    A. 开发团队的技能、项目预算和项目进度

    B. 资助组织的开发方法论、不可协商的里程碑日期和干系人期望管理

    C. 项目团队的愿望、所涉及的可交付物的性质以及所需的交付节奏

  D. 所有相关的可交付物、项目，组织的变量

  E. 可用于生成项目所需的所有可交付物的开发方法

8. 如果项目被确定为高风险项目，应采用哪种开发方法？

  A. 这取决于所涉及的风险的性质

  B. 适应型/敏捷型方法始终是高风险项目的最佳选择，因为它们专注于尽快生成工作产品以帮助管理不确定性

  C. 预测型开发方法是高风险项目的最佳选择，因为前期详细规划很重要

  D. 混合型开发方法是高风险项目的最佳选择，因为该方法使用了预测型、增量型和迭代型方法的最佳方面

9. 哪个选项最能描述项目可交付物、交付节奏、开发方法和项目生命周期之间的典型关系？

  A. 开发方法→交付节奏→项目生命周期→可交付物

  B. 项目生命周期→开发方法→交付节奏→可交付物

  C. 可交付物→开发方法→交付节奏→项目生命周期

  D. 交付节奏→开发方法→项目生命周期→可交付物

10. 以下哪个选项最能描述选择和确定开发方法和项目生命周期如何影响项目规划？（选择两项）

  A. 完成初步规划后，可以选择开发方法

  B. 开发方法的选择和项目生命周期的确定是项目规划的关键方面

  C. 开发方法的选择和项目生命周期的确定在任何项目规划之前完成

  D. 所选择的开发方法将决定何时以及多久进行一次额外的详细规划

基础主题

3.2　开发方法和项目生命周期的基本概念

关键主题

  下面介绍为什么开发方法和生命周期绩效域很重要。从项目开始到结束，开发方法和后续的项目生命周期必须为有效地交付业务和干系人价值提供支持。从表面上看，这似乎是不言而喻的，但众所周知，这并不总是在现实世界中发生的事情。

  3.3 节将讨论如何选择项目的开发方法，但在开始讨论之前，先介绍一些关键术语和概念。

3.2.1　项目生命周期和阶段

关键主题

  备考 PMP 的考生经常犯的一个错误是认为开发生命周期和项目生命周期是一回事。它们并不是一样的。由于人们互换使用这两个术语，因此考生会混淆这两个术语

是可以理解的。事实上，PMI 的指代也导致了上述这种误解，PMI 在指代预测型、混合型和适应型这 3 种类型的项目方法时，同时也指的是 3 种基本开发方法。

关键主题　　根据 PMI，**项目生命周期**定义为项目从开始到结束所经历的一系列阶段。换句话说，项目生命周期涵盖了项目产生的所有**可交付物**的所有活动，包括启动、商业论证开发、可行性研究、产品选择、愿景、培训、部署、试点推出和收尾等活动，这些活动不一定全都包含在开发方法中。此外，一个项目可能有多个可交付物，每个可交付物使用不同的开发方法。这些开发方法都是整个项目生命周期的一部分。

关键主题　　如前所述，在 PMI 对项目生命周期的定义中，以及上一段落中包含的，项目生命周期由阶段组成。澄清一下，PMI 对于**项目阶段**的定义是一组具有逻辑关系的项目活动的集合，其通常以一个或多个可交付物的完成为结束。任何项目的特定阶段（以及阶段所使用的名称）都取决于许多变量，但行业/组织方法、项目可交付物的性质、开发方法和所需的**交付节奏**是重要变量。预测型项目生命周期的常见项目阶段示例包括启动、规划、建设、测试、部署和收尾。预测型、混合型和适应型项目的项目生命周期示例，请参见图 3-1。

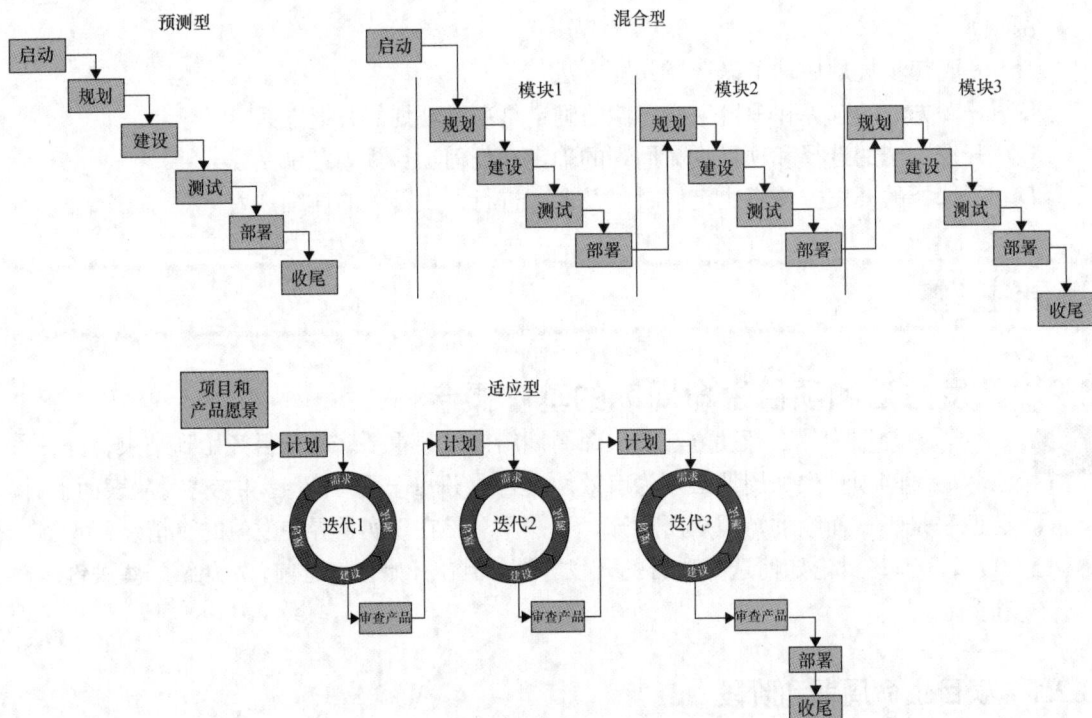

图 3-1　预测型、混合型和适应型项目的项目生命周期示例

关键主题
　　在遵循预测型或混合型项目生命周期的结构化环境中，通常具有必须满足并接受的退出标准，这样项目才能继续进入下一个项目阶段。此外，PMI 没有为指定的项目生命周期规定一组预定义的项目阶段，因为它认为此过程对于不同项目情景存在高依赖特性。

关键主题
项目生命周期、产品生命周期和项目管理过程组

　　尽管在第 2 章中讨论了这个主题，但请确保厘清项目生命周期、产品生命周期和项目管理过程组（通常称为项目管理生命周期）之间的差异。有关项目和产品之间差异的细分，请参阅表 2-3。总之，如果能理解是项目生成了产品，就能理解项目生命周期和产品生命周期不可能是相同的。更进一步理解，请参见图 3-2 以了解常见产品生命周期模型。

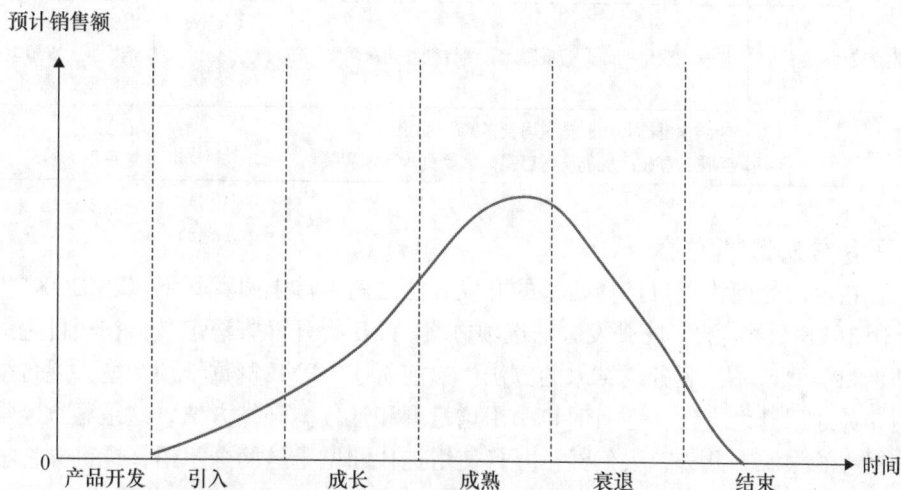

图 3-2　常见产品生命周期模型

　　产品开发这一产品生命周期初始阶段由一个或多个生成产品的项目组成。之后，该产品将处于传统的运营和维护阶段。但是，在产品生命周期中，还会针对该产品启动后续项目，以添加增强功能，实施改进或升级，并响应市场反馈。

　　在第 2 章中还讨论了项目管理过程组，请参阅表 2-5 和图 2-3 以快速回忆知识点。有时，这些过程组会与项目生命周期产生混淆，因为它们都重点关注项目，并且项目管理过程组中的 3 个过程组（启动、规划和收尾）同时也是项目生命周期阶段的名称。这里要记住的关键是，项目生命周期处理项目中涉及的所有工作，而不仅仅是项目管理方面的工作，项目管理过程组的重点仅限于项目管理方面。此外，项目管理过程组通常在指定的项目中重复进行，因为项目管理过程组可以应用于项目中的每个项目生命周期阶段。

3.2.2 交付节奏

3.2.1 节提到，交付节奏是决定项目生命周期的重要变量。下文澄清这个术语并介绍潜在的交付节奏分类。

根据 PMI，节奏是指在整个项目期间所开展活动的节律，交付节奏是指项目可交付物的交付时间安排和交付频率。表 3-2 总结了交付节奏的交付方案概要。

表 3-2　　　　　　　　　　　交付节奏的交付方案概要

交付节奏	描述	相关的开发方法
一次性交付	只在项目结束时交付	预测型
多次交付	在整个项目中多次交付相同可交付物 具有独立交付进度的多个可交付物 可交付物以增量形式交付	混合型 迭代型、增量型 适应型
定期交付	与多次交付相似，但按固定进度计划（如每两周、每月等）交付	混合型 迭代型、增量型 适应型
持续交付	能够根据需要随时提供可交付物/产品更新 这是数字化产品的交付方案，需要 DevOps 实践	适应型 混合型

3.2.3 开发方法选项方案

在讨论如何为项目选择合适的开发方法之前，首先回顾一下《PMBOK®指南》第七版中 PMI 涵盖的不同开发方法选项方案。PMI 将开发方法定义为在项目生命周期中创建和演变产品、服务或结果的方法。如前所述，PMI 侧重于预测型、混合型和适应型 3 种通用开发方法，但有时也引用增量型和迭代型开发方法。这是导致经常混淆以上概念的根源。此外，人们经常互换使用迭代和增量这两个术语，这也导致了进一步的混淆。

3.2.3.1 开发方法频谱

考虑开发方法的最佳方式之一是制作开发方法频谱，如图 3-3 所示。频谱的一端是**预测型开发方法**模型。这是一种瀑布式、计划驱动的传统方法，其中可交付物是按照顺序过程构建的，即按照从需求定义到部署的顺序。频谱的另一端是适应型开发方法模型。这通常称为敏捷方法，需要通过一系列迭代以增量方式构建可交付物，其中每次迭代的范围由干系人的优先级和反馈确定。在频谱的两端之间，有**混合型开发方法**模型。通常，混合型开发方法模型涉及预测型开发方法模型的某些方面与适应型开发方法模型的某些方面的结合。具体而言，混合型开发方法模型利用不同程度的增量和/或迭代开发方法。随着项目越来越接近纯粹的适应型开发方法模型，增量和迭代开发方法的使用就会增加。

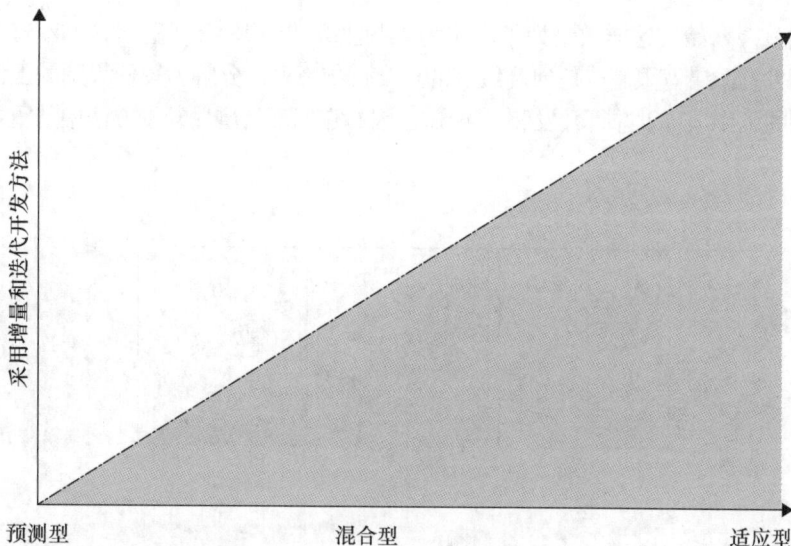

图 3-3　开发方法频谱

3.2.3.2　增量和迭代：有什么区别？

3.2.3.1 节提到了**增量和迭代开发方法**，下面来澄清这两个概念的含义。在高层级上，增量开发方法需要以块（组块、模块、组件）的形式构建和/或部署可交付物。这种定义与 PMI 对增量开发方法的定义一致，即在增量开发方法中，可交付物是连续构建的，需要不断添加功能直到可交付物包含成为完整产品所必要和足够的功能。相比之下，迭代开发方法需要从初始的简化版（低保真度）开始构建可交付物，然后逐步详细说明解决方案，直到可交付物包含成为完整（高保真度）产品的所有功能、细节和/或正确性。用来说明这两种方法之间差异的经典例子是想象一幅画。在增量开发方法中，一次构建一个部分的完整详细信息。艺术家从绘制顶部部分开始，然后向下移动到下一部分，继续这个过程，直到绘制最后一个部分。在迭代开发方法中，艺术家从整个画面的粗略铅笔草图开始绘制。然后，艺术家会创造出另一种具有更精细粒度的版本，也许还有一些初始色调。每次演绎（或迭代）后，绘画（产品）都可以进行反馈评审。这个过程一直持续到绘制完成并且干系人满意为止。有关两个概念的说明，请参见图 3-4。

　　其他例子也可用于说明这两种方法之间的差异，比如建造房子、制造汽车和部署 HRIS。当建造房子时，需要提前详细规划所需的解决方案，直到完成最终蓝图。从蓝图来看，房子是从地基开始分阶段建造的。汽车的制造涉及外包零件/组件开发，然后逐步组装汽车，直到最终汽车制造完成。对于部署 HRIS，通常会在一段时间内配置、测试和部署模块。例如，首先配置、测试和部署的是工资系统模块，然后是退休系统模块，再是健康保险模块，以此类推。每次将一个工作模块部署到生产环境时，下一个工作模块的开发就会开始。这样做是为了尽快为某些业务功能提供价值、管理业务过程变更和/或解决开发资源带宽限制。任何高级别的可交付物都可以分解为较低级别的工作项，这些较低级别的工作项可以并行开发和/或测试，因而它们都是增量开发方法中的重要增量选项。

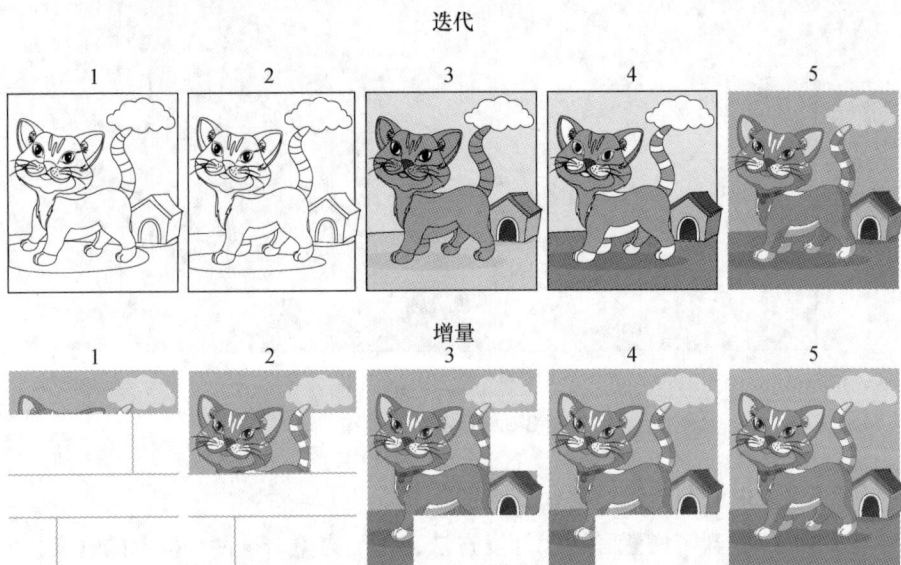

图 3-4　绘画示例，以说明增量和迭代开发方法之间的差异

迭代开发方法非常适合用于完整解决方案未知，并且需要渐进明晰想法或概念的任何情况。通过使用/构建初始低保真度模型或原型，团队可以捕获最初的想法、愿景和需求，以便干系人可以审查、测试和进一步阐明其需求。此过程会循环往复，直到生成正确和/或有市场价值的解决方案。这种方法的例子是开发新疫苗。在项目开始时，完整解决方案是未知的；然而，通过一系列重复的步骤，开发和测试潜在的解决方案，最终可以确定一个有效且可接受的解决方案。同样，开发过程重复了很多次，但只有一个最终的可交付物。

3.2.3.3　适应型开发方法

如前所述，开发方法频谱的一端是**适应型开发方法**模型，这种方法通常称为敏捷方法。在许多方面，这种方法不仅仅是一种开发风格，也是一种思维方式的转变，其起源于 2001 年为软件开发创建的敏捷宣言。创建敏捷宣言和重点关注更具适应性的方法是为了应对许多从业者在使用传统瀑布式、文档密集型的开发软件过程中遇到的问题。需要明确的是，以下是将预测型开发方法应用于软件（数字产品）开发时遇到的常见问题的概要。

1. 由于许多此类项目开发的持续时间较长（通常为 18～24 个月）并且需求在开始时就已定义，交付的系统通常在部署的第一天就过时了。

2．干系人通常很难为一个在未来 18～24 个月才会实施的系统定义清晰的需求。

3．软件需求往往含糊不清，容易产生误解，因此交付的系统往往不能满足干系人的功能期望。

4．除了不能满足干系人的功能期望外，还经常出现多次变更、不受控制的范围蔓延和频繁的返工等情况，这会导致项目预算超出，无法实现进度里程碑，从而导致更多的挫折和项目失败。

从诞生的 2001 年起，敏捷宣言所支持的思想和原则影响了许多行业使用的开发方法，而不仅仅是软件开发行业。正如术语适应和敏捷所表示的那样，重点是更灵活、更有弹性的方法，该方法侧重于人员和可交付物。为了明确起见，下面介绍敏捷宣言中传达的 4 个价值观和 12 项原则。

敏捷宣言价值观

1．**个体以及互动**而不是过程和工具。

2．**可用的软件**而不是完整的文档。

3．**客户合作**而不是合同谈判。

4．**应对变更**而不是遵循计划。

敏捷宣言的作者认为"而"字右侧的内容固然有价值，但他们更看重左侧的内容（以粗体显示）。

敏捷宣言原则

1．我们的最高目标是，通过尽早持续交付有价值的软件来满足客户的需求。

2．欢迎对需求提出变更，即使在项目开发后期也不例外。敏捷过程要善于利用需求变更，帮助客户获得竞争优势。

3．要经常交付可用的软件，交付周期从几周到几个月不等，且越短越好。

4．项目实施过程中，业务人员和开发人员必须始终通力协作。

5．要善于激励项目人员，给予他们所需的环境和支持，并相信他们能够完成任务。

6．无论是对团队外部还是内部，信息传达最有效的方法都是面对面的交谈。

7．可用的软件是衡量进步的首要标准。

8．敏捷过程提倡可持续的开发。

9．对技术的精益求精以及对设计的不断完善将提高敏捷性。

10．简洁，即尽最大可能减少不必要的工作，这是一门艺术。

11．最佳的架构、需求和设计将出自自组织团队。

12．团队要定期反省怎样做才能更有效，并相应地调整团队的行为。

从敏捷宣言中提到的价值观和原则可以看出，适应型/敏捷方法代表了思维方式和文化的转变，而不仅仅是开发某事物的不同方式。这就是在许多组织中实施此方法需要花费较长时间的重要原因，也是许多混合型开发方法存在的重要原因。此外，敏捷宣言的价值观和原则也说明，敏捷方法在以下情况中具有挑战性，且很难实现：关键需求是文档、重要部分是合同、存在硬性里程碑日期、业务团队非随时可用、项目团队规模庞大（多个开发团队）、开发团队未处在同一地点或开发团队无法自我管理，这里仅举几例。需要明确的是，这些并不是适应型/敏捷方法的阻碍因素，但这是许多环境最终采用混合型开发方法的原因。

那么，考生是否需要在备考中记住敏捷宣言？不需要。但是，考生需要熟悉大多数适应型/敏捷方法共有的关键特征，例如下面这些特征。

- 迭代和增量开发。
- 拥抱和期待变更。
- 关注可交付物；快速、频繁地将工作产品呈现在客户面前。
- 持续反馈循环——包括可交付物和工作过程。
- 业务代表与开发团队密切合作。
- 开发团队自我组织、自我管理并规划每次迭代的工作。
- 开发团队根据梳理好的优先级需求列表（待办事项列表）工作。

为了帮助说明，下面看一下名为 Scrum 的敏捷方法的典型开发生命周期模型（见图 3-5）。这是实践中最流行的敏捷方法，也是任何 PMP 考试题目都倾向于参考的方法。但是，PMP 考试题目也会参考其他敏捷方法，例如精益、看板、极限编程、动态系统开发方法、特征驱动开发方法和水晶方法。

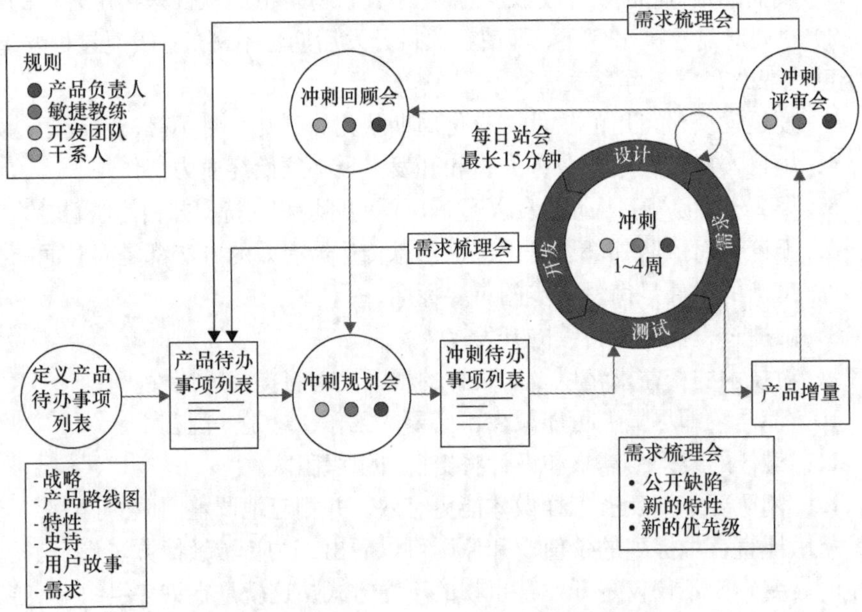

图 3-5　Scrum 敏捷方法的典型开发生命周期模型

Scrum 敏捷方法的开发生命周期的主要特征如下。

关键主题

1．所有潜在的工作都记录在产品待办事项列表中。

2．每次迭代（冲刺）计划持续 1～4 周。

3．业务/客户由全职团队成员（产品负责人）代表。

4．每个冲刺都有计划会议，开发团队与产品负责人合作，就下一个冲刺中可以交付的内容达成一致。计划会议的成果是冲刺待办事项列表。

5．开发团队每天都会召开一次简短的站立会议，回顾前一天完成的工作，计划今天做什么工作，以及他们的工作是否有任何障碍。

6．每个冲刺都会产生可交付物的工作增量，其由干系人审查以获取反馈。

7．反馈会加入产品待办事项列表中，以便在下一个或未来的冲刺中进行考虑。

8．每个冲刺都以回顾会议结束，回顾会议由核心团队召开，用来评估工作过程以及需要进行哪些调整（如果有）以便在未来改进。

当然，关于 Scrum 过程和 Scrum 角色，还可以讨论更多细节，但本书并不是关于 Scrum 敏捷方法的书（PMP 也不是关于 Scrum 敏捷方法的考试）。对于 PMP 考试来说，重要的是了解 Scrum 敏捷方法的开发生命周期的这些主要特征。

3.3　开发方法选择

关键主题

3.2 节介绍了开发方法和项目生命周期中涉及的关键概念和术语，下面介绍如何确定哪种开发方法最适合特定项目。为此，项目经理必须考虑 3 个重要变量组：目标可交付物、项目环境和组织环境。

3.3.1　可交付物变量

确定开发方法时要关注的第一个重要变量组是目标可交付物(产品、服务或成果)。在许多情况下，可交付物的性质决定了需要采用哪种开发方法。选择开发方法时的重要考虑因素是可交付物需求的清晰和完整程度、开发开始后可交付物的变更难易程度，以及可交付物是否可以被分解为更小的组件。本节将扩展这些主题，但首先看一下此组中的所有变量。

- **创新水平**：如果涉及的创新水平较低，则可以使用更具预测性的方法，因为这意味着已经清晰地了解范围和需求，并且开发团队也有完成此类型工作的经验。如果由于可交付解决方案的性质或由于开发团队在构建解决方案方面的经验水平而导致创新水平较高，则可能需要采用适应型（增量、迭代）方法。

- **需求确定性和范围稳定性**：如前所述，当已经清晰地了解需求且需求已经达成一致并不太可能变更时，预测型方法效果很好。如果没有清晰地了解需求或实际上需求很复杂，则适应型方法可能更适合。事实上，PMI 将适应型方法定义为一种开发方法，在这种开发方法中，需求面临高度的不确定性和易变性，并且可能在整个项目期间发生变化。作者本人并不喜欢 PMI 的这个定义，因为该定义只说明何时使用该方法，并没有实际定义该方法是什么，但前文已经介绍了适应型方法，从中可以看出 PMI 在确定要使用的开发方法时着重考虑需求确定性和范围稳定性这两个变量。

- **变更的难易程度**：变量组中比较直观的变量之一是变更的难易程度。如果项目生成的可交付物的性质不能简单地或无须大量成本地纳入变更，则需要更具预测性的方法。这就是为什么大多数基于数字的产品都适合采用更具适应性的方法，因为该方法使它们可以轻松、快速地进行修改。相反，提供实物产品（即建筑物、汽车、电器）的项目不太适合采用适应型方法。话虽如此，提供实物产品的项目仍然可以在规划、需求和/或设计阶段采用迭代方法（如原型设计、建模）来改善其项目成果。
- **交付选项方案**：可以以组件形式进行开发和/或交付的可交付物适合采用迭代、增量和适应型开发方法。
- **风险**：风险并不是一个简单的变量。风险水平并不能决定应采用何种开发方法，而是要根据具体情况采取适当的方法。对于存在固有高风险的产品，可能需要进行深入分析和详细规划，以降低所涉及的风险。这意味着，需要更具预测性的方法。此外，其他高风险产品可能需要以增量和/或迭代方法构建，以便团队能够根据他们所学的知识进行调整，以更好地应对所涉及的风险。当然，项目可能需要同时采用预测型和适应型方法来应对所涉及的风险。
- **安全需求**：由于识别、规划、定义、整合和测试所有相关必要安全元素的重要性，具有严格安全需求的产品倾向于使用更具预测性或混合性的开发方法。
- **法规需求**：与安全需求变量类似，如果项目存在于必须受到严格法规监管的环境中，需要遵循特定流程和/或生成文档，则更具预测性或混合性的方法可能更合适。

3.3.2　项目变量

确定开发方法时要关注的下一个重要变量组是下面描述的项目环境。在许多情况下，项目环境本身的性质可以决定需要采用哪种开发方法。

- **干系人可用性**：在整个项目过程中，采用适应型方法需要干系人大量参与，有效的产品负责人角色对于任何成功的敏捷方法都至关重要。如果干系人社区无法支持这一过程或无法投入足够的时间，则可能需要更具预测性或混合性的方法。
- **进度制约**：如果需要尽早交付某种产品，则可能需要采用适应型或增量型方法。相反，如果必须满足特定可交付物要求的固定里程碑日期，则可能需要更具混合性或增量性的方法。

- **预算/资金可用情况**：对于预算有限或资金不确定的项目，采用迭代型或适应型方法可能更有优势，因为这种方法侧重于尽快交付最小可行产品。这样可以更快获得干系人和/或市场反馈，然后可以用反馈来证明向产品投入额外资金的合理性。此外，如果项目的预算较大且备受关注，则可能需要全面规划项目并获得必要的批准后才能推进。此方案适用于更具预测性或混合性的方法。

- **期望管理**：《PMBOK®指南》第七版中没有提到这个变量，但应该包含。通常情况下，即使预先明确定义了范围和需求，使用更具适应性、迭代性或增量性的方法生成可交付物以尽快展示工作产品仍然有价值。适应型方法不仅有助于增强干系人的信心（这种信心有助于解决潜在的干系人对于进度或预算提出的问题），适应型还有助于在项目中尽早验证需求。记录的需求与开发团队理解的需求之间发生脱节的情况并不少见。此外，更具适应性的方法为干系人提供了完善和/或增加可交付物需求的机会。

- **项目团队的规模和所处位置**：PMI 在《PMBOK®指南》第七版的组织变量中列出了这个变量，但本书作者认为它更适合作为项目变量。适应型方法，尤其是敏捷方法，是对位于同一物理空间的小型团队（5～9 人）构建的。在当今世界，远程和虚拟团队正在成为常态。这种情况对于适应型方法来说可能具有挑战性，尤其是在团队缺乏敏捷方法经验的情况下。此外，当团队分布在全球并且团队内的工作时间不同步时，采用敏捷方法对团队来说可能很困难。而且，许多项目需要更大的团队，这使得单纯的敏捷方法难以管理。为了解决这些问题，世界已经开发了一些适应型方法的扩展框架来管理更大规模或多个敏捷团队，例如规模化敏捷框架（Scaled Agile Framework，SAFe）。项目团队的规模和所处位置并不是使用适应型方法的障碍，但可能是在某些情况下需要使用更具混合性的方法的原因。

3.3.3　组织变量

确定开发方法时要关注的最后一个重要变量组是组织环境。在许多情况下，组织的结构、文化或能力可以决定需要采用哪种开发方法。

- **组织结构**：正如在第 2 章中所讨论的，组织结构会影响项目的性质以及在组织环境中执行的项目的项目经理的角色。组织结构的职能和层级越高，由于强调自上而下的管理和更正式的汇告结构，采用适应型方法就越具有挑战性。这种环境倾向于采用更具预测性的方法。相反，具有项目导向型组织结构且结构更扁平的组织将更自然地青睐与适应型方法相关的自组织、自我管理的项目团队。

- **文化**：如果组织倾向于采用自上而下的管理和指导工作方式，那么更具预测性的方法将更适合，因为这种组织会预先制定周密的工作计划，并且根据相关基准来测量绩效。为了采用更具适应性的方法，组织文化需要支持并适应自我管理项目团队的方法和整体的敏捷思维方式。这就是对于大多数组织来说，过渡到更具适应性的敏捷方法需要时间的原因。完全改变组织的工作文化并不是容易的或快速的。
- **组织能力**：上述变量中的每一个都是密切相关的，它们往往相互重叠。此外，组织能力更涉及从预测型方法向更具适应性的敏捷方法转型的过程。为了成功地运用适应型方法，需要从管理层向下提供支持。此外，组织政策、汇报结构、团队之间的工作方式以及各个团队成员的态度和责任必须保持一致。

对于以上每一个变量，如果组织缺乏采用适应型/敏捷型方法的经验和能力，则必须在选择开发方法时考虑它们，这通常是组织在从预测型方法到适应型方法过渡时采用混合型方法的原因。

3.4 项目可交付物、交付节奏、开发方法和项目生命周期之间的关系

3.2 节和 3.3 节回顾了与开发方法和项目生命周期相关的关键基础知识，并讨论了在为指定项目可交付物选择开发方法时必须考虑的变量。下面将这些内容完全联系起来，并澄清它们所涉及的关系以及备考 PMP 考试要了解的重要原则。

[关键主题] 首先从项目需要交付的可交付物的性质开始。可交付物的性质将决定项目将如何开发，进而可以考虑采用何种开发方法。此时可以考虑交付节奏。交付节奏是开发方法的一个因素，表明为干系人交付价值的紧迫性，以及管理风险或期望所需的部署策略。确定开发方法和交付节奏后，可以最终确定项目生命周期及其后续阶段。

3.4.1 PMP 考试中的重要注意事项

> 注意：所选择的开发方法应与可交付物变量一致，并且适用于涉及的项目和组织变量。

关于项目可交付物、交付节奏、开发方法和项目生命周期之间的关系，需要了解和记住的一些重要注意事项如下。

[关键主题]
- 此过程适用于项目生成的每个目标可交付物。
- 选定的开发方法应与可交付物变量一致，并与涉及的项目变量与组织变量相适应。
- 对于每个不同的可交付物，项目可以有不同的开发方法和交付节奏。
- 在项目期间，随着收到反馈并获得新的理解，这些因素可能会主要随着交付节奏和部署策略的变化而发生变化。
- 项目生命周期阶段应有利于所需的开发方法和交付节奏。

◆　这意味着开发、测试和部署的节奏会在项目生命周期的各个阶段中体现。

◆　如果项目包含多个可交付物，则开发、测试和部署每个可交付物的节奏在项目生命周期阶段中都会清楚地表示出来。

■　项目生命周期和各阶段应将业务交付和干系人价值从项目开始到结束联系起来。

■　最终的项目生命周期包括项目从开始到结束的所有工作，包括每个可交付物的所有工作。

■　没有标准的项目生命周期或阶段。项目生命周期取决于行业、组织和可交付物的数量，以及已经提到的因素（如开发方法、交付节奏）。

3.4.2　项目生命周期：开发方法说明

如 3.2.1 节的图 3-1 所示，当项目具有单个可交付物时，项目生命周期通常会与所选开发方法流程高度一致。在大多数情况下，需要添加额外的项目启动阶段和项目收尾阶段以完成项目生命周期。但是，如果项目有多个可交付物，则最终项目生命周期可以有一系列选择。与单个可交付物项目一样，多个可交付物项目需要考虑项目启动阶段和项目收尾阶段。此外，还需要包含每个可交付物的开发方法和交付/部署计划。通常，有两种方法来构建这种项目生命周期。

■　保持单个可交付物项目的各阶段，但它们可能会重叠以适应每个可交付物的不同时间安排或开发方法。

■　可交付物显示在最高级别，每个可交付物的特定阶段显示在第二级别。对于大多数干系人来说，在描述项目生命周期以进行汇报时，这种方法通常更容易被看到和理解。有关示例请参见图 3-6 和图 3-7。

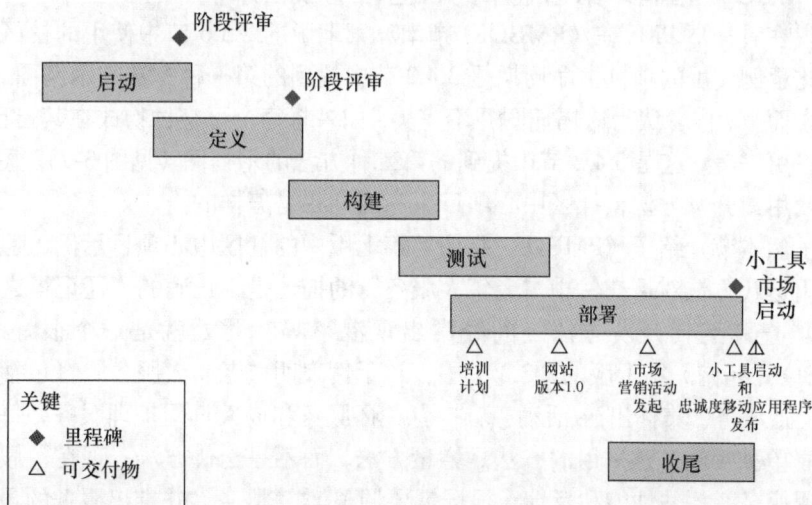

图 3-6　具有多个可交付物的项目的项目生命周期——重叠阶段

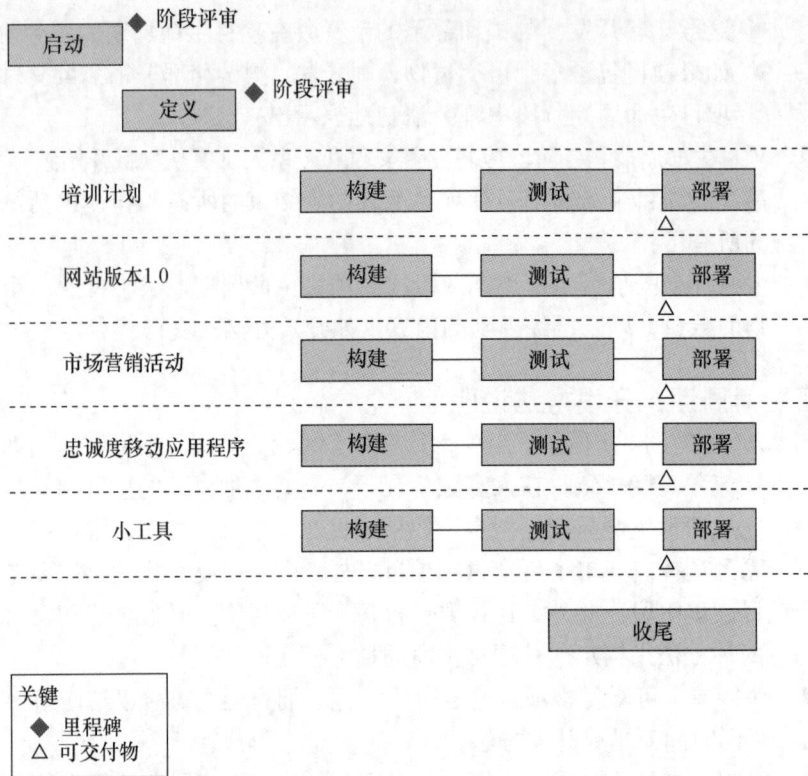

图 3-7　具有多个可交付物的项目的项目生命周期——可交付物基础

3.4.3　《PMBOK®指南》第七版中的社区中心项目示例

现在看一下 PMI 在《PMBOK®指南》第七版的 2.3.6 节中使用的社区中心项目示例。此示例使用的项目生命周期是 3.4.2 节中提到的第一种方法的示例图（见图 3-6）。就个人而言，作者认为这幅插图并不完美，如果将每个可交付物放在其自己的流程上，插图将更完美。这是 3.4.2 节中提到的第二种方法的示列图（见图 3-7）。图 3-8 说明了如果使用此开发方法，社区中心项目生命周期将是怎样的。

虽然本节介绍了《PMBOK®指南》第七版中的社区中心项目示例，但本书作者认为使用迭代方法对可交付物"老年人服务"的描述是不正确的。还记得之前提到的人们在增量和迭代开发方法之间经常出现混淆吗？此处就是一个很好的例证。在《PMBOK®指南》第七版的 2.3.3 节中，该示例表明"老年人服务"将包括上门送餐服务、交通服务、集体出游/活动、看护者关怀服务和成人日间护理服务，每项服务都将按顺序单独实施。这采用的方法是增量方法，而不是迭代方法。现在，假如此示例计划试用服务，评估性能和反馈，根据需要调整/改进服务，并推出服务的最终版本，这采用的是迭代方法。鉴于人们经常混淆这些概念，并且《PMBOK®指南》是 PMP 考试题目的重要来源，本书作者认为指出这种差异将对备考有重要帮助。

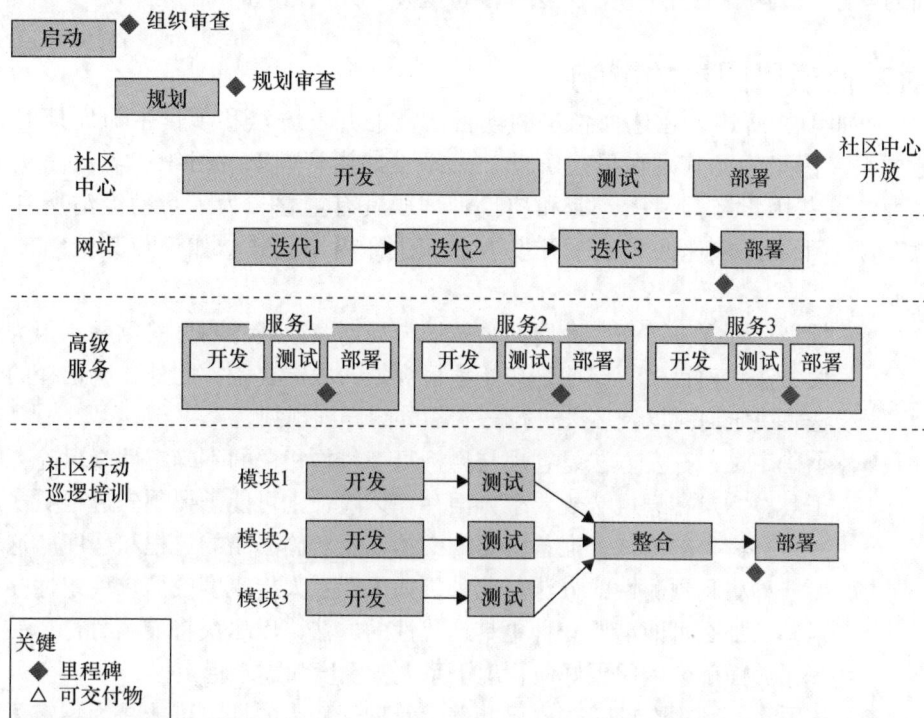

图 3-8　《PMBOK®指南》第七版中社区中心项目示例的项目生命周期（聚焦可交付物）

3.4.4　混合型项目生命周期

关键主题

在结束本节之前，需要重新审视项目类型和开发方法类型之间的关系。如前所述，由于 PMI 中提到的 3 种通用项目方法和 3 种通用开发方法使用了相同术语（预测型、混合型和适应型），因此如果假设它们是一回事，这是可以理解的。而且，在大多数时候，这对于预测型情况和适应型情况是正确的。然而，在混合型情况下，重要的是要注意它们的区别。

在混合型开发方法中，项目使用增量型或迭代型开发方法或两者的某些元素，以及预测型开发方法的某些元素。因此，任何使用混合型开发方法的项目都将被视为混合型项目。这种说法言之有理，且直截了当。但是，有可能存在不使用混合型开发方法的混合型项目。这怎么可能？好吧，如果一个项目要生成两个可交付物，一个使用预测型开发方法构建，另一个使用适应型开发方法构建，则该项目是混合型项目，因为它使用多种开发方法，但两个可交付物都不使用混合型开发方法构建。

也许这种情况并不常见，但这种情况有助于说明项目生命周期类型和开发方法之间的差异，并阐明混合型项目方法和混合型开发方法之间的细微差别。

3.5 对其他项目因素的影响

关键主题

正如前文所述，在选择指定的项目所需的开发方法和项目生命周期时，需要考虑很多因素，尤其是在风险管理、干系人期望管理以及组织和项目团队的能力方面。这些因素与其他绩效域和项目管理职责有重叠。为了帮助澄清所有这些注意事项，下面来快速回顾一下开发方法和生命周期绩效域如何与其他绩效域相互关联。

- **规划**：开发方法和生命周期绩效域与规划绩效域有明显的重叠，因为选择开发方法和项目生命周期是初始项目规划的关键要素。此外，所选择的开发方法将决定何时以及多久进行一次额外的详细规划。
- **不确定性**：开发方法是管理与目标可交付物相关的不确定性（风险）的关键工具。如果在满足法规要求方面存在风险，则可能需要预先进行更多规划，并进行额外的测试、准备所需的文档以及实施严格的过程和程序。这表明需要一种更具预测性的方法。此外，如果干系人接受度或需求稳定性存在重大风险，那么可能需要一种更具迭代性的方法，以尽快将最小可行产品呈现在干系人面前，以便更好地管理干系人接受度和需求稳定性。
- **干系人**：此项在前一项中已涵盖。管理干系人的期望可能是为指定可交付物选择交付方法和交付节奏的关键驱动因素。
- **团队**：开发方法和生命周期绩效域与团队绩效域存在推拉式关系。在选择开发方法时必须考虑团队的能力，在选择开发方法后，团队的工作方式和所采用的项目领导方法将受到影响。
- **项目工作**：所选的开发方法是项目工作执行方式的关键决定因素。
- **交付**：开发方法和生命周期绩效域与交付绩效域存在大量重叠，因为交付节奏可以成为确保项目价值与商业论证、收益实现期望相一致的有价值工具。此外，产品和质量需求会影响需要用于指定可交付物的开发方法。

备考任务

3.6 复习所有关键主题

复习本章中最重要的关键主题，这些关键主题在相应页面都标记有"关键主题"图标。表3-3列出了这些关键主题以及相应的描述。

表 3-3　　　　　　　　　　　　　第 3 章的关键主题以及相应的描述

关键主题	描述
段落	开发方法和项目生命周期绩效域的重要性
段落	开发生命周期和项目生命周期之间的区别
段落	项目生命周期的定义
段落	项目阶段的定义
段落	关于项目阶段的主要说明
章节	项目生命周期、产品生命周期和项目管理过程组
段落	节奏和交付节奏的定义
表 3-2	交付节奏的交付方案概要
章节	开发方法频谱
章节	增量和迭代开发方法：有什么区别？
章节	适应型开发方法
段落	敏捷宣言的定义
列表	适应型/敏捷方法共有的关键特征
列表	Scrum 敏捷方法的开发生命周期总结
章节	开发方法选择
段落	从可交付物到项目生命周期的流程
列表	PMP 考试中关于项目可交付物、交付节奏、开发方法和项目生命周期之间关系的重要说明
章节	混合型项目生命周期
章节	对其他项目因素的影响

3.7　复习题

1. 在确定要使用的开发方法时，不会考虑以下哪项？

   A. 组织文化

   B. 组织绩效管理过程

   C. 需求确定性

   D. 可交付物的性质和类型

   E. 干系人可用性

2. 以下哪些描述将被视为混合型开发方法的示例？（选择两项）

   A. 定义产品愿景、冲刺 1、冲刺 2、冲刺 3……冲刺 N

   B. 需求、设计、开发、测试、部署

   C. 需求、冲刺 1、冲刺 2……冲刺 N、用户验收测试、部署

    D. 需求、设计 1、开发 1、测试 1、部署 1、设计 2、开发 2、测试 2、部署 2

3. 以下哪些选项描述了项目生命周期？（选择两项）

    A. 规划、需求、开发、测试、部署、收尾

    B. 启动、规划、执行、监控、收尾

    C. 引入、成长、成熟、下降、衰退

    D. 定义、迭代 1、迭代 2、迭代 3……迭代 N、部署、收尾

4. 一个项目负责部署新的客户关系管理软件包、支持移动应用程序、更新遗留应用程序、修订业务过程以及为没有适应型方法经验的组织提供支持培训模块。根据列出的可交付物的性质和类型，此项目可能会采用哪种/哪些开发方法？

    A. 对所有可交付物采用适应型/敏捷方法（这是当前的最佳实践）

    B. 对所有可交付物采用预测型/瀑布方法（这是组织最满意的）

    C. 对所有可交付物采用混合型方法

    D. 针对移动应用程序支持采用预测型方法，针对遗留应用程序更新采用适应型方法，针对其余应用程序采用混合型方法

5. 以下哪项最能描述敏捷开发方法？

    A. 增量和迭代开发，强大的项目经理，需要最低限度的业务参与

    B. 冲刺，敏捷教练，产品负责人，专注于产品价值最大化

    C. 协作，期待变更，经常交付工作产品，自组织团队

    D. 2～4 周的迭代，业务和开发之间的紧密伙伴关系，进度是重中之重

6. 以下所有特征，除了哪一个，其他都是 Scrum 敏捷开发方法的主要特征？

    A. 潜在工作在产品待办事项列表工作中维护

    B. 业务/客户由全职团队成员（产品负责人）代表

    C. 团队每天举行一次简短的站会

    D. 每个冲刺都会产生一个可以交付到生产环境中的工作产品

7. 关于增量和迭代开发方法，以下哪项陈述不正确？

    A. 增量方法比迭代方法更接近预测型方法

    B. 迭代方法涉及分段开发和部署最终解决方案

    C. 迭代方法更适用于澄清潜在的解决方案

    D. 增量和迭代方法都可以在其开发生命周期中使用迭代周期

    E. 适应型项目中都使用增量和迭代方法

8. 哪个交付节奏选项表示将按固定时间表多次交付产品？

    A. 持续

    B. 每月

    C. 定期

D．迭代

9．哪个选项包含选择开发方法时应考虑的有效可交付物变量？

  A．风险、交付选项方案、组织结构

  B．创新水平、范围稳定性、预期投资回报率

  C．产品生命周期的预期持续时间、需求确定性、变更的难易程度

  D．需求确定性、变更的难易程度、安全需求和法规需求

10．关于项目可交付物、交付节奏、开发方法和项目生命周期之间的关系，以下哪项陈述不正确？

  A．项目生命周期不能包括多种开发方法和交付节奏

  B．项目生命周期和阶段应将业务交付和干系人价值从项目开始到结束联系起来

  C．没有标准的项目生命周期阶段。项目生命周期和阶段取决于行业、组织、可交付物的数量、开发方法和交付节奏

  D．在项目期间，随着收到反馈并获得新的理解，这些关系可能会发生变化

  E．项目生命周期阶段应有利于所需的开发方法和交付节奏

本章讨论启动项目和整合管理的重要过程、工具和工件等。本章涵盖以下主题。

- **什么是整合管理**：介绍项目管理计划并学习如何整合各部分以创建计划。
- **启动项目**：介绍启动项目所需的常见过程、工具和工件。
- **规划项目**：介绍规划项目所需的常见过程、工具和工件。
- **执行项目**：介绍执行项目所需的常见过程、工具和工件，以交付价值。
- **监控项目**：介绍测量项目绩效所需的常见过程、工具和工件。

第 4 章

启动项目和整合管理

本章将详细讨论在 PMP 考试中涉及的整合管理的各部分，包括启动、规划和执行过程组。关于监控过程组，本章主要讨论变更控制过程，其他重要过程将在第 14 章中讨论。收尾过程组将在第 15 章中详细讨论。

本章同时也将讨论与《PMBOK®指南》第六版、《PMBOK®指南》第七版和 ECO 有关的原则。

本章介绍 PMP ECO 中的以下目标。

领域	任务	考试目标
人员	任务 2	领导团队
人员	任务 3	支持团队绩效
人员	任务 6	建设团队
人员	任务 7	为团队解决和消除各种障碍
人员	任务 9	与干系人协作
人员	任务 10	建立共识
人员	任务 11	让虚拟团队参与进来并为其提供支持
过程	任务 1	执行需要紧急交付商业价值的项目
过程	任务 2	管理沟通
过程	任务 3	评估和管理风险
过程	任务 4	让干系人参与进来
过程	任务 7	规划和管理产品/可交付物的质量
过程	任务 9	整合项目规划活动
过程	任务 12	管理项目工件
过程	任务 15	管理项目问题
过程	任务 16	确保进行知识交流，使得项目得以持续开展
业务环境	任务 2	评估并交付项目利益和价值

4.1 摸底小测试

摸底小测试可以帮助你评估自己是应该认真阅读本章内容，还是直接跳到"备考任务"部分。如果你对答案没有把握，或者你对题目涉及的知识有疑问，请认真阅读本章内容。表4-1列出了本章知识点和相对应的测试题目。你可以在附录A中找到这些题目的答案。

表 4-1　　　　　　　　　本章知识点和相对应的测试题目

本章知识点	测试题目
什么是整合管理？	1
启动项目	2～3
规划项目	4～6
执行项目	7～8
监控项目	9～10

注意：自我评估的目的是衡量你对本章内容的掌握程度。如果你不知道某道题的答案，或者感到模棱两可，你应该将此题标记为错误，以便对相关内容进行学习。如果猜对了答案，会使你的自我评估产生偏差，并可能产生一种"已经掌握"的错觉。

1. 在执行整合的过程中，项目经理应该与谁互动？
   A. 发起人
   B. 团队成员
   C. 项目的主要决策人
   D. 任何干系人

2. 以下哪项没有被记录在项目章程中？
   A. 需求
   B. 业务理由
   C. 团队基本规则
   D. 确定的资源

3. 在下列各项中，哪些代表了创建项目章程的目的？（选择两项）
   A. 正式授权该项目开始
   B. 记录项目的基准预算
   C. 创建项目的详细范围
   D. 确保干系人对项目有一个明确和共同的理解
   E. 详细说明项目的可交付物和时间安排

4. 项目管理计划是什么时候确定基准的？
   A. 当所有的干系人都批准并签署后

B. 当发起人和高级管理人员批准并签署后

C. 当所有需要的干系人都批准并签署后

D. 当项目组已经批准并签署后

5. 在冲刺接近尾声的时候，一位干系人指出他们想要包括一些额外的需求，你应该怎么做？

   A. 拒绝这个请求，因为你的冲刺已经接近尾声了

   B. 将需求添加到产品待办事项列表中

   C. 执行影响分析，并将变更请求发送给变更控制委员会

   D. 实施额外的需求

6. 项目经理已经完成了项目管理计划的制定并将其发送给发起人、其他干系人和团队领导，以请求批准。在审查过程中，一位团队领导发现项目管理计划遗漏了一项重要的活动，并且要求将其加入项目管理计划中。项目经理应该做什么？

   A. 对遗漏的活动进行影响分析

   B. 提交变更请求，因为团队领导已经进行了影响分析并且声称需要增加这项活动

   C. 告知团队领导，在这个阶段增加活动是镀金

   D. 将遗漏的活动添加到项目管理计划中

7. 你要求团队提交一份项目状态报告。一个团队成员说，他们已完成 60%，且到目前为止活动已花费 48,000 美元。你将根据什么对这些结果进行分类？

   A. 工作绩效信息

   B. 工作绩效数据

   C. 工作绩效数字

   D. 工作绩效报告

8. 以下哪些是商业价值的例子？（选择 3 项）

   A. 销售额增加 25%

   B. 9 月 30 日前完成

   C. 市场份额增加 3%

   D. 我们的产品将驰名全国

   E. 项目预算为 150,000 美元

9. 你的团队领导向你提出了一个问题，你认为这个问题可以简单、快速地解决。然而，这并不在项目的最初范围内。作为项目经理，你接下来应该怎么做？

   A. 告诉团队领导继续解决这个问题，因为它能简单、快速地解决

   B. 执行影响分析

   C. 记录问题并向变更控制委员会提交变更请求

   D. 通知发起人

10. 你正在为客户管理一个项目，项目内容是把数据中心和呼叫中心转移到海外。在整个项

目中已经做了许多变更，但你注意到在会议期间，团队成员经常会提及同一文件的不同版本，这造成了混乱。怎样才能避免这种情况的发生？

A. 指派一名团队成员，用于确保所有文件都是最新的

B. 实施变更控制系统

C. 确保遵守文件管理系统流程

D. 实施配置管理系统

基础主题

了解项目的愿景和目标是成功规划的关键，而定期沟通项目的愿景和目标则是成功实施的关键。

每个项目都需要有愿景和目标，其需要与组织的战略方向一致。如果没有，项目经理需要问："我们为什么要做这个项目？"

本章将讨论项目的启动和整合要素，以及项目经理如何平衡制约因素、过程和干系人的需求，从而确保项目的成功。

本章首先讨论项目的启动过程，并描述用于启动项目的主要工件。然后，本章继续讨论项目的规划过程，并讨论构成**项目管理计划**的许多工件。本章还将讨论项目的执行过程，用于确保项目的成功，最后讨论整合管理的监控过程。

所有这些过程都出现在《PMBOK®指南》第六版中的整合管理知识领域，本章先从整合管理开始介绍。

4.2 什么是整合管理

在整个项目中，项目管理过程和程序会同时执行，并执行多次。尽管在某些项目（尤其是预测型项目）中，技术性的项目工作过程可能只执行一次，但项目管理过程本身是贯穿始终的。预算、进度、资源、风险、范围、质量、法规和标准等制约因素都会相互影响，因此在管理项目时，项目经理必须同时平衡所有这些因素。项目经理必须指导团队成员，确保他们相互协作，共同为项目的成功而努力。项目经理还必须了解项目的战略目标，并确保它们与项目集和项目组合的目标和期望一致。

整合管理是执行这些过程的关键因素，也是项目成功的关键因素。它是项目经理的基本技能组合。它也是《PMBOK®指南》第六版的第一个知识领域，《PMBOK®指南》第六版将整合管理描述为对隶属于项目管理过程组的各种过程和项目管理活动进行识别、定义、组合、统一和协调的各个过程。

与任何定义一样，它听起来可能有点令人困惑，下面来研究一下它的含义。知识领

域代表了项目管理中需要妥善规划、管理和监控的领域，而整合管理是要求项目经理必须具备专业知识的领域。任何一个知识领域的失败都可能导致项目的失败。然而，所有知识领域都相互影响，所以所有知识领域的过程和活动必须同时进行。例如，项目的范围直接影响成本和进度，反之亦然。当项目经理决定对项目范围进行任何变更时，同时要考虑到该变更对预算、进度、资源、风险、质量和其他因素的影响。如果材料价格突然上涨，项目成本最终可能会超出预算，这可能导致项目范围的缩小。原材料加工工作量的突然增加通常伴随着原材料交付的延迟，这反过来又会对项目的进度产生影响。

项目经理必须平衡所有这些制约因素，以确保项目成功。

注意：项目的 6 个主要制约因素如下。
- 范围。
- 进度。
- 预算。
- 资源。
- 质量。
- 风险。

这 6 个制约因素也是《PMBOK®指南》第六版的十五至尊图中的 6 个知识领域。

整合管理本身不是一个独立的知识领域，它是所有其他知识领域的组合。项目经理同时执行所有知识领域的任务，意味着正在整合项目过程。整合管理有时被称为"主"知识领域，因为它包括所有其他知识领域，本质上意味着过程是同时执行的。

其他知识领域的任务（如进度制定、预算编制和风险管理流程）可以委托给团队成员和专家来执行，但整合管理过程只能由项目经理来执行，因为项目经理将所有这些过程作为统一的整体整合在一起。项目经理将不同团队和团队成员聚集在一起，统一执行项目的所有任务。因此，在预测型项目中，项目经理通过确保所有这些过程的统一运作，最终对项目负责。

表 4-2 显示了《PMBOK®指南》第六版中的整合管理过程以及每个过程所涉及的过程组。

关键主题

表 4-2　　　　　　　　　　　　　整合管理过程和过程组

过程组 知识领域	启动	规划	执行	监控	收尾
4.0 整合管理	4.1 制定项目章程	4.2 制定项目管理计划	4.3 指导与管理项目工作	4.5 监控项目工作	4.7 结束项目或阶段
			4.4 管理项目知识	4.6 实施整体变更控制	

注意，这是十五至尊图中唯一完全填满的行，进一步说明了这个知识领域的重要性。在执行整合管理的每一个过程中，项目经理都要执行十五至尊图中整合管理下面的各知识领域的所有相应过程。

4.3 启动项目

启动过程组是指启动新项目或启动现有项目的一个阶段所需的过程，其目的是：

- 确保干系人对项目或阶段有清楚且一致的理解；
- 在项目或阶段的初始，使干系人的期望与项目目标保持一致；
- 确保项目与组织的战略目标保持一致；
- 确保每个阶段与项目的目标保持一致；
- 正式授权项目开始。

然而，大家都知道现实中会发生什么！干系人可能会在项目启动时同意并理解目标，但随着项目的进行，他们会迅速忘记这些目标，从而导致项目的范围发生潜变，也给项目带来不必要的额外工作。因此，项目经理的职责是确保干系人在整个项目中对目标有清楚且一致的理解。

在项目的启动阶段，**项目章程**由发起人授权，这使得项目经理可以开始进行详细的规划并为项目获取资源。项目经理还需要将关键干系人识别出来，并召开几次会议，以确保干系人理解并同意他们在项目中的角色和职责。在项目早期，也要让发起人、客户和其他关键干系人参与进来，这可以使他们建立对目标和成功标准的共同理解，增加项目成功验收的可能性。

在《PMBOK®指南》第六版的十五至尊图中的启动过程组中有两个过程：

- 制定项目章程；
- 识别干系人。

第 5 章将详细描述识别干系人的过程。本章讨论制定项目章程的过程。

4.3.1 制定项目章程

制定项目章程是《PMBOK®指南》第六版中的第一个过程，它为项目的开始进行了授权。这个过程记录了项目如何与项目的战略目标保持一致，建立了项目的正式记录，并描述了组织对项目的承诺。

在这个过程中，如果还没有确定和指派项目经理，则可能会进行确定和指派。项目经理可以协助发起人编写项目章程，或者由项目经理编写整个章程，并在章程编写完成后由发起人签署以为其授权。在所有情况下，发起人都必须授权项目章程。

在项目章程得到发起人的授权后，项目经理就可以开始计划活动和分配资源了。

4.3.2 制定项目章程的主要工件

关键
主题

有一些工件与制定项目章程有关。其中一些工件是作为制定项目章程的起点（输入）而创建的，而另一些工件是作为这个过程的结果（输出）而创建的。下文将详细地描述这些工件（商业文件、项目章程、项目概述说明书和假设日志）。

4.3.2.1 商业文件

就 PMI 的目的而言，商业文件通常是源自项目之外的工件，用作制定项目章程的起点。PMI 提到了如下两份这样的文件。

1. 商业论证

PMI 将**商业论证**定义为"一个记录在案的经济可行性研究，以确定效益的有效性"。它记录了项目启动的原因和目标，并为衡量整个项目生命周期的成功和进展提供基础。

制定商业论证的原因可能有很多，例如：

- 市场需求；
- 组织需要；
- 客户要求；
- 技术进步；
- 法律要求；
- 生态影响；
- 社会需要。

商业论证可以包括许多条目，但通常包含以下内容。

- 商业需求。
    - ◆ 识别差距、问题或机会。
    - ◆ 记录实施这个项目的原因，以及如果不实施这个项目会发生什么。
    - ◆ 记录实施项目所应实现的价值，及该项目如何与组织的战略目标保持一致。
- 形势分析。
    - ◆ 确定组织的战略和目标。
    - ◆ 分析差距、问题或机会的根本原因。
    - ◆ 识别任何已知的风险和关键的成功因素。
    - ◆ 为消除差距、解决问题或创造机会而采取的行动的决策标准，具体如下。
        - ◇ 必要的行动。
        - ◇ 期望的行动。
        - ◇ 可选的行动。
- 替代行动方案。

商业论证还描述了推荐的行动方案，以及旨在评估和衡量项目获得批准后带来的效益的计划。

2. 效益管理计划

效益管理计划记录了如何实现项目的效益。它描述了项目效益的实现方式和时间，并描述了衡量这些效益应建立的机制。确切的效益自然因项目而异，何时实现效益也各不相同，并且受到项目生命周期的影响。

例如，过程改进项目可能在项目结束后立即实现预期效益。然而，用于创造新产品的项目，其结束后的新产品预计每年可增加 2 亿美元的销售额，其效益可能在几年内都无法实现。预测型项目通常在项目结束后实现效益，而敏捷型项目通常在项目期间的每个冲刺结束后实现效益。

效益管理计划有时是在项目早期制定的，有时是在制定商业论证时制定的，它通常包含以下内容。

- **目标效益**：描述了组织通过实施该项目将实现的价值。
- **战略一致性**：描述价值如何与组织的战略方向保持一致。有时，这可能是显而易见的，有时则可能不是。例如，用于创造新产品的项目，其结束后的新产品预计每年可增加 2 亿美元的销售额，对大多数人来说，这个价值如何与组织的战略方向（增加销售额和利润）保持一致，可能是显而易见的。然而，对于只影响到一个部门的过程改进项目，人们可能就不太了解这个项目对整个组织有什么好处。
- **时限**：描述何时能实现效益。
- **效益负责人**：描述谁将记录和监督效益实现。
- **指标**：提供衡量标准，用于确定效益实现。
- **假设条件**：描述在规划预期效益时所做的任何假设条件。
- **风险**：描述在实现效益方面所涉及的任何风险（例如，竞争对手可能制造类似的产品）。

此外，效益管理计划应识别可能需要参与实现效益的其他干系人（如推广新产品的销售和营销团队）。

按照 PMI 的要求，这份文件需要随着时间的推移而逐步阐述。

4.3.2.2　项目章程

项目章程是对项目开始的正式授权，它经发起人授权后，允许项目经理将组织资源用于项目活动。它记录了项目实施的商业理由和项目存在的原因。项目章程是一份高层级的文件，它描述了可衡量的目标和相关的成功标准；它确保干系人对关键的可交付物、里程碑以及所有参与者的角色和职责有共同的理解。

项目章程的组成部分可能包括以下内容：

- 项目经理和发起人的身份以及他们的权力级别；
- 高层级的预算和进度（作为制约因素，而不是基准）；
- 高层级的范围和需求；
- 高层级的假设条件和制约因素；
- 高层级的风险；
- 任何预先分配的实物资源或团队资源，如专门的机器或项目中的关键团队成员；
- 已确定的任何关键干系人；
- 在项目失败时，关于里程碑和退出标准的概要；
- 批准可交付物的干系人。

尽管项目章程是一份摘要文件，但它并不是一份快速编写或不加考虑的文件。因为它是对项目开始的正式授权，所以应该注意让合适的决策者和其他关键的干系人参与进来，以确保每个人都对项目有清晰和一致的理解。虽然项目章程是一份高层级的文件，但它也必须是一份 SMART（Specific——具体的、Measurable——可衡量的、Achievable——可实现的、Realistic——现实的、Time-bound——有时限的）文件。这个缩写的实际含义会因其构成词不同而有微小变化。

4.3.2.3　项目概述说明书

可以传达项目意图和愿景的文件是项目概述说明书。它包含以下内容：
- 问题或机会；
- 项目目标；
- 项目宗旨；
- 成功标准；
- 假设条件、风险和障碍。

当项目章程被授权之后，或项目概述说明书被批准之后，项目就开始了。然后，项目经理就可以开始为项目花钱和获取资源了。

4.3.2.4　假设日志

假设日志记录在整个项目中确定的所有详细的假设条件和制约因素。例如，如果你需要使用一台和其他团队共享的机器，而这台机器每天只有两小时的可用时间，那么这个制约因素就被记录在假设日志中。通过该日志，团队就会知道，任何使用上述机器的活动都需要安排在这些可用的时间内。

4.4　规划项目

《PMBOK®指南》第六版在规划过程组中讨论了规划问题。《PMBOK®指南》第七版则在规划绩效域中讨论了规划问题。

规划被认为是实现项目成功的关键步骤之一，因为它为项目的执行和监控步骤提供了结构和远见。它是项目经理、项目团队、干系人和发起人成功完成项目每个阶段的重要指南。

然而，根据项目的规模和性质以及开发方法的不同，规划有不同的层次。在预测型项目中，详细的规划是在项目开始时完成的，对规划的任何改变都需要受到限制，并要经过变更控制过程。在敏捷型项目中，只有高层级的"相关估算"是在项目开始时进行的，而详细的估算是在每个冲刺阶段进行的。

在《PMBOK®指南》第七版中提到，"规划绩效域涉及为交付项目的可交付物和项目成果所需的与初始、持续进行和不断发展的组织和协调有关的活动和功能。"

在整个规划过程中，项目经理必须考虑可能影响项目的内部和外部因素。项目经理需要确定可能导致项目的不确定性和风险的假设条件和制约因素。项目经理还需要逐步对项目进行阐述，以确保计算出正确的范围，并更新管理计划。然而，规划也需要是一个高效的过程。如果项目有许多未知因素和许多不确定因素（风险），对范围进行详细的规划是很有挑战性的。在这种情况下，应该把更多的时间花在对风险的规划上，而且规划范围应该随着时间的推移逐步细化。项目经理和项目团队确定关于规划的确切参数。

有关规划的一些关键点如下。

- 项目中花在规划上的时间应该恰到好处。当有许多不确定的参数影响项目时，很容易出现"过度规划"。同样，不充分的规划可能会给交付过程带来问题和麻烦。

- 规划应该足以交付价值和管理干系人的期望。项目的目的是为客户交付价值，所以项目经理和/或项目团队必须充分规划以交付价值。价值的确切含义根据许多参数，如项目的性质、干系人和行业的不同而不同。这个概念将在4.5节详细讨论。

- 项目规划要在整个项目生命周期中逐步细化，以适应需要的变更。这对于预测型和适应型项目都是如此。一个制约因素的变化可能会导致另一个制约因素的变化，所以项目规划需要能够适应变更（即使在预测型项目上）。

影响项目规划的变量可能如下。

- **开发方法。**
  - ◆ 基于项目类型，如其是一个预测型、适应型、增量型、迭代型或混合型项目，开发方法会影响规划的程度和需要完成的规划类型。
  - ◆ 可能需要规划各个阶段、迭代、增量或冲刺。

- 项目可交付物：正在交付的产品或服务决定了规划的类型和程度。例如，建筑项目需要进行大量的规划，以尽量减少范围变化，但是研究和开发项目的范围可以是动态变化的。

- 组织要求：公司的管理、政策、程序和文化决定了项目规划程序。
- 市场条件：资源的稀缺性和竞争等外部因素决定了需要执行的规划程度。例如，如果竞争对手发布了更好的产品，那么你的产品升级的项目的进度可能需要加快，而这将影响到规划。
- 法律或监管要求：在进入下一阶段之前，项目可能需要得到监管部门的定期批准。这个步骤需要规划，对于任何延误都需要调整进度和计划。例如，建筑项目在不同阶段需要被检查。如果检查员不批准可交付物，建筑团队需要在继续下一阶段之前将相关问题解决。

《PMBOK®指南》第六版将规划过程组定义为由确定项目或项目阶段的范围、优化目标和确定实现项目目标所需的行动方案的过程组成。

在《PMBOK®指南》第六版的十五至尊图中，有 10 个知识领域、24 个过程与规划过程组有关，如表 4-3 所示。整个十五至尊图中共有 49 个过程，其中几乎有一半属于规划过程组，这表明 PMI 对项目的规划给予了极大的重视。

表 4-3　在《PMBOK®指南》第六版中，与规划过程组有关的知识领域和过程

知识领域	过程
整合管理	制定项目管理计划
范围管理	规划范围管理 收集需求 定义范围 创建 WBS
进度管理	规划进度管理 定义活动 排列活动顺序 估算活动持续时间 制订进度计划
成本管理	规划成本管理 估算成本 制定预算
质量管理	规划质量管理
资源管理	规划资源管理 估算活动资源
沟通管理	规划沟通管理

续表

知识领域	过程
风险管理	规划风险管理 识别风险 实施定性风险分析 实施定量风险分析 规划风险应对
采购管理	规划采购管理
干系人管理	规划干系人参与

本节将集中讨论规划过程中的整合管理方面。其他规划过程将在与其对应的知识领域主题相关的章节中讨论。

在《PMBOK®指南》第六版中，整合管理的规划过程称为制订项目管理计划，其中包括所有其他知识领域的计划。

表 4-4 以加底纹的方式强调了本节描述的《PMBOK®指南》第六版的相关过程。

表 4-4　　《PMBOK®指南》第六版中的"制定项目管理计划"流程

过程组 知识领域	启动	规划	执行	监控	收尾
4.0 整合管理	4.1 制定项目章程	4.2 制订项目管理计划	4.3 指导与管理项目工作	4.5 监控项目工作	4.7 结束项目或阶段
			4.4 管理项目知识	4.6 实施整体变更控制	

项目管理计划是由许多规划文件（工件）组成的，具体如下。

关键主题

- 子管理计划，包括以下内容。
  - ◆ 范围管理计划。
  - ◆ 需求管理计划。
  - ◆ 进度管理计划。
  - ◆ 成本管理计划。
  - ◆ 质量管理计划。
  - ◆ 资源管理计划。
  - ◆ 沟通管理计划。
  - ◆ 风险管理计划。
  - ◆ 采购管理计划。
  - ◆ 干系人参与计划。
- 基准，包括以下内容。

◆ 范围基准。

◆ 进度基准。

◆ 成本基准。

■ 其他组件，包括以下内容。

◆ 变更管理计划。

◆ 配置管理计划。

◆ 绩效测量基准。

◆ 项目生命周期。

◆ 开发方法。

◆ 管理审查。

了解项目管理计划的每个组成部分需要达到的目的是很重要的，所以下面来讨论每个组成部分。

4.4.1　子管理计划

关键主题

每个**子管理计划**都记录了你如何规划、执行、管理和监控各知识领域。它们并不包含该知识领域的实际执行结果。

例如，需求管理计划不包含任何需求。它记录了收集需求的程序、收集需求的方式、收集需求的工具，以及收集需求所需的细节水平。它还记录了需求缺失时应遵循的程序和增加新需求时应遵循的程序。

同样地，成本管理计划并没有告诉你项目将花费多少钱。它记录了估算成本的方式、使用的公式、做出的假设，以及当成本超出预算时，用于使项目回到正轨的程序。

> 考试小贴士：每当你看到一份名称中带有"管理计划"字样的文件时，你马上就应该知道这是一份操作指南文件或程序文件。

名称中唯一没有"管理计划"字样的子管理计划是干系人参与计划。然而，它也记录了用于引导干系人参与和激励干系人的程序。

同样重要的是，要明白，项目经理在项目开始时并不了解所有这些程序。项目经理必须与项目团队合作，在整个项目中厘清所有这些程序，并根据需要逐步完善计划文档。

4.4.2　基准

关键主题

基准是计划的批准版本。计划需要得到干系人的批准，如项目经理、发起人、项目领导小组和项目团队的主要成员的批准。在规划期间，项目经理、高级管理层和其他关键干系人会确定谁将承担这种批准责任。

三大基本基准（范围基准、进度基准和成本基准）分别代表了范围、进度和成本计划的批准版本。此外，第四个基准，即绩效测量基准，代表这三大基本基准的组合。

这些基准代表了项目的计划，而实际结果则与基准进行比较。

在预测型项目中，变更必须得到严格的控制，所以变更总是需要经过变更控制过程。

- 项目的工作是根据基准来执行的。
- 将实际结果与基准进行比较。
- 后续的变更必须通过变更控制过程。
- 在相关干系人签署同意后，可以重新确定项目的基准。

在纯粹的敏捷型项目中，不存在基准。工作的范围是由产品待办事项列表决定的，它将随着用户故事的增加、删除和优先级的调整而改变。

4.4.3 其他组件

关键主题

本过程生成的组件还包括另外两个管理计划和一个基准，具体如下。

- 变更管理计划：记录变更控制过程。
- 配置管理计划：记录关于版本控制的程序。
- 绩效测量基准：这个工件是范围、进度和成本基准的组合。

另外还有其他 3 份文件，具体如下。

- 项目生命周期：项目从开始到结束所经历的一系列阶段（在第 3 章中讨论过）。
- 开发方法：该文件确定了项目所使用的开发方法，例如预测型开发方法、敏捷型/适应型开发方法、迭代型开发方法、增量型开发方法或混合型开发方法。
- 管理审查：该文件提供了项目中干系人审查项目进展和做出必要决定的时间点。

关键主题 | **考试小贴士**：确保了解项目管理计划的每个组成部分，以及组成项目管理计划的每个工件的目的。

考试小贴士：如果看一下十五至尊图上的规划过程组，你会注意到每个知识领域的第一个过程总是"规划 *x*"，其中 *x* 指的是知识领域。因此，在范围管理中，第一个过程是规划范围管理；在进度管理中，第一个过程是规划进度管理，以此类推。表 4-5 显示了十五至尊图中的规划过程组。要了解每个过程中所创建的工件，只需将"计划"这个词添加到 *x* 后面，那么工件就是"*x* 计划"。在规划范围管理中，创建的工件是范围管理计划；在规划进度管理中，创建的工件是进度管理计划；在规划成本管理中，创建的工件是成本管理计划，以此类推。唯一的例外是整合管理和范围管理，其中整合管理是包含所有计划的"主"知识领域，而范围管理中创建的工件包括一个额外的需求管理计划。请记住，每个"*x* 计划"都记录了规划、执行、管理和监控特定知识领域的方式对应的程序。

在执行任何知识领域的项目管理过程之前，首先需要清楚如何执行这些过程，应遵循的程序被记录在"*x* 计划"中，因此，"规划 *x*"过程总是排在第一位。

表 4-5 是对《PMBOK®指南》第六版中的十五至尊图的摘录，以底纹的方式凸显

了规划过程组和前面考试小贴士中提到的过程。

表 4-5　　　　　　　《PMBOK®指南》第六版中的规划过程组

过程组 知识领域	启动	规划
4.0 整合管理	4.1 制定项目章程	4.2 制订项目管理计划
5.0 范围管理		5.1 规划范围管理 5.2 收集需求 5.3 定义范围 5.4 创建 WBS
6.0 进度管理		6.1 规划进度管理 6.2 定义活动 6.3 排列活动顺序 6.4 估算活动持续时间 6.5 制订进度计划
7.0 成本管理		7.1 规划成本管理 7.2 估算成本 7.3 制定预算
8.0 质量管理		8.1 规划质量管理
9.0 资源管理		9.1 规划资源管理 9.2 估算活动资源
10.0 沟通管理		10.1 规划沟通管理
11.0 风险管理		11.1 规划风险管理 11.2 识别风险 11.3 实施定性风险分析 11.4 实施定量风险分析 11.5 规划风险应对计划
12.0 采购管理		12.1 规划采购管理
13.0 干系人管理	13.1 识别干系人	13.2 规划干系人参与

4.5　执行项目

执行项目是指实施计划并执行计划中的工作，以创造可交付物。

在《PMBOK®指南》第六版中，整合管理的执行过程组中的过程是：

■　指导与管理项目工作；

■　管理项目知识。

《PMBOK®指南》第七版在以下绩效域讨论了项目的执行和交付：

■　项目工作绩效域；

■ 交付绩效域。

以下将讨论与 PMP 考试相关的这些过程和绩效域的主要内容。

首先，讨论执行项目的目的。执行项目的主要目的是交付项目的商业价值。

ECO 中提到了与商业价值有关的两项任务，如下所示。

■ 过程领域的任务 1：执行需要紧急交付商业价值的项目。

■ 业务环境领域的任务 2：评估并交付项目利益和价值。

可以看到，在 ECO 中有两个任务提到了价值，这也说明了在 PMP 考试中这个术语的重要性。

了解商业价值的含义很重要。

4.5.1 什么是商业价值？

关键主题

商业价值是指从商业活动中获得的可量化的净收益，它可能是有形的、无形的，或两者兼有。实施项目的目的首先是实现商业价值，而这个价值因项目的不同而不同。例如，一个项目的收益可能是增加市场份额，而另一个项目的收益可能是改善流程。又如，房主建房的项目的收益是房主搬进了他们的梦想家园。

有形收益的例子如下。

■ 金融收益。

■ 市场份额。

■ 率先进入市场。

■ 新客户。

■ 技术性收益。

■ 改进措施。

■ 社会收益。

■ 股东权益。

无形收益的例子如下。

■ 商誉。

■ 品牌认知度。

■ 声誉。

■ 战略一致性。

商业价值何时才能实现，这取决于许多因素。在预测型项目中，商业价值一般在项目结束后实现，而在敏捷型项目中，商业价值是在每个冲刺结束时实现的。过程改进项目的收益可能会在整个项目的不同阶段实现，而新产品开发项目的收益，如增加销售额、利润和市场份额，则可能在开始生产后的几个月甚至几年才会实现。

在项目层面，需要在项目的早期阶段来定义和理解商业价值。项目章程记录了项目成功和失败意味着什么。

4.5.2　项目成功意味着什么？

项目可以在预期进度和预算内取得成功吗？这是衡量项目成功的真正和准确的标准吗？

在大多数情况下，许多人都会对第二个问题作出肯定回答。对于许多项目经理来说，项目在预期进度和预算内完成，这是典型的项目成功标准。

然而，这真的是衡量项目成功的真实和准确的标准吗？对于这个问题的答案，没有正确与错误之分，它取决于许多因素和情况。

例如，假设一个新产品开发的项目预计每年能增加 500 万美元的销售额，而这个项目的进度比计划提前了 10%，成本比预算降低了 5%。到目前为止，项目经理可能会认为自己的工作做得很出色；但是，如果销售额最终很低，甚至导致公司倒闭，现在这个项目还是成功的吗？

此外，对于同样的项目，如果最终进度比计划晚了 10%，成本比预算多了 20%，考虑到这些指标，刚开始项目经理可能会需要向高级管理层解释出了什么问题。但是，如果销售额比预期翻了一番，那么这是一个失败的项目吗？绝对不是。

因此，仅仅根据进度和预算来衡量项目的成功或失败，不一定是最好的。需要着眼于全局，考虑商业价值。项目的成功与否应该由是否实现了商业价值来决定。

衡量商业价值的指标多种多样，比如：

- 收益-成本比；
- ROI；
- 内部收益率（Internal Rate of Return，IRR）；
- 现值（Present Value，PV）；
- 净现值（Net Present Value，NPV）。

在适应型项目中，如果产品负责人在每个冲刺结束时批准可交付物，商业价值就实现了，而这反过来又创造了潜在的可出货的产品增量。与此相关的两个重要术语如下。

关键主题

- **最小可行产品（Minimum Viable Product，MVP）**：这是包含在产品功能中的最小的特性集合。这些特性是产品或系统运行所需的最基本的、不加修饰的功能类型。这些特性与 MoS-CoW 分析中的必备功能如出一辙。其目的是做最少的工作来向客户交付价值。
- **最小业务增量（Minimum Bussiness Increment，MBI）**：这是可以添加到产品或服务中的最少的业务价值。其目的是首先交付最高的价值。

在了解了商业价值以及项目的成功和失败后，下面在这个背景下进一步讨论项目的执行。

在《PMBOK®指南》第七版中提到，当团队使用合适的过程和工具来完成工作并产生交付物时，项目工作绩效域便会产生高效的项目绩效。在项目工作中，通过管理工作流，与干系人进行有效的沟通，管理材料、设备、供应商、物流和销售商等方式，来保持团队的专注和项目活动的顺利进行。

项目经理和项目团队应定期审查过程和程序，以识别出任何低效的行为和工作的瓶颈，并解决问题和消除障碍。团队可以使用精益系统，如使用价值流程图来识别瓶颈，并使用持续改进工具，比如召开回顾会议和总结经验教训，用于采取小的、渐进的、持续的改进措施。项目经理有责任保持团队对工作的关注，并确保为团队灌输紧迫感，以便及时交付工作。

现在来讨论一下《PMBOK®指南》第六版中属于整合管理的两个执行过程。

4.5.3　指导与管理项目工作

作为卓有远见的项目领导者，项目经理必须在整个项目中持续不断地向干系人传达目标和价值。在整个项目中，项目经理必须确保团队持续执行合适的任务，以期实现可交付物和目标。因此，项目经理必须在整个项目中为团队灌输一种紧迫感，以确保可交付物和目标得到实现，并且干系人同意这些可交付物和目标的进度。

指导与管理项目工作是执行计划的过程。项目经理领导整个团队执行任务和活动。这个过程的一个主要结果是创造项目的可交付物，这些可交付物随后将在质量管理过程中进行测试（将在第 11 章中讨论）。

这个过程的另一个主要结果是创建工作绩效数据，分析这些数据并与计划进行比较，得出工作绩效信息，然后在工作绩效报告中进行总结。

下面详细了解一下这些术语。

■ **工作绩效数据（Work Performance Data，WPD）**：指的是原始的、真实的观察结果。这种数据没有提供背景，必须进行分析以了解其含义。例如，对于通过市场调查收集的一页数字，如果没有任何分析，这页数字可能毫无意义。对于项目来说，工作绩效数据的例子是："到目前为止，我们已经在项目上花费了 50,000 美元。"

■ **工作绩效信息（Work Performance Information，WPI）**：指的是对工作绩效数据的解释，工作绩效信息赋予工作绩效数据实际的意义。例如，在分析了前面例子中的一页数字后，对这些数字的解释就是工作绩效信息。在项目中的例子是："我们的成本超出预算 5,000 美元"。

根据前面的例子，如果项目到目前为止已经花费了 50,000 美元，但是应该花费 45,000 美元，那么成本就比预算多了 5,000 美元。在这个例子中，50,000 美元是工作绩效数据（实际结果），45,000 美元是计划，而成本超出预算 5,000 美元是工作绩效信息。把实际结果与计划进行比较，就能得到工作绩效信息。

- **工作绩效报告**（**Work Performance Report，WPR**）：指的是以纸质或电子报告的形式总结的工作绩效信息，用于进行决策或显示项目状态。因为工作绩效信息包含工作绩效数据和计划，所以工作绩效报告可视为包含所有这三者，即工作绩效数据、计划和工作绩效信息。

> 考试小贴士：工作绩效数据是作为指导与管理项目工作过程的一部分来创建的。工作绩效信息和工作绩效报告则是作为监控过程组以及测量绩效域的一部分来创建的。

4.5.4　管理项目知识

学习新知识、重复使用现有知识和转移知识是团队成员的重要技能组合，也是团队合作和项目成功的关键因素。

团队成员不能私藏知识，而应该根据需要与其他团队成员和干系人分享他们的知识。这有助于实现协作和广泛参与。当成员都互相学习时，每个成员都能发展新的技能和提高理解力，也能实现共赢。

知识转移是指对显性和隐性知识的转移。知识转移包括将知识传递给其他干系人，比如开始工作的运营团队。在项目结束时，项目团队将把相关的知识传递给生产团队或运营团队，以便他们了解可交付物的水平和弱点。这些知识将以文件、会议、工作实习和培训生产人员的形式出现。

知识的分类有两种。

【关键主题】

- **显性知识**：这种知识是有形的，很容易被编入文字、图片、数字、表格、报告等。例如，本书中的知识就被认为是显性知识。
- **隐性知识**：这种知识是无形的且更个人化，基于信仰、思维过程、洞察力和经验而生成。这种类型的知识更难以表达和编纂。例如，你作为项目经理的经验以及你根据过去的经验解决问题的方法，这些都是隐性知识。

知识管理是指对显性知识和隐性知识的管理。应该经常学习新的知识，并重复使用现有知识（如经验教训）。

组织内的知识存在于 3 个层面。

- **个人层面**：这一层面的知识主要是隐性知识，但也可能包括一些显性知识。
- **项目层面**：这一层面的知识主要是显性知识，因为主要包括项目文件。
- **组织层面**：这一层面的知识主要是显性知识，因为主要包括 OPA。组织层面的知识也指可以在整个组织内重复使用的知识，如员工的技能和经验。

隐性知识通常存在于个人的脑海中，不可能强迫人们分享他们的隐性知识。因此，在团队成员之间创造信任的氛围是很重要的，这样他们才会有动力分享他们的隐性知识。如果人们没有动力分享他们的隐性知识或关注他人的隐性知识，那么即使使用最好的工具和过程也不会起作用。有效的知识转移既包括通过知识管理工具和文件进行转移，也包括通过人们之间的互动和联络进行转移。

管理项目知识的重要工件是经验教训登记册，它记录了哪些地方做得好，哪些地方做得不好，以及可以做哪些改进。然而，这并不是管理项目知识的唯一工件。所有的项目文件都是知识转移的一种形式，所以所有的项目文件都可以用于管理项目知识。

考试小贴士：经验教训登记册是一个当前的项目文件（一个工件）。经验教训库是指历史文件（OPA）。

4.6 监控项目

监控项目是指将实际结果与计划进行比较，是跟踪、审查和调控项目绩效的过程，项目经理需要在整个项目中执行此过程。监控项目用于确定是否需要采取**纠正措施、预防措施或缺陷补救**（返工）。监控项目本质上是通过对比各项指标来确定项目的健康状况。例如，通过对比实际进度和计划进度，来确定项目进度是提前还是滞后；通过对比实际花费的金额和计划花费的金额来确定项目成本是超出预算还是低于预算。

- 实际结果是工作绩效数据。
- 把工作绩效数据与计划进行对比，以确定差异。
- 对差异的解释就是工作绩效信息。

例如：

- "到目前为止，我们在这项活动上花费了 30,000 美元"是工作绩效数据；
- "到目前为止，我们应该在这项活动上花费 25,000 美元"是计划；
- "−5,000 美元的差额"是差异；
- "因此，到目前为止，我们的成本超出预算 5,000 美元"是工作绩效信息。

对基准的任何改变都必须经过变更控制过程。

在适应型项目中，监控过程可以对比到目前为止批准的用户故事的实际数量和在本阶段规划的用户故事数量（或实际交付的故事点数和规划的故事点数）。

关于监控过程的更多细节，详见第 14 章。下面将集中讨论整体变更控制过程。

4.6.1 整体变更控制

在预测型项目中，健全而有效的变更控制过程至关重要，这可以确保变更得到严格的控制和批准。否则，项目可能会以成本失控而告终，或者实际进度可能会远远落后于预期进度，甚至可能会低效和草率地执行任务。

《PMBOK®指南》第六版中的整体变更控制过程是审查、批准和管理项目中所有变更的过程。

项目经理不需要消除所有的变更，但需要正确地控制这些变更。项目经理需要防止对项目进行不必要的变更。

这是为什么呢？

在预测型项目中，大多数变更都要花钱！项目经理需要确定由谁来支付这笔费用。因此，变更需要经过变更控制过程，以避免范围蔓延、镀金或者成本失控。当然，原因也可能是变更对项目有其他的影响，如影响进度和资源，但无论如何，都需要正确地控制变更。

需要实施变更控制过程的原因有很多，具体如下。

- 团队成员意识到他们错过了一个需求。
- 客户希望增加一些额外的需求。
- 高级管理层决定扩大范围。
- 一台机器发生故障，需要进行修理或更换（纠正措施）。
- 机器的某个部件正出现磨损，可能导致机器故障。你需要在机器发生故障之前更换该部件（预防措施）。
- 监管方面有变化。

这些只是项目中可能需要变更的几个原因。实际项目中的变更并不局限于以上原因。

关键主题

4.6.1.1 整体变更控制的关键工件：变更管理计划

变更管理计划记录了有关变更控制的程序，每个组织都有自己的有关变更控制的程序，这些程序记录在变更管理计划中。以下是变更管理计划可以包含的内容。

- **确定谁有权力批准或拒绝变更**：一般来说，变更控制委员会（Change Control Board，CCB）是批准或拒绝提交的变更的机构。变更管理计划记录了变更控制委员会的成员构成，以及每个成员拥有的权力级别。即使没有正式的变更控制委员会，也必须拥有可以批准或拒绝变更的机构，即使这个机构只有一个人。如果在项目初期没有确定变更控制委员会的人选，那么人选可以是项目发起人。项目经理也可能有一定的权力来批准或拒绝变更，此项权力最初在项目章程中记录，也会记录在变更管理计划中。例如，如果项目经理有权批准价值不超过 5,000 美元的变更，这将记录在项目章程中，同时也将记录在变更管理计划中。
- **确定谁可以提交变更请求**：正确地控制整个变更控制过程，这包括谁可以向变更控制委员会提交变更请求。尽管项目中的任何干系人都可以提出变更请求，但是应该只有有限的几个人可以真正向变更控制委员会提交变更请求。

一般来说，项目经理有这个权力，但变更管理计划确定了这些人是谁。他们决定该变更是否有效，是否与项目有关，以及是否为项目增加价值。

- **确定变更的构成**：一般来说，任何影响基准的变更都必须经过变更控制过程。在团队规划项目时，任何确认的工作都将被添加到计划中。当已经为范围、进度和成本确定基准后，任何变更都必须经过变更控制过程。然而，每个组织可能对变更的构成都有自己的定义，这也需要记录在变更管理计划中。例如，"任何工作时间少于两小时的任务将不被视为变更"，需要记录在变更管理计划中。

- **描述变更控制过程**：关于变更控制，每个组织都有自己的程序，但对于 PMP 考试来说，考生需要对 PMI 的一般变更控制过程有基本的了解。4.6.1.2 节将讨论这个过程。

- **描述在变更控制过程中必须使用和更新的文件和模板**：每个组织都有自己的、必须用于提出变更、分析变更和提交变更请求的文件和模板。

关键主题 **4.6.1.2　整体变更控制的重要工件：配置管理计划**

配置管理指的是对工件的版本控制，以确保团队成员和干系人能够访问最新版本的文件。配置管理计划记录了配置管理系统和程序。

配置管理系统与版本控制系统的区别如下。

- 配置管理系统检索的是文件的最新版本。
- 版本控制系统则允许访问文件的先前版本。

关键主题 **变更控制过程中涉及的步骤**

尽管每个组织都有自己的变更控制程序，但以下是考生在 PMP 考试中需要知道的变更控制过程的基本步骤。

第 1 步：干系人提交变更请求。

- 将变更请求记录在变更日志中。
- 尽管可以口头提交变更请求，但仍必须将变更请求记录在案。

第 2 步：执行影响分析。

- 团队分析变更，以确定对预算、进度、资源和其他制约因素的影响。
- 还要确定变更对项目其他领域，如其他项目过程或其他项目团队的影响。
- 还要确定任何可能的替代措施。

第 3 步：向变更控制委员会提交变更请求。

第 4 步：按照变更管理计划中列出的步骤，获得合适的机构（变更控制委员会、项目发起人或其他机构）的批准（或拒绝）。

第 5 步：将变更的批准情况更新到变更日志和任何其他项目文件，并向任何其他感兴趣的干系人沟通此情况。

第 6 步：实施变更。

第 7 步：验证/测试变更（控制质量）。

> **考试小贴士**：影响分析总是涉及量化的价值，如下。
> - "这个缺陷需要两周的时间来修复，我们需要一个额外的资源"是影响分析，因为其中涉及量化的价值。
> - "这个缺陷能快速且简单地修复"或"这是一个重大的改变"不是影响分析，因为没有涉及量化的价值。短语"快速且简单"和词语"重大"都是主观的。
>
> 项目经理可能不会亲自执行实际的影响分析，而是会将影响分析交给主题专家和团队成员来执行。
>
> 变更的批准（或拒绝）机构可能来自组织外部（如政府机构）。例如，对建筑物进行变更可能需要得到当地政府机构的批准（许可）。

4.6.2　适应型环境中的变更控制

在大多数情况下，敏捷型项目的日常工作并不总是需要像预测型项目的日常工作那样的变更控制过程。任何新的用户故事都会被添加到产品待办事项列表中，并定期重新设置优先级。只有高优先级的用户故事才会在冲刺中实施。因此，在适应型环境中，变更控制是融入敏捷过程中的。

此外，在敏捷型项目中频繁进行的多层次的反馈循环，可以确保潜在的变更得到沟通和理解，进而确保有充分的变更管理过程。

然而，在敏捷型项目中，任何对项目愿景的重大变更或者任何需要额外冲刺的变更，都需要变更审批程序。敏捷型项目中的变更审批程序超出了 PMP 考试的范围。

备考任务

4.7　复习所有关键主题

复习本章中最重要的关键主题，这些关键主题在相应页面都标记有"关键主题"图标。表 4-6 列出了这些关键主题以及相应的描述。

关键主题

表 4-6　　　　　　　　　　　第 4 章的关键主题以及相应的描述

关键主题	描述
表 4-2	整合管理过程和过程组
章节	制定项目章程的主要工件
章节	效益管理计划

续表

关键主题	描述
章节	项目章程
列表	项目管理计划是由许多规划文件（工件）组成的
章节	子管理计划
章节	基准
章节	其他组件
考试小贴士	项目管理计划的组成部分
章节	什么是商业价值？
列表	最小可行产品和最小业务增量
列表	工作绩效数据、工作绩效信息和工作绩效报告
列表	知识的两种分类
章节	整体变更控制的关键工件：变更管理计划
章节	整体变更控制的重要工件：配置管理计划
章节	变更控制过程中涉及的步骤

4.8 复习题

1. 谁负责项目的整合活动？

   A. 项目经理

   B. 项目经理和项目团队

   C. 项目经理和主题专家

   D. 发起人和项目经理

2. 你的项目期限很紧迫，需要立即开始规划，否则可能会有延误的风险。发起人没有签署项目章程，并将在随后的两个星期内也无法签署。你应该怎么做？

   A. 向发起人解释情况的紧迫性，并开始规划项目。可以让发起人在方便时在项目章程上签字

   B. 向发起人解释情况的紧迫性，但不要开始工作，直到项目章程被签署

   C. 向发起人解释情况的紧迫性，并将其上报给高级管理层来解决

   D. 向发起人解释情况的紧迫性，并要求高级管理层指派另一个发起人

3. 以下哪项不是项目管理计划的组成部分？（选择两项）

   A. 风险管理计划

   B. 进度基准

   C. 需求文件

   D. 资源管理计划

   E. 风险登记册

4. 你是一名经验丰富的团队促进者，最近公司雇用你来领导第一个敏捷型项目。你的团队成员正在询问，随着项目的进展他们需要更新哪些工件。以下哪项不是敏捷型项目中使用的工件？

    A. 冲刺待办列表

    B. 产品待办事项列表

    C. 进度基准

    D. 燃尽图

5. 以下哪项属于工作绩效信息？

    A. "到目前为止，我们已经在这个可交付物上花费了 80,000 美元。"

    B. "我们的项目已经进行了 4 个星期，完成了 50 项任务。"

    C. "我们已经完成了 10%。"

    D. "我们的成本比预算高出 10%。"

6. 你正在用一种全新的方法来管理项目。这个方法有 3 个被划分为几个短迭代的不同阶段，每个短迭代都会为组织交付一个有价值的产品。对这些产品最好的描述是什么？

    A. 最小业务增量

    B. 可交付物

    C. 最小可行产品

    D. 需求

7. 你正在和团队开会。你提交了一些报告，展示了一个演示文稿，并讨论了自己过去的经验，就如何改进项目的某些程序提出了见解。以下哪项是正确的？

    A. 你在讨论经验，这是隐性知识，但你的经验是显性知识

    B. 你的报告和演示文稿将被归类为显性知识，而你的经验则是隐性知识

    C. 你的报告和演示文稿将被归类为隐性知识，而你的经验则属于经验教训知识

    D. 你的报告和演示文稿将被归类为隐性知识，而你的经验则是显性知识

8. 你正在管理一个小型的建筑项目，一个团队领导通知你水管有问题，但这个问题很容易快速解决。你接下来应该做什么？

    A. 告诉团队成员，让他们解决这个问题

    B. 进行影响分析

    C. 创建变更请求

    D. 通知变更控制委员会

9. 敏捷团队和产品负责人正在开会讨论一项功能，但团队成员之间在编码方面存在很多困惑。经过一番讨论，发现有一个开发人员在看前天的一段代码，而另一个开发人员在看一小时前的一段代码。该团队可能没有做什么？

    A. 实施合适的文件管理系统

B. 更新沟通管理计划

C. 互相沟通

D. 实施合适的配置管理系统

10. 关于变更，项目经理的注意力最好集中在以下哪方面？

A. 告知发起人和干系人变更情况

B. 跟踪和记录变更

C. 与变更控制委员会成员建立关系

D. 防止不必要的变更

本章涵盖 PMI 的重要过程、工件和工具，用于在整个项目中成功地管理干系人。干系人的参与和协作是整个 PMP 考试的重要主题。

- 干系人管理：介绍本节内容如何与《PMBOK®指南》的过程模型和绩效域模型相适应，并确定考生在 PMP 考试中需要知道的有关干系人管理的内容。

- 识别干系人：介绍识别干系人并确定其优先级的常用工具和技术，如干系人方格和凸显模型。

- 规划干系人参与：介绍干系人参与的重要性，介绍干系人参与度评估矩阵和干系人参与计划。

- 管理干系人参与：介绍如何执行计划以获得干系人参与。

- 监督干系人参与：介绍在整个项目中不断评估干系人参与度的重要性。

干系人管理

干系人绩效域讨论了项目经理和项目团队必须执行的程序和活动，以便与干系人协作并使其参与进来。项目经理必须识别出项目的所有干系人，确定他们对项目的潜在影响，并制定合适的管理策略来使干系人参与项目。项目经理需要在整个项目中执行这些程序和活动，以确保每个干系人都对项目的期望和目标有清晰且一致的理解。干系人参与是项目成功的一个关键因素。

本章介绍 PMP ECO 中的以下目标。

领域	任务	考试目标
人员	任务 9	与干系人协作
人员	任务 10	建立共识
人员	任务 13	指导有关的干系人
过程	任务 4	让干系人参与进来

5.1 摸底小测试

摸底小测试可以帮助你评估自己是应该认真阅读本章内容，还是直接跳到"备考任务"部分。如果你对答案没有把握，或者你对题目涉及的知识有疑问，请认真阅读本章内容。表 5-1 列出了本章知识点和相对应的测试题目。你可以在附录 A 中找到这些题目的答案。

表 5-1　　　　　　　　　本章知识点和相对应的测试题目

本章知识点	测试题目
识别干系人	1~6
规划干系人参与	7~8
管理干系人参与	9
监督干系人参与	10

注意：自我评估的目的是衡量你对本章内容的掌握程度。如果你不知道某道题的答案，或者感到模棱两可，你应该将此题标记为错误，以便对相关内容进行学习。如果猜对了答案，会使你的自我评估产生偏差，并可能产生一种"已经掌握"的错觉。

1. 在下列人员中，谁会被认为是项目的干系人？（选择所有合适的选项）
   A. 你的客户
   B. 组织的高级管理层
   C. 产品的终端用户
   D. 项目经理
   E. 项目团队
   F. PMO
   G. 指导委员会
   H. 需要批准最终可交付物的政府机构
   I. 销售商和供应商

2. 项目经理会为以下哪个干系人设置最高优先级？
   A. 高权力和低利益干系人
   B. 确定型干系人
   C. 高权力和低影响干系人
   D. 苛求型干系人

3. 新主管加入你的组织，你知道这个主管的决定将对你的项目产生很大影响。你接下来应该做什么？
   A. 给新主管发电子邮件，介绍自己并解释该项目
   B. 更新干系人登记册
   C. 安排与新主管会面，讨论项目和其他任何新主管可能有的需求
   D. 将新主管的沟通要求更新到沟通管理计划

4. 一个干系人每天都要求了解项目情况，但他没有决策权。在权力利益方格中，你将如何把这个干系人归类？
   A. 随时告知
   B. 重点管理
   C. 监督
   D. 令其满意

5. 你应该在什么时候识别项目的干系人？
   A. 在项目开始时
   B. 在项目的每个阶段开始时
   C. 在整个项目中
   D. 在制定项目章程时

6. 你应该在什么时候停止识别项目中的干系人？
   A. 项目结束时

    B．在你开始项目的收尾过程时

    C．在所有的干系人都被识别后

    D．当项目的高级干系人指示你这样做时

7．你正在确定干系人的当前的参与度，并将其与期望的参与度相比较。以下哪项会帮助你确定该参与度并进行比较？

    A．干系人参与度评估矩阵

    B．干系人管理计划

    C．干系人登记册

    D．资源日历

8．你的项目新识别了一个干系人，你正试图确定让该干系人参与并与其协作的最佳方法和策略。你应该参考哪个工具？

    A．干系人参与度评估矩阵

    B．干系人参与计划

    C．凸显模型

    D．权力利益方格

9．哪项是满足干系人期望的最佳方式？

    A．在整个项目中定期向干系人通报情况

    B．每周举行状态会议

    C．每日举行状态会议

    D．与干系人举行团队建设会议

10．当你对干系人进行数据分析时，发现一些干系人对这个项目有抵触情绪。你觉得很意外，因为这些干系人将从此项目中受益。处理这种情况的最好办法是什么？

    A．确定与这些有抵触情绪的干系人打交道的策略，并避免给他们太多关于项目的信息，以防他们开始反对项目

    B．尽早让他们参与进来，清楚地勾勒出他们在项目中的角色和职责

    C．将他们添加到干系人登记册中，并将他们在干系人参与度评估矩阵中确定为反对的干系人

    D．与他们安排一次会议，根据项目章程明确概述项目的目标，并讨论效益管理计划中的条目

基础主题

5.2　干系人参与

    干系人绩效域可以用图 5-1 所示的 6 个步骤进行总结。

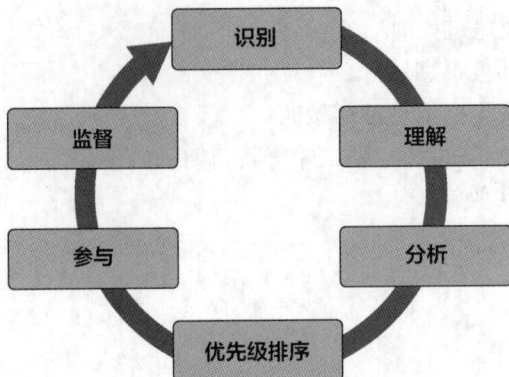

图 5-1　干系人参与的步骤

　　首先，识别干系人，然后了解他们的权力、利益和对项目的影响。

　　接下来，必须规划如何让干系人参与进来，根据权力、合法性和影响力等因素，对干系人进行理解、分析和优先级排序。

　　进行了规划之后，必须通过让干系人实际参与来执行这个规划。

　　在整个项目中，干系人的参与度可能会发生变化。必须不断监督他们的参与度，并确保他们的参与度符合合适的预期，从而引领项目成功。

　　对于考试来说，重要的是要明白，无论是项目经理、团队领导，还是团队促进者（敏捷教练），都要负责与项目中的所有干系人合作，引导并激励他们参与项目。

　　下面来定义谁是干系人，因为不同的人可能对干系人这个词有不同的看法。

关键主题

　　PMI 将**干系人**定义为"可能影响、被影响或认为自己被项目、项目集或项目组合的决策、活动或结果影响的个人、团体或组织"。干系人可能受到项目的积极或消极影响，也可能对项目施加积极或消极影响。通常情况下，人们可能会立即想到客户和高级管理人员是项目的干系人。他们肯定是项目的干系人，并且是主要的干系人。然而，他们并不是唯一的干系人。

　　你作为项目经理，是项目的干系人，因为项目影响着你（你在管理这个项目），你如何管理这个项目可以决定项目的成败。同理，团队成员也是项目的干系人。为项目工作的供应商，或者为项目提供原材料或设备的销售商，都是项目的干系人，因为原材料或设备的交付延迟可能会导致项目的延迟。

　　组织中另一个部门的高级主管，他和项目并无直接关联——尽管最初可能不会将他列为干系人——但如果他能够对项目的决策者施加影响，那么他可能最终也会成为干系人。

　　然而，并非所有干系人的地位都是平等的。有些干系人比其他干系人拥有更大的影响力，或者更高的权力或利益，项目经理需要对这些干系人进行更密切的管理。另外还有一些干系人，在项目期间，项目经理无须在日常工作中对其过多关注。

对于项目经理来说，至关重要的是识别、确认项目中的所有干系人，并对干系人进行优先级排序，以确定谁需要更多的关注，谁需要立即关注，以及哪些干系人的优先级较高和较低。

记住，项目经理的首要工作技能是沟通。但是，项目经理要与谁沟通呢？干系人！

沿着这个思路，项目的首要成功因素就是干系人参与。如果能引导并激励所有的干系人都参与到项目中，那么项目的成功自然是水到渠成。然而，在现实中，知易行难，但这是在项目中需要考虑的成功因素。

PMI 在《PMBOK®指南》第六版中介绍了干系人管理的 4 个过程，首先识别干系人并按优先级排序，然后进一步讨论干系人参与。表 5-2 显示了《PMBOK®指南》第六版中与干系人管理知识领域相关的过程。

表 5-2　　《PMBOK®指南》第六版中十五至尊图的摘录，显示了与
干系人管理知识领域相关的过程

13.0 干系人管理	13.1 识别干系人	13.2 规划干系人参与	13.3 管理干系人参与	13.4 监督干系人参与

4 个过程分别横跨启动、规划、执行以及监控过程组。在本章后续内容中将详细讨论这些过程，此处简单总结一下。

- **识别干系人**：指的是寻找干系人的过程，即寻找被项目影响的人，或可能影响项目的人，包括决策者和团队成员。
- **规划干系人参与**：指的是确定如何引导和激励干系人，以及如何让他们在整个项目中保持积极参与的过程。
- **管理干系人参与**：指的是管理干系人的期望，并在干系人之间建立信任（项目经理的一个重要职责）的过程。
- **监督干系人参与**：指的是监督与干系人的整体关系，并调整战略以保持干系人参与的过程。

5.3　识别干系人

如 5.2 节所述，项目经理的重要技能是沟通。然而，与干系人沟通之前，需要知道谁是干系人；否则，如何与他们沟通？如果不知道干系人是谁，又如何知道要和他们沟通什么信息？项目经理的重要任务之一是在整个项目期间识别干系人。

只有在项目结束后才能停止识别干系人。即使在部署或上线阶段，或者在将产品转移到持续运营期间，也要识别新的干系人（例如，通常在项目即将结束时识别终端用户）。

然而，如 5.2 节所述，不是所有干系人的地位都是平等的，所以必须根据干系人

的权力、利益和对项目的影响来确定其优先级。

5.3.1 识别干系人的常用工具和技术

在整个项目中，有许多工具和技术可用来识别干系人。以下是《PMBOK®指南》第六版和第七版中确定的工具和技术，也是考生在考试中经常遇到的。

- **专家判断**：项目经理根据自己的知识和经验，同时还有其他团队成员和主题专家的知识和经验，事实上还有其他干系人的知识和经验，识别项目中的一些干系人。
- **会议**：项目经理可能会觉得自己一半的时间都花在会议上。这是角色的性质使然，但项目经理可能在参加的任何会议中识别到项目的干系人。
- **数据收集**。
  - ◆ **问卷调查**：项目经理可以分发调查问卷，问卷中包含一些标准问题，以确定干系人的参与度、利益和对项目的影响。
  - ◆ **头脑风暴**：这种技术用于收集尽可能多的想法。
- **数据分析**。
  - ◆ **干系人分析**：指的是对项目角色及其在组织中的地位、利益、期望和贡献等的分析。这种分析可以用来对干系人进行优先级排序。
  - ◆ **文件分析**：审查文件，如以前的项目文件、监管要求和行业标准，可以帮助识别项目的干系人。
- **数据表现**。
  - ◆ **干系人方格**（涉及权力和利益、权力和影响、作用和影响等要点）：这些要点将在 5.3.2 节中详细讨论。
  - ◆ **凸显模型**：这个模型将在 5.3.3 节中详细讨论。
  - ◆ **干系人立方体**：这是三维版本的干系人方格，显示了 3 个变量。
- **影响方向**：这将在 5.3.4 节中详细讨论。

5.3.2 干系人方格

干系人方格是一种分类模型，可以帮助项目经理根据干系人的权力或利益水平、影响或对项目的作用，对干系人进行优先级排序并确定管理的方法。有 3 种类型的干系人方格。

- 权力利益方格。
- 权力影响方格。
- 作用影响方格。

其中最常见的是权力利益方格，如图 5-2 所示。

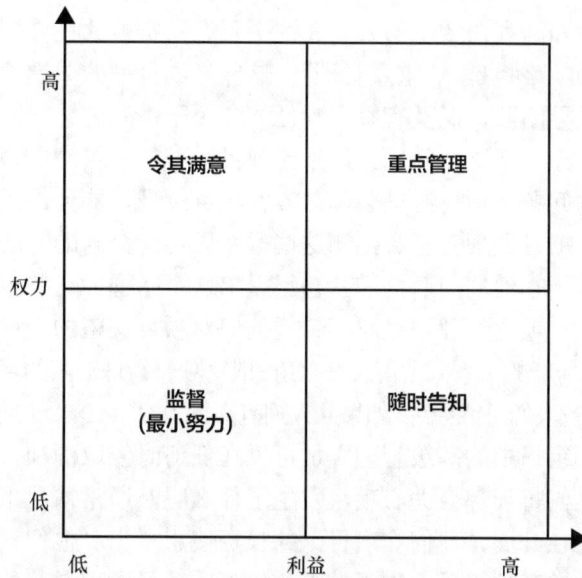

图 5-2　权力利益方格

权力（在 y 轴上）指的是干系人对项目拥有的权力水平。如果干系人拥有高权力，意味着这个人可以取消项目或改变项目的方向。下面是一些拥有高权力的干系人的例子。

- 发起人。
- 客户。
- 关键决策者。
- PMO。
- 项目领导团队。
- 有签字责任的主要干系人。
- 组织的高级管理人员。

利益（在 x 轴上）指的是干系人需要关于项目的信息的程度和频率。如果干系人有很高的利益，那么就需要给这个人定期提供关于项目的信息。如果干系人的利益很低，那么只需要偶尔为其提供一些信息就足够了。以下是一些拥有高利益的干系人的例子。

- 项目团队（他们需要关于项目细节的持续信息）。
- 项目中的供应商（可能需要定期为其提供项目中有关他们的部分的信息）。
- 客户。
- PMO。
- 关键决策者。
- 项目领导团队。
- 有签字责任的主要干系人。

拥有高权力和高利益的干系人（关键干系人）将被放在方格的右上角象限，项目经理对其的管理策略将是 "重点管理"。这些是项目中的关键干系人：关键决策者，如客户、项目领导团队，以及有签字责任的主要干系人。

在现实中考虑一下这个问题：如果比项目经理的薪级高出多个薪级的关键干系人询问关于项目的问题，项目经理会怎么做？项目经理可能会放下手上的所有工作去回答他们的问题。项目经理甚至会预测这些干系人可能会问的问题，并准备好答案，以备他们问起，甚至在他们问起之前就自己提出这个问题！这些干系人是项目经理最优先考虑的干系人，项目经理是绝对不希望他们对项目失望的。

权力高但利益低的干系人会落入左上角象限，项目经理对其的管理策略是"令其满意"。此情况因何产生？人们可能会想，如果某人拥有高权力，那么这个人肯定会自动拥有高利益。

并不一定。组织中的高级管理人员可以在任何时候取消项目，所以他们有很高的权力。但是，他们每天都会关心项目发生了什么吗？通常情况下，他们不会，他们只需要知道项目正在开展，他们在项目上的投资使用得当（他们被"令其满意"）。

权力低但利益高的干系人属于右下角象限，项目经理对其的管理策略是"随时告知"，也就是给予持续的信息流。这些干系人，如团队成员和供应商需要定期获取关于项目的信息。他们不能取消项目，也不能对项目做出重大决策，但他们肯定需要数据和信息来执行项目的工作。

权力低、利益低的干系人属于左下角象限，项目经理对其的管理策略是"监督"。这些是优先级最低的干系人，他们对项目没有决策权，但偶尔可能需要有关项目的信息。例如，过程改进项目的终端用户可能想知道，在项目上线后，某个特定的过程将如何运作。

> **注意**：权力是指项目中的权力（不一定是组织内的权力）。例如，组织中另一个部门的高级主管可能有高权力，但如果这个人没有参与到项目中，或者项目活动或结果没有影响到这个人或他管理的部门，那么这个主管就不是本项目的拥有高权力的干系人。但是，这个高级主管可能会影响到项目的关键决策者，在这种情况下，这个人就对项目产生影响。

除了权力利益方格，也可以创建权力影响方格（权力在 y 轴上，影响在 x 轴上）。第三种类型的方格是作用影响方格，其中影响在 y 轴上，作用在 x 轴上。无论哪种类型的方格，都与图 5-2 所示的方格大同小异。

5.3.3 凸显模型

另一种干系人分类模型是凸显模型，它有 3 个变量，即权力、合法性和紧迫性，如图 5-3 所示。

权力在这里的含义与在干系人方格中的含义相同，即这些干系人可以取消项目或改变项目的方向。

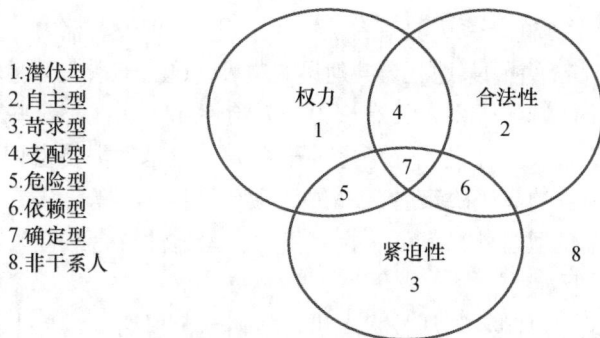

1. 潜伏型
2. 自主型
3. 苛求型
4. 支配型
5. 危险型
6. 依赖型
7. 确定型
8. 非干系人

图 5-3　凸显模型

合法性是指干系人适当地参与项目或受到项目的影响。公司的高级主管可能有权力取消你的项目，但对你的项目没有每日参与的合法性。

紧迫性指的是干系人需要立即关注或定期了解项目信息的速度。

属于第 1 个区域的干系人（只拥有权力，没有合法性或紧迫性）被称为潜伏型干系人。这些干系人在项目上没有日常的决策能力，没有参与项目，也不需要关于项目的定期日常信息。例如，公司的首席执行官可以取消项目；但是，他可能没有参与项目的合法性，也不需要关于项目的定期日常信息。

属于第 2 个区域的干系人被称为自主型干系人。这些干系人在项目上没有很高的权力，也不急需信息，但在某种程度上合法地参与到项目中或受到项目的影响。例如，当地慈善机构从连锁餐厅接受食物捐赠，那么慈善机构可能会受到连锁餐厅所在公司实施新政策的项目的影响。该慈善机构是合法的干系人，但在这个公司实施新政策的项目上没有权力或紧迫性。

属于第 3 个区域的干系人被称为苛求型干系人。虽然这些干系人没有很高的权力，也没有合法地参与到项目中，但他们可能会直言不讳地表达自己的想法和需求，并可能试图影响其他干系人。例如，如果项目是要在安静的街区修建一条可能会使交通繁忙的道路，受影响的当地居民可能会非常强烈地表达他们的不满。

属于第 4 个区域的干系人同时拥有权力和合法性，但没有紧迫性，被称为支配型干系人。例如，如果你正在建造房屋，你需要从当地政府获得许可。当地政府有权力（可以批准或拒绝签发许可证）和合法性（需要关于项目的信息来确定是否批准或拒绝签发许可证，并将在项目的各个环节检查房屋），但并不急于需要这些信息。当你提供所需的信息时，这些干系人会做出决策。

属于第 5 个区域的干系人有权力和紧迫性，但没有合法性，被称为危险型干系人。例如，高级管理层否决了一位高级主管的首选项目，而选择了另外一个项目，则这位高级主管可能试图破坏被选中的另一个项目。

属于第 6 个区域的干系人具有合法性和紧迫性，但没有权力，被称为依赖型干系人。例如，对于正在进行中的某地区公共建设的项目，这些干系人可能是当地的居民。

属于第 7 个区域的干系人具有权力、紧迫性和合法性，这些干系人被称为确定型干系人。这些干系人是你最优先考虑的干系人，也是你需要密切管理的人——例如，客户联系人、项目的高级决策者、PMO、项目领导小组等。

任何在这个模型之外的人（不拥有权力、紧迫性或合法性）都将被归类为非干系人，属于第 8 个区域。

你也许会说，"且慢！"从技术上讲，按照这个思路，世界上的其他人不都是非干系人了吗？没错。但这并不是这个术语所指的内容。举个例子，项目领导小组的一个成员现在已经离开了组织。这个人以前是干系人，但是这个项目已经和他没有关系了，所以现在这个人就被归类为非干系人。

5.3.4　影响方向

项目经理有影响力这一技能。项目经理使用这种技能来影响合适的干系人，使其做出决定，使他们做对项目最有利的事情。例如，项目经理影响关键决策者为项目做出正确的决定，影响团队成员执行有利于项目成功的任务。

影响并不意味着强迫别人去做什么。它是指赢得人们的支持，让他们站在你这边，做对项目最有利的事情。

根据 PMI，影响是分层级的，其会在 4 个方向上产生。

- **向上（高级管理层）**：意味着项目经理正在影响组织中更高层级的干系人（更高薪级的干系人）。
- **向下（团队）**：意味着项目经理正在影响组织中更低层级的干系人（如团队成员和初级分析员）。
- **横向（组织内的同层级人员）**：意味着项目经理正在影响组织内的同层级干系人（在组织结构中既不是上级也不是下级，但仍受项目影响或可能影响项目的员工）。
- **向外（外部干系人）**：意味着项目经理正在影响组织以外的干系人（如销售商和供应商）。

对于以上任何一种影响方向，项目经理都会相应地调整沟通方式。

5.3.5　常用工件：干系人登记册

干系人被记录在**干系人登记册**中，其中包括以下信息。

- 姓名。
- 在组织中的职位/头衔。

- 在项目中的角色。
- 职能经理。
- 联系信息。
- 影响。
- 权力。
- 支持还是反对?

图 5-4 显示了干系人登记册。请注意，这不是项目经理必须在项目中使用的模板。它只是一个干系人登记册的简单例子。

项目编号					项目经理				
项目名称					发起人				
姓名	头衔	角色	地点	联系信息	支持、中立还是反对?	权力(H、M、L)	利益(H、M、L)	内部或外部?	备注

图 5-4　干系人登记册

关键主题　考试小贴士：每当项目经理在项目中识别到一个新的干系人时，要做的第一件事就是更新干系人登记册。考试题目很少会直接说明项目经理已经识别到一个新的干系人。相反，它将描述一个情景，你需要判断是否已经识别了一个新的干系人。

5.4　规划干系人参与

在识别干系人之后，项目经理需要根据权力、利益、影响、合法性、紧迫性或可能确定的任何其他因素，制定适当的策略，在整个项目中引导和激励干系人参与。

5.4.1　干系人参与度评估矩阵

记录干系人参与情况的重要工具之一是干系人参与度评估矩阵，其例子见图 5-5。

干系人	不了解型	抵制型	中立型	支持型	领导型
A	C			D	
B		C		D	
C			C		D
D				C、D	

C = 当前的参与度
D = 期望的参与度

图 5-5　干系人参与度评估矩阵

PMI 确定了干系人的 5 个级别的参与度。

- 不了解型：这些干系人是根本不知道项目存在的干系人。
- 抵制型：这些干系人不希望项目获得成功，并可能采取主动措施干扰项目成功。
- 中立型：这些干系人对项目的成功或失败无动于衷。对他们来说，项目是成功还是失败没有区别。
- 支持型：这些干系人对项目会带来效益感到满意，并希望项目成功。
- 领导型：这些干系人希望项目获得成功，并积极参与以确保项目成功。

基于这个矩阵，项目经理可以确定与干系人沟通的管理策略。项目经理可以做出判断，比如哪些干系人需要得到最多关注，哪些干系人不必太过担心，或者哪些干系人需要立即关注。

项目经理应该尝试把所有的干系人 C 和 D 放在同一个方格里。

例如，在图 5-5 中，干系人 D 当前对项目的参与度是支持，而此人期望的参与度也是支持。项目经理不需要花很多时间去引导和激励这个干系人参与项目，因为他已经积极参与了。干系人 D 已经位于期望的参与度，只需要保持他参与的积极性即可。

然而，干系人 A 不知道项目存在，但项目经理需要这个人的支持。那么，此时要做的第一件事是什么？即找出他不知道项目存在的原因。也许他在度假，或者他没有被邀请参加讨论项目信息的会议。不管是什么原因，可以确定，这个干系人是项目经理现在最优先考虑的干系人，需要立即与他联系，讨论项目。

干系人 B 当前反对项目，但项目经理希望他能给予支持。同样，第一步是确定他为什么反对项目。也许是由于他收到了关于项目的错误信息，他对项目产生了抵触情绪。因此，也许他现在可能是项目经理最优先考虑的干系人，需要立刻联系他，给予正确的信息。如果他已经决定反对项目，处理这种情况可能很有挑战性，但至少，即使项目经理没有充分说服他成为支持的干系人，他也可能会变得中立。中立仍然比反对好，因为反对的干系人可能会采取主动措施，试图干扰项目成功，而中立的干系人则不在乎项目成功与否。

然而，如果反对的干系人受到负面影响，项目经理处理起来将更具挑战性，所以项目经理需要相应地调整管理方法和沟通风格。

> 注意：每个干系人的优先级取决于许多因素，如权力、利益和紧迫性，如前所述。在试图确定管理策略时，项目经理需要综合考虑所有这些因素。

5.4.2 干系人参与计划

【关键主题】
另一个重要工件是干系人参与计划。

> 注意：干系人参与计划是组成项目管理计划的子管理计划之一。它是唯一在名称中没有包含"管理计划"这一短语的子管理计划。然而，它仍然是一份描述如何做的文件——包含程序的文件。

因此，**干系人参与计划**记录了项目经理将如何引导和激励干系人参与项目。它包含根据权力、影响、合法性等对干系人进行优先级排序的程序，并记录了基于其参与度的各种管理策略。它确定了在整个项目中促进干系人参与决策和执行任务所需的行动。它包含干系人参与度评估矩阵，并概述了将干系人当前的参与度转变到适当的参与度所涉及的步骤。

> **注意**：与项目管理计划的所有组成部分一样，干系人参与计划是随着时间的推移，随着对项目了解的增多而逐步制定的。在项目开始时，项目经理可能不知道所有策略，但随着学习不断深入，项目经理会更新这些策略！

5.5　管理干系人参与

项目经理的主要职责之一是在整个项目中管理干系人的参与。如果沟通是项目经理的首要工作技能，那么管理干系人的参与和期望就是首要工作内容。项目经理如何管理干系人的期望？通过沟通。

项目经理与所有干系人进行沟通和合作，这些干系人包括团队成员、供应商、关键决策者以及客户和高级管理层。在整个项目过程中，项目经理总是希望尝试建立一种富有成效的工作关系，并在所有干系人之间建立信任。

引导和激励干系人参与项目的一个关键原则是让他们尽可能早地参与到项目中。记住，根据项目的情况，不同的干系人会在项目的不同时期参与进来，所以项目经理必须在他们参与项目之初就定义清晰的项目愿景，并在整个项目中持续分享项目愿景。在项目的早期让决策者参与进来，可以增强他们对项目的投入感，从而提高他们的参与度。同样，让团队成员对他们的工作和决定负责，也会促进他们的参与和协作。及时处理风险和解决问题将在主要干系人之间建立信任。

用来引导干系人参与的一些重要技能如下。

- 沟通：与任何干系人合作的方式是与他们沟通。
- 冲突管理：因为干系人之间会有冲突，项目经理需要利用此技能处理冲突。
- 文化意识：项目经理需要根据组织文化和外部文化调整管理和沟通的风格。
- 政治意识：项目经理可能需要从办公室政治中找到方法来完成工作。
- 谈判：项目经理需要就任务和资源进行谈判，以完成工作。
- 观察和交谈：通过观察和交谈，项目经理自然而然地会观察到干系人的态度和心态。

5.6　监督干系人参与

就像所有的监控过程一样，项目经理要将实际结果与计划进行比较。在这种情况下，项目经理将干系人当前的参与度与期望的参与度进行比较，并相应地调整管理策略。通过持续的观察和监督，如果发现两者之间存在差异，项目经理将利用技能和策略来消除这些差异，并不断努力改善干系人的看法。

如果干系人对项目表示担忧，项目经理需要解决这些问题。如果支持的干系人开始减弱他们的支持，项目经理将采取相应的行动，并试图挽回他们的支持。如果反对的干系人开始对项目产生负面影响，项目经理将再次采取相应的行动，以确保消除负面影响或至少将负面影响保持在最低水平。

> **考试小贴士：** 当被一道考试题目卡住时，应总是关注那些提到干系人（包括团队成员）参与、激励和协作的选项。你应该总是采取积极、主动的方法，所以请优先选择主动的而不是被动的选项。例如，如果已经识别了问题，应总是选择立即解决问题的选项，而不是选择等干系人指出问题后再解决的选项。

备考任务

5.7　复习所有关键主题

复习本章中最重要的关键主题，这些关键主题在相应页面都标记有"关键主题"图标。表 5-3 列出了这些关键主题以及相应的描述。

关键主题

表 5-3　　　　　　　　　　　　第 5 章的关键主题以及相应的描述

关键主题	描述
段落	干系人的定义
章节	干系人方格
章节	凸显模型
考试小贴士	更新干系人登记册
图 5-5	干系人参与度评估矩阵
章节	干系人参与计划

5.8　复习题

1. 你是一个新项目的项目经理，根据过去的经验，你知道项目中的一个关键干系人在整个项目中不断要求变更。你想避免这种情况。你应该怎么做？

　　A. 避免与该干系人交流太多。他知道得越少，要求的变更就越少

　　B. 尽早让干系人参与进来，并要求他在整个项目中定期提供意见

C. 将这种情况视为项目的风险，并更新风险登记册

D. 观察这个干系人的参与情况，如果这成为一个问题，将其上报给发起人

2. 在下列情况下，谁最不可能被认为是干系人？

A. 必须在业主被允许入住前批准工程的建筑检查员

B. 你决定从这一次开始向其订购原材料的供应商，而且你以前从未与之有过业务往来

C. 你有时会向其咨询的技术专家

D. 系统实施项目的终端用户

3. 你已经完成了项目的一部分，但在你的项目进入下一阶段之前，你需要得到当地政府机构的批准。这个政府机构在你的组织中属于什么影响方向？

A. 向上

B. 向下

C. 向外

D. 横向

4. 你的项目中的一个高级决策者最近离开了你的组织而且不再受到项目的影响，这个人也不会对项目有任何影响。你接下来应该做什么？

A. 更新风险登记册，因为这个人曾经是一个关键决策者

B. 通知团队

C. 与替代他的人取得联系

D. 更新干系人登记册，将此人列为非干系人

5. 在你的项目中，你可能使用以下哪些工具来识别干系人？（选择 3 项）

A. 调查问卷

B. 检查表

C. 会议

D. 统计抽样

E. 专家判断

6. 你在分析一份文件时注意到，你的项目的一个干系人不知道这个项目存在，但你希望他能够支持项目。你最有可能分析的是什么文件？

A. 干系人参与计划

B. 干系人参与度评估矩阵

C. 凸显模型

D. 权力利益方格

7. 一个干系人具有权力、合法性和紧迫性。你如何将其归类？

A. 确定型干系人

B. 重点管理

C. 苛求型干系人

D. 危险型干系人

8. 你的项目目前成本超出预算且进度落后于计划，你正在审查干系人参与度评估矩阵。从这份文件中，什么表明你需要采取行动来与干系人接触和沟通？

A. 反对一栏里有一个 C

B. 同一列中有一个 C 和一个 D

C. C 和 D 在不同的列中

D. 在支持一栏中，有一个 D

9. 如果高级管理层不希望你花时间编写项目章程，因为他们没有看到价值，你应该怎么做？

A. 继续编写项目章程，并向高级管理层展示章程将如何使项目受益

B. 停止编写项目章程以满足他们的要求

C. 与他们一起回顾项目章程的价值

D. 将问题上报给发起人

10. 从下表中可以看出，哪个干系人将成为项目经理最优先接触的干系人？

干系人	无知	反对	中立	支持	领导
A	C			D	
B			C	D	
C					C、D
D				C、D	

C=当前的参与度

D=期望的参与度

本章包括以下关于范围管理的主题。

- **什么是范围管理**：介绍范围的概念，了解为什么范围管理是项目成功的关键因素。
- **规划范围管理**：介绍规划项目范围的过程。
- **收集需求**：介绍常用的工具和工件，以便成功地从干系人处收集需求。
- **定义范围**：介绍制定范围说明书。
- **创建 WBS**：介绍 WBS 的目的和范围基准。
- **确认范围**：介绍客户对可交付物的验收过程。
- **控制范围**：确定项目经理对正确控制项目范围承担的责任。
- **范围管理的敏捷考虑因素**：研究敏捷方法来管理范围。

第 6 章

范围管理

项目经理们总是梦想着项目能够毫发不爽地顺利进行，最终取得成功。不幸的是，在大多数情况下，这只能是一个梦想。

在整个项目生命周期中，有许多因素都会对项目产生影响，而这些因素都会对项目范围产生影响。诸如风险、预算、资源的可用性、外部和内部商业环境的变化、供应链问题、干系人的需求和期望等因素都会直接影响项目的范围。

本章讨论预测型方法和敏捷方法的范围管理的流程、工具和工件。本章首先讨论预测型方法，然后在本章末尾讨论适应型方法。

本章介绍 PMP ECO 中的以下目标。

领域	任务	考试目标
人员	任务 2	领导团队
人员	任务 4	向团队成员和干系人授权
人员	任务 9	与干系人协作
人员	任务 10	建立共识
过程	任务 1	执行需要紧急交付商业价值的项目
过程	任务 4	让干系人参与进来
过程	任务 7	规划和管理产品/可交付物的质量
过程	任务 8	规划和管理范围
过程	任务 10	管理项目变更
过程	任务 17	规划和管理项目/阶段收尾和过渡工作
业务环境	任务 1	规划和管理项目的合规性
业务环境	任务 2	评估并交付项目利益和价值

6.1 摸底小测试

摸底小测试可以帮助你评估自己是应该认真阅读本章内容，还是直接跳到"备考任务"部分。如果你对答案没有把握，或者你对题目涉及的知识有疑问，请认真阅读本章内容。表 6-1 列出了本章知识点和相对应的测试题目。你可以在附录 A 中找到这些题目的答案。

表 6-1   本章知识点和相对应的测试题目

本章知识点	测试题目
什么是范围管理？	1
规划范围管理	2
收集需求	3
定义范围	4
创建 WBS	5～6
确认范围	7
控制范围	8
范围管理的敏捷考虑因素	9～10

注意：自我评估的目的是衡量你对本章内容的掌握程度。如果你不知道某道题的答案，或者感到模棱两可，你应该将此题标记为错误，以便对相关内容进行学习。如果猜对了答案，会使你的自我评估产生偏差，并可能产生一种"已经掌握"的错觉。

1. 项目中常见的范围失败是以下哪种情况导致的？（选择所有合适的选项）
   A. 沟通不畅
   B. 范围蔓延
   C. 误解
   D. 曲解
   E. 镀金

2. 高级管理层已经决定扩大项目范围。你需要参考以下哪份文件以确定下一步行动？
   A. 需求文件
   B. 范围管理计划
   C. 范围说明书
   D. WBS

3. 以下哪些工具可用于收集需求？（选择两项）
   A. 访谈
   B. 石川图
   C. 产品待办事项列表细化
   D. 观察
   E. 帕累托图

4. 你的团队正按计划在年底前完成项目，但客户通知你，由于一个新的发现，项目必须提前一个月完成。你会更新哪个工件来反映这一变更？

    A. 范围管理计划

    B. 范围说明书

    C. 产品待办事项列表

    D. 需求跟踪矩阵

5. 以下哪些是范围基准的组成部分？

    A. 范围说明书、WBS、活动

    B. WBS、控制账户、活动、WBS 词典

    C. 范围说明书、WBS、账户代码、任务

    D. WBS 词典、WBS、范围说明书

6. 高级管理层正在询问 WBS 的目的。在下列各项中，你不会告诉他们哪项？

    A. WBS 允许团队成员看到他们的工作如何影响项目的其他领域

    B. WBS 显示了工作包之间的依赖关系

    C. WBS 是一个与干系人沟通的工具

    D. WBS 有助于团队认同感

7. 一个团队成员听到"确认范围"一词时，不清楚它的具体目的。以下哪项不是你会给这个团队成员的答复？

    A. 确认范围的目的是让客户根据要求测试可交付物

    B. 确认范围的目的是让客户签署验收可交付物

    C. 确认范围的目的是使团队能够测试可交付物以确保它符合所有要求

    D. 确认范围的目的是让客户指出不符合他们的要求的特征

8. 因为干系人要求增加额外的功能，这些功能不属于项目原始范围的内容，你要对这些增加的功能进行分析，并确保这些请求通过适当的变更控制渠道进行。以下哪项可以最好地描述你正在做的事情？

    A. 你正在通过识别干系人的请求以确保他们参与整个项目

    B. 你正在允许范围蔓延，因为这些额外的功能并不是项目原始范围的一部分

    C. 你正在确认项目范围

    D. 你正在控制项目范围

9. 你注意到，有两个团队成员在执行用户故事时遇到了很大的困难。当你进一步调查时，你意识到这两个用户故事都很庞大且复杂，所以他们遇到困难并不意外。你应该怎么做来解决这个问题？

    A. 指派更多的团队成员来处理这些较大的用户故事

    B. 将较大的用户故事分解成较小的用户故事

   C．派遣这两个团队成员接受额外培训

   D．将这些用户故事重新分配给更有经验的团队成员以及将较小的用户故事分配给这两个团队成员

10．其中哪个是用户故事的例子？

   A．作为旅行社的工作人员，我想要为我的客户寻找度假优惠

   B．我想要在 6 个月内建一个 4 居室的房子和一个能容纳两辆车的车库

   C．这面墙应该被涂成蓝色

   D．作为一名呼叫中心分析员，我想要输入客户的姓名和邮政编码，实现迅速调出他们的账户

基础主题

6.2　什么是范围管理？

范围管理知识领域涉及对项目需求的理解。范围管理归根到底是定义项目的边界——包括什么内容以及排除什么内容。清楚范围可以确保做项目成功所需的工作，而不会做任何额外的工作。与所有的干系人共享这种理解至关重要，以便他们在整个项目中专注于项目的目标和成就。简而言之，如果项目是要造一辆自行车，项目经理要确保最终造一辆自行车，而不是最终造一辆坦克！

项目中与范围管理有关的一些常见失败案例如下。

■　对需求的误解。

■　对需求的误传。

■　范围蔓延。

■　镀金。

■　客户不完全了解自己的需求。

图 6-1 所示的是与误解需求有关的漫画。

不幸的是，这些误解在项目中经常发生，所以范围管理知识领域试图解决这些问题。

项目经理要努力防止以下情况出现。

关键主题

■　**范围蔓延**：指的是在不改变原来进度和预算的前提下，不受控制地扩大工作范围。它不是简单地根据客户的要求在产品上增加功能，许多人误认为范围蔓延就是这种情况。如果这些功能的增加是经过适当控制的，那么是完全可以接受的。如果客户同意为增加的工作付费，并允许调整进度和其他计划，这就不是范围蔓延。它是对范围的扩大，如果控制得当，是完全可以接受的。

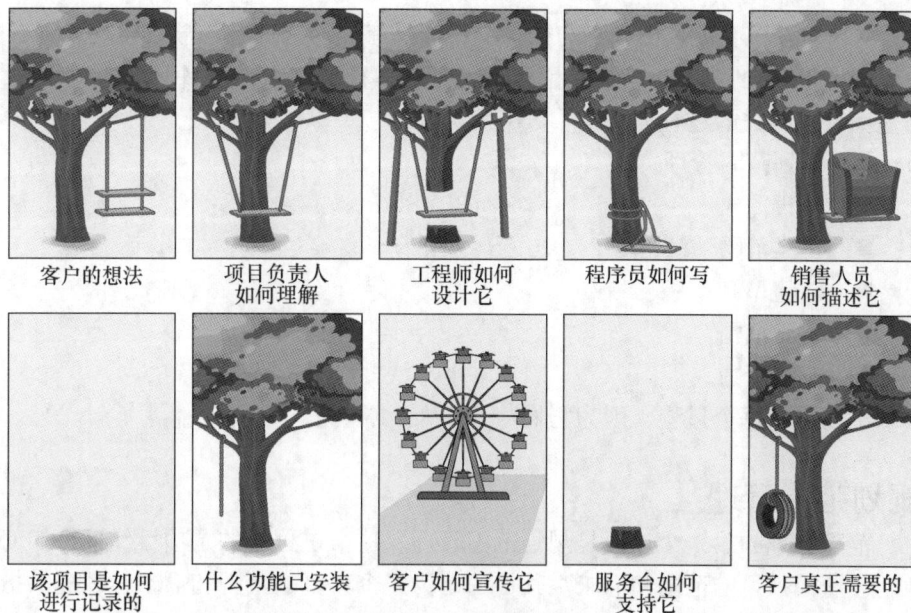

| 客户的想法 | 项目负责人如何理解 | 工程师如何设计它 | 程序员如何写 | 销售人员如何描述它 |
| 该项目是如何进行记录的 | 什么功能已安装 | 客户如何宣传它 | 服务台如何支持它 | 客户真正需要的 |

图 6-1　误解需求

如果客户要求给产品增加功能，项目经理同意并增加了这些功能，这就是范围蔓延。此外，如果项目经理遵循变更控制过程，进行影响分析，向变更控制委员会提交变更请求，并在增加这些功能之前获得批准，这就不是范围蔓延。

- 镀金：一种范围蔓延的类型，即团队成员在没有客户要求的情况下自己发起变更或进行额外工作。例如，网站开发人员在网站上增加了一个额外的页面，但客户实际上并没有要求增加这个页面。

在以上两种情况下，变更可能会导致额外的费用以及对项目产生其他影响，所以项目经理必须通过适当的变更控制渠道，在进行任何变更之前，确保范围的任何扩大都得到完全的批准。本书在第 4 章中介绍了变更控制过程的细节。

范围管理的方法因生命周期方法的不同而不同。下面首先讨论范围管理的预测型方法，然后讨论适应型方法。

关键主题　考试小贴士：在 PMP 考试中，当提到范围蔓延或镀金时，你可能会看到一些关键词，如不受控制的、未经批准的或无文件的变更。在所有情况下，项目经理都必须遵循适当的变更控制过程。

辨析以下内容。

- 产品范围：产品的特性和功能。这个术语描述了项目经理正在创建的产品，因此与产品需求有关。
- 项目范围：为生产可交付物所需要进行的工作。这个术语与开发产品的步骤和程序有关，由于它与如何交付产品有关，因此它与项目管理计划有关。

根据 PMI 的定义，产品范围通常包括在项目范围内，《PMBOK®指南》第六版中与范围管理有关的过程如下。

- 规划范围管理。
- 收集需求。
- 定义范围。
- 创建 WBS。
- 确认范围。
- 控制范围。

下面讨论每个过程，因为它们与 PMP 考试有关。

6.3 规划范围管理

范围管理的第一个过程是规划范围管理。这个过程指的是项目经理将如何规划、执行、监控项目的范围和需求。其目的是为整个项目的范围和需求管理提供指导和方向。这些程序会被记录在范围管理计划和需求管理计划中。

6.3.1 规划范围管理的重要工件

在规划项目范围时，要创建两份重要文件，这两份文件会随着项目的进展而逐步完善。下面的内容将介绍这两份文件。

关键主题

6.3.1.1 范围管理计划

范围管理计划记录了如何定义、制定和控制范围。它描述了准备范围说明书的程序，解释了如何创建 WBS，并记录了管理范围变化的过程、指引和程序。例如，它记录了如果高级管理层在项目期间决定扩大项目的范围，在规划的基准确定后，该如何做。

范围管理计划并不记录项目本身的范围（这是在范围说明书中记录的，后面会提到）。

关键主题

6.3.1.2 需求管理计划

需求管理计划记录了如何规划、执行需求收集过程，以及管理和控制变更。它描述了收集需求的程序，并记录了何时收集需求、在何处记录需求。它描述了增加新需求的程序和缺失需求的过程。

项目经理可能需要收集许多类型的需求（将在 6.4 节讨论），每种类型的需求可能有不同的收集和记录程序。所有这些不同的程序都记录在需求管理计划中。

需求管理计划并不记录需求本身（它记录在需求文件中，后面会讨论）。

6.3.2　规划范围管理的重要工具和技术

以下列表中描述的常用工具和技术在《PMBOK®指南》第六版的 49 个过程中都有使用，它们指的是为执行各个过程组的工作而采取的行动或利用的知识。

- 专家判断：项目经理利用自己的知识和经验以及其他团队成员和主题专家的知识和经验来规划项目的范围。
- 备选方案分析：使用不同的方案来确定、验证和评估项目的范围。项目经理在规划项目时应确定所有这些不同的方案。
- 会议：项目经理将与团队成员、客户和其他干系人参加许多会议，然后才能就项目的范围和程序达成一致。

6.4　收集需求

PMI 将收集需求的过程定义为"为实现目标而确定、记录并管理干系人的需要和需求的过程"。这意味着项目经理需要了解客户想要什么，客户需要什么，项目将交付什么，以及将如何交付它。许多项目之所以会失败，是因为误解需求或误传需求（注意图 6-1）。

客户甚至也不一定知道自己到底需要什么，所以项目经理和项目团队必须与客户合作，帮助他们确定需求并确保和他们对需求有共同的理解。举个例子，如果你聘请建筑师和团队设计一座环保房屋，而你对房屋建筑和房屋设计一无所知，你会希望建筑师和团队与你合作，帮助你找到符合你需求的设计。仅仅在杂志或网上挑选图片，并不能帮助你拥有对自己想要什么或需要什么的理解。史蒂夫·乔布斯（Steve Jobs）曾经说过，人们不知道他们想要什么，直到你展示给他们看。例如，人们并没有意识到他们需要 iPod，直到它被展示给他们。

在企业层面，无论是 IT 项目、设施项目、流程改进项目，还是任何类型的项目，所有的干系人都需要了解要交付什么，如何交付，以及何时交付。

需求有许多类型，具体如下。

- 产品需求：这些是项目旨在满足产品、服务或成果的商定的条件或能力。
- 项目需求：这些是项目需要满足的行动、过程或其他条件，例如里程碑日期、合同义务、预算和约束。
- 业务需求：这些条件定义了项目的业务需求，包括关键的成功标准。它们描述了为什么需要项目以及项目将如何使组织受益。
- 干系人需求：也被称为用户需求，这些条件与用户如何使用产品以及他们可能的需求或需要的功能有关。
- 质量需求：这些是产品需要遵守的质量标准。
- 合规需求：这些是产品和项目必须遵守的标准和规定。这些标准和规定可以是组织内部的，也可以是外部的。法规总是来自政府机构。

- 过渡需求：一旦产品或服务完成，你需要了解如何将其转移到生产/持续运营/上线（每个行业都有自己的、与此相关的术语）。

- 功能需求：这些条件描述产品应具备的功能。

- 非功能需求：这些额外的需求是正确使用产品或服务所需要的。常见的非功能需求的例子如下。

  ◆ 安全和保障：在使用该产品或服务时，有哪些安全协议？

  ◆ 可用性：如果服务突然变得不可用，需要多长时间才能恢复？

  ◆ 服务的连续性：如果发生灾难，服务多久能恢复？

  ◆ 能力：产品或服务的速度和性能如何？

如果没有这些非功能需求，产品仍然可以正常运行；但是，它可能不会以其全部能力运行。例如，如果没有实施安全措施，一台机器仍然可以完全发挥作用；但是，该机器周围的人可能会有危险。这些安全要求将被视为非功能需求。

前面的列表只提供了一些需求类型的例子。这绝不是一个详尽的清单，因为每个行业或组织可能都需要收集自己独特类型的需求。

6.4.1　收集需求的重要工具和技术

根据项目所在的行业以及项目的规模和性质，有许多不同的收集需求的工具和技术。需求的不同类型也决定了用什么工具和技术来收集这些需求。下面是一些比较常见的需求收集工具和技术，考生在 PMP 考试中会遇到。

- 专家判断：项目经理使用自己的知识和经验以及其他团队成员和主题专家的知识和经验来规划项目的范围。

- 头脑风暴：这种技术用来产生尽可能多的想法。

- 访谈：在这种技术中，干系人被问及在这个项目中他们想要什么或需要什么。这可能是一个正式或非正式的过程。

- 焦点小组：这种技术召集预定的干系人或主题专家，征求他们的意见和想法。

- 问卷调查：通常，如果有大量的干系人需要收集需求，或者在深入挖掘这些需求之前需要一些初步的高层级的需求，就会使用这种方法。

- 标杆对照：该技术涉及与标准（个人、组织、行业或政府的标准）进行比较。

- 数据分析：使用这种技术时，你可以参考历史项目的文件，查看以前类似的项目涉及哪些需求。或者你可能需要参考政府法规，以确定产品或项目的合规性要求。例如，如果你正在建造一栋房子，你需要了解该市的建筑法规和条例。

- 投票：如果有多个备选方案（如一个网站的两个可能的设计），你可以对其进行投票。有 3 种类型的投票方法。

◆ 一致同意：每个人都同意一个方案而不是另一个方案（一致决定）。

◆ 大多数同意：至少有方案实现 51% 的得票率。

◆ 相对多数同意：选择得票率最高的方案（你可能得不到得票率为 51% 的大多数同意的结果，特别是在有两个以上的方案时）。

这些也被称为群体决策技术。

- 独裁型决策制定：在这种技术中，一个人为整个团队做出决定。然而，请注意，在某些情况下，这也可以被认为是一种群体决策技术。例如，团队之前已经决定，在无法达成共识的情况下，被任命的人将做出决定。

- 多标准决策分析：可能有许多标准会影响决策，所以需要考虑和评估所有这些标准。

- 亲和图：这种技术提供了一种方法，将类似的创意分组。

- 思维导图：这种技术涉及一种流程图，用于从不同的干系人群体中产生创意。

- 名义小组：这种技术是头脑风暴的延续，对产生的想法进行讨论、投票和排序。

- 观察：有时项目经理需要通过观察过程来开始收集需求（例如，在过程改进项目中，项目经理需要观察当前的过程，然后才能确定要消除和改进的差距和不足之处）。

- 引导：项目经理将引导工作坊、会议、访谈、焦点小组等，以激发需求。

- 系统交互图：这是一种流程图，显示系统和流程与人之间的交互方式。

- 原型法：这种技术采用了标准的工作模型或模拟模型，也是开始收集需求或从客户那里获得早期反馈的方式。例如，一个希望开发公司网站的小公司可能需要看到一些模板或通用网站，以确定更喜欢哪种设计，这可以作为收集网站需求的起点。

6.4.2 记录需求的重要工件

下面的内容介绍记录需求的两个重要工件。

6.4.2.1 需求文件

需求文件包括项目的各类需求，并明确说明项目和产品所需实现的内容。根据 PMI，"需求文件描述了各种单一需求如何满足与项目相关的业务需求"。

通过记录需求，干系人就待交付的产品或服务达成一致。书面记录的需求必须满足以下标准。

- 清晰：需求必须不被误解。

- 简洁：需求必须以最简单的形式写出来，以便干系人理解。

- 可验证：必须能够很容易地验证该需求是否得到满足。
- 一致性：需求之间没有相互矛盾的陈述。
- 完整：必须代表项目或迭代的全部需求。
- 可追踪：可以在整个项目的生命周期中追踪需求。

如前所述，需求有许多类型，每一种类型的需求都有自己的需求文件。

6.4.2.2　需求跟踪矩阵

需求跟踪矩阵是一个方格，它从活动跟踪到产品需求，从产品需求跟踪到商业需求。它用来跟踪整个项目生命周期的需求。它可能会暴露出范围蔓延和镀金，确保不遗漏需求，并确保交付商业价值。

6.5　定义范围

定义范围是设定项目边界的过程。它描述了将包括在可交付物中的功能和特性，以及被排除在外的内容。在项目团队收集了正确的需求后，可以着手创建范围说明书，用来描述将执行的工作和不执行的工作，并制定项目和产品的详细描述。

6.5.1　定义范围的重要工具和技术：产品分析

团队将对产品进行分析，以确定要交付的内容和方式。这种产品分析一般是指，为了描述可交付物的用途、特点和其他方面，询问有关产品或服务的问题，并形成答案的过程。产品分析的常见例子如下。

- 产品分解。
- 系统分析。
- 系统工程。
- 价值分析。
- 价值工程。

6.5.2　定义范围的重要工件：范围说明书

范围说明书是对产品范围和项目范围的详细描述，它包括主要的可交付物、假设条件、制约因素和需求。它详细地描述了可交付物，并在干系人之间提供了对范围的一致理解。详细的计划和 WBS 是根据范围说明书而制定和创建的。

范围说明书的细节因项目、行业和组织而异，但一般包括以下内容。

- 项目目标。
- 范围描述。
- 可交付物。
- 需求。

- 假设条件。
- 制约因素。
- 验收标准。
- 除外责任。

6.6 创建 WBS

WBS 是一种图形层级结构，显示了项目中需要完成的所有工作。它是对项目团队为完成目标而进行的总范围的层级分解。它不包含实际活动，但包括将活动组合在一起的工作包。

使用 WBS 的优点如下。

- 易于理解。
- 作为干系人之间的沟通工具。
- 让团队成员了解他们的工作如何与整个项目相适应。
- 促进团队认同。
- 成为规划的基础。

图 6-2 显示了一个简单的 WBS。

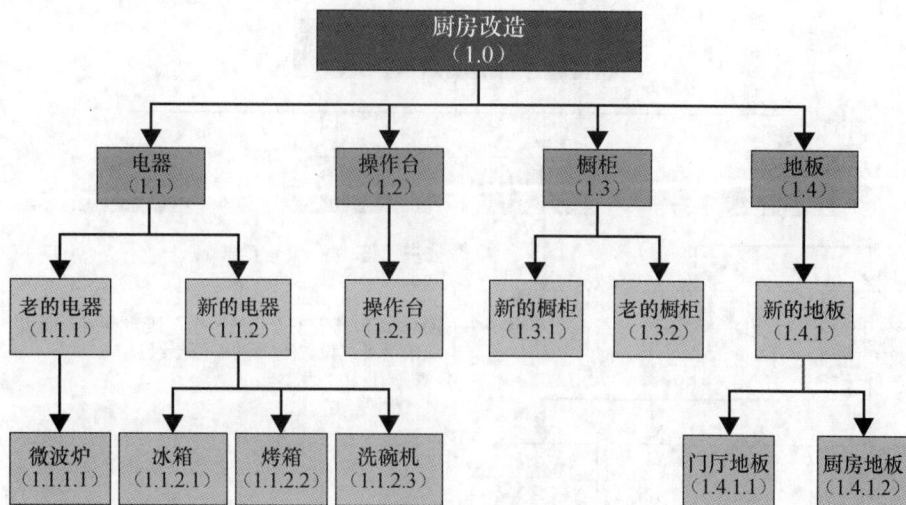

图 6-2　WBS

在这个例子中，项目是一个简单的厨房改造项目。在这种情况下，项目涉及电器、操作台、橱柜和地板。可以保留一个老的电器（微波炉），但需要购买其他新的电器（冰箱、烤箱和洗碗机）。

这个 WBS 包含项目中需要完成的所有工作，这样就不会遗漏任何工作。请注意，

WBS 中没有活动。活动显示在活动清单中，这在第 7 章中讨论。

　　WBS 是规划的基础，在预测型项目中广泛使用。项目经理可以使用 WBS 来创建活动、进度和预算，并计算挣值（Earned Value，EV）。

　　需要了解 WBS 的几个重要组成部分。

关键主题

- 工作包：这是 WBS 的最底层，通常被称为可交付物，它最终将被分解成活动。成本和工期可以在这个层级上进行管理。
- 控制账户：这是在工作包之上的一个层级，代表一个管理控制点，在该控制点上，把范围、预算和进度与 EV 进行对比，以评估项目绩效。在该层级上，项目经理会进行计算和对比，以确定项目的健康状况。
- 账户代码：这是用来识别 WBS 每个组成部分的唯一编号系统，显示每个 WBS 项目在结构中的上下流动关系。可以使用任何字母与数字的组合作为编号，当 WBS 横跨多页时，这一编码系统尤其重要。
- 规划包：可将规划包视为一种"占位符"。它表示已经确定有一些工作要做，但还没有明确具体细节。它一般位于控制账户之下，有已知的工作内容范围，但没有定义详细的具体活动。

　　图 6-3 总结了前面的项目举例中的组成部分与 WBS 的关系。

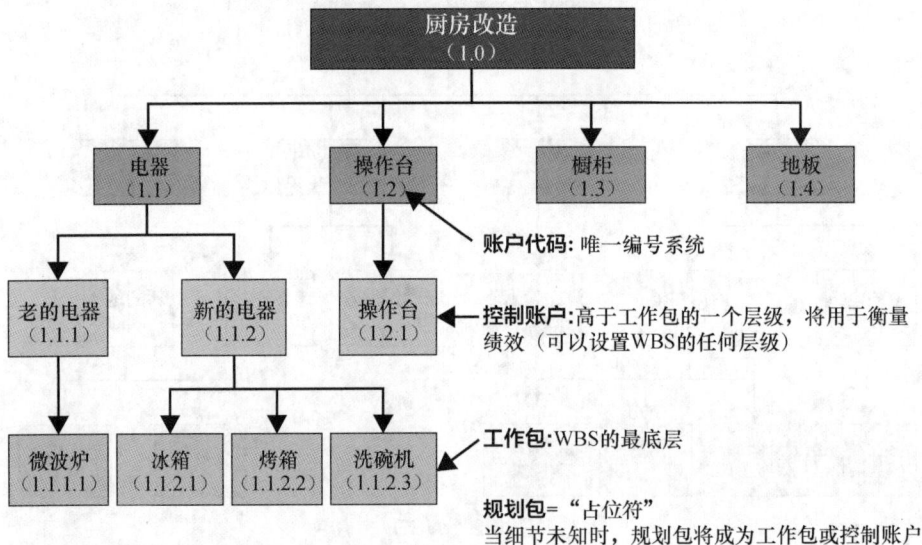

图 6-3　WBS 组成部分

6.6.1　创建 WBS 的重要工具和技术：分解

　　分解是用于将项目范围和可交付物划分为较小的可管理部分以创建 WBS 的方法。

分解的程度由项目经理决定，并以项目的规模和性质、所在行业、确切参数或任何其他因素为基础。

6.6.2 创建 WBS 的重要工件：范围基准

关键主题 需注意，基准是计划的批准版本。因此，范围基准是范围的批准版本。范围基准是由 3 个部分组成的。

- 范围说明书：对产品范围和项目范围的详细描述。
- WBS：总范围的层级分解。
- WBS 词典：支持 WBS 的文件，包含所有关于 WBS 的细节，具体如下。
  - ◆ 工作描述。
  - ◆ 假设条件和制约因素。
  - ◆ 进度估算和里程碑。
  - ◆ 成本估算。
  - ◆ 责任团队或组织。
  - ◆ 验收标准。
  - ◆ 所需资源（包括物质和团队资源）。

关键主题 考试小贴士：牢记范围基准的 3 个组成部分。考生在考试时会遇到直接考查这个内容的题目。

6.7 确认范围

关键主题 确认范围是正式验收可交付物的过程。

问题：谁验收可交付物？

答案：客户！

确认范围过程指的是在项目阶段或项目结束之前获得客户对可交付物的验收结果，这是项目经理的责任。客户（而不是团队或项目经理）决定产品、服务或交付物是否符合验收标准。

为了验收可交付物，客户首先需要检查或测试可交付物。一些行业可能将此称为"验收测试"或"用户验收测试"，即客户进行多次测试以确定可交付物的可行性。举个更简单的例子，如果你雇了承包商来改造你的房子，作为客户，你要不断地检查他们的工作，以确定进度，以及他们是否在执行商定的工作。你做这些就是正在确认范围。

在客户进行验收测试之前，项目团队应该先对产品进行测试，确保它符合客户的要求，然后将它交给客户。团队的测试属于质量控制（指第 11 章中涉及的控制质量部分）。然而，最终的验收来自客户。

在整个项目过程中，只要客户需要在项目进入下一阶段之前验收和签署一项可交付物，就会执行确认范围过程。在规划期间，项目经理和项目管理团队决定验收和签署的频率和时间。

如果存在与可交付物有关的争议，必须加以解决，而争议可能需要通过变更控制程序。

在敏捷型项目中，与确认范围过程等效的活动发生在冲刺评审会上。在这个会议上，敏捷团队向产品负责人（客户）演示可交付物，而产品负责人批准或拒绝用户故事。

6.8 控制范围

控制范围纯粹是项目经理的责任，其指监控项目范围和产品范围的状态，并确保变更得到适当控制。简而言之，控制范围的方法是在整个项目中进行整体变更控制。如果任何变更影响到产品范围或项目范围（或任何基准），项目经理必须通过变更控制过程来防止对项目进行不必要的变更。

如果变更没有得到适当的控制，最终的结果会导致范围蔓延和镀金，所以控制范围过程的好处是在整个项目生命周期中维护范围基准。

项目经理需要确保团队向客户交付其想要的、需要的，以及符合需求的可交付物。

很大比例的误解和项目失败都起源于需求收集和需求管理过程。令人沮丧的是，这些问题中的大多数是可以或可能避免的。项目经理在监控项目进展时，需要考虑和思考以下关于需求的共同问题。

- 需求写得不够好：需求是模糊的、不一致的，而且层级太高。
- 需求不完整：如果需求不完整，就不能正确定义解决方案。
- 未说明的期望：需求清单没有准确反映干系人对目标解决方案的所有期望。
- 不灵活的过程：虽然需要在某些时候同意和确定规范，但定义需求是一个进化的过程，事情会发生变化。管理需求的系统必须预见到这个现实，这是使用敏捷方法的一个重要方面。
- 定义过程不充分：这是语言长期存在的固有问题。使用文字描述目标解决方案，容易引发误解和认知偏差。在大多数情况下，需要采用其他的技术和方法来验证定义的解决方案是否正确。帮助干系人将最终的工作成果或解决方案可视化的技术对于解决该问题特别有帮助。
- 缺少教育：通常，定义需求解决方案的干系人并不完全了解整个需求过程和他们的决定的意义或影响。
- 无效的审查过程：无效的审查过程的一些例子包括使用与审查员的自然工作方法或进度不匹配的过程，使用不能确保审查员参与的过程，或使用不容易看到与前一个版本相比有什么变化的过程。

■　使用错误的工具来完成工作：除了难以利用正确的技术和方法来挖掘需求外，还存在使用错误的工具来获取、存储和管理已记录需求的问题。

6.9　范围管理的敏捷考虑因素

敏捷/适应型项目中的范围管理与预测型项目中的范围管理的处理方式非常不同。就 PMP 而言，一个敏捷型项目被称为一个发布，通常是 6～9 个月的时间（然而，预测型项目和混合型项目也可能有发布）。每个发布包含多个冲刺，单个冲刺周期通常是 1～4 周。在发布计划期间，敏捷团队、产品负责人和团队协调人与客户一起工作，收集发布的需求（这些需求从史诗到特性，再到最终的用户故事），然后由产品负责人进行优先级排序，创建产品待办事项列表。在每个冲刺阶段，敏捷团队会选择优先级较高的用户故事，然后在冲刺阶段实施。团队决定在一个特定的冲刺阶段实施多少个用户故事和实施哪些用户故事。在冲刺结束时，敏捷团队会向产品负责人交付或演示功能。这个演示是在冲刺评审会上进行的，产品负责人将批准或拒绝可交付物。被批准的可交付物被认为是"潜在的可发货产品"，可以进入生产阶段。团队在冲刺评审会后举办冲刺回顾会，讨论所学到的经验，这个会议也是代表冲刺结束的会议。举办冲刺评审会的过程相当于确认范围过程，因为客户（在敏捷型项目中，是代表客户的产品负责人）将批准或拒绝可交付物。

在冲刺期间，如果识别了一个新的需求（或用户故事），它将被放入产品待办事项列表中，所有的待办事项将被重新排列优先级。如果任何用户故事被产品负责人拒绝，它们也会被放回产品待办事项列表中，并在未来的冲刺中被重新安排优先级。任何计划中的用户故事如果在冲刺期间没有被实施，也会被移回产品待办事项列表，并在未来的冲刺中重新确定优先级。请注意，这些用户故事不会自动进入下一个冲刺阶段；它们首先被放入产品待办事项列表，与任何已确定的新用户故事放在一起，然后被重新确定优先级。如果这些用户故事仍然是高优先级的，它们会被移到下一个冲刺中；否则，它们会被移到另一个未来的冲刺中。

表 6-2 强调了传统预测型项目和敏捷/适应型项目之间的几个主要区别。

表 6-2　　　　　传统预测型项目 VS.敏捷/适应型项目

类别	预测型项目	敏捷/适应型项目
需求	所有需求必须在项目开始时收集和批准，以及所有需求都需要在项目结束时交付	对需求进行优先级排序，并且在任何冲刺阶段，只有高优先级的需求（用户故事）才会被交付
客户价值	在所有工作完成且所有的需求都满足之后，在项目结束时，团队一次性交付产品。客户直到项目结束才会接收到价值	因为用户故事是有优先级的，客户基于冲刺的长度，在整个项目中定期且不断地接收到价值

类别	预测型项目	敏捷/适应型项目
项目变更	任何变更都必须尽可能地受到控制，在做出任何变更前必须经过适当的变更控制过程	通过不断的反馈循环，随着商业环境的变化（无论是内部还是外部变化），敏捷型项目都允许对项目需求做出变更。如果一个新的用户故事是高优先级的，另一个用户故事必须是较低优先级的。只有高优先级的用户故事在同一个冲刺中交付
工作完成	在可交付物交付之前，任何未完成的或者无法正常运作的工作，必须被修复完成，这往往意味着项目可能延期结束	你不能延长冲刺的时间。任何已被产品负责人拒绝的工作或者团队未完成的工作，直接被纳入产品待办事项列表，为未来的冲刺阶段重新排列优先级，即使这项工作已完成 95%。然而，这项工作并不是以任何方式"退回"。团队在规划接下来的冲刺时，会考虑此项工作

一个混合型项目可能会混合使用预测型和敏捷型方法，所以预测型和敏捷型方法的原则对于混合型项目都适用。

6.9.1 产品待办事项列表

产品待办事项列表是用于交付产品的用户故事的优先级列表，来源于路线图。产品待办事项列表代表了整个敏捷型项目（或发布）的范围，但随着项目的进展，这可能会发生变化。随着识别到新的用户故事，以及商业环境的变化，优先级也会改变，因此，产品待办事项列表也会被修改。

用户故事的优先级是由产品负责人确定的，所以产品负责人有责任创建产品待办事项列表。

例如，如果用户故事 B 依赖于用户故事 A，那么用户故事 A 必须先完成，然后才能开始实施用户故事 B。因此，用户故事 A 的优先级高于用户故事 B 的优先级。产品负责人并不总是了解这些依赖关系或逻辑关系，但是敏捷团队可以决定这些关系。所以，产品负责人与敏捷团队一起工作，以确定用户故事的这些依赖关系或逻辑关系。产品待办事项列表的维护与更新最终由产品负责人负责和义务。在整个项目中，用户故事的优先级会持续调整，产品负责人也将根据以下因素更新产品待办事项列表的内容。

- 新的请求。
- 新的发现。
- 被拒绝的用户故事。
- 不完整的用户故事。
- 之前冲刺阶段的缺陷。
- 内部和外部环境的变化。

这些只是可能导致待办事项列表优先级调整的众多因素中的一部分。

6.9.2　用户故事

【关键主题】一个用户故事代表一个需求，一般以非正式的方式书写，它用来从用户的角度解释功能。用户故事将使用以下模板来书写：

"作为一个<角色>，我想要<功能>，实现<业务价值>。"

- 角色：描述了谁将执行这个功能（终端用户）。
- 功能：描述了用户想要完成的任务。
- 业务价值：描述了用户为什么要实现这个功能。

例如，下面是一个简单的用户故事。

作为一名呼叫中心分析师，我想要按姓名搜索客户，实现更快地查询他们的记录。

在这种情况下，

该角色是"呼叫中心分析师"；

该功能是"按姓名搜索客户"；

业务价值是"更快地查询他们的记录"。

用户故事必须总是以这种方式来书写。可以在一张简单的卡片上写一个用户故事，所以可以把产品待办事项列表看作一系列关于优先级的卡片，每张卡片都包含一个需求。

深入这个细微层面的目的很简单：减少任何误解。还记得图 6-1 展示的对需求的误解吗？当需求大而模糊的时候，它们自然会被误解。当一个需求可以逐步细化到包含角色、功能和业务价值的一句话时，就不会有关于要实现什么的疑问，被误解的机会就会少很多。

所以，现在讨论一下团队是如何将一个用户故事分解到这种细化水平的。

当然，即使在适应型项目中，也会收集高层级的用户故事，这些用户故事需要逐步阐述并分解成更小的用户故事。敏捷型项目中的层级分解如下：

史诗→特性→用户故事→任务。

简单来说，高层级的敏捷需求被称为史诗。史诗会被分解为特性，最终被分解为单个任务或活动。

史诗本质上是大型的工作体，可以在多个冲刺阶段交付，而特性则包含将功能组合在一起的功能组件。

大的用户故事必须总是被分解成小的用户故事。团队如何知道一个用户故事是否是一个"好"的用户故事呢？它必须满足某些标准，这些标准可以用 INVEST 来概括。

- Independent（独立的）：用户故事不依赖于其他用户故事，可以由团队独立完成，因此可以确定优先级。

■ Negotiable（可协商）：它不是一份合同，而更像是一场对话，它抓住了需求的本质。

■ Valuable（有价值）：它必须为客户提供业务价值。

■ Estimable（可估算的）：你能够估算用户故事的大致规模和工作量，这可以用来确定优先级。

■ Small（小，特指规模）：它足够小，可以被分解成若干任务，以符合完成的定义（Definition of Done，DoD）。

■ Testable（可测试）：它足够小，可以进行测试，以确保它符合完成的定义。

当用户故事满足前面的标准时，团队成员知道他们有一个"好"的用户故事。如果有一个标准没有满足，这个用户故事就不是一个"好"的用户故事，所以团队会努力使用用户故事满足这个标准，一般团队会把用户故事分成更小的用户故事，直到所有的标准都满足。

对于考试，考生应该知道其他几个重要的术语。

■ 完成的定义：这些是用来确定工作是否完成的标准。在敏捷型项目的早期，敏捷团队、产品负责人和团队协调人将共同确定完成的定义。这些都是产品负责人在冲刺评审会上用来接受或拒绝可交付物的验收标准。如果用户故事符合完成的定义，产品负责人就会接受它。如果不符合，产品负责人就会拒绝该用户故事。因此，就 PMP 考试而言，即使用户故事完成了 99%，如果它不符合完成的定义，它就会被拒绝。在敏捷型项目中，工作要么完成，要么没有完成（与预测型项目不同，在预测型项目中，完全可以说一个可交付物已经完成了 90%，然后给出一个估算的完成时间）。

■ 准备就绪的定义：这是团队对一个以用户为中心的需求的检查清单，其中有团队需要的所有信息，以便能够开始工作。用户故事必须是立即可操作的，而且团队必须准备好执行这项工作。在冲刺中启动用户故事开发前，必须满足准备就绪的定义。

6.9.3 敏捷优先级排序技术

关键
主题

正如本书中多次提到的，用户故事在敏捷型项目中是有优先级的。许多方法可以用来确定用户故事的优先级，但在 PMP 考试中经常被问及的 4 种方法如下。

■ MoSCoW 分析：MoSCoW 含义如下。

◆ 必须拥有：这些是引人注目的功能，如果没有这些功能，产品将无法使用。对于这些功能，是否交付是没有商量余地的，必须交付；否则，产品就不具有功能性。

◆ 应该有：这些功能是需要的，并能增加价值，但没有这些功能，产品仍然可以正常使用。如果需要，可以在没有这些功能的情况下将产品投入生产，但以后仍然需要交付这些功能。

- ◆ 可以有：这些是"不错的"功能，但客户不一定需要。客户可能会对这些功能进行成本效益分析，以确定它们是否值得添加。
- ◆ 不会有：这些功能是不需要的，也不提供任何价值。
- ■ 卡诺模型：这个优先级排序模型基于客户的 4 类偏好。
  - ◆ 基本需求：这些功能如果不存在，会使客户不满意。与 MoSCoW 分析中的"必须拥有"类似，这些是不可协商的功能。
  - ◆ 期望需求：这些功能给客户带来价值，是客户期望的功能。
  - ◆ 兴奋需求：这些功能给客户带来了很高的价值，而且客户对它们非常满意。
  - ◆ 无差异：这些功能对客户而言没有任何影响，客户并不关心这些功能是否存在。即使存在，他们也不大可能使用该功能。
- ■ 100 分法：每个团队成员都有 100 分，需要分配到一定数量的用户故事中。团队成员将更多的分数分配给优先级较高的用户故事。然后，可以根据团队分配的总分数来确定用户故事的优先级。
- ■ 成对比较分析：这种方法用于一次比较多个因素。它对连续的一对因素进行比较，并将一个因素置于另一个因素之上进行优先级排序。下面是一个成对比较分析的简单例子。

假设你正试图确定员工的主要激励因素，并且已经确定了 9 个可以被视为激励因素的因素。图 6-4 在左侧和顶部列出了这 9 个因素。然后，每对相邻的因素相互比较，并进行"计数和排名"，将结果显示在底部。

	A	B	C	D	E	F	G	H	I
A: 欣赏		A	A	A	A	A	A	A	A
B: 成就			C	B	B	B	G	B	B
C: 工作条件				C	C	C	G	C	C
D: 权力					D	D	G	D	I
E: 创造性						F	G	E	I
F: 利息							G	F	I
G: 经济效益								G	G
H: 关系									I
I: 自我发展									
计数	8	5	6	3	1	2	7	0	4
排名	1	4	3	6	8	7	2	9	5

图 6-4　成对比较分析

在这个例子中，团队已经确定欣赏是他们最主要的激励因素，其次是经济效益，然后是工作条件。

6.9.4　敏捷共识达成技术

关键主题

由于敏捷团队需要决定每个冲刺的工作内容，因此团队成员必须对工作内容达成一致，并且需要在整个项目中达成共识。如果他们不能就工作的优先级、工作规模的相对估算、工作的分配或工作的努力程度达成共识，这些将成为团队的主要障碍。

敏捷团队使用许多共识达成技术，但以下 4 种是 PMP 考试中最常问到的技术。

- 五行拳。
  - ◆ 每个团队成员都举起他们的手。
  - ◆ 伸出所有 5 根手指的团队成员表示完全同意。
  - ◆ 没有伸出手指（举起拳头）的团队成员表示完全不同意。
  - ◆ 根据团队成员伸出的手指的数量，判断不同程度的同意和不同意的情况。
- 罗马投票。
  - ◆ 这需要做出一个简单的大拇指向上或向下的手势。
  - ◆ 大拇指向上意味着他们同意。
  - ◆ 大拇指向下意味着他们不同意。
- 轮询。
  - ◆ 团队成员讨论并分享他们的观点。
  - ◆ 进行表决，如果一致通过，团队就会进入下一个讨论主题。
  - ◆ 如果有人提出反对意见，则对该主题进行进一步讨论，然后进行投票，直至达成共识。
- 点投票。
  - ◆ 每个团队成员都有一定数量的黏性点，他们用这些黏性点来确定用户故事的优先级。
  - ◆ 一个用户故事的黏性点的数量越多，意味着优先级越高。
  - ◆ 可以根据这些黏性点颜色编码分类来确定优先级，而不是基于这些黏性点的数量。

6.9.5　敏捷估算技术

关键主题

敏捷团队不像实施预测型项目的团队那样根据进度表和预算来估算工作。相反，他们使用相对估算的概念来确定实现一个用户故事所需的努力程度。一个基准点被确定后，需要将用户故事与这个基准点进行比较。

PMP 考试中常问到的 3 种敏捷估算技术如下。

- T 恤尺码。
- 故事点。
- 计划扑克牌。

接下来将详细地描述每种技术。

6.9.5.1　T 恤尺码

团队成员使用常见的 T 恤尺码，如特小、小、中、大、超大（XS、S、M、L、XL），建立一个基准点，然后将用户故事与这个基准点进行比较，根据相应分类确定用户故事的相对大小。

6.9.5.2　故事点

故事点技术依靠斐波那契数列来为用户故事分配工作量估算。

在斐波那契数列中，从第 3 个数字开始，每一个数字都是前两个数字之和。即

1, 2, 3, 5, 8, 13, 21, ...

团队使用这组数字来确定用户故事的相对估算，并显示某个用户故事相对于另一个用户故事的真实大小。

不一定要使用严格的斐波那契数列，修改后的数列也可以。这由团队决定。

考虑一下下面这个故事点示例：

使用下面的斐波那契数列，提供你对动物大小的相对估算。

斐波那契数列：1, 2, 3, 5, 8, 13, 21, 34, 55。

表 6-3 提供了故事点示例。

表 6-3　　　　　　　　　　故事点示例

动物	故事点
金毛猎犬	
骆驼	
大象	
斑马	
鼠类	

表 6-4 提供了故事点示例的答案。

表 6-4　　　　　　　　　　故事点示例：答案

动物	故事点
金毛猎犬	5
骆驼	21

续表

动物	故事点
大象	55
斑马	13
鼠类	2

在这个示例中，我们没有拿着卷尺来测量这些动物的大小。根据我们对这些动物的了解，表 6-4 展示了我们得出的相对估算。到目前为止，大象是这里最大的动物，所以我们在序列中赋予它最高的价值（55）。金毛猎犬是一种比大象小得多的动物，所以我们给它赋予价值 5，以表明它与大象相比小得多。

前面的问题没有正确或错误的答案。这是以一个团队成员的意见为基础的。另一个团队成员可能有稍微不同的意见，在这种情况下，团队成员将讨论各种意见并最终达成共识。

同样地，这种方法也会用于在发布和冲刺阶段对用户故事进行处理。

6.9.5.3　计划扑克牌

计划扑克牌（Scrum Poker）也使用斐波那契数列，或修改过的斐波那契数列，并使用与故事点相同的原则。不过这一次，每个团队成员都有一副代表斐波那契数列（或修改过的斐波那契数列）的扑克牌。

1．团队成员与产品负责人和团队引导者讨论用户故事。

2．每个团队成员对故事的大小做一个相对估算。

3．每个团队成员放下一张扑克牌，表示他们对用户故事的相对估算。

4．估算值最高和最低的团队成员解释他们的估算理由。

5．连续进行几轮估算，直到相对估算收敛到相同的值。

由于用户故事的大小和相对工作量不同，团队决定一个冲刺阶段将实施多少个故事点，而不是多少个用户故事。

备考任务

6.10　复习所有关键主题

复习本章中最重要的关键主题，这些关键主题在相应页面都标记有"关键主题"图标。表 6-5 列出了这些关键主题以及相应的描述。

关键主题	描述
列表	范围蔓延和镀金
考试小贴士	不受控制的、未经批准的或无文件的变更
章节	范围管理计划
章节	需求管理计划
列表	WBS 的组成部分
章节	创建 WBS 的重要工件：范围基准
考试小贴示	范围基准
章节	确认范围
章节	范围管理的敏捷考虑因素
章节	用户故事
章节	敏捷优先级排序技术
章节	敏捷共识达成技术
章节	敏捷估算技术

表 6-5　　第 6 章的关键主题以及相应的描述

关键主题

6.11 复习题

1. 你正在管理一个项目，为你的客户创建一个新的在线购物门户网站，这个客户拥有国际业务。你的团队领导迈克尔意识到可以通过增加货币转换功能来改进结账页面。添加这个功能只需要付出最小的努力，所以他决定添加这个功能。迈克尔犯了什么错误？
   A. 这是范围蔓延，应该在实施前经过变更控制过程
   B. 没有错误。因为这只需要付出最小的努力，所以可以添加这个功能
   C. 这是镀金，应该经过变更控制程序
   D. 迈克尔应该先与团队讨论这个问题

2. 你被通知有一位新的高级主管加入你的组织。而这位高级主管所在部门将受到你的项目的影响。你更新了干系人登记册，然后联系了新的高级主管。他告诉你，有新的程序来收集各个部门经理的需求。你接下来应该怎么做？
   A. 与部门经理联系，介绍自己
   B. 邀请部门经理参加需求收集会议
   C. 更新干系人登记册，在其中加入新的部门经理
   D. 更新需求管理计划

3. 在原来的项目经理突然辞职后，你被重新指派管理一个项目。当你开始熟悉这个项目的时候，你注意到一些已实施的功能不属于原来的项目范围，而且你不明白这些活动与哪些

需求有关。原来的项目经理应如何避免这种情况？

A. 原来的项目经理应该在记录需求方面做得更好

B. 原来的项目经理应该创建需求跟踪矩阵

C. 原来的项目经理应该创建更详细的 WBS

D. 原来的项目经理应该制定变更控制程序

4. 为了让一个新的高级干系人尽快了解你的项目，以下哪项将是他要审查的信息量最大的文件？

A. 商业论证

B. WBS

C. 范围管理计划

D. 范围说明书

5. 以下哪些不是范围基准的一部分？（选择两项）

A. 任务

B. WBS

C. 需求

D. WBS 词典

E. 范围说明书

F. 工作包

6. 你是一个开发新型智能门铃的项目的项目经理。门铃将记录活动的简短视频片段，并向用户的手机应用程序发送警报。它还将有一个面部识别功能，并自动为"批准"的人开锁。该项目一直进展顺利，现在正处于测试阶段，但已经遇到了一些与门铃的面部识别功能有关的问题。你的客户联络人观察其中的一些测试，并自己进行一些简单的测试，但没有向团队提供任何反馈或意见，因为他们知道测试还没有完成。团队领导已经通知你，问题的根本原因已被发现并将需要额外的 15 小时来解决问题。以下哪项是正确的？

A. 客户正在确认范围

B. 你应该采取的下一个步骤是进行影响分析

C. 团队正在确认范围

D. 客户正在进行质量控制

7. 你是一个系统实施项目的项目经理。你的团队在客户观察整个过程的情况下，已经开始测试一个可交付物。该测试发现了许多缺陷，这些缺陷都被及时地记录并提交给技术团队成员来修复。其中一些修复对项目有影响，所以你要进行影响分析，并向变更控制委员会提交请求。以下哪项陈述是正确的？

A. 项目经理在进行质量控制，团队在进行范围确认，而客户则在观察

B. 项目经理在进行范围确认，团队在进行质量控制，客户在进行质量保证

C．项目经理在进行变更控制，团队在进行质量保证，客户在进行质量控制

D．项目经理在进行范围控制，团队在进行质量控制，客户在进行范围确认

8. 你是一名敏捷教练，在一次发布开始时参加了一个会议。你观察到，这次会议很有成效。团队和产品负责人协作来确定用户故事的优先级，以制定产品待办事项列表。而现在，团队促进者正在确定完成的定义，这会被用于项目剩下的部分。你会对这次会议的与会者提出什么意见？

A．赞扬团队、团队促进者和产品负责人，因为这样的会议很有成效

B．告知团队和团队促进者，他们应该与产品负责人一起工作，以确定完成的定义

C．建议与会者，完成的定义应该由产品负责人确定

D．告知团队现在确定完成的定义还为时尚早。这应该在每个冲刺开始时进行

9. 以下哪种敏捷会议和预测型过程是密切相关的？

A．迭代回顾和控制范围

B．发布计划和定义范围

C．迭代评审和确认范围

D．冲刺评审和结束项目或阶段

10. 你是一个没有经验但有动力的敏捷团队的团队促进者。团队正在询问他们应该用什么方法来优先考虑他们的用户故事和任务。你应该告诉他们什么？（选择两项）

A．他们应该使用 T 恤尺码来确定较大的用户故事的优先级

B．他们应该使用成对比较分析来一次性确定各种因素的优先级

C．他们应该使用计划扑克牌，即使用斐波那契数列来对用户故事进行优先级排序

D．他们应该使用 100 分法，即分配 100 分给用户故事

E．他们应该使用罗马投票来确定用户故事的优先级

本章涵盖进度管理中的以下主题。

- **规划进度管理**：介绍规划进度的过程和制定进度管理计划的方法。
- **定义活动**：讨论 WBS，以及将工作包分解为活动的过程。
- **排列活动顺序**：介绍确定项目活动正确顺序的紧前关系绘图法。
- **估算活动持续时间**：介绍估算活动持续时间和工作包的工具。
- **制定和控制进度**：介绍制定、维护和控制进度计划的常用过程、工具和工件。
- **敏捷中的进度管理考虑因素**：介绍适应型项目的进度管理方法。

第 **7** 章

项目进度

进度管理通常被称为时间管理，包括准时和成功完成项目所需的过程、工具和工件。项目进度记录了应该执行哪些工作，何时执行，以及何时完成。对于项目经理来说，其工作的重中之重是首先正确规划进度，并制定一个符合 SMART 原则的项目进度计划。同样重要的是管理进度，确保在最后期限内完成工作，使项目进度不会落后于计划。许多内部和外部因素会影响到进度的管理，项目经理必须管理和控制它们。

本章讨论预测型和敏捷型项目管理方法中进度管理的过程、工具和工件。本章首先讨论预测型项目管理方法，然后在本章末尾讨论适应型项目管理方法。

本章介绍 PMP ECO 中的以下目标。

领域	任务	考试目标
人员	任务 2	领导团队
人员	任务 3	支持团队绩效
人员	任务 10	建立共识
过程	任务 1	执行需要紧急交付商业价值的项目
过程	任务 3	评估和管理风险
过程	任务 6	规划和管理进度
过程	任务 9	整合项目规划活动
过程	任务 13	确定适当的项目方法论/方法和实践
业务环境	任务 2	评估并交付项目利益和价值

7.1 摸底小测试

摸底小测试可以帮助你评估自己是应该认真阅读本章内容，还是直接跳到"备考任务"部分。如果你对答案没有把握，或者你对题目涉及的知识有疑问，请认真阅读本章内容。表 7-1 列出了本章知识点和相对应的测试题目。你可以在附录 A 中找到这些题目的答案。

表 7-1　　　　　　　　　　　　本章知识点和相对应的测试题目

本章知识点	测试题目
规划进度管理	1
定义活动	2
排列活动顺序	3～4
估算活动持续时间	5～6
制定和控制进度计划	7～8
敏捷中的进度管理考虑因素	9～10

注意： 自我评估的目的是衡量你对本章内容的掌握程度。如果你不知道某道题的答案，或者感到模棱两可，你应该将此题标记为错误，以便对相关内容进行学习。如果猜对了答案，会使你的自我评估产生偏差，并可能产生一种"已经掌握"的错觉。

1. 你被告知要使用基于零点法的关键路径法，误差为±10%。你会将此信息记录在哪里？
   A. 进度基准
   B. 项目进度计划
   C. 工作绩效信息
   D. 进度管理计划

2. 以下哪项被认为是活动，而不是工作包？（选择两项）
   A. 订购窗户
   B. 主卧室
   C. 重新布设电线
   D. 检查供应商的推荐信
   E. 水管工程

3. 你正在管理项目，项目是在制造厂安装大型机器。你只能在机器完全安装完毕和正确配置之后，才能开始测试机器，这描述了什么依赖关系？
   A. 自由依赖关系
   B. 开始到完成
   C. 强制性依赖关系
   D. 外部依赖关系

4. 你需要清理被雪覆盖的停车场，决定由一个人负责开始扫雪，然后由另一个人开始撒石盐。下列哪项最能描述这是什么逻辑关系？
   A. 开始到开始
   B. 完成到开始
   C. 开始到完成

D. 完成到完成

5. 你需要为大客户开发新的网站，该客户正在销售许多类型的家用产品。你知道，你的组织为类似的机构做了类似的项目，花了 6 个月的时间来开发该项目的网站。因此，你估算这个项目也将需要大约 6 个月的时间。你使用的是哪种估算方法？

 A. T 恤尺码

 B. 参数估算

 C. 类比估算

 D. 相对估算

6. 你的预期活动持续时间为 26 天，最乐观时间为 18 天，最悲观时间为 67 天，请用 PERT 计算工期。

 A. 26 天

 B. 31.5 天

 C. 8.2 天

 D. 37 天

7. 你的项目进度落后于计划，但某些活动有足够的浮动时间，你决定将资源从非关键路径活动转移到关键路径活动。你正在执行什么？

 A. 赶工

 B. 资源平衡

 C. 快速跟进

 D. 资源平滑

8. 你的客户找到你说，你现在需要比预期提前两周完成项目，这在关键路径方面意味着什么？

 A. 你有两周的负浮动时间

 B. 你有两周的项目浮动时间

 C. 你的项目将被推迟两周完成

 D. 你有两周的正浮动时间

9. 在敏捷项目中，你会使用以下哪种进度工具？（选择两项）

 A. 三点估算

 B. 按需进度

 C. 带有待办事项列表的迭代进度

 D. 关键路径法

 E. 自下而上估算

10. 你的团队正在使用适应型方法并规划当前的发布，以下哪项是与此最相关的？

 A. 甘特图

    B. 产品路线图

    C. 关键路径法

    D. 三点估算

基础主题

进度管理知识领域涉及规划和管理的过程、工具和工件，以按时完成项目可交付物。它提供了详细的计划，显示产品在整个项目生命周期中的交付时间。

《PMBOK®指南》第六版中，与进度管理相关的过程如下。

- 规划进度管理。
- 定义活动。
- 排列活动顺序。
- 估算活动持续时间。
- 制订进度计划。
- 控制进度。

《PMBOK®指南》第七版讨论了进度，把进度作为开发方法和生命周期绩效域以及规划绩效域的一部分。

下面详细讨论每个过程，因为它们与 PMP 考试相关。因为这些过程大多与预测型项目相关，所以先讨论预测型方法，再讨论敏捷型方法。

7.2 规划进度管理

第一个进度管理过程是规划进度管理，这个过程指的是如何规划、执行、监控进度。其目的是提供有关规划进度和执行项目活动的指导和方向。这些程序记录在进度管理计划中。

许多因素会影响进度，项目经理需要在规划项目时考虑这些因素，并在执行项目时进行调整。以下是一些常见的因素。

- **资源的可用性**：例如，根据水管工的可用时间来安排水管工作，根据机器及操作员的可用性来安排机器工作。
- **决定是在公司内部完成工作还是使用供应商**：这也被称为自制或外购分析，在第 12 章中有更详细的讨论。项目经理对自制工作的进度安排可能与供应商安排的工作进度不同。
- **预算**：项目的预算可能会影响到工作的范围（从而影响交付该范围的进度）、使用的原材料和利用的资源，这反过来又可能导致进度的变化。

- **风险**：风险的识别可能会影响进度估算的准确性和范围。
- **使用的生命周期**：是一次交付还是多次交付？有固定的最后期限还是滚动的最后期限？是预测型项目还是适应型项目？
- **员工的能力**：经验较丰富的团队可能比经验不足的团队需要更少的时间。
- **员工的可用性**：与能力一样，如果经验丰富的团队成员不可用，项目经理必须为项目雇用经验较少的团队成员，这个决定会影响项目的进度。
- **外部商业环境的变化**：这些变化可能包括法规和标准的变化、供应链问题和地理位置变化。
- **内部环境变化**：这些变化包括组织重组、组织变更管理、管理层变更，以及过程和程序的变更。
- **干系人在项目期间提出的变更请求**：范围变更的请求会影响进度。无论是干系人要求项目满足额外的需求，还是团队成员在项目中发现问题和设计缺陷，这些因素都会直接影响进度。
- **在项目进程中发现的任何可能对进度产生影响的制约因素**：对进度的影响本身就是项目中的一个主要制约因素。制约因素包括范围、预算、资源、质量、风险，以及在项目期间确定的任何其他因素。

这并不是一个详尽的清单，这些只是影响进度的一些常见因素。还有许多因素取决于项目所在的行业、项目的规模和性质以及特定情况。

重要工件：进度管理计划

进度管理计划记录了如何规划、制定和控制进度。它规定了规划、制定和控制进度的程序，并记录了在进度滞后或进度变更时，团队必须做什么。它并不记录进度本身，而是记录与规划、制定和控制进度有关的程序。

进度管理计划记录了以下内容。

- 制定进度的方法论和方法。许多方法论和方法都可以用来制定进度。其中一种方法是关键路径法，将在本章后续内容中讨论。
- 准确度等级，规定了进度的可接受范围。
- 计量单位，如天、周和员工工时。
- 绩效测量，以确定进度是提前还是滞后。
- 如何定义和逐步阐述各项活动。
- 进度格式以及报告格式。
- 规划、制定和控制进度的标准。
- 用于绩效测量的规则（如 EV）。
- 用于监控进度绩效的控制临界值。

■ 流程说明，用来解释如何在整个项目中对进度管理过程进行记录。

> 考试小贴士：这个列表只是进度管理计划中包含的内容类型的一些例子，它并不是一个详尽的列表。在考试中，要明白任何有关进度的程序都要记录在进度管理计划中。不要试图记住这些内容。

7.3 定义活动

根据 PMI，定义活动是识别和记录为产生项目可交付物而采取的具体行动的过程。

在范围管理中，将项目分解为工作包。在进度管理中，将工作包进一步细分为各项活动。这些活动为估算、安排进度，以及执行、监控项目的工作提供了基础。记住，就 PMP 考试而言，活动不包括在 WBS 中。WBS 的最底层是工作包。

活动记录在活动清单中，它是 WBS 之外的一个单独文件。这个清单通常包括动词，而工作包包含名词。

在图 7-1 所示的 WBS 例子中，标有冰箱的工作包可以被分解成一系列活动。

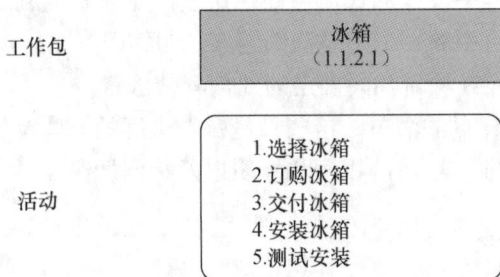

工作包
```
        冰箱
      （1.1.2.1）
```

活动
```
1.选择冰箱
2.订购冰箱
3.交付冰箱
4.安装冰箱
5.测试安装
```

图 7-1　活动与工作包

注意，"选择"、"订购"、"交付"、"安装"和"测试"在这里是动词，表明它们是活动，而"冰箱"是名词，表明它是一个工作包。在考试中，可能要求区分工作包和活动，所以要理解这两个概念。

7.4 排列活动顺序

排列活动顺序是指使**项目活动**按照合适的顺序排列，并确定工作的逻辑顺序。有些活动可以依赖其他活动。有些活动可以平行进行。有些活动必须在其他活动开始之前开始。在制订进度计划之前，团队需要分析和确定这些依赖关系和逻辑关系。

紧前关系绘图法

创建进度模型和排列活动顺序的方法被称为**紧前关系绘图法** (Precedence Diagramming Method，PDM)，也被称为活动节点法 (Active On Node，AON)。考生需要了解逻辑关系、活动依赖关系、提前量和滞后量的概念，因为它们与紧前关系绘图法有关。

【关键主题】

1. 逻辑关系

对于 PMP 考试，考生必须了解 4 种类型的逻辑关系。

- 完成到开始：必须在完成一项活动后才能开始下一项活动。在图 7-2 中，任务 A 需要在开始任务 B 之前完成。大部分情况下，都使用这种关系来执行任务，即完成一项任务后再开始另一项任务。
- 开始到开始：一项活动必须在另一项活动开始之前开始，但两项活动是平行运行的。在图 7-2 中，任务 A 需要在任务 B 开始之前开始。
- 完成到完成：一项活动必须在另一项活动完成之前完成，但两项活动是平行运行的。在图 7-2 中，任务 A 需要在任务 B 完成之前完成。
- 开始到完成：一项活动必须在另一项活动完成之前开始。在图 7-2 中，任务 A 需要在任务 B 完成之前开始。

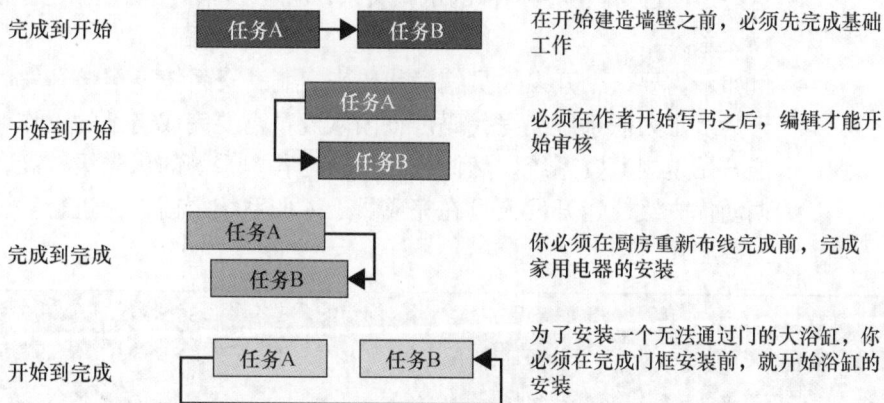

图 7-2　逻辑关系

【关键主题】

2. 活动依赖关系

对于 PMP 考试，考生必须了解 4 种类型的活动依赖关系。

- 强制性依赖关系（也被称为硬逻辑关系或硬依赖关系）。
  - ◆ 由于物理条件、科学规律或逻辑关系，任务必须以某种方式或某种顺序执行。
  - ◆ 例如，在建造传统房屋时，必须先挖地基，再开始建房屋框架。不能先建屋顶，再建房屋框架，最后挖地基。这些工作必须按照正确的顺序进行。
  - ◆ 同样地，在建成系统之前，不能测试系统。如果系统不存在，要测试什么呢？
  - ◆ 合同也属于这种情况。如果合同中强制要求执行某项任务或按一定的顺序执行，这也描述了一种强制性依赖关系。

■ 选择性依赖关系（也被称为软逻辑关系或首选逻辑关系）。
  ◆ 可以决定何时执行任务以及何时对其进行排序。可以在合适的时候移动活动并重新排序。
  ◆ 例如，先粉刷卧室 1，然后是卧室 2，最后是卧室 3。但如果愿意，可以很轻松地就决定先粉刷卧室 3。
  ◆ 这种逻辑关系意味着对活动的顺序有偏好，但如果需要，可以改变它们。
  ◆ 例如，喜欢先粉刷卧室 1，但如果需要先粉刷卧室 3，也可以这样做。
■ 外部依赖关系。
  ◆ 这些都是项目团队控制范围之外的依赖关系，一般都依赖于第三方，如供应商和政府合规要求。
  ◆ 例如，在拿到政府许可证之前，不能启动建筑项目。
■ 内部依赖关系。
  ◆ 这些是项目团队本身内部的依赖关系，也是在项目团队控制范围之内的依赖关系。
  ◆ 例如，需要一个开发人员编写代码来定制薪资系统，但该开发人员正忙于为员工入职系统编写代码。该团队成员需要完成当前的工作，然后才能开始定制薪资系统。然而，如果确定薪资系统的优先级较高，也可以调动优先级，让开发人员在完成员工入职系统之前，先进行薪资系统的编码工作。

考试小贴士：要注意内部和外部的依赖关系。内部依赖关系是指项目团队内部的依赖关系，不必是组织内部的依赖关系。例如，等待来自组织内另一个部门的数据，另一个部门不属于项目团队，因此这里的依赖关系是外部依赖关系。

活动依赖关系也可能混合在一起，具体如下。
■ 强制性内部依赖关系。
■ 强制性外部依赖关系。
■ 选择性内部依赖关系。
■ 选择性外部依赖关系。

关键主题

3. 提前量和滞后量

提前量是指调整后续活动的时间表，以便它们能够提前开始。在图 7-3 中，如果活动 B 在活动 A 完成前两天开始，你就有两天的提前量。

滞后量是由于工作的性质而强加的延迟，经常在规划期间被纳入进度。例如，在建筑项目中，当将混凝土浇筑到地基中时，在可以开始做框架墙之前，需要让混凝土固化（变硬）。如果混凝土需要一周的时间来固化，在这一周内不能进行任何活动，所以有一周的滞后量。这个滞后量已经被确定，并被纳入进度中，如图 7-4 所示。

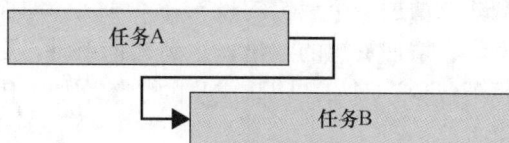

图 7-3　提前量

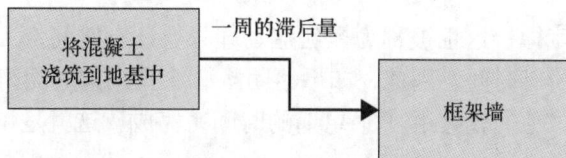

图 7-4　滞后量

7.5　估算活动持续时间

估算活动持续时间是指估算活动和工作包所需时间长度，并确定时间表的过程，如活动和工作包的开始和结束时间。活动持续时间可以用任何对项目、行业或组织有意义的计量单位来估算，如天、周、月、员工工时或全职当量。项目经理和团队在项目早期确定使用的计量单位，并在进度管理计划中记录这些计量单位。当然，活动持续时间估算将在整个项目中逐步细化。

许多因素会影响活动持续时间的估算，包括如下因素。

- **工作范围**：当然，项目的范围越大，完成工作所需的时间就越长。
- **生命周期方法**：活动持续时间的细节程度取决于项目确切的生命周期方法。例如，预测型项目有详细的计划，通常以甘特图的形式，而适应型项目的活动持续时间则较为高层级，记录在产品路线图上。
- **资源的可用性**：进度直接受到物理资源和团队资源的可用性的影响。例如，如果许多团队共享一台机器，该机器的可用性决定了何时可以执行使用该机器的活动。
- **团队成员的技能**：新的或没有经验的团队可能比经验丰富的团队需要更多的时间来完成工作。
- **外部因素**（External Factor, EF）：例如，供应链问题影响进度计划，并影响对每项活动的持续时间的估算。
- **风险**：内部和外部的不确定性总是会影响到活动持续时间的估算。这就是为什么通常会估算活动持续时间的范围。

- **本质因素**：这些因素是项目的内在因素，如制约因素。项目中识别的所有制约因素都会影响项目的活动持续时间的估算。
- **收益递减规律**：增加一个单位的投入并不一定会增加一个单位的产出。当增加投入（例如，增加资源的数量）达到某个点时，更多的投入增加引起的产出增加会逐渐减少。例如，团队成员的数量增加一倍并不会使工作时间减少一半。
- **技术进步**：新的和先进的机器执行工作所需的时间可能比旧的和落后的机器的少。
- **帕金森定律**：这也被称为拖延症。即只要还有时间，工作就会不断扩展，直到用完所有时间。因此，如果给团队 3 个星期的时间来完成 5 小时即可完成的任务，他们就会用 3 个星期的时间来完成！这就是帕金森定律！我们都有过这样的经历！

关于估算活动持续时间，考生需要了解的一些重要术语如下。

- **活动持续时间估算**：对完成一项活动（计划）需要多长时间的定量评估。
  - 不考虑滞后量或停工时间，但考虑估算的工作时间。
  - 例如，计划在第 1 天花 2 小时，第 2 天花 3 小时，第 3 天花 2 小时进行这项活动。这意味着持续时间估算为 7 小时。
- **耗时**：一项活动从开始到结束所需的实际日历时间。
  - 包括滞后量、周末、其他节假日和停工时间。
  - 例如，活动持续时间估算为 3 周+1 周滞后量=4 周的耗时。
  - 根据前面的例子，计划在第 1 天花 2 小时，第 2 天花 3 小时，第 3 天花 2 小时进行这项活动。这意味着工作时间估算是 7 小时，但耗时是 3 天。
- **工时**：完成一项预定活动所需的劳动单位的数量。例如，100 小时的工作价值，或 100 个人/小时。
- **持续时间**：完成一项活动所需的工作时间，包括工作日。

估算方法

关键主题

PMP 考试通常会问到以下 4 种预测型项目的估算方法（敏捷型项目的估算方法在第 6 章中讨论）。这 4 种估算方法都与进度管理和成本管理有关。

- **类比估算（也称为自上而下估算）。**
  - 这种方法使用先前的类似活动来对当前活动进行高层级的估算，包括根据任何已知差异进行的估算调整。
  - 例如，上次安装一个类似的服务器花费了 15 小时，所以类似的估算也是 15 小时。如果上次由经验丰富的工程师安装服务器，但这次只有新的、没有经验的团队成员，可以对估算时间做相应的调整。

◆ 优势：这种类型的估算快速且简单，因为它依靠的是历史信息。

◆ 劣势：估算可能不是很准确。

■ **参数估算。**

◆ 这种方法使用第一原则、经验法则或统计关系来推断结果。

◆ 例如，如果铺设长度为 25 米的电缆需要 1 小时，那么铺设长度为 1000 米的电缆需要多长时间？

◆ 经过计算，答案是 40 小时。

◆ 优势：这种类型的估算方法可能比类比估算更准确，而且由于使用的是简单的数学公式，所以仍然是快速且简单的。

◆ 劣势：参数可能并不总是按比例扩展。

　◇ 在这个例子中，前 25 米的电缆的铺设花了 1 小时，但这并不一定意味着铺设长度为 1000 米的电缆要花整整 40 小时。参数估算没有考虑到学习曲线和规模经济。

　◇ 参数估算还包括这样的情况："如果由 5 名团队成员组成的团队需要两周时间来完成一项活动，那么 10 名团队成员将能够在一周内完成同样的活动"。事实并非如此！正如我们都经历过的那样，团队成员的数量翻倍并不能使工作时间减半！

■ **自下而上估算。**

◆ 在这种详细的估算方法中，对每项活动的进一步分析是以颗粒状的细节进行的，分析结果通过 WBS 进行汇总。

◆ 优势：估算非常准确，是 4 种估算方法中最准确的一种方法。

◆ 劣势：因为要进行详细的分析，这种方法很耗费时间，所以是一种昂贵的估算方法。这对许多类型的项目来说也是不可能的。事实上，许多项目由于存在不确定性因素（风险），无法达到这种细化的水平。自下而上估算最适合用于参数确定的项目，或者不确定性因素容易被识别和分析的项目。

■ **三点估算。**

◆ 三点估算计算最乐观、最悲观和最可能（有时指最现实）的 3 点的平均值。

◆ 当存在不确定性因素时，该方法用于估算成本或活动持续时间。

◆ 有两种类型的三点估算，包括简单平均和加权平均。

◆ 在 7.5.1.1 节中将对这两种类型的三点估算进行扩展。

1. 三点估算

三点估算包括估算 3 个点的平均数，并使用这些点来估算置信区间。这 3 个点如下。

- 最可能时间（M）：根据资源和当前的因素，这是该活动应该需要的持续时间。
- 最乐观时间（O）：这是该活动可能需要的持续时间的最佳情况。
- 最悲观时间（P）：这是该活动可能需要的持续时间的最坏情况。

> **注意**：有时最可能时间指的是最现实时间（R）。

接下来的内容介绍两种类型的三点估算。

三角分布也被称为简单平均或直线平均，估算置信区间所需的公式如下：

$$平均值 = \frac{最乐观时间 + 最可能时间 + 最悲观时间}{3}$$

$$标准差（\sigma）= \frac{最悲观时间 - 最乐观时间}{3}$$

三角分布在考试中出现的可能性较小，所以下面集中讨论另一种三点估算 PERT（或贝塔分布），它使用加权平均，在考试中出现的可能性更大。

PERT

计划评审技术（Program Evaluation and Review Technique，PERT）是 3 点（最乐观时间、最可能时间、最悲观时间）的加权平均。它也被称为预期活动持续时间。

现在，平均数和标准差公式变成了：

$$平均值（PERT）= \frac{最乐观时间 + (4 \times 最可能时间) + 最悲观时间}{6}$$

$$标准差（\sigma）= \frac{最悲观时间 - 最乐观时间}{6}$$

在这种情况下，把最可能时间加权为 4。由于现在有 6 个点（4 个最可能时间、一个最乐观时间和一个最悲观时间），因此要除以 6。

下面把这个问题放在具体背景中加以考虑。比如，高级经理要求对一项活动的持续时间进行估算。你说："这项活动应该需要 16 天，但如果事情进展顺利，可能只需要 10 天，但如果事情进展不顺利，最终可能需要 34 天。"

在这种情况下：

$$最可能时间 = 16$$
$$最乐观时间 = 10$$
$$最悲观时间 = 34$$

通过将这些数字代入 PERT 公式，可以看到以下情况：

$$PERT = \frac{10 + (4 \times 16) + 34}{6} = 18（天）$$

本例中的 18 天是 PERT，或称加权平均，或称预期平均持续时间。

为了确定估算的范围区间，需要进行另一项计算，即标准差（简称西格玛或 σ）计算。在这个例子中，通过将数字代入标准差（Standard Deviation，SD）公式，可以看到以下情况：

$$\text{SD}(\sigma) = \frac{34-10}{6} = 4（天）$$

为了估算范围区间，使用 PERT，得出如下结果。

1．加上标准差，得到一个上限范围。

2．减去标准差，得到一个下限范围。

在这个例子中，范围区间如下：

$$\text{PERT} + \sigma = 18 + 4 = 22$$
$$\text{PERT} - \sigma = 18 - 4 = 14$$

下面根据考生在 PMP 考试中需要了解的内容，进一步扩展标准差。

以下是考生在考试中需要知道的标准差百分比：

$$1\sigma = 68.26\%$$
$$2\sigma = 95.46\%$$
$$3\sigma = 99.73\%$$
$$6\sigma = 99.9997\%$$

可以看到有 6 个标准差百分比（对于考试，考生不需要知道 4σ 和 5σ），但标准差计算只有一个公式。

那么，标准差公式指的是哪个标准差百分比？

它指的是 1σ（1 个标准差）。因为 1σ 是 68.26%，所以估算的范围区间基于 68.26%（或 68%）的置信度：

$$\left. \begin{array}{l} 18 + 4 = 22 \\ 18 - 4 = 14 \end{array} \right\} 68\%$$

如果想计算到 95%（或 95.46%）的置信度，只需将标准差乘 2，然后在 PERT 中加上或减去新标准差。因此，在这个例子中，如果

$$1\sigma = 4$$

那么

$$2\sigma = 2 \times 4 = 8$$

而

$$3\sigma = 3 \times 4 = 12$$

因此，基于 95%的置信度的范围区间是：

$$18 + 8 = 26$$
$$18 - 8 = 10 \quad\Big\}\ 95\%$$

基于 99.73% 的置信度的范围区间是：

$$18 + 12 = 30$$
$$18 - 12 = 6 \quad\Big\}\ 99.73\%$$

考生在考试中可能遇到的另一个术语是**活动差异**。对于活动差异，考生只需要知道：

$$活动差异 = \sigma^2$$

在这个例子中

$$标准差\ (\sigma) = 4$$

因此，

$$活动差异 = \sigma^2 = 4^2 = 16$$

> **考试小贴士**：默认使用的三点估算类型始终是 PERT。如果题目没有说明是使用三角分布还是使用 PERT，就使用 PERT。只有当题目明确告诉你要使用三角分布时，才使用三角分布。

> **考试小贴士**：请首先阅读题目最后一句话，以确保知道需要计算的内容。例如，题目情景可能会给出最乐观时间、最可能时间和最悲观时间的数值，题目可能会要求计算标准差。因为情景中给出了所有 3 个值，所以考生可能无意中计算了 PERT 而不是标准差（当然，PERT 会是给出的选项之一！）。

2．预测型项目的估算方法的优势和劣势

表 7-2 比较了四种预测型项目的估算方法的优势和劣势。

表 7-2　　　　　　　　　　　预测型项目的估算方法

方法	优势	劣势
类比估算	快速且简单	不是很准确
参数估算	比类比估算更准确	可能没有考虑规模因素
自下而上估算	非常详细的分析，非常准确	耗费时间
三点估算（PERT）	对于充分理解的活动，非常准确	如果 3 个点（最乐观时间、最可能时间或最悲观时间）中的任何一个是不准确的，整个 PERT 估算可能是不准确的

3．预测型和适应型项目的估算方法

在本章中，介绍了预测型项目的 4 种估算方法。在第 6 章中，讨论了适应型（敏捷型）项目的 3 种估算方法。请记住，在适应型项目中，敏捷团队最初并不估算进度或预算，而是对用户故事进行相对估算。预测型和适应型项目的估算方法如下。

- 预测型项目的估算方法。
  - 类比估算。
  - 参数估算。
  - 自下而上估算。
  - 三点估算。
- 适应型项目的估算方法。
  - T 恤尺码。
  - 故事点。
  - 计划扑克牌。

7.6 制定进度计划和控制进度

在团队成员定义活动、排序活动顺序，并估算每项活动的持续时间后，他们可以通过估算每项活动的开始和结束时间来制定项目的总体进度计划。项目团队可以使用各种方法来完成这项任务，但在考试中更常被问到的是关键路径法，本章后续内容将讨论该方法。

7.6.1 制定进度计划的重要工件

制定进度计划的重要工件如下。

- **项目进度计划**：这个重要工件显示了整个项目的开始和结束时间以及每项活动或工作包的开始和结束时间。这包括每项活动的最早开始、最晚开始、最早结束、最晚结束和持续时间。它还包括活动的顺序，以及它们的逻辑关系和依赖关系。它通常以甘特图的形式显示，大多数团队使用软件工具来制定和跟踪进度绩效。
- **进度基准**：这个重要工件是项目进度计划的批准版本。制定进度计划后，需要由适当的干系人［通常是项目经理、发起人、项目领导小组（高级干系人）和项目小组的主要成员］批准。这些干系人将在规划期间确定，并记录在进度管理计划中。在他们批准并签署了进度计划后，这意味着进度计划已经被确定为基准。实际结果要与这个基准进行比较，对基准的任何改变都必须经过变更控制过程。
- **甘特图**：这个条形图显示了规划的活动和进度的发展，由团队使用软件工具来制定。
- **里程碑图**：里程碑是项目或关键可交付物的重要节点。里程碑图类似于甘特图，但它是这些重要节点的总结性概述。

图 7-5 显示了甘特图的示例。

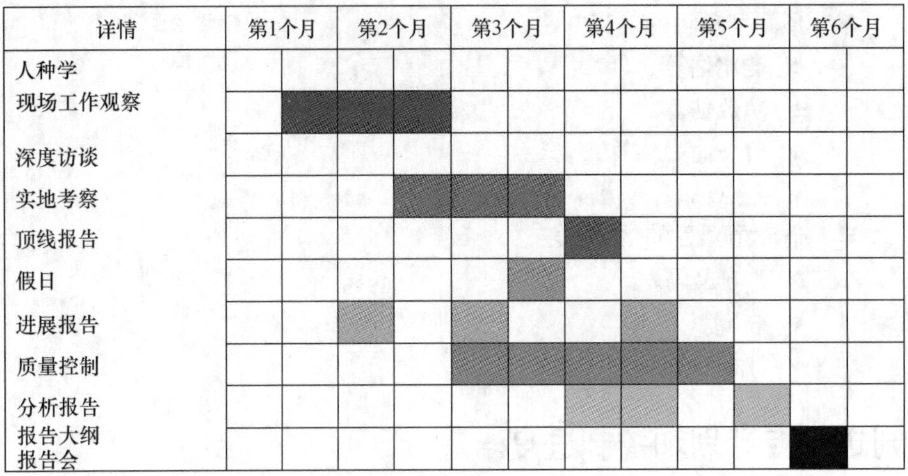

详情	第1个月	第2个月	第3个月	第4个月	第5个月	第6个月
人种学						
现场工作观察	▓	▓				
深度访谈						
实地考察			▓			
顶线报告				▓		
假日				▓		
进展报告		▓		▓		
质量控制			▓	▓		
分析报告					▓	
报告大纲 报告会						▓

图 7-5　甘特图

7.6.2　制定进度计划的重要工具

接下来的章节描述制定进度计划的重要工具。

【关键主题】

7.6.2.1　资源优化技术

资源优化技术指的是调整资源水平，以确保没有资源被过度分配或分配不足。要确保所有的资源都在最佳水平上得到利用。举个简单例子，假设你在项目中管理 4 个团队。其中一个团队每周持续工作 60 多小时，但其他 3 个团队每周的工作时间都很少超过 35 小时。在这种情况下，资源没有得到最佳利用（一个团队被过度利用，而其他 3 个团队没有得到充分的利用）。

在这种情况下，符合逻辑的解决方案是什么？

你可以把一些活动从利用率高的团队转移到其他 3 个利用率低的团队，或者把团队成员从利用率低的团队转移到利用率高的团队。在每一种解决方案中，你都试图优化工作量。这就是所谓的资源优化。

有两种类型的资源优化，具体如下。

■ **资源平衡。**
  ◆ 这个术语指的是根据资源的可用性，重新调整活动的开始和结束时间。
  ◆ 这种类型的资源优化可能最终会改变关键路径，甚至可能最终会导致进度延迟。
  ◆ 图 7-6 显示了资源平衡的一个简单例子。
■ **资源平滑。**
  ◆ 在这种情况下，资源从非关键路径活动被转移到关键路径活动。

◆ 在这种情况下，不能出现进度延迟，所以只能在总浮动和自由浮动的范围内进行调整。

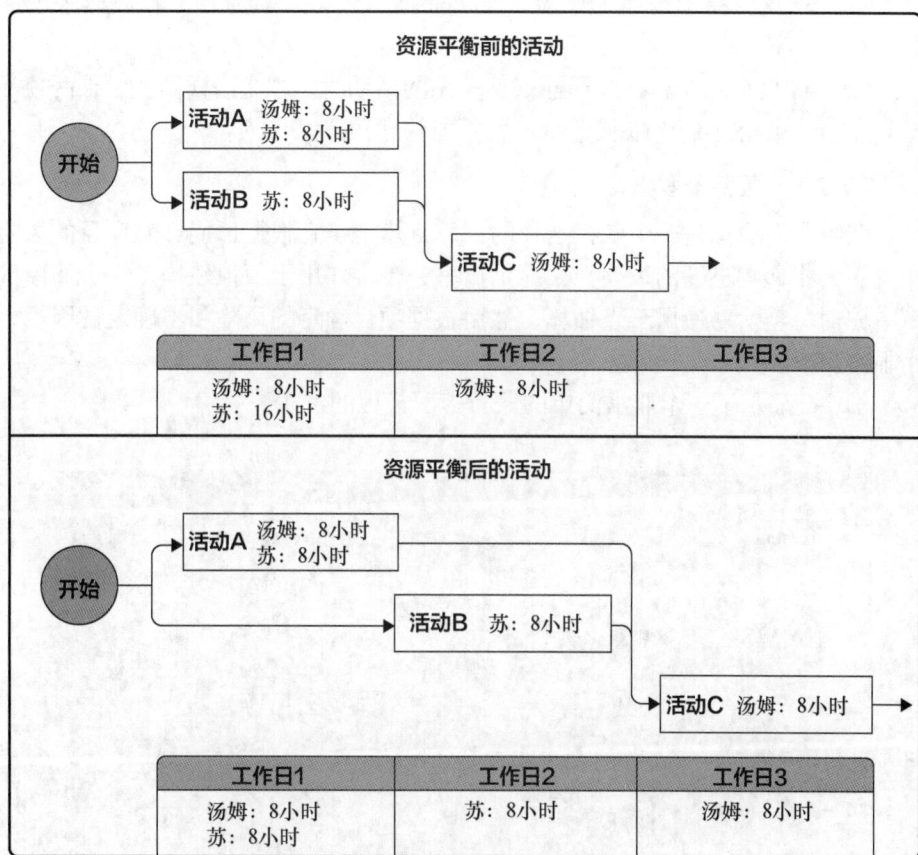

图 7-6 资源平衡

关于浮动时间和关键路径法的详细讨论，见 7.6.3 节。

7.6.2.2 进度压缩技术

进度压缩技术用来减慢或加快进度，而不缩小或降低工作的范围或质量。有两种类型的进度压缩技术。

■ 赶工。

◆ 这种技术涉及为关键路径活动增加额外的资源。

◆ 批准加班，雇用额外的工作人员，或支付加快服务的费用，这些都是赶工的例子。

◆ 这导致了项目成本和风险的增加。

■ 快速跟进。

◆ 原本计划按顺序运行的活动现在将会并行运行。

◆ 这种技术增加了风险，也可能增加成本，因为赶工和快速跟进往往同时进行。

◆ 只有存在具有选择性依赖关系的活动时，才能这样做。如果两项活动之间存在强制性依赖关系，就不能快速跟进。

7.6.2.3　蒙特卡罗模拟

蒙特卡罗模拟是一个随机迭代的计算机模型，它根据可能影响项目的风险（在此情况下，指影响进度的风险）来显示概率分布，并用于模拟建模。举个简单例子，团队首先对每项活动使用三点估算，然后根据项目确定的风险和不确定性因素，建立一个概率分布。

图 7-7 显示了一个非常简单的蒙特卡罗模拟的例子。

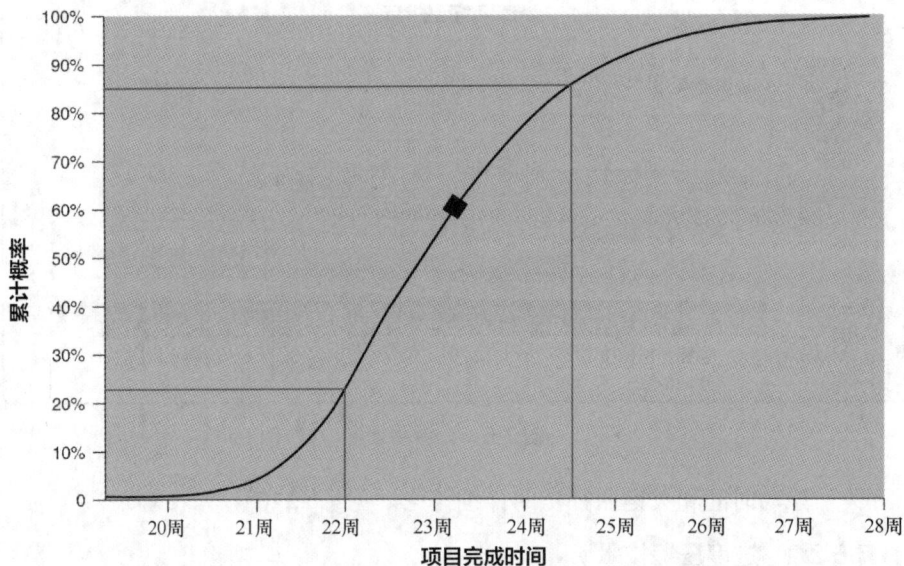

图 7-7　蒙特卡罗模拟

在此基础上，项目在第 22 周完成的可能性有多大？

答案是：大约 23%。因此，将计划完成时间定为第 22 周并不是一个好主意。项目有 85%的概率在第 24 周到第 25 周之间完成，所以这似乎是一个更合理的估算。另外，当识别新的风险或规划风险应对措施时，可以进行"如果"分析——例如，如果风险 A 突然出现，或风险 B 被避免了，进度会发生什么变化？

7.6.3　进度网络图和关键路径法

关键路径法（Critical Path Method，CPM）是制定进度计划的一种方法，也是被 PMI 选择作为其原则和标准的一部分。

在研究该方法的基本步骤之前，首先定义一些重要的术语。

- 关键路径：在进度网络图中最长的路径，代表项目的最早结束时间。
- 浮动：一项活动可以被推迟的时间，这是在进度中建立的。在本节末尾将讨论 3 种类型的浮动。浮动本质上与时差或缓冲相同，但对于关键路径法来说，使用的是浮动一词。

在计算关键路径时，任何位于关键路径上的活动都是零浮动（没有时差或缓冲）的。因此，关键路径总是浮动最小的路径。

下面来看一个简单的例子，以便理解相关概念：假设你有两项独立的活动需要执行，每项活动在同一时间开始，并由两个不同的团队执行。活动 1 需要 5 天，而活动 2 需要 20 天。

问题 1：项目将需要多长时间？

答案：20 天。

这两项活动都是平行进行的，所以最早结束时间是 20 天。因此，关键路径是最长的路径，它代表了项目的最早结束时间。

问题 2：如果活动 1 需要 5 天，活动 2 需要 20 天，活动 1 可以推迟。它可以推迟多长时间？

答案：15 天。

换句话说，活动 1 有 15 天的浮动。它最多可以推迟 15 天，而对 20 天的最后期限不会有影响。

问题 3：如果活动 2 被推迟会怎样？

答案：这将延误整个项目的进度。

关键路径法背后的整个原则是，如果关键路径上的任何活动被延误，就会延误整个项目。

关键路径法采用了以下 5 个基本步骤。

第 1 步：计算关键路径。

第 2 步：关键路径上的浮动时间最初被设置为 0。

第 3 步：计算最早开始和最早结束时间（这一步被称为顺推法）。

第 4 步：计算最晚结束和最晚开始时间（这一步被称为逆推法）。

第 5 步：计算非关键路径活动的浮动。

下面用图 7-8 所示的进度网络图来研究这 5 个基本步骤。

在任何进度网络图中，每个方框代表一项活动，活动之间的线条（有时显示为箭头）代表每项活动之间的依赖关系和联系。

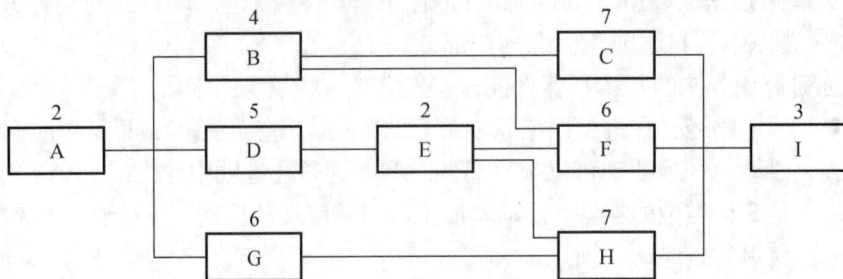

图 7-8　进度网络图

因此，在图 7-8 中，活动 B、D 和 G 依赖于活动 A，活动 C 依赖于活动 B，以此类推。该图中的活动具有完成到开始的关系。

在使用关键路径法制定进度计划时，可以使用图 7-9 所示的惯例，该图显示了放置各活动标识符的最常用惯例。

- 每个方框左上方的数字代表活动最早开始（Early Start，ES）时间。
- 每个方框右上方的数字代表活动最早结束（Early Finish，EF）时间。
- 每个方框左下方的数字代表活动最晚开始（Late Start，LS）时间。
- 每个方框右下方的数字代表活动最晚结束（Late Finish，LF）时间。

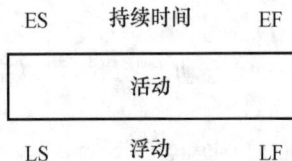

图 7-9　使用关键路径法时的惯例

在这些方框的中间，从上到下，数字或字符代表以下内容。

- 活动的持续时间。
- 活动名称。
- 活动的总浮动时间。

执行顺推法和逆推法的方法有两种，它们都取决于第一项活动的最早开始时间。

- **零点法**：第一项活动的开始时间设为 0。假设持续时间是以天为单位的，这意味着紧后活动在当前活动结束的同一天（或所使用的同一时间单位——周、月等）开始。在这个例子中，一旦结束活动 A，就可以在同一天开始活动 B、D 和 G 的工作。一旦活动 B 结束，就可以立即开始活动 C 和 F 的工作，以此类推。也可以把这种方法看作 24 小时工作制（比如制造工厂中的机器）。一旦一台机器上的工作结束，就可以立即开始下一台机器上的工作。

- **一点法**：第一项活动的开始时间是 1。假设持续时间以天为单位，这意味着紧后活动在第二天（当前活动结束后的第二天，或者所使用的下一个时间单位——周、月等）开始。在这个例子中，活动 A 结束后，活动 B、D 和 G 将在次日启动。活动 B 结束后，在第二天开始活动 C 和 F 的工作，以此类推。也可以把这种方法看作 8 小时工作制（比如团队成员的工作安排）。假设团队成员每天工作 8 小时，在工作日结束前完成工作，下一个工作将在第二天开始。

下面进一步讲解这两种方法，然后根据考题讨论何时使用这些方法。

7.6.3.1　零点法

首先来看零点法，因为它是两种方法中比较容易的一种。按照前面概述的 5 个步骤，根据图 7-8 所示的进度网络图，可以做以下工作。

第 1 步：计算关键路径。

首先，找出所有的路径。

接下来，计算每条路径的总持续时间（将每条路径中的活动持续时间相加）。

关键路径是进度网络图中的最长路径（在本例中是 ADEHI）：

$$ABCI = 2 + 4 + 7 + 3 = 16$$
$$ABFI = 2 + 4 + 6 + 3 = 15$$
$$ADEFI = 2 + 5 + 2 + 6 + 3 = 18$$
$$ADEHI = 2 + 5 + 2 + 7 + 3 = 19$$
$$AGHI = 2 + 6 + 7 + 3 = 18$$

第 2 步：关键路径上的浮动时间最初被设置为 0。

进度网络图现在看起来如图 7-10 所示。

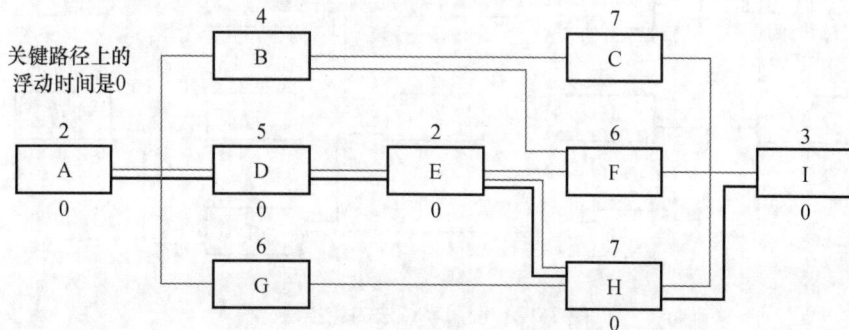

图 7-10　第 2 步对应的进度网络图

第 3 步：计算最早开始和最早结束时间（这一步被称为顺推法）。

a．第一项活动的最早开始时间是 0。

b．最早结束时间=最早开始时间+持续时间。

c．紧后活动的最早开始时间=紧前活动的最早结束时间。

d．如果一项活动依赖于两项或更多的紧前活动，则标记数值更大的时间。

进度网络图现在看起来如图 7-11 所示。

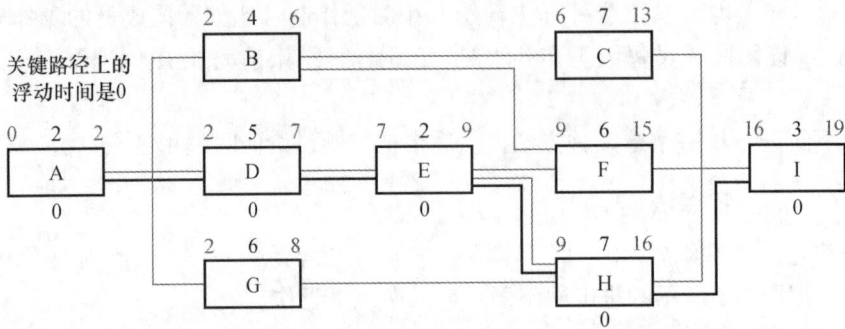

图 7-11　使用零点法的顺推法

第 4 步：计算最晚结束和最晚开始时间（这一步被称为逆推法）。

从关键路径上的最后一项活动开始，逆推进行。

a．在所有关键路径活动中最晚结束时间=最早结束时间和最晚开始时间=最早开始时间。

b．紧前活动的最晚结束时间=紧后活动的最晚开始时间。

c．最晚开始时间=最晚结束时间−持续时间。

d．如果一项紧后活动有一项以上的紧前活动，则标记数值更小的时间。

进度网络图现在看起来如图 7-12 所示。

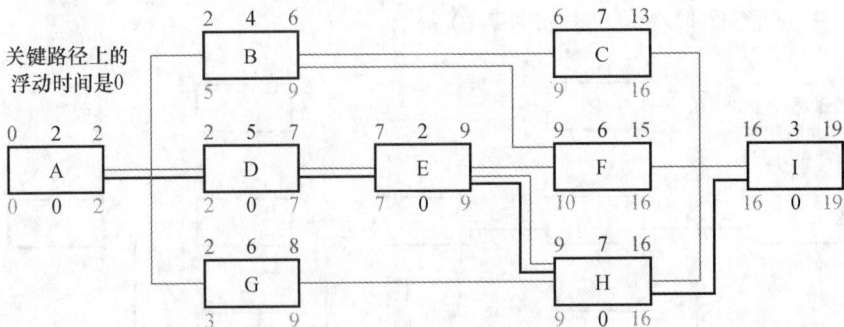

图 7-12　使用零点法的逆推法

第 5 步：计算非关键路径活动的浮动时间。

总浮动时间=最晚结束时间−最早结束时间（也是最晚开始时间−最早开始时间）

进度网络图现在看起来如图 7-13 所示。

关键路径上的
浮动时间是0

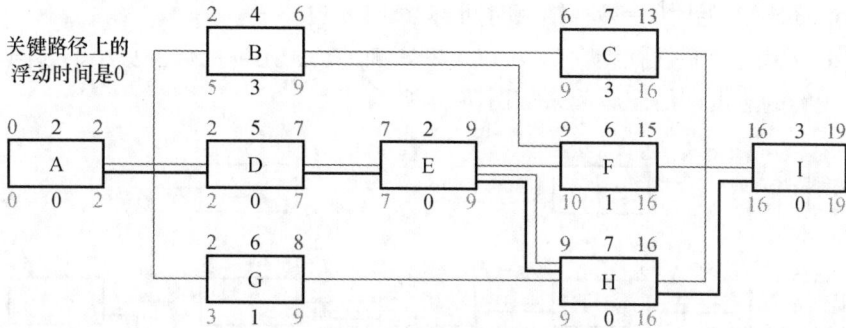

图 7-13 所有活动的浮动时间

7.6.3.2 一点法

现在来看计算关键路径的一点法。请记住，在一点法中，第一项活动的开始时间被标记为 1，紧后活动在第二天（或随后的时间段）开始。

其基本步骤的前两个和之前列出的第 1 步和第 2 步是一样的，所以从第 3 步开始介绍。

第 3 步：计算最早开始和最早结束时间（这一步被称为顺推法）。

a．第一项活动的最早开始时间是 1。

b．最早结束时间=最早开始时间+持续时间−1。

c．紧后活动的最早开始时间=当前活动的最早结束时间+1。

d．如果活动依赖于两项或更多的紧前活动，则标记数值更大的时间。

现在的进度网络图看起来如图 7-14 所示。

关键路径上的
浮动时间是0

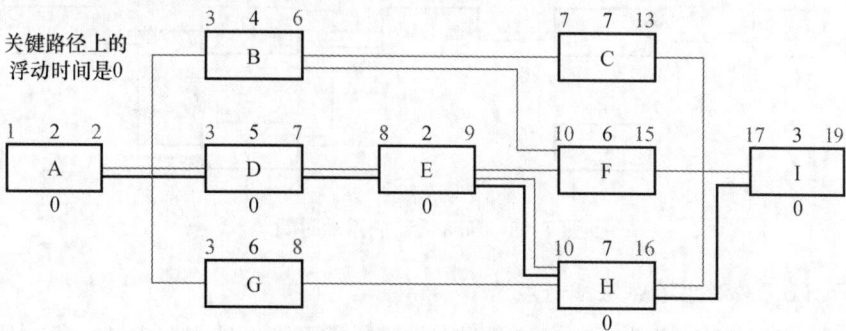

图 7-14 使用一点法的顺推法

第 4 步：计算最晚结束和最晚开始时间（这一步被称为逆推法）。

从关键路径上的最后一项活动开始，逆推进行。

a．在所有关键路径上的活动中，最晚结束时间=最早结束时间和最晚开始时间=

最早开始时间。

　　b．紧前活动的最晚结束时间=当前活动的最晚开始时间-1。

　　c．最晚开始时间=最晚结束时间-持续时间+1。

　　d．如果一项紧后活动有一项以上的紧前活动，则标记数值更小的时间。

　　现在的进度网络图看起来如图 7-15 所示。

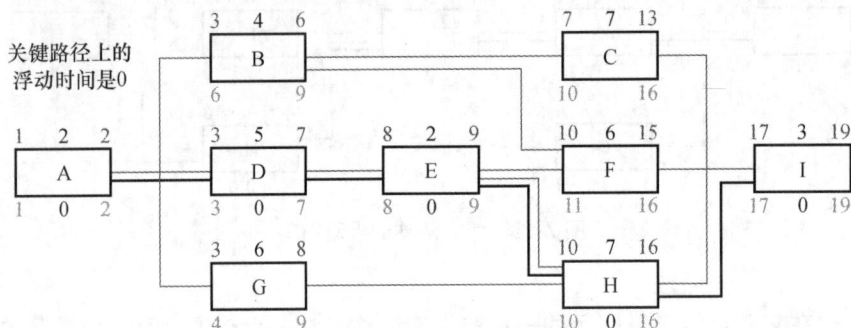

图 7-15　使用一点法的逆推法

第 5 步：计算非关键路径活动的浮动时间。

总浮动时间 = 最晚结束时间 − 最早结束时间（也是最晚开始时间 − 最早开始时间）

　　现在的进度网络图看起来如图 7-16 所示。

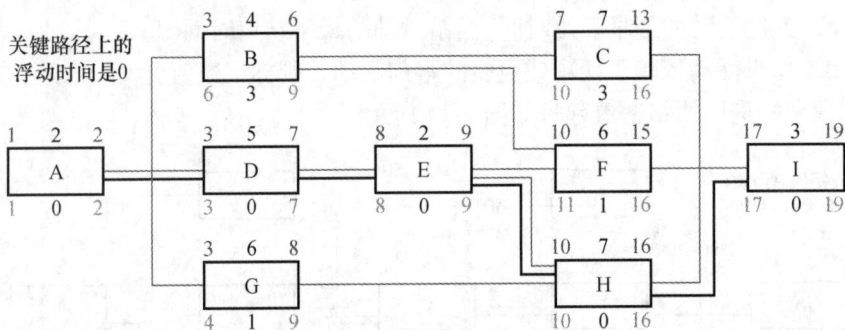

图 7-16　所有活动的浮动时间

7.6.3.3　对比零点法和一点法

　　当对比这两种方法时，会注意到它们唯一的区别：使用一点法，每项活动的最早开始时间和最晚开始时间都增加了 1。其他一切都保持不变：每项活动的关键路径、浮动时间、最早结束时间和最晚结束时间都保持不变。

　　如果愿意，可以先使用零点法计算，然后在每项活动（最早开始时间和最晚开始时间）的方框左边加一个 1，将其转换为一点法。

考生应该在考试中采用哪种方法？在大多数情况下，这并不重要，取决于题目。如果题目只是要求计算一项活动的浮动时间，或一项活动的最早结束时间或最晚结束时间，用两种方法都会得到相同的答案。所以，使用你认为更容易的方法。唯一会影响答案的情况是题目特别要求计算最早开始时间或最晚开始时间，这时就需要使用正确的方法。

> **考试小贴士**：考试题很少告诉你使用哪种方法，也从不使用零点法或一点法的说法。如果这个选择对答案有影响，你需要仔细阅读题目情景，以确定使用两种方法中的哪一种。

7.6.3.4　3 种类型的浮动时间

有 3 种类型的浮动时间。

- 总浮动时间。
  - 这是一项活动可以推迟的时间，而不会推迟项目的结束时间。
  - 为紧前活动计算的浮动时间是这些活动的总浮动时间（例如，活动 B 和 C 的总浮动时间为 3）。
  - 如果题目问的是路径的总浮动时间，就选择路径上任何活动的最大浮动时间（不是累积的）。
  - 例如，如果题目问的是 ABEFI 的总浮动时间，那么总浮动时间是 3（而不是 4）。
  - 永远不要把浮动时间加在一起，总是取数值最大的浮动时间。
- 自由浮动时间。
  - 这是一项活动可以被推迟的时间，而不会推迟任何紧后活动的最早开始时间。
  - 例如，使用零点法的活动 B 的最早结束时间为 6，但活动 C 的最早开始时间为 6。因此，活动 B 的自由浮动为 0，尽管它的总浮动时间为 3。
  - 自由浮动时间的计算在零点法和一点法的基础上略有不同，具体如下。
    - 零点法：紧后活动的最早开始时间 – 当前活动（紧前活动）的最早结束时间。
    - 一点法：紧后活动的最早开始时间 – (当前活动的最早结束时间+1)。
- 项目浮动时间。
  - 这是一个项目可以推迟的时间，而不会影响到外部强制的最后期限或另一个项目。
  - 题目通常会提供外部设定的最后期限。
  - 举个例子，假设客户说，只要你在第 21 天之前完成项目，就没问题。你已经计算出关键路径是 19 天，所以在影响客户的最后期限之前，你有 2 天的额外缓冲时间。这个缓冲时间就是项目浮动时间。
  - 项目浮动时间 = 最后期限 – 关键路径时间。

此外，浮动时间可以是负数或正数。

- 负浮动时间：这可能意味着两种情况，一种情况如下。
  - 项目进度落后于计划（关键路径上的活动推迟了）。例如，如果活动 D 在第 8 天而不是第 7 天完成，项目进度就落后于计划 1 天，就有 1 天的负浮动时间。另一种情况如下。
  - 时间减少了。例如，如果确定该项目必须在第 17 天而不是第 19 天完成，就有 2 天的负浮动时间。
- 正浮动时间：项目进度比计划提前了（一个关键路径活动提前完成）。例如，如果活动 D 在第 6 天而不是第 7 天完成，项目进度就比计划提前 1 天，所以有 1 天的正浮动时间。

7.6.4 控制进度

与所有监控过程一样，控制进度意味着将实际结果与计划进行比较。在这种情况下，通过问自己这些问题来确定衡量标准。

- 项目进度是否比计划提前了？
- 项目进度是否落后于计划？
- 有多少工作已经完成，有多少工作尚未完成？
- 还有哪些工作需要完成，何时完成？
- 变更对进度有什么影响？
- 我们是否需要重新确定进度基准？
- 我们是否需要重新确定工作的优先级？
- 供应商是否在商定的时间框架内执行工作？
- 已验收的用户故事数量 VS.当前应验收的用户故事数量（对于敏捷型项目）？
- 开发速度是多少？即每个冲刺阶段生产、评估和验收可交付物的速度。（仅适用于敏捷型项目）。

像往常一样，前面的内容并不是一个详尽的清单，而只是在控制进度时需要考虑的一些问题。

7.7 敏捷中的进度管理考虑因素

关键主题 适应型项目不像预测型项目那样使用甘特图。相反，适应型项目使用产品路线图，如图 7-17 所示。

乍一看，它可能像甘特图，然而，它们是非常不同的。产品路线图中"泳道"显示的是实际的产品（而不是活动），时间线（Q1、Q2 等）则是估算的时间线，并不是活动实际的开始和结束时间。为了创造产品，会规划多个冲刺。

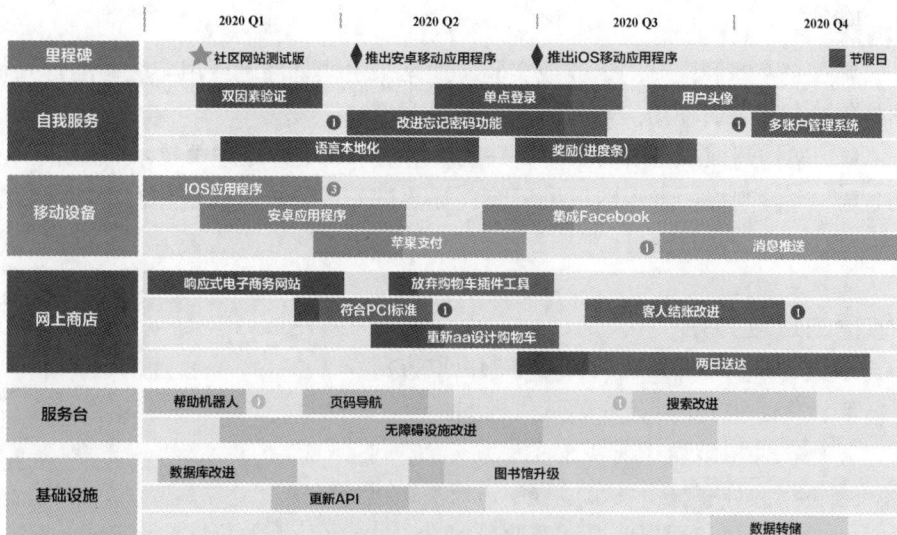

图 7-17 产品路线图

7.7.1 发布计划

敏捷型项目也被称作发布，包含多个迭代（或冲刺）。发布计划基于产品路线图和愿景（通常记录在项目章程中）提供了高度概括的发布进度时间轴。

在发布计划中，团队确定发布中的冲刺数量，决定每个冲刺的长度，并允许产品负责人和团队确定每个冲刺的可交付物。

图 7-18 显示了产品愿景、产品路线图、发布计划和冲刺计划之间的关系。

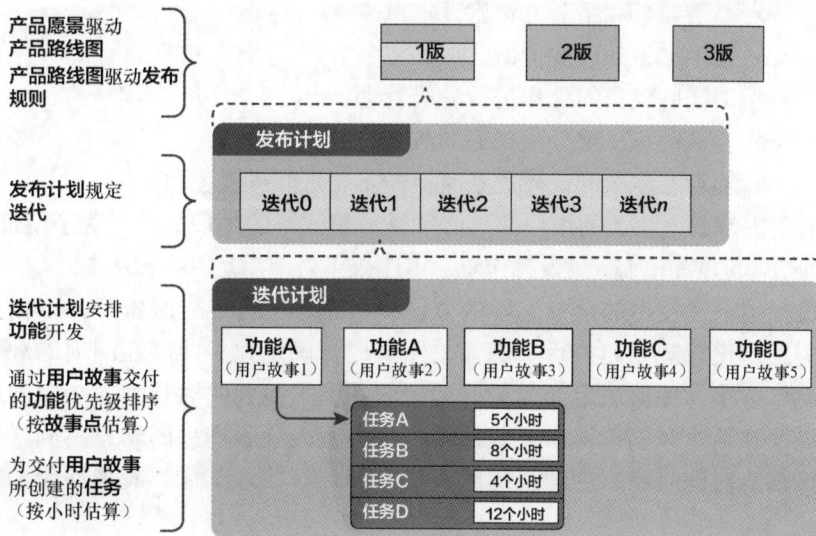

图 7-18 发布计划

7.7.2　刺探

刺探是有时间限制的研究或实验，通常采用额外冲刺或用户故事的形式，在需要额外信息或研究时使用。刺探有两种常见类型。

■　架构刺探：当团队需要更好地理解需求或更好地理解技术时使用。

■　风险刺探：当识别重大风险，需要进一步分析以确定它们将如何影响项目和可交付物时使用。

7.7.3　敏捷的进度方法

谈到敏捷型开发，有两种基本的进度方法。

■　带有待办事项列表的迭代进度。

　◆　使用滚动式规划。

　◆　允许在整个发布过程中进行更改/调整。

　◆　尽早和逐步地提供商业价值。

　◆　提供特定的时间窗口，通常是 2～4 个星期。

　◆　根据优先级和时间对用户故事进行优先级排序。

　◆　将新的用户故事添加到待办事项列表。

　◆　根据需要重新确定用户故事的优先级（待办事项列表梳理）。

　◆　如果存在复杂的依赖关系，并不总是能进展顺利。

■　按需进度。

　◆　当团队成员空闲时，从队列中拉取工作。

　◆　基于看板和精益方法论。

　◆　提供增量的商业价值。

　◆　对团队成员的工作进行分级管理。

　◆　当活动可以被分成相等的数量时，效果最好。

　◆　当存在复杂的依赖关系时，并不总是能进展顺利。

需要提醒的是，大的用户故事必须被分解成小的用户故事。为了使带有待办事项列表的迭代进度和按需进度发挥作用，用户故事必须满足 INVEST 标准。

适应型项目使用的是分时段的方法，对工作进行优先级排序，以便在特定的时段内对工作进行规划和执行。例如，团队成员确定他们能够在两周的冲刺阶段实施哪些用户故事。他们决定如何最好地规划和利用他们的时长为 4 小时的冲刺审查会议，以便在这个时间框架内有效向产品负责人展示产品的增量。同样地，每个敏捷会议都有时间限制。这使得团队成员能够更有效地工作，减少冲刺期间的非增值工作。

备考任务

7.8　复习所有关键主题

复习本章中最重要的关键主题，这些关键主题在相应页面都标记有"关键主题"图标。表 7-3 列出了这些关键主题以及相应的描述。

表 7-3　　　　　　　　　　　　第 7 章的关键主题以及相应的描述

关键主题	描述
章节	定义活动
章节	逻辑关系
章节	活动依赖关系
章节	提前量和滞后量
章节	估算方法
章节	资源优化技术
章节	进度压缩技术
章节	敏捷中的进度管理考虑因素

7.9　复习题

1. 当你继续管理期限紧迫的项目时，你有一个新的发现，它将增加额外的任务并可能影响进度。你接下来应该做什么以确定如何继续推进项目？

    A. 与团队协商

    B. 审查进度管理计划

    C. 更新风险登记册

    D. 执行影响分析

2. 一位初级项目经理和一位关键干系人意见不一致。初级项目经理将 WBS 交付给干系人，而干系人对 WBS 的不完整非常不满。它缺少活动，干系人想知道这个基本错误是如何发生的。作为资深的项目经理，你应该如何处理这种情况？

    A. 在此 WBS 的基础上指导初级项目经理，并要求他再次制定 WBS，显示活动

    B. 由于时间有限，你应该自己创建 WBS，并在其中包含活动

    C. 向关键干系人解释，初级项目经理没有包含活动是正确的

    D. 向关键干系人解释，有很多方法可以创建 WBS。如果他们愿意，你可以创建另一个 WBS 来显示活动

3. 以下情况描述的是哪种类型的依赖关系？你正在管理当地一所高中校舍的现代化改造工

作。你即将开始彻底拆除和改造家庭生态教室。改造工作包括拆除目前所有的燃气灶台并用更安全的电磁炉取代它们。为了安全地拆除所有燃气灶台，你必须首先断开所有的燃气管道。

A. 选择性依赖关系

B. 硬逻辑关系

C. 内部依赖关系

D. 首选逻辑关系

4. 你最初的计划是在测试开始前完成所有的配置工作。然而，由于一些延误，你决定开始测试，尽管配置工作还没有完成。以下哪项最能说明这种情况？

A. 你已将强制性依赖关系改为选择性依赖关系

B. 你已经把软逻辑关系变成了硬逻辑关系

C. 你已经把开始到完成的关系改为完成到开始的关系

D. 你已经把完成到开始的关系改为开始到开始的关系

5. 你正在指导你的初级项目经理，并试图确定活动持续时间。你需要在期限内交付最终产品，但一些不确定因素会影响活动持续时间的估算。对于这一过程，以下哪个是最好的工具？

A. 自下而上估算

B. T恤尺码

C. 参数估算

D. 三点估算

6. 你正在管理一个项目，产品必须在规定的时间内交付且不能延期。你注意到，其中一个团队一直在大量加班，而其他团队有时每星期工作不到40小时。你应该怎样做才能确保团队成员的工作均匀分布在不同团队？

A. 你应该使用资源平衡来确保团队成员得到最佳使用

B. 你应该撤掉表现不佳的团队成员并用高绩效的团队成员替换他们

C. 你应该使用资源平滑来确保团队成员得到最佳使用

D. 你应该使用快速跟进来确保项目平行运行

7. 客户严格规定了项目的完成期限为85天。由于在审查项目进度计划时，你注意到一条路径的总浮动时间为11天，另一条路径的总浮动时间为14天。关键路径的总工期为55天，其中一项活动的自由浮动时间为5天。项目的浮动是多少？

A. 30天

B. 14天

C. 0天

D. 25天

8. 你是一个为当地医院建造新楼项目的项目经理。剪彩仪式已经确定，许多高知名度的当地政要将出席，因此最后期限已经确定，并且即将到来。不幸的是，该项目进度已经落后于进度计划。你与你的客户一起讨论使项目回到正轨的最佳方法，客户决定赶工。在以下情况中，你最担心的是什么？

A. 增加的费用

B. 干系人的认同

C. 寻找额外的资源来完成工作

D. 获得变更控制委员会的批准

9. 在以下哪种方法中，团队成员会将工作从队列中抽出？

A. 带有产品待办事项列表的迭代进度

B. 关键路径法

C. 资源平衡

D. 按需进度

10. 当团队成员与产品负责人一起确定用户故事的优先级时，他们发现需要更好地了解需求，因为这是一项他们不熟悉的新技术。处理这种情况的最佳方法是什么？

A. 延长冲刺阶段的时间，以便有更多时间分析需求和新系统

B. 创建一个刺探，以便进一步调查

C. 调整冲刺阶段，使第一个冲刺阶段专注于学习新的系统和需求

D. 确保团队拥有执行进一步分析的工具和信息

本章涵盖成本管理知识领域的以下主题。

- **规划成本管理**：介绍估算项目成本和制定项目预算所需的常用过程、工具和工件。
- **估算成本**：介绍估算活动成本、工作包成本和项目其他组件成本的过程和工具。
- **制定预算**：介绍汇总成本以制定项目阶段性预算的过程。
- **控制成本**：简要介绍整个项目的成本跟踪过程。这个主题将在第 14 章中详细讨论。

第**8**章

项目成本

本章将详细讨论 PMP 考试所涉及的项目成本管理方法，并讨论成功的成本管理所需的常用过程、工具和工件。本章将具体讨论与《PMBOK®指南》第六版、《PMBOK®指南》第七版，以及 PMP ECO 相关的原则。

本章介绍 PMP ECO 中的以下目标。

领域	任务	考试目标
人员	任务 2	领导团队
人员	任务 8	协商项目协议
人员	任务 9	与干系人协作
人员	任务 10	建立共识
过程	任务 1	执行需要紧急交付商业价值的项目
过程	任务 5	规划并管理预算和资源
过程	任务 6	规划和管理进度
过程	任务 7	规划和管理产品/可交付物的质量
过程	任务 8	规划和管理范围
过程	任务 9	整合项目规划活动
过程	任务 10	管理项目变更
过程	任务 11	规划和管理采购
业务环境	任务 2	评估并交付项目利益和价值

8.1 摸底小测试

摸底小测试可以帮助你评估自己是应该认真阅读本章内容，还是直接跳到"备考任务"部分。如果你对答案没有把握，或者你对题目涉及的知识有疑问，请认真阅读本章内容。表 8-1 列出了本章知识点和相对应的测试题目。你可以在附录 A 中找到这些题目的答案。

表 8-1 本章知识点和相对应的测试题目

本章知识点	测试题目
规划成本管理	1～3
估算成本	4～8
制定预算	9
控制成本	10

注意：自我评估的目的是衡量你对本章内容的掌握程度。如果你不知道某道题的答案，或者感到模棱两可，你应该将此题标记为错误，以便对相关内容进行学习。如果猜对了答案，会使你的自我评估产生偏差，并可能产生一种"已经掌握"的错觉。

1. 你的项目进行到一半，你得到一套新的公式来确定项目的财务健康状况。这些公式将被记录在哪里？
   A. 公式登记册
   B. 成本基准
   C. 成本估算
   D. 成本管理计划

2. 你如何对项目的原材料成本进行最佳分类？
   A. 直接成本
   B. 可变成本
   C. 固定成本
   D. 间接成本

3. 以下哪项属于项目的间接成本？
   A. 组织中的员工的福利
   B. 为团队成员租用专业设备的费用
   C. 团队成员前往客户办公室的差旅费用
   D. 原材料

4. 你的客户要求为一个即将交付使用的可交付物提供详细和准确的成本估算。你最有可能使用以下哪种方法？
   A. 参数估算
   B. 使用斐波那契数列的计划扑克牌
   C. 类比估算
   D. 自下而上估算

5. 对于大约 200,000 美元的估算，什么是 ROM 的估算范围？
   A. 100,000～300,000 美元

    B. 190,000～220,000 美元

    C. 150,000～350,000 美元

    D. 100,000～400,000 美元

6. 你正在向客户提供一份成本估算，而这需要一些时间。客户对估算结果很满意，因为每个详细的成本都进行了准确的分类，而且他们觉得自己处于一个更明智的位置，可以做出正确的决定。这里最可能使用的估算工具是什么？

    A. 自下而上估算

    B. 类比估算

    C. 参数估算

    D. 计划扑克牌

7. 在项目的早期，团队领导担心一个供应商可能会因为超出他们能力范围的因素，而拖延项目所需的一些重要原材料的运输。如果这些原材料不能按时交付，整个项目将在原材料送达之前停工。你的项目已经走到了一个关键节点，供应商通知你，由于特殊的情况，他们确实需要延迟这批原材料的运输。你决定从另外一个供应商那里订购这些原材料，而该供应商将收取更多的费用。你会在哪里获得用于订购更昂贵的原材料的额外资金？

    A. 管理储备，因为这是由供应商控制以外的因素造成的

    B. 管理储备，因为这是一个已知的风险

    C. 应急储备，因为这是由供应商控制以外的因素造成的

    D. 应急储备，因为这是一个已知的风险

8. 你正在和一些团队成员开会，讨论某些活动的材料成本问题。团队的任务是为一家大型酒店粉刷 100 个房间。一个团队成员认为，每个房间的粉刷应该需要 4 小时来完成，包括壁橱、浴室和所有的边缘和角落，应该使用大约 2 加仑（1 加仑=3.7854 升）的油漆。你知道每加仑油漆的成本和每个团队成员的工资成本。在这种情况下，什么是最好的估算工具？

    A. T 恤尺码

    B. 类比估算

    C. 参数估算

    D. PERT

9. 你正在最后确定工作包、活动和应急储备。这是一个庞大的项目，这个项目有许多阶段和可交付物，项目的每个阶段都需要单独的批准和签收。对于这些可交付物，你估算总成本为 930,000 美元。高级管理人员已经告诉你，他们每季度只能发放 310,000 美元，所以你应该合理地规划活动。你应该使用哪种工具来做这件事？

    A. 项目预算

    B. 成本汇总

    C. 资金限额调节

    D. 成本基准

10. 你正在将实际结果与计划进行比较，并进行计算以确定项目的绩效。你在做的这些操作统称什么？

    A. 成本汇总

    B. 估算成本

    C. 控制成本

    D. 储备分析

基础主题

    成本可以说是项目中最重要的制约因素之一。大多数组织和个人都没有无限的预算，因此项目经理的主要责任是管理成本以使其符合预算。在大多数情况下，高级管理层认为项目的成功或失败取决于成本管理以及项目成本是否超出预算。不管怎样，他们往往只关心成本底线。如果成本管理不善，那么失控的成本会导致项目失败，从而对组织产生负面影响。

    成本管理知识领域涉及项目所有成本的规划、估算、预算、融资、筹资、管理和控制。项目经理需要对项目的所有成本进行核算。

    《PMBOK®指南》第六版中与成本管理相关的过程如下。

- 规划成本管理。
- 估算成本。
- 制定预算。
- 控制成本。

    《PMBOK®指南》第七版在规划绩效域中讨论的预算，大部分是对《PMBOK®指南》第六版的成本管理要点的总结。

    下面将详细讨论每个过程，因为它们与 PMP 考试密切相关。

> **考试小贴士**：很多人会混淆估算成本和制定预算的过程，因为它们看起来很相似。它们之间的区别是，估算成本指的是估算项目每个组成部分（如活动和工作包）的单独成本。当知道每项单独成本后，就可以把它们汇总起来，计算出项目的总体预算（这就是制定预算过程）。

8.2　规划成本管理

    成本管理的第一个过程是规划成本管理，这个过程指的是如何规划、执行、监控项目的成本和预算。其目的是为项目预算的规划提供指导和方向，这个过程会因许多因素的变化而变化，如行业、报告标准、方法、生命周期，以及所在组织是否有正式的成本管理方法。这些程序都会被记录在成本管理计划中。

以下是成本的 4 个基本分类。

- 直接成本：指的是直接归属于项目的成本。项目必须有这些成本；否则，项目就不能正常进行。一般来说，设备、供给、原材料、劳动力和机器都是直接成本。

- 间接成本：指的是不同的团队、业务单位或部门分担的成本。例如，管理费和水电费都是间接成本。

- 可变成本：可变成本随着使用量的变化而变化，如差旅费、按小时计费的承包商费用或信用卡手续费。

- 固定成本：固定成本在一段时间内是固定的，所以在一段时间内支付相同的金额，如租金、设备租赁费和保险费。对于以上每种情况，每月支付的金额是相同的。

很多成本涵盖了不止一个类别，所以可以有以下分类。

- 直接可变成本。
- 直接固定成本。
- 间接可变成本。
- 间接固定成本。

然而，项目中最重要的成本始终是直接成本。直接成本是项目最大的开支，没有这些开支，项目就无法执行。

8.2.1 其他成本考虑因素

除了成本的 4 个基本分类外，项目中必须考虑的其他与成本有关的因素如下。

- 融资成本：项目的融资成本可能是项目的直接或间接成本。例如，如果组织专门向银行贷款为项目提供资金，贷款的利息就是项目的直接成本。然而，如果组织利用贷款为组织中的各种活动提供资金，而项目只是其中之一，利息就是间接成本。

- 生命周期成本：指的是产品的整个生命周期成本，而不仅仅是实施、开发和安装的成本，还包括产品生命周期内的维护、升级、修复、残值和折旧等成本。

- 沉没成本：指的是已经花费，并且在未来决策中不再考虑的成本。

很多因素会影响项目的成本和预算，并根据项目的所在行业、规模和性质以及特定情况而有所不同，具体如下。

- 地理位置。

- 原材料的成本。
- 质量成本。
- 劳务费。
- 风险。
- 项目范围。
- 范围变更。
- 进度。
- 资源（包括实物和团队资源）的可用性。
- 员工的能力。
- 员工的可用性。
- 自制或外购决定。
- 外部商业环境的变化（如法规和标准的变化、供应链问题、汇率等）。
- 内部环境的变化（如重组、组织变更管理等）。

这些只是几个例子。在项目中进行的几乎每项活动或做出的任何决定都可能对成本有影响。

8.2.2　规划成本管理的重要工件：成本管理计划

关键主题

成本管理计划记录了每项活动、工作包的成本和预算将如何规划、制定和控制。它规定了规划、制定和管理成本和预算的程序，并记录了如果最终成本超出预算或预算发生变化团队必须采取的措施。它并不记录预算本身。

成本管理计划记录了以下内容。

- 制定预算的方法论和途径。可以使用许多方法和模型来制定项目的成本和预算。其中一种方法是 EVM，将在第 14 章讨论。
- 成本超出预算的容许区间（可接受范围）。
- 计量单位和准确度等级。
- 精确程度。估算成本的计量单位最接近的金额是分还是千？
- 绩效测量，用于确定成本是超出预算还是低于预算，以及如果超出预算该如何处理。
- 控制界限，用于监控成本绩效。
- 过程说明，用于解释如何在整个项目中记录成本管理过程。

以上只是成本管理计划中包含的信息类型的一些例子，它并不是一个详尽的清单。

8.2.3　敏捷的考虑因素

适应型项目的范围在一开始并没有完全确定，由于频繁的更新和变更，不可能形成详细的成本计算。相反，简单的估算可以用来生成高层级的预测，并随着时间的推移逐步细化。使用滚动式规划，可以为每个即将到来的冲刺确定详细的成本估算。

任何高层级的估算都基于已知的劳动力成本和任何已知的非劳动力固定成本。因为敏捷开发方法在基于知识的项目中效果最好，所以最大的开支是团队成员的劳动力成本。因为每个团队成员的劳动力成本是已知的，所以通过估算每个迭代的高层级成本，从而估算发布的成本是可能的。

例如，根据每个团队成员的劳动力成本和固定的系统使用成本，可以估算为期一个月的冲刺成本为 20,000 美元。如果有 10 个冲刺，可以估算发布的成本为 200,000 美元。开发人员编写这个或那个代码，或者测试人员测试这个或那个代码，对成本没有任何影响。只要编写代码或者测试代码，团队成员就会获得报酬，因此调整用户故事的优先级对冲刺的成本没有任何影响。

8.3 估算成本

估算成本过程是指对项目的每项活动、工作包和其他组成部分的成本进行估算。估算成本通常会估算出一个范围，估算需要考虑到假设日志中的任何假设条件和风险登记册中已识别的风险。估算是在项目的生命周期中逐步进行的。在估算成本和制定预算的过程中识别的任何额外的假设条件和风险都会分别更新到假设日志和风险登记册中。

对于 PMP 考试，考生需要知道的两个估算范围如下。

关键主题

- ROM 估算。
  - ◆ 这个范围是−25%到+75%。这是宽泛的范围，在启动阶段或开始项目时，当没有太多信息的时候使用。
  - ◆ 例如，对于 100,000 美元的估算，ROM 范围是 75,000 美元到 175,000 美元。根据 PMI 的标准，每个行业和组织都有自己的 ROM 范围。
- 确定性估算。
  - ◆ 这个范围是−5%到+10%。进入规划阶段后，就进行确定性估算。
  - ◆ 例如，对于 100,000 美元的估算，最终估算范围是 95,000 美元到 110,000 美元。在项目的不同阶段，需要不同类型的成本估算和准确度。

估算成本的重要工具

下面将讨论在考试中经常被问到的项目估算成本的方法。本书已经在其他章节中详细讨论了其中的一些方法，因为许多工具和技术在不同过程中是通用的。下面分别列出预测型和适应型的方法。

关键主题

1．估算方法：预测型

预测型项目的估算成本的常用工具有以下几种。

- 类比估算（在第 7 章中讨论）。
- 参数估算（在第 7 章中讨论）。
- 自下而上估算（在第 7 章中讨论）。
- 三点估算（在第 7 章中讨论）。
- 专家判断。
- 质量成本（在第 11 章中讨论）。
- 储备分析（在本章后续内容中讨论）。

虽然前 4 种估算方法在第 7 章中讨论过，但同样的原则也适用于本章的估算成本。唯一不同的是，在本节中，衡量的单位是货币价值，而在第 7 章中，衡量的单位是基于时间的。

关键主题

2．估算方法：适应型

在第 6 章中详细讨论了以下敏捷型项目的估算方法。记住，在敏捷型项目中，团队最初进行的是用户故事的相对估算，而不是时间和成本的详细估算。

- T 恤尺码。
- 故事点。
- 计划扑克牌。

关键主题

3．储备分析

风险是项目的主要制约因素，为了应对风险，制定预算需要考虑必须预留的资金。风险将在第 13 章中详细讨论，在本节中，有两种类型的风险储备。

- 应急储备：这是项目经理为已知的风险（也被称为已知的未知）预留的资金。项目经理对应急储备负责，应急储备包括在成本基准中。
- 管理储备：这是高级管理层为项目的未知风险（也被称为未知的未知）预留的资金。项目经理不负责管理储备，这笔钱也不包括在成本基准中。只有在预算和应急储备都已经用完时，项目经理才申请使用管理储备。

应急储备是项目的直接成本，因为它们包括在成本基准中。

第 13 章将对应急储备和管理储备进行详细的讨论。

8.4 制定预算

制定预算过程是指将项目的各项活动、工作包和其他组成部分的成本汇总起来，以建立成本基准。这包括所有授权执行项目的资金（管理储备除外）。

8.4.1　重要工具：成本汇总

图 8-1 显示了一个成本汇总的简单例子。

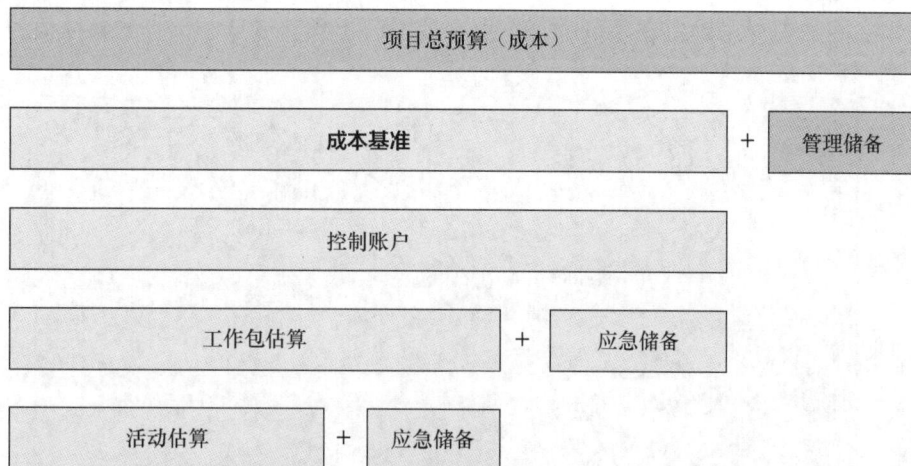

| 项目总预算（成本） | | |

| 成本基准 | + | 管理储备 |

| 控制账户 |

| 工作包估算 | + | 应急储备 |

| 活动估算 | + | 应急储备 |

图 8-1　成本汇总

应该从下往上看这张图。

第一行（最下面一行）显示的是活动估算，它指的是项目的各项活动的成本。根据为活动确定的任何风险，可以在应急储备中预留资金。

把所有的活动估算和应急储备加起来，就可以得到工作包估算。根据在工作包层面发现的额外风险，可以在应急储备中预留一些额外的资金。

因此，成本汇总就是把 WBS 的每一层都向上综合起来。整个项目的成本（WBS 的最上层）被称为成本基准。这是项目经理所负责的预算的批准版本。

在高级管理层增加管理储备后，现在有了项目总预算（或总成本预算）。记住，项目经理不对管理储备负责，因此不对项目总预算负责。项目经理只负责到成本基准。

成本基准是分阶段预算，而不仅仅是项目结束时的最终预算。它通常显示为一条 S 形曲线，如图 8-2 所示。

项目开始时的支出率不会很高，因为项目主要在规划工作，没有利用太多资源。当项目开始执行过程并购买原材料和利用资源时，支出率将会提高。在项目接近尾声时，当产品制成后，不需要再利用或购买那么多资源或原材料，支出率就会降低。

完工预算（**Budget At Completion，BAC**）线显示了贯穿项目的成本基准（或整个项目的计划支出率）。这笔支出需要得到适当的干系人的批准和签字，因此，成本基准不仅仅是项目结束时的最终预算，还是整个项目的时间阶段性预算。

完工估算（Estimate At Completion，EAC）指的是预测的预算，并在项目的不同时间点上计算。图 8-2 中 EAC 线显示了到目前为止的实际支出，通过实际成本和计划成本之间的差异来确定在项目的某一点上成本超出预算或低于预算的具体值。

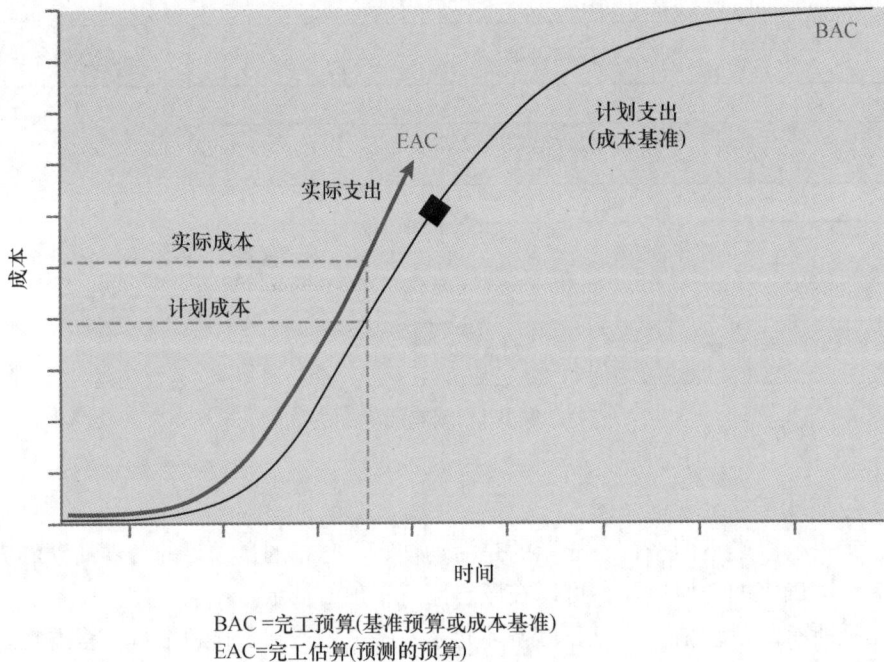

BAC ＝完工预算(基准预算或成本基准)
EAC＝完工估算(预测的预算)

图 8-2　分阶段预算

这些术语，以及其他 EVM 术语，将在第 14 章中详细讨论。

考试小贴士：理解敏捷型项目中没有成本基准。基准只为预测型项目设置。

8.4.2　重要工具：资金限额调节

关键
主题

资金限额调节是指将需要完成的工作量与高级管理层或客户规定的任何资金限额，或客户支付的能力相协调。

例如，对于一个预算为 100 万美元的项目，高级管理层可能会规定每月 10 万美元的资金限额。因此，项目经理需要相应地调整计划，以便在每月 10 万美元的资金基础上开展工作。项目经理根据每月 10 万美元的支出率来规划项目。高级管理层可能会强加这样的资金限额，来控制组织的现金流出。

8.5 控制成本

控制成本的过程是指监控项目的状态，以确定项目成本是否在预算内、低于预算或超出预算。项目经理要更新项目成本状态并管理成本基准的变更。

项目经理将实际成本（工作绩效数据）与成本基准进行比较，以确定工作绩效信息。由于额外工作、内部业务变更或外部业务变更而对基准做出的任何改变，都需要经过变更控制过程。

许多成本管理的方法和途径是针对行业的。PMI 作为标准使用的方法是 EVM，也被称为 EVA。这种方法在第 14 章有更详细的讨论。

备考任务

8.6 复习所有关键主题

复习本章中最重要的关键主题，这些关键主题在相应页面都标记有"关键主题"图标。表 8-2 列出了这些关键主题以及相应的描述。

表 8-2 第 8 章的关键主题以及相应的描述

关键主题	描述
列表	成本的 4 个基本分类
章节	规划成本管理的重要工件：成本管理计划
段落	ROM 估算范围
章节	估算方法：预测型
章节	估算方法：适应型
章节	储备分析
章节	重要工具：成本汇总
章节	重要工具：资金限额调节

8.7 复习题

1. 彭妮（Penny）正在整理项目迄今为止产生的成本清单。她必须对这些成本进行分类，以便她能提交直接成本的数额。以下哪项是彭妮应该包括在这份清单中的？

   A. 组织内员工的福利

   B. 为满足公司的监管标准而产生的费用

   C. 维护办公室旁边的咖啡站所产生的费用

   D. 前往客户办公室的差旅费用

2. 你接手了一个项目，客户对项目的进展不是很满意。项目的范围定义得不是很清楚，同样的文件有很多版本，而且干系人感觉没有参与到项目中。你要审查哪个文件来决定如何来管理负的成本偏差？
   A. 配置管理计划
   B. 范围管理计划
   C. 干系人管理计划
   D. 成本管理计划

3. 你正在审查一个工件，它记录了用于计算预算的公式、可接受的预算公差范围和成本计量单位。你在审查哪个工件？
   A. 会计准则
   B. 资金限额调节
   C. 成本管理计划
   D. 预算预测

4. 你正在与团队成员开会，讨论活动的成本。团队将为一家大型连锁酒店粉刷 250 间客房。一个有经验的团队成员说，根据历史经验，每个房间的粉刷应该需要大约 3 小时完成。从这个数字中，你可以算出整个项目需要多长时间，以及需要多少钱。在这种情况下，最好的估算工具是什么？
   A. 类比估算
   B. 自下而上估算
   C. 计划扑克牌
   D. 参数估算

5. 你正在为一个组织重点关注的项目主持项目开工会议，该项目有固定的完成期限。会议讨论内容包括高层级的范围、预算、进度和干系人的参与。一位高级经理坚持要求提供详细的预算，以便他们能够估算组织的现金流。你应该如何回应？
   A. 你应该遵守高级管理层的要求，并尽可能详细地估算预算
   B. 向高级管理层建议，在这个阶段你能做的最好的事情是提供一个粗略量级（ROM）范围，区间为−25%到+75%
   C. 向高级管理层建议，在这个阶段你能做的最好的事情是提供一个粗略量级（ROM）范围，区间为−50%至+50%
   D. 告知高级管理层，你能做的最好的事情是相对估算

6. 你正在估算项目中的一项活动的成本，你偶然发现一些来自先前项目的文件是非常有帮助的。这项活动与之前那个项目上进行的活动几乎相同，所以你可以将这些数据进行直接的比较，特别是在范围、风险和项目团队要求方面。以下哪种工具能提供最准确的成本估算？
   A. 类比估算

  B．T 恤尺码

  C．参数估算

  D．自下而上估算

7. 以下哪些是包括在成本基准中的？（选择 3 项）

  A．工作包费用估算

  B．应急储备

  C．管理储备

  D．活动成本估算

  E．项目预算

  F．资源管理计划

8. 你正在进行第 3 次冲刺，高级管理层担心你还没有为项目创建成本基准。他们希望你立即开始创建成本基准的工作。你应该怎么做？

  A．遵守高级管理层的规定，立即开始创建成本基准

  B．向高级管理层解释，本项目不需要成本基准

  C．与团队联系，创建基准

  D．参考成本管理计划，以确定下一步该怎么做

9. 作为项目经理，你正在努力确定最终成本，包括所有工作包、活动、控制账户的成本和应急储备。哪些文件会是你现在工作的输出？

  A．WBS

  B．成本基准

  C．成本汇总

  D．项目预算

10. 你正在进行开发飞机发动机的项目，并且正在确定最终成本，包括工作包、活动的成本和应急储备。你使用的是什么工具？

  A．项目预算

  B．成本汇总

  C．资金限额调节

  D．成本基准

本章包括以下有关管理资源和团队的主题。

- **规划和获取项目资源**：介绍关键过程、工具和技术，用于确定如何管理实物和团队资源并获取目标资源。
- **高绩效团队**：介绍高绩效团队的特点，使团队绩效最大化的管理原则，提高团队绩效的技巧，以及重要的团队发展模型。
- **项目领导力**：介绍项目领导力的重要组成部分，优秀的项目领导力技能，仆人式领导方法的价值，项目中需要领导力的方面，以及领导项目与管理项目有什么不同。
- **特殊项目情况**：介绍管理特殊项目情况，如具有挑战性的项目团队、跨文化项目团队和虚拟项目团队的原则和技术。

第**9**章

管理资源和团队

本章介绍与规划和获取项目资源以及与**项目团队**的发展和绩效相关的活动和功能。本章重点介绍 PMI 所强调的重要基础知识、概念和术语，包括如何发展和管理高绩效团队，高绩效团队的特点，以及领导力和人际关系技能在建立高绩效团队文化中的重要性。

在《PMBOK®指南》第六版中，规划和获取资源以及管理项目团队包含在以下这些资源管理知识领域的过程中。

- 资源管理计划。
- 估算活动资源。
- 获取资源。
- 建设团队。
- 管理团队。
- 控制资源。

注意： 控制资源的某些方面将在第 14 章中涉及。

在《PMBOK®指南》第七版中，8 个项目绩效域之一是团队绩效域。这表明 PMI 认识到这个项目管理领域对项目成功的重要性。

根据《PMBOK®指南》第七版，如果团队绩效域得到有效执行，项目团队就可以证明以下这些成果。

关键主题

1. 共同的所有权：所有项目组成员对项目的愿景和目标都很清楚，并且项目团队对项目的可交付物和其他项目成果拥有所有权。

2. 高绩效团队：项目团队成员相互协作，相互信任，被赋予权力，适应变化，在面临挑战时具有弹性。

3. 项目团队成员表现出适用的领导力和其他人际交往技能：项目团队成员的领导力风格适合项目的背景和环境。项目团队成员运用批判性思维，展示有效的人际交往技能。

在本章中，我们将讨论《PMBOK®指南》第六版和《PMBOK®指南》第七版中提到的相关原则，并讨论 PMP ECO 中的以下目标。

领域	任务	考试目标
人员	任务 1	管理冲突
人员	任务 2	领导团队
人员	任务 3	支持团队绩效
人员	任务 4	向团队成员和干系人授权
人员	任务 5	确保团队成员/干系人得到充分培训
人员	任务 6	建设团队
人员	任务 7	为团队解决和消除各种障碍
人员	任务 8	协商项目协议
人员	任务 9	与干系人协作
人员	任务 11	让虚拟团队参与进来并为其提供支持
人员	任务 12	定义团队的基本规则
人员	任务 13	指导有关的干系人
人员	任务 14	通过运用情商来提升团队绩效
过程	任务 4	让干系人参与进来
过程	任务 5	规划并管理预算和资源
过程	任务 9	整合项目规划活动
过程	任务 16	确保进行知识交流，使项目得以持续开展
业务环境	任务 4	为组织变更提供支持

9.1　摸底小测试

摸底小测试可以帮助你评估自己是应该认真阅读本章内容，还是直接跳到"备考任务"部分。如果你对答案没有把握，或者你对题目涉及的知识有疑问，请认真阅读本章内容。表 9-1 列出了本章知识点和相对应的测试题目。你可以在附录 A 中找到这些题目的答案。

表 9-1　　　　　　　　　　　本章知识点和相对应的测试题目

本章知识点	测试题目
规划和获取项目资源	1～2
高绩效团队	3～6
项目领导力	7～11
特殊项目情况	12

注意：自我评估的目的是衡量你对本章内容的掌握程度。如果你不知道某道题的答案，或者感到模棱两可，你应该将此题标记为错误，以便对相关内容进行学习。如果猜对了答案，会使你的自我评估产生偏差，并可能产生一种"已经掌握"的错觉。

1. 根据 PMI，包括规划和获取项目资源的 3 个过程是什么？
   A. 规划资源管理，估算活动资源，采购资源
   B. 估算活动资源、预算资源、获取资源
   C. 规划资源管理，估算活动资源，面试资源
   D. 规划资源管理，估算活动资源，获取资源

2. 哪个要素通常不属于项目的资源管理计划？
   A. 对项目角色的组织方式和报告关系的直观描述
   B. 项目所需资源的清单
   C. 对项目角色及其随后的权力、职责和能力的描述
   D. 描述如何确定和获取项目的团队和实物资源

3. 高绩效团队的特点是什么？
   A. 他们有高度熟练的技术人员，能够不惜一切代价来满足项目目标
   B. 他们是自我管理的，并使用敏捷实践
   C. 他们明确自己的职责，并对自己的行为负责
   D. 他们相互信任，合作愉快，并且作为集体比个人取得更多的成就

4. 什么术语被用来描述塔克曼阶梯模型？
   A. 定位、建立信任、承诺、高绩效
   B. 介绍、团队建设、团队冲突、团队协同作用
   C. 形成、震荡、规范、成熟
   D. 震荡、形成、成熟、规范

5. 有哪些管理原则可以使团队绩效最大化？
   A. 根据团队和项目情况调整管理方法，团队共同规划，让团队参与每一个决策
   B. 设定明确的期望、认可和奖励，促进团队的协同作用
   C. 了解每个团队成员的激励因素，保持团队集中精力，为项目完成举行庆祝活动
   D. 促进团队合作，发挥指导作用，向团队成员分配任务以强迫团队成员在不擅长的领域开展工作

6. 可以提高团队绩效的 3 种管理技术是什么？
   A. 利用结对和指导的机会，建立项目知识库，应用 X 理论的管理思维方式
   B. 制定团队章程，建立团队协作环境，分享领导职责
   C. 利用专业知识，立即解决冲突，使用敏捷的方法

D. 制定团队仪式，确认团队成员理解任务分配，无论怎样，每天都与团队会面

7. 根据 PMI，领导力的 4 个主要组成部分是什么？

    A. 冲突管理、决策、情商、仆人式领导

    B. 仆人式领导、批判性思维、公开演讲、激励

    C. 销售技巧、魅力、情商、决策

    D. 建立和保持愿景、批判性思维、激励和人际交往技能

8. 情商的 4 个方面是什么？

    A. 表现出自我控制，阅读身体语言和其他非语言线索，先想后做，有同理心

    B. 在压力下保持冷静，拥有社交媒体技能，了解人们的想法，理解自己的情绪

    C. 认识到他人的感受，拥有社会意识，建立友好关系，有同理心

    D. 自我意识、自我管理、社会意识和社会技能

9. 与团队一起做项目决策的好处是什么？

    A. 它允许团队中的高级成员影响经验不足的团队成员

    B. 它使团队对决策负责，而不是对项目经理负责

    C. 它利用了每个人的知识、专长和经验

    D. 它允许更快地做出决定

10. 哪些方法是有效处理和解决冲突的关键？

    A. 保持沟通畅通和尊重，关注问题（而不是人），专注于现在和未来（而不是过去），一起寻找替代方案

    B. 尽快解决，与参与者面对面地打交道，始终寻找妥协方法，并将冲突作为问题来解决

    C. 避免在冲突升级之前处理问题，保持沟通畅通和尊重，并了解冲突产生的根本原因

    D. 聚焦问题和相关人员，将冲突作为问题来解决，并保持沟通畅通和尊重

11. 哪些变量会影响一个特定项目所需要的领导力风格？

    A. 敏捷方法的使用、组织的经验水平与项目类型、PMO 的要求，以及项目团队成员的位置

    B. 项目团队的情商、组织治理结构、项目风险水平和预算金额

    C. 团队的经验水平与项目的类型、项目团队的成熟度水平、组织治理结构和项目团队成员的位置

    D. 项目团队的成熟度水平、组织治理结构、使用适应型的方法，以及项目团队成员的位置

12. 在处理项目团队中绩效不佳的团队成员时，建议采取的第一个行动步骤是什么？

    A. 迅速采取行动，因为团队的其他成员都在看着

    B. 核实个人对其当前任务的期望

    C. 把他们的任务重新分配给团队中的其他人

    D. 联系他们的主管和过去的项目经理

基础主题

9.2　规划和获取项目资源

关键主题

　　资源管理，尤其是规划和获取项目资源，是整个项目规划、成本管理、进度管理、风险管理和采购管理的重要组成部分。这些项目管理活动相互重叠，相互配合。此外，项目资源是项目的关键制约因素，也是项目风险的常见来源。

　　当谈到项目资源时，其指的是所有的项目资源——既包括项目团队成员的人力资源，也包括团队完成项目工作所需的任何/所有实物资源。澄清一下，实物资源包括项目所需的任何设施、工具、物资和原材料。

　　与项目和项目管理的大多数事情一样，规划资源和获取资源因发起组织、行业、项目类型和复杂性以及使用的项目生命周期方法的不同而不同。例如，在变更较多的项目中，对实物和团队资源的规划就更难预测。在这些项目中，需要快速的供给协议和精益的方法，这对控制成本和满足进度里程碑至关重要。

　　在所有情况下，项目经理都负责规划、管理和控制项目的所有资源。考虑到这一点，下面介绍考生在 PMP 考试中需要了解的与规划和获取项目资源有关的主要过程，以及重要工件和工具。

9.2.1　主要过程

　　首先，介绍规划和获取项目资源的主要过程。

9.2.1.1　规划资源管理

　　第一个主要过程是规划资源管理。正如该过程的名称所示，它是定义如何估算、获取、管理及利用实物和团队资源的过程。本过程产生的重要工件是资源管理计划（在本章的后续内容中会介绍）。本过程的主要价值是根据项目的类型和复杂性，建立管理项目资源所需的方法和管理力度。当涉及确保在项目需要时有足够的资源来成功完成项目时，确定资源管理计划的方法就尤为重要。当存在对目标资源的竞争或这些目标资源的供应量较低或稀缺时，这些方法就更加重要。

　　尽管资源管理计划通常包括项目角色和所需的技能组合，甚至包括所需的实物资源的等级和质量，但资源管理计划这个工件和规划资源管理这个过程并不侧重于确定谁将加入团队或所需的确切实物资源。它们关注的焦点是如何在整个项目中识别、获取和管理项目资源。

　　如果项目需要实物资源，那么必须确定执行组织是否使用特定的资源管理方法来管理关键资源，如持续改善、全员生产维护（Total Productive Maintenance，TPM）、精益管理、准时制（Just-In-Time，JIT）生产和约束理论（Theory Of Constraint，TOC）。项目经理需要了解这些方法，并将其纳入资源规划工作中。

9.2.1.2 估算活动资源

下一个过程是估算活动资源。这个过程涉及估算需要多少团队成员，以及完成工作需要哪些技能组合，也涉及估算所需的原材料、用品、设备和设施，包括这些实物资源的类型、等级和质量。

与所有的规划活动一样，估算活动资源与其他规划活动紧密结合，特别是工作活动规划和成本估算。同时，根据需要，在规划过程中和整个项目过程中，估算活动资源经常以迭代的方式进行。

估算活动资源应与其他估算工作保持一致，并应在相同的颗粒度水平上进行。这些估算应该是针对工作活动和/或工作包层面的，然后汇总以确定项目层面的总体需求。

这个过程产生的主要工件是资源需求、估算依据（记录这些资源估算是如何得出的）、更新的假设日志（更新任何假设条件或识别的制约因素）和资源分解结构（Resource Breakdown Structrue，RBS）。

关键主题

9.2.1.3 获取资源

获取资源过程是规划和获取项目资源工作的下一个过程。这个过程包括努力确保项目所需的团队成员和实物资源。当这一个过程完成后，将为项目团队的每个角色分配名字；获取工作设施、设备和耗材；并订购任何所需的原材料。

项目经理在这个过程中需要注意的关键内容如下。

1. 获取内部资源需要运用谈判和人际交往技能，与不同的资源管理人员协商，以便在需要的时候获得最合适的人员。

2. 获取外部资源需要与采购部门合作，如果没有预先确定的供应商安排，则可能涉及选择供应商过程。

3. 项目团队角色所需的技能组合或工资成本与实际分配的团队成员的技能组合或工资成本之间的任何差异，都需要在其他项目规划（预算、进度、风险、质量）方面和团队培训计划中加以说明。

4. 如果任何目标资源在需要时无法获得，或有可能在需要时无法获得，这也需要在其他项目规划方面予以考虑。

9.2.2 重要工具和工件

9.2.1 节介绍了与项目规划资源和获取资源有关的主要过程的要点，下面来看与规划资源和获取资源有关的重要工具和工件，考生在考试中可能会遇到它们。

9.2.2.1　预分配工具

预分配工具包括任何用于评价和评估项目团队的潜在候选人的机制。大多数经历过新工作的面试和招聘过程的人都会本能地熟悉这些方法。这些方法用在获取资源的过程中，以填补确定的项目团队角色。常见的预分配工具如下。

- 态度调查。
- 具体评估。
- 结构化访谈。
- 焦点小组。
- 能力测试。

如前所述，项目经理并不总是能够像他们希望的那样控制谁被分配到他们的项目。这通常取决于项目的规模、性质和所在行业。只要有可能，项目经理最好选择具备最适合项目所需的技术和人际交往技能的候选人。

9.2.2.2　SWOT 分析

SWOT（Strength——优势、Weakness——劣势、Opportunity——机会和 Threat——威胁）分析是在项目中分析各种职位的常用工具，同样也可以将此分析应用于项目团队。虽然在项目团队完全组建和分配成员之前 SWOT 分析不会完成，但其会帮助项目经理评估候选人。对项目团队使用 SWOT 分析的主要原因包括以下几点。

- 了解团队的技能和能力。
- 识别弱点领域，以确认培训需求。
- 围绕他们的长处组织团队。
- 进行团队技能评估。

如果项目经理由于缺乏目标资源而不得不在资源上做出妥协，或者选定的团队成员不具备所需的所有技能或经验，SWOT 分析就更加重要。

关于资源规划中 SWOT 分析模板的例子，请参考图 9-1。

9.2.2.3　培训

关键主题

培训对于 PMI 来说很重要，对项目经理来说也应该是高优先级的事项。培训是单个团队成员获得新技能或提高现有技能的过程。在大多数情况下，当遇到新的技术或过程时，或者当个别团队成员不具备成功完成项目任务所需的特定技能组合的必要经验时，就需要培训。

首先，确定项目中每个角色所需的必要能力和技能组合。然后，需要确定薄弱的领域，以确认培训需求。这就体现了 SWOT 分析可以帮助项目经理。

建议团队或项目经理制定培训计划，以掌握所需的培训。在计划中，可以制定培训日历，也可以将其纳入项目进度。此外，培训费用是项目的直接成本，也应该纳入项目预算。

序号	优势（+）
1	几位团队成员对业务领域有很深的了解
2	核心开发团队已成功合作之前的项目
3	几位团队成员曾参与过复杂的高风险项目
4	有经验的Scrum主管
5	

序号	劣势（−）
1	团队对敏捷方法论的经验和实践有限
2	团队对DevOps方法的经验和实践有限
3	一些成员对项目开发工具集的经验有限
4	
5	

序号	机会（+）
1	高级团队成员可以指导新成员
2	团队内部的业务领域知识，提出解决方案的想法
3	
4	
5	

序号	威胁（−）
1	在年底之前，一些团队成员有超过2周的带薪休假可以使用
2	团队成员将跨越多个时区工作
3	技术带头人已经收到了其他公司的更低的报价
4	
5	

分析总结和评价说明
这是一个才华横溢的专业团队，拥有成功的项目历史。
为整个团队推荐关于敏捷、DevOps的团队培训。
为选定的团队成员推荐有针对性的开发工具培训。
为技术带头人提供激励，使其留在项目中直至项目完成，并使其与史蒂夫密切配合，进行所有项目工作。

图 9-1　SWOT 分析模板

关于培训的 3 个重要说明如下。

- 培训不限于正式的课堂或虚拟培训课程。它也可以包括辅导、在职培训、指导、模拟和文件审查。
- 为了实现最有效的效果，培训应尽可能契合项目所需的技能和知识的时间点，这样新的技能和知识才不会随着时间的推移而被遗忘。
- 对项目团队成员来说，培训是很好的激励因素。

关键主题

9.2.2.4　资源管理计划

正如 9.2.1 节讨论规划资源管理过程时提到的，**资源管理计划**是记录整个项目中如何管理项目资源的工件，它是整个项目管理计划的子项目管理计划。与所有的子项目管理计划一样，资源管理计划的具体构成和细节因行业、组织政策和程序以及项目本身的性质的不同而不同。此外，资源管理计划通常分为两部分：一部分是团队资源，另一部分是实物资源。

资源管理计划的常见要素包括以下内容。

- 识别资源：描述如何为项目识别团队和实物资源。
- 获取资源：描述如何获取资源。特别是，哪些资源是内部获取的，哪些是外部获取的，需要涉及采购。
- 角色和责任：描述项目的角色和他们随后的权力、职责和能力。
- 项目组织结构图：提供直观的图示，说明项目的角色是如何安排的，以及汇报关系。
- 项目团队资源管理：描述团队成员应该如何编制，以及如何进行团队成员配备、管理和释放。
- 培训：获得用于团队成员的培训策略。
- 团队发展：掌握发展团队的方法。
- 资源控制：描述实物资源，以及如何为了满足项目需求而优化实物资源的获取，并在项目需要时提供实物资源。
- 认可计划：描述对团队成员进行认可和奖励的内容和时间。

9.2.2.5　团队章程

对于 PMP 考试来说，团队章程是项目团队的一个重要工件。团队章程记录了项目团队的价值观、协议和操作指南。就像大多数项目管理文件一样，团队章程可以在项目期间随着新的发现和项目期间情况的变化而更新。团队章程没有固定的要素，但常见的要素包括以下内容。

- 团队价值。
- 团队协议。
- 沟通工具和准则。
- 决策标准和过程。
- 冲突解决过程。
- 会议指南。
- 其他团队协议和约定。
- 阐明可接受和不可接受行为的基本准则。

澄清一下，团队章程应该在团队成立后与团队一起制定。正如后文所讨论的，这是帮助团队建立项目所有权的活动，但在规划过程中就应该予以考虑。许多这样的资源管理工件是在规划期间开始考虑的，然后在团队形成后完成。团队章程是一个典型例子。

9.2.2.6　资源需求

资源需求文件按类型和数量列出了项目在工作包或工作包内活动层面所需的所有团队和实物资源。从这个层面起，可以确定任何更高层级的资源需求，包括整个项目的资源需求。

资源需求文件通常包括导致决定使用目标资源的假设条件和制约因素。此外，这一文档的信息与工作估算和成本估算同时使用。

9.2.2.7　RBS

RBS 是按项目所需的所有团队和实物资源的类别和类型对这些资源进行的分层级表示。RBS 有助于与干系人总结项目的资源需求，并确保考虑到所有的资源需求。与资源需求文件一样，RBS 与 WBS 和成本估算方法一起使用，以提高项目规划过程的质量。

图 9-2 显示了一个 RBS 模板。

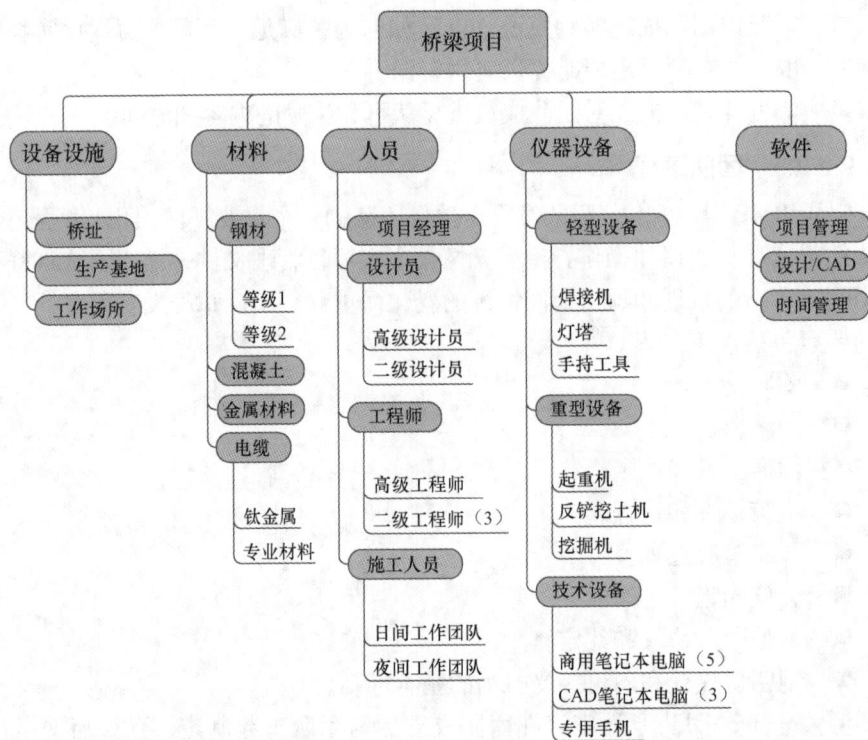

图 9-2　RBS 模板

9.2.2.8　责任分配矩阵

责任分配矩阵（Responsibility Assignment Matrix，RAM）说明项目工作包（或活动）与项目团队成员之间的关系。特别是，它记录哪些团队成员被分配和负责哪个工作条目。这种说明通常以矩阵/表格的形式出现，项目团队成员在矩阵的一个轴上，工作条目在矩阵的另一个轴上。每个交叉单元用来表现团队成员对该工作条目的参与程度。

可以通过 WBS 为所有的工作层面获取 RAM，所以 RAM 有一定的灵活性，这取决于此文件目标受众。

最常见的 RAM 形式之一是 RACI 矩阵。RACI 是 Responsible、Accountable、Consulted 和 Informed 的首字母组合。图 9-3 显示了一个 RACI 矩阵模板。

项目可交付物/活动	执行主办方	项目发起人	指导委员会	项目经理	技术负责人	职能部分负责人	中小企业	项目团队成员	开发人员	行政管理支持	业务分析员	顾问	PMO
启动													
提交项目需求	C	A		R	C	C	C						
PMO的审查需求		C		A									C
调研解决方案	I	C		R	A	R	C	C	C		C	C	C
开发业务案例	I	A	I	R	C	C	C				C	C	C
规划													
制定项目章程	C	C	I	A	C	C	C				C	C	I
创建计划表	I	C	I	A	R	R	C	C	C	C	C	C	I
根据需要创建其他计划	I	I	I	A				I	I	I	I	C	I
执行													
建设可交付物	I	C	I	C	A	R	R	R	R		R		
建立状态报告	I	I	I	A	R	R	R					C	I
监控													
执行变更管理	I	C	C	A	R	R	R	R				C	I
收尾													
总结经验教训	C	C	C	A	C	C	C	C	C	C	C	C	C
创建项目收尾报告	I	I	I	A	I	I	I	I	I	I	I	I	I

关键： R = 负责人　　A = 负责任　　C = 咨询过的　　I = 知情者

图 9-3　RACI 矩阵模板

9.2.2.9　资源日历

资源日历将项目资源映射到项目日程表上，并记录项目工作中资源（实物和团队资源）的实际可用性。资源日历确定工作日、轮班、节假日、休假时间、培训日，以及预计实物资源可用的时间。这些信息应该被纳入项目使用的进度安排工具中。

9.3　高绩效团队

接下来谈谈如何管理项目团队以及为什么团队绩效域很重要。在任何项目中，在考虑了所有的因素之后，项目团队被赋予能够交付项目成果的期望。而做到这一点的关键是拥有高绩效团队。项目经理可以拥有世界上最伟大的计划，但如果核心项目团队不能按预期完成工作，任何计划都将无足轻重。相反，高绩效团队可以在很大程度上弥补计划的不足和适应其他不太理想的项目环境。项目经理有责任发展和培养一种环境和团队文化，使得项目团队的绩效可以最大化。即使团队成员拥有必要的技能，他们也需要有效地共同工作和协作以取得项目的成功，而项目经理可以极大地影响这种合作经验。

9.3.1 高绩效团队的特点

在深入研究能够带来更好的项目团队绩效的管理原则和技术之前，首先明确目标。换句话说，高绩效团队是什么样子的？他们有什么共同点？他们知行合一吗？尽管没有两个团队的表现是完全相同的，每个团队都有其独特的优势，但高绩效团队都有一套核心特点。

- **明确**：这个特点可能是最重要的特点之一。高绩效团队知道他们的目标是什么，他们在做什么，以及他们为什么要这样做。他们了解项目的目标和优先级，有明确的角色和职责，了解自己被分配的工作，以及他们的工作如何与其他工作结合起来。
- **承诺**：高绩效团队的成员致力于实现项目的成功，他们对项目的结果拥有所有权。他们表现出对完成工作的执着和决心。承诺的来源并不总是相同的。它可能是对个人的、对团队的、对客户的或对组织的。
- **专业**：高绩效团队对于他们的工作来说是专业的。成员对分配的工作的质量、个人沟通，以及与所有干系人的互动，特别是成员相互之间的互动，承担个人责任。这涉及领导力和人际关系技能的有效使用。
- **协同作用**：高绩效团队会发展出一种协同的力量，使他们作为联合的团队能够完成的工作比他们作为个人所能完成的工作更多。这种协同作用是随着时间的推移而形成的，但一般来说，当团队拥有正确的技能和经验组合、健康的团队定位，以及明确的角色和职责时，就会产生这种协同作用。
- **信任**：高绩效团队表现出对彼此和对项目负责人的极大信任。信任是随着时间的推移而赢得的，建立这种信任的关键包括展示有效的领导力和人际关系技能，以及创造可以进行开放的思想交流的团队合作环境。

9.3.2 团队发展模型

现在，你对高绩效团队有了更好的认识，下面来介绍两种团队发展模型，它们可以帮助项目经理支持项目团队发展成为高绩效团队。考生在考试中可能会遇到这两种团队发展模型。

9.3.2.1　塔克曼阶梯模型

第一个模型，即塔克曼模型，是人们经常引用的模型，它使用"形成、震荡、规范、成熟"的表达方式来描述团队在项目的生命周期中聚集和发展的过程。正式来说，这个模型被称为塔克曼阶梯模型，它描述了团队发展的 5 个阶段。

1．形成：这是项目团队首次聚集的初始阶段。团队成员经历了相互认识的过程，并了解彼此在团队中的地位，以及他们的技能和背景。

2．震荡：在这个阶段，团队成员的个性、长处和短处都会显现出来，并且在团队发掘如何合作以及探索将使用哪些想法和方法时，可能会发生最初的冲突。这个阶段可能很快完成，也可能持续很长时间。表现不佳的团队往往永远完成不了这个阶段。这个阶段也是领导力和人际关系技能至关重要的阶段，具备这样的技能的团队才能进入后面的阶段。

3．规范：这是团队一起工作的阶段，团队开始作为有凝聚力的团体而运作。每个人都知道自己的角色，并理解如何与其他人一起工作。在这一阶段，可能仍有一些挑战，但会很快得到处理和解决。

4．成熟：这是高绩效团队所处的阶段。团队高效运作、合作良好，专注于对团队最有利的事情，他们已经形成了协同效应，并且正在进行高质量的工作。

5．解散：这不是第一版塔克曼阶梯模型的一部分，而是在第二版中添加的。在这个阶段，当项目工作完成后，团队就会解散，进入下一个任务。

塔克曼阶梯模型的主要启示是，高绩效团队会进入团队发展的成熟阶段，并不是所有的团队都能进入每个阶段，有些时候，团队必须回到之前的阶段进行重置，然后才能回到之前的阶段和/或超越之前的阶段。需要特别注意的情况是团队成员的加入和离开，以及这对团队动态的影响。当团队成员发生变化时，团队就会回到形成阶段，并重新发展到成熟阶段。这可能非常快，但确实发生了。确定变化的影响和团队动态的关键是团队成员所扮演的角色，以及离开或加入团队的成员的人际交往技能。领导角色越多，可能产生的影响就越大。如果离开的团队成员为团队结构提供了大量的社会纽带，那么他们的缺席可能会产生更大的影响。这是项目经理需要密切关注并帮助促进新团队活力的情况。

> 提示：在整个项目生命周期中，随着团队成员在项目中的加入和离开，项目团队会不断经历这些团队发展阶段。

9.3.2.2　Drexler/Sibbet 团队绩效模型

第二个模型是由艾伦·德雷克斯勒（Allan Drexler）和戴维·西贝特（David Sibbet）开发的 Drexler/Sibbet 团队绩效模型。这个模型分 7 个步骤描述团队绩效。第 1～4 步描述创建项目团队，第 5～7 步涵盖项目团队的可持续性和绩效。第 6 步（高绩效）显然表明团队已经成为一个高绩效团队。表 9-2 总结了这个模型的关键方面。

表 9-2　　　　　　　　　　　对 Drexler/Sibbet 团队绩效模型的总结

步骤	步骤名称	描述
1	确定方向	"确定方向"回答了"为什么"这个问题，项目团队了解到项目的目的和使命
2	建立信任	"建立信任"回答了"谁"这个问题。项目团队互相了解，包括各自带来的影响项目的技能和能力。此外，还包括审查任何能够影响项目的关键干系人
3	澄清目标	"澄清目标"回答了"什么"这个问题。在高层级的项目信息上，项目团队进一步了解需求、假设条件、验收标准和干系人期望
4	承诺	"承诺"回答了"如何"这个问题。项目团队开始制订计划以实现项目目标。这通常包括里程碑进度、高层级预算、资源需求和最初的发布计划
5	实施	在这一步骤中，高层级计划分解为具体的细节，并且团队开始一起工作
6	高绩效	在这一步骤中，团队已经合作了一段时间，工作高效，产生了协同作用，并且不需要太多的监督
7	重新开始	这一步骤可以在项目或项目团队有任何变更的时候进行。这些变更可能来自可交付物、团队成员、项目领导、项目环境或干系人等方面。 当发生变更时，团队可能需要评估过去的行为和行动是否仍然足够有效，或者团队是否需要回到之前的某一步骤，以重新设定期望和/或合作方式

9.3.3　使团队绩效最大化的管理原则

对最大限度地提高团队绩效至关重要的关键管理原则包括以下内容。

- **调整领导风格**：在大多数情况下，项目团队最有效的领导方法是协作式、仆人式领导方法，但项目经理可能需要根据项目阶段、特定团队的需求和项目环境来调整领导风格。本书将在后续内容中详细讨论调整项目领导风格和仆人式领导方法。
- **找对人**：只要有可能，项目经理要亲自挑选核心团队的成员。项目经理应该对实现项目成功所需的技能、能力和行为最为了解。特别是要寻找那些有成功经验的人。正如任何成功的项目经理会证明的那样，找对人就成功了 80%。当然，在现实世界中，项目经理并不总是有这样的机会，在 9.5.1 节中也会谈到这一点。

对于 PMP 考试来说，这里需要注意的一个方面是 I 型技能和 T 型技能之间的区别。"I"和"T"指的是特定团队成员拥有的技能组合的深度和广度。I 型指的是一个人在项目所需的某一特定技能组合方面有很深的造诣，但在项目所需的其他技能组合方面的造诣却很欠缺（即深度）。T 型指的是一个人至少在项目所需的某一项技能组合方面有很深的造诣，并在项目所需的其他技能方面有一些才能/知识（即广度）。

对于适应型/敏捷型项目，考虑到较小的团队规模和自组织的性质，对具有 T 型技能组合的个人更加重视。

提示：敏捷团队重视具有 T 型技能组合的个人。

- **作为团队进行规划**：现代项目管理的主要理念是，规划是团队活动。这是有关规划的章节中的重中之重。为什么这是关键？如果团队制定了项目计划，该计划就成为"他们的"计划和"他们的"进度。有了这样的认识，就有了更高层级的合作、认同和责任感；反之，没有这样的认识，会产生很多问题，项目经理也会花费更多时间来处理这些问题。
- **制定团队章程**：为了使个人的期望与团队的期望相一致，需要制定团队章程，定义团队运作的准则、程序和原则。这里最重要的是与团队一起制定。这样，就像整个项目的计划和进度一样，所制定的章程成为"他们的"。

考试小贴士：对于考试，考生要了解团队章程的目的和内容，并了解团队章程应在项目团队的合作下来制定。

- **让团队保持专注**：项目经理能做的最重要的事情之一就是确保每个团队成员一方面对项目的大局（任务、目标和优先事项）非常清楚，另一方面又能专注于眼前的任务。为了集中精力，不仅每个团队成员必须有明确的工作任务和角色，而且项目经理需要成为他们的保护伞。作为一把保护伞，项目经理要保护团队成员不受政治、噪声和其他因素的影响，这些因素会分散他们的注意力，减缓他们的进度。
- **设定明确的期望**：为了实现最大的团队生产力，最重要事情之一是确保团队成员事先了解对他们的期望。这既适用于工作任务，又适用于团队协议。预先审查工作任务的完成标准是设定期望的关键步骤。仅仅这一步就可以大大地防止返工和提高生产力。
- **提高生产力**：下面继续讲解生产力的主题，项目经理的重点应该是尽一切努力使每个团队成员尽可能地提高生产力。这意味着什么呢？它意味着以下几点。
  - ◆ 确保工作任务明确并得到理解。
  - ◆ 提供工具、资源和程序以促进团队合作。
  - ◆ 提供及时完成工作所需的所有资源。
  - ◆ 促进解决任何妨碍完成工作任务的问题。
  - ◆ 预测可能影响工作效率的问题，并采取行动减轻或预防这些问题（工作任务层面的风险管理）。

- **提高市场能力**：项目经理可以为团队中的每个人制定一个关键目标，那就是通过他们在项目中的经验来提高他们的市场能力。归根结底，一个人唯一的、真正的工作保障就是永远"有市场"并不断提高市场能力。项目经理应该寻找方法来帮助他们提高技能、掌握能力、优化简历，并帮助每个人在他们的职业目标上取得进展。这种心态既是分配工作任务的关键，也是向每个人宣传的关键。这也涉及使用培训来帮助完成这些目标，是 PMI 的优先事项。特别是，项目经理应该找出谁渴望成为项目经理或获得项目管理技能，然后在整个项目中分配角色和责任，以促进这些领导力技能的发展。

- **充分利用个人优势**：这是上一条原则的延伸，有 3 个主要组成部分。
  - ◆ 寻找每个人带来的优势，但也要了解他们的劣势。这种方法使项目经理保持积极的态度，当项目经理没有亲自选择团队成员，或者得到了一个有名望的团队成员时，这种方法尤为重要。这方面也可能涉及识别培训的机会。
  - ◆ 了解团队成员的动力是什么，以及他们的动机和他们关心的东西。这不仅能帮助他们做得更好，而且还能使项目经理更有效地奖励和认可他们。
  - ◆ 尽可能地使项目角色和责任与每个团队成员的"甜蜜点"相一致。甜蜜点是自然优势和个人动机的结合。

- **认可和奖励**：这一原则有 3 个主要方面。

> **注意**：寻找机会认可和奖励那些引领项目成功的行为和成就，并将团队层面的奖励优先于个人层面的奖励。

  - ◆ **公关代理**：项目经理应该假装自己是每个团队成员的公关代理（公共关系代理人）。除了直接向每个团队成员提供及时的反馈和赞赏外，项目经理还要确保合适的人（特别是影响他们职业发展和报酬的人）知道这个团队成员在整个项目中所做的出色工作。这不应该等到项目结束或年度审查时才进行。如果在发生时就进行沟通，会更有效和更有意义。
  - ◆ **庆祝**：项目经理应该花时间制定计划来庆祝在项目中完成里程碑进度。这支持了在整个项目中认可努力的想法，并有助于建立团队的动力。
  - ◆ **奖励**：这里有两个关键内容。第一，在最初的项目规划和整个项目过程中寻找方法，如果项目完成了某些目标，允许团队成员分享奖励（利润）；第二，如果项目团队或特定的团队成员需要花费很大力气，那么就要设立奖励机制，既奖励又认可他们的额外努力。一般来说，奖励应该是基于团队的。这有助于建立团队的协同作用、合作和责任。这方面对 PMI 也很重要。

- **促进团队的协同作用**：特别是在项目的早期，项目经理应该使用方法来帮助团队建立凝聚力。大多数团队会自然而然地经历传统的"形成、震荡、规范、成熟"阶段，但项目经理可以做一些事情来积极影响这个过程。根据给定的项目团队之前在一起工作的程度以及他们的实际位置，所做事情的具体细节有所不同，但作为一个指引，项目经理应该专注于以下几点。

  - ◆ **建立关系**：安排团建郊游、团队午餐、团队会议等，以促进团队关系建立并发展。
  - ◆ **培养团队合作**：设置工具，使团队无论所处地点在哪里都能够很容易地一起工作；寻找机会，让多个团队成员一起完成一个任务，以鼓励知识共享，减少专业技能孤立的风险，并提高团队的整体绩效。
  - ◆ **建立团队程序**：确定需要哪些规则、指引和协议来帮助建立团队的生产力（如沟通方式、核心时间、标准会议时间、工作标准、工作流程和行政程序）。
  - ◆ **专注于可见的进展**：构建项目方法，使团队能够获得一些早期的、可见的进展。这不仅激发了干系人的热情，而且对核心团队也有同样的作用。此外，以一种非常明显的方式跟踪团队的进展和成就，这不仅有助于激发热情，还有助于鼓励团员产生对项目付出的自豪感和责任感。

9.3.4　提高团队绩效的技巧

关键
主题

有了对高绩效团队的理解和相关的管理原则作为基础，下面来介绍提高项目团队绩效的一些技巧。

- **举行团队启动会议**：在每个阶段的开始，与核心团队举行团队启动会议。这是一个很好的来重新设定对项目背景、项目目标和优先级、团队成员的角色和责任、团队成员的任务、项目进度和团队程序的期望的方法。

在适应型/敏捷型项目中，冲刺计划会和冲刺回顾会可以实现这一目标。

> **提示**：在每个项目阶段的开始，而不仅仅是整个项目的开始，利用小型团队启动会议来重新设定期望。

- **集中办公**：这并不总是可能的，而且随着项目工作变得越来越分散，集中办公也变得越来越不可能。然而，集中办公的结果是不言自明的。当项目团队成员在同一地点工作时，更容易建立关系，分享想法和经验，合作完成任务，寻找问题的答案，并增强团队的协同作用。

> **考试小贴士**：对于考试来说，PMI 总是假设集中办公是团队合作的最佳方式，而项目经理应该总是尽可能地努力使团队成员集中办公。

- **明智地使用会议时间**：为了传达对个人时间的尊重和重视，并帮助团队提高生产力，任何团队会议都要有明确的目的或需要，并确认所有团队成员都理解这一目的或需要。至少，每周举行一次一般性的团队状态会议，以分享知识和经验教训，并提供温和的同侪压力。对正式会议的需求根据所利用的项目方法、团队的协作方式、团队的组成、团队的生产力以及未解决的问题清单的不同而有所不同。

- **设定标准**：特别是在有多人可能从事同一类型工作的项目中，或者当工作外包时，项目经理需要设定并传达工作接受标准。设定标准有助于澄清期望，减少返工活动，提高质量，并利用专家知识。这也可以在团队章程中得到体现。

- **充分利用专业知识**：这是一个宝贵的方法，其可以提高团队的绩效，提高多人的技能水平，特别是在项目涉及较新的技术，初始资源池无法提供足够的技能水平，或者组织不会在项目上分配最资深、最受欢迎的人才。

- **立即解决冲突**：高绩效团队不会让团队内部的冲突或项目问题长期存在，因为如果它们存在，会对团队的生产力产生不利影响。项目经理需要迅速促进冲突解决。这并不意味着项目经理不需要倾听和会做出草率的判断。这意味着项目经理要处理问题——不要回避问题。在任何情况下，项目经理都要保持客观，尊重各方，把重点放在潜在的解决方案上，并寻求双赢的方案，这是非常重要的。

- **为客户互动做准备**：为了更好地管理客户的期望，避免无效的问题，让团队为与客户的直接互动做好准备。项目经理确保团队从客户的角度理解项目，理解客户对团队能力的期望，当团队和客户在一起时，如果团队需要帮助，项目经理应该采取具体行动，并关注任何需要避免或强调的谈话要点。

- **建立项目资源库**：为了帮助提高团队的生产力，分享知识，并保护项目资产，项目经理要建立一个所有核心团队成员都可以访问的公共资源库，以存储项目工作成果和项目管理成果。

- **建立团队协作环境**：为了鼓励和方便团队在项目工作上的合作（特别是当团队是分散的或是虚拟团队的时候），项目经理要设置适当的协作工具和环境。这通常意味着设置一个或多个在线工具，使团队成员能够进行以下一项或多项工作：讨论主题（群聊）、促进团队合作会议（网络会议）、查看和编辑共同的工作成果，并跟踪工作成果的变化。

  - **制定团队仪式**：为了帮助建立团结的团队，项目经理要制定具体的仪式，让整个团队参与其中。例如，在每周的某一天一起出去吃午饭，在每周的某一天一起分享早餐，庆祝个人的生日或纪念日，等等。

◆ **分担领导责任**：为了帮助团队成员发展领导力技能，并帮助建立对项目的承诺，项目经理应寻找机会分担领导责任。这在大型和跨职能的项目中是很常见的。

◆ **利用结对和指导工作安排的机会**：促进团队建设、协作和信任并提供成长机会的有效技术是利用结对和/或指导工作安排。在结对工作安排中，两个团队成员被分配相同的高级任务，目的是使他们共同学习，并在此过程中相互学习。在指导工作安排中，一个更有经验的团队成员指导一个经验不足的团队成员。

■ **有效的任务分配**：前文已经以各种方式谈论过这个主题很多次了，但在这里强调的一点是，项目经理不能简单地认为，一个人的名字出现在进度计划表的任务分配上，这个人就会理解并完成任务。这里的关键是以下几点。

◆ 在被分配的任务中灌输主人翁意识。项目经理要寻找特定人员可以主导的模块或领域，让他能够承担领导责任。

◆ 核实被分配任务的人对任务完成的标准是否清楚。这样，项目经理就不必对团队进行微观管理。

◆ 确保每一个人主要负责某项任务，并且项目经理认同这项任务的责任分配。

◆ 确保进度计划的详细程度适用于有效地分配和监督工作。

■ **计划迎新**：对于任何加入项目的新团队成员，都有介绍性质的指导期。项目经理的目标是精简这段时间，让每个团队成员尽快达到最大的生产力。一些建议的行动如下。

◆ **保护进度计划**：不要假设新的团队成员在第一天就有百分之百的生产力。新成员的指导期的时间长度将根据项目、工作任务和以前的工作经验的不同而不同。

◆ **准备迎新资料袋**：项目经理应设身处地为新团队成员着想，思考如果自己是新成员需要知道什么，以便了解项目环境。

◆ **提前设置好工作环境**：在任何项目环境中，如果团队新成员需要特定的设备、工具或访问权限来完成他们的工作，项目经理要尽一切可能在团队成员开始工作之前把它们设置好。如果项目经理做不到，应该在进度计划中考虑到这个磨合期。

◆ **先期投入时间**：计划在前期花时间与任何新的团队成员接触。通过关注新的团队成员，项目经理可以更好地传达自己对项目的投入感和对项目的期望，以及新团队成员的角色和贡献。显而易见，在前期花一点额外的时间，就可以避免在以后的道路上花更多的时间来解决团队的生产力问题。

■ **保持沟通**：为了帮助促进团队绩效的发展，项目经理必须与团队保持联系。这里的关键是保持可见性，项目经理要使用团队正在使用的沟通渠道，花时间与每个团队成员进行一对一的会面，并确保团队成员知道你在帮助他们提高工作效率。

■ **性格指标和心理测量**：这些可以用来更好地了解团队成员的个性，甚至可以作为一种团队建设的练习。它们可以用来鼓励团队成员改善互动，建立信任，并使他们的个性与职业发展相一致。一些性格类型包括内向型、外向型、实用主义型、创新型和程序遵循型；然而，它们不应该用来判断任何人或对任何人进行假设，而应该是一种用于更好地了解一个人的练习。常见的性格评估工具如下。

◆ 迈尔斯-布里格斯类型指标（Myers-Briggs Type Indictor，MBTI）。

◆ 大五人格模型（OCEAN：Openness——开放性、Conscientiousness——尽责性、Extroversion——外向性、Agreeableness——宜人性和Neuroticism——神经质）。

◆ DISC（Dominance——支配性、Influence——影响性、Steadiness——稳定性、Compliance——服从性）。

◆ True Colors（性格色彩测试）。

◆ TRACOM（社交风格模型）。

9.4 项目领导力

从前面的章节可以看出，项目环境必须有有效的项目领导力和积极的团队文化，才能发挥其最大潜力。在团队绩效域，本书在第 2 章中讨论的 PMI 人才三角中的"权力"真正发挥了作用。

本节回顾项目中需要领导力的方面，以及领导项目与管理项目的不同之处。此外，本节还探讨项目领导力的关键组成部分和技能组合，优秀的项目领导力的技巧，以及仆人式领导方法的价值。

9.4.1 不仅仅是管理

领导项目的过程比管理项目的过程更重要。要清楚的是，高效的项目经理同时采用管理和领导来实现项目目标。关键是在这两者之间找到适当的平衡，并使用最适合其个性和项目组织、环境和团队需求的方法。表 9-3（主要取自《PMBOK®指南》第六版中的 3.4.5 节）总结了领导力和管理之间的区别。

表 9-3　　　　　　　　　　　领导力和管理的比较

领导力	管理
利用关系的力量	利用职位权力
建设	维护
关注愿景、一致性、动力和激励	关注可操作的问题和问题解决
做正确的事	正确地做事
关注创新	关注管理
关注与人的关系	关注系统和结构
激发信任	依赖控制
关注长期愿景	关注近期目标
关注范围	关注盈利
挑战现状	接受现状
了解情况和原因	了解方式和时间

　　领导项目的过程需要实现管理和领导的正确平衡，以引导相关人员（团队、干系人、组织）完成项目的目标。这个过程包括了解自己的个性以及项目组织、环境和项目团队所需的领导力风格。如果回顾一下第 2 章，可以发现项目经理所扮演的许多角色都涉及领导力。

9.4.2　项目中需要领导力的方面

关键主题

　　关于领导项目，有 3 个关键点需要了解。

　　1．项目领导力有许多方面和不同的风格。

　　2．项目经理不是项目领导力的唯一提供者。

　　3．具体的领导力提供者根据项目环境的不同而不同。

　　为了澄清这些关键点，表 9-4 介绍了不同的领导力风格，表 9-5 描述了需要领导力的项目领域以及谁可以提供领导力。注意，对于适应型/敏捷型项目，表 9-5 中提到的团队领导包括敏捷教练和产品负责人的角色。

表 9-4　　　　　　　　　　　项目领导力风格

领导力风格	描述
直接型	层级分明，由项目经理做出所有决定
协商型	考虑其他关键顾问的意见，但由领导者做出决定
服务型	促进而不是管理；提供辅导、培训，并消除工作障碍
协商一致/合作型	平等地征求所有团队成员的意见，欢迎所有的想法和建议；团队达成一致意见
环境型	改变风格以适应环境、成熟度和团队的经验

续表

领导力风格	描述
放任型	"放手"的领导者——允许团队自主决策和设定目标
交易型	关注目标、反馈和成就以确定奖励
变革型	通过理想化的特质和行为、鼓舞性激励、对创新和创造的促进以及个人关怀，提高追随者的能力
魅力型	激励他人，拥有较高的影响能力，精神饱满，热情洋溢
交互型	结合了交易型、变革型和魅力型的特点

表 9-5 项目领导力领域

项目领域	领导力提供者
方向和计划	项目发起人 高级管理层 项目经理 技术领导（们） 产品经理
组织影响	项目发起人 高级管理层 项目经理 技术领导（们） 产品经理
承诺	项目发起人 高级管理层 项目经理 项目团队 产品经理
干系人的期望	项目经理 项目发起人 高级管理层 产品经理（们） 项目团队
促进	项目经理 团队领导
通信点	项目经理 团队领导（们）
项目团队	项目经理 团队领导（们） 技术领导（们）
解决冲突	项目经理 团队领导（们） 项目团队

续表

项目领域	领导力提供者
管理业务变革	项目发起人 高级管理层 项目经理
技术问题	项目经理 技术领导（们） 项目团队
商业问题	项目发起人 高级管理层 产品经理 项目经理 团队领导（们）
管理风险	项目发起人 高级管理层 产品经理 项目经理 团队领导（们） 技术领导（们） 项目团队

9.4.3　领导力技能

关键主题

上文讨论了项目领导力的重要性，并回顾了如何在具有高绩效团队的项目中实施项目领导力。此外，PMI 指出，高绩效团队的一个关键衡量指标是所有团队成员对领导力和人际交往技能的应用。下面来讲解根据 PMI 的标准，什么是领导力、团队和人际关系技能。

当想到领导力技能时，你会想到什么？

- 创造和推销愿景的能力？
- 激励和鼓舞一群人的能力？
- 对各种文化规范、惯例和信仰的认识和敏感能力？
- 进行逻辑思考、客观分析，并确定挑战性情况的根本原因的能力？
- 做出决策的能力和/或在做出关键决策时利用团队的能力？
- 有效解决冲突的能力？
- 自我意识和控制自己的情绪、行动和语言的能力？
- 与他人产生共鸣并理解其观点的能力？
- 了解组织的政治和完成工作的能力？
- 有效实施管理实践和制度的能力？

- 为资源进行谈判的能力？

如果对这些问题的回答是肯定的，你就在正确的轨道上。正如你所看到的，领导力是相当直截了当的，PMI 在分解领导力、团队和人际交往技能时也采取了类似的直截了当的方法。按照 PMI 的规定，关键的领导力、团队和人际交往技能如下。

- 建立和保持愿景。
- 批判性思维。
- 激励。
- 情商。
- 决策。
- 冲突管理。
- 影响。
- 谈判。
- 认识到多样性、公平性和包容性的价值。

对于每一个技能领域，本书都会澄清其所涵盖的内容，并介绍考生在考试中应该注意的任何适用模式。

9.4.3.1　建立和保持愿景

建立清晰、简明的项目目标，以及对项目将交付的未来理想状态进行清晰的描述的能力是一项基本的领导力技能。项目目标的共同愿景有助于实现更好的团队合作，作为一个强大的日常激励工具，建立和保持愿景可以帮助领导者指导项目决策，并使项目工作不至于偏离轨道。

9.4.3.2　批判性思维

批判性思维是指在项目工作中运用开放的、理性的、规范的、逻辑的、基于证据的思维的能力。它还涉及高度的自我意识，以识别自己的偏见和错误的假设。这种领导力技能对所有项目团队成员而言都很重要，但项目经理要为团队中的其他人树立榜样。在项目中，可以使批判性思维发挥作用的一些关键领域如下。

- 识别问题的根本原因。
- 处理模糊性和复杂性。
- 识别偏见、未说明的假设、错误的前提、错误的逻辑和情感诉求。
- 分析数据和证据以评估论点和观点。
- 观察事件以识别模式和关系。
- 适当地应用归纳、演绎和溯因推理的方法。
- 研究和收集无偏见的、平衡的信息。
- 辨别语言的使用方式及其对自己和他人的影响。

9.4.3.3 激励

在整个项目生命周期中，激励项目团队的能力是一项基本的领导力技能。此技能的使用需要理解团队中每个成员的主要动机，然后运用这种理解来获得每个人的最佳绩效，最终使整个团队成为一个整体。

关键主题

下面介绍最常见的 4 种激励模型，但考生在考试中需要了解的重点是外在和内在激励因素。外在激励因素包括工资、奖励、奖金和晋升。内在激励因素包括成就、挑战、自主性、个人成长、责任、做出改变的机会、关系和成为团队一员的机会。一般来说，外在激励因素在其有效性方面有一个上限。当人们感到他们得到了公平的补偿和奖励时，激励的效果就会降到最低；然而，如果这些外在激励因素没有得到满足，它们就会成为一种削弱激励的力量。特别是对于项目工作来说，内在激励因素会推动个人和团队实现最佳表现。

如前所述，PMI 在《PMBOK®指南》第七版中介绍 4 种激励模型作为参考。表 9-6 总结了这些模型，并提供了快速学习指南，以帮助考生进行应对考试的准备工作。

关键主题

表 9-6 激励模型

模型	开发者	描述
保健和激励因素	弗雷德里克·赫茨伯格 (Frederic Herzberg)	保健因素（补偿、公司政策、工作环境）的不足会导致工人的不满。充足的保健因素不一定会带来工作满意度水平的提高。激励因素（成就、成长和进步）决定了工作满意度水平
内在动机与外在动机	丹尼尔·平克（Daniel Pink）	外在动机（补偿）的影响有限。内在动机对于复杂和具有挑战性的工作更有效，比如项目。3 种内在动机分别是自主、专精和目的
需求理论	戴维·麦克莱伦（David McClellan）	所有人都是由成就需求、归属需求和权力需求驱动的。每种需要的强度因个人的经验和文化而异。受成就需求激励的人能被具有挑战性的工作所激励。受归属需求激励的人能被成为团队的一员所激励。受权力需求激励的人能被增加的职责所激励
X 理论、Y 理论和 Z 理论	道格拉斯·麦格雷戈（Douglas McGregor，X 和 Y 理论）亚伯拉罕·马斯洛（Abraham Maslow，Z 理论）和威廉·乌奇（William Ouchi，Z 理论）	X 理论假设人们工作只是为了收入，而没有目标或抱负。管理风格是自上而下，亲自动手。它常用于等级制组织和生产、劳动密集型环境。Y 理论假设人们有将工作做好的内在动机。管理风格更多的是以教练为基础，鼓励创造性和讨论。这种风格经常出现于具有创造性的环境和以知识工作者为主的环境中。Z 理论（亚伯拉罕·马斯洛）假设人们的动机是自我实现、价值观和更强的使命感。管理风格注重培养洞察力和工作的意义/价值。Z 理论（威廉·乌奇）认为人们的动机是提供关注员工及其家人福利的终身工作。管理风格注重高生产率、高士气、高满意度

关键主题

9.4.3.4 情商

如果人际交往技能是有效领导的基础，那么情商就是用来建立这个基础的材料。

对许多人来说，当他们想到其他人具有人际交往技能时，他们看到的是情商的作用。根据 PMI 的定义，情商是指识别、评估和管理自己和他人的个人情绪，以及群体情绪的能力。换句话说，情商是意识到并控制自己的情绪，同时能够认识和理解他人的情绪和感受的能力。

> **注意：** 根据 PMI 的定义，情商是指识别、评估和管理个人情绪和他人情绪，以及群体情绪的能力。

如前所述，项目是由人执行和为人执行的，对于建立和维持积极的工作关系和高绩效的项目团队来说，没有其他技能比情商更重要。你也可以看到情商和仆人式领导之间的紧密联系。如果没有情商，仆人式领导就会非常困难。保持受控状态，积极倾听，并理解他人的感受和反应的能力，对于所有的项目沟通、团队合作和领导工作都是至关重要的。

虽然有很多模型可用于解释情商，但大多数模型都同意这 4 个方面。

- **自我意识：** 这是一种看到自己真实面貌的能力，包括了解我们自己的情绪、目标、动机、优势和劣势。
- **自我管理：** 这是在行动前思考的能力，保持受控状态，不冲动地做出反应。
- **社会意识：** 这是认识、考虑、理解他人感受和同情他人的能力。这包括阅读身体语言和进行其他非语言交流的能力。
- **社会技能：** 这是将其他 3 个方面付诸行动的能力，主要包括建立融洽的关系，寻找共同点，管理一群人，并建立社会网络。

情商的这 4 个方面分别作为 4 个象限。表 9-7 记录了这些方面之间的关系。自身的方面在上边，其他的方面在下边。认识重点在左边，管理重点在右边。

表 9-7   情商象限

方面类别	认识重点	管理重点
自身	自我意识	自我管理
其他	社会意识	社会技能

9.4.3.5 决策

当我们想到一个有效的领导者时，我们通常会想到一个能够以有效的方式做出决策并在决策过程中利用团队的人。

关于考试中的决策，考生需要了解的重点如下。

关键主题

- 单独决策提供了时间上的好处，但有可能打击受决策影响而没有机会提供意见的团队成员的积极性。
- 群体决策提供了利用不同团队的知识、专长和经验的好处，但需要时间，并使团队成员偏离他们手头的主要任务。

- 决策的艺术和技巧是知道哪些决策可以单方面做出，哪些决策最好由团队来完成。
- 当需要群体决策时，关键是要使用一些技术，尽量减少所需的时间，减少群体思维的影响，并减少团队中主导人物的影响。
- 最好的群体决策技术是利用分歧/融合模式的技术。
  - 这意味着首先领导者与团队成员单独接触，了解他们的想法和潜在的解决方案。
  - 然后团队成员聚集在一起，审查潜在的解决方案，并就最终决定达成共识。
  - 进行最终决定的常见技术包括罗马投票、举手表决投票，以及宽带德尔菲估算法。
- 对于项目团队权限之外的决策，项目团队可以评估替代方案，包括每一个方案的影响，并将这些方案提交给被授权的个人或团队。这种方法与大多数高级管理团队成员欣赏和重视的"不要给我带来问题，要给我带来解决方案"的概念是一致的。

9.4.3.6　冲突管理

冲突管理是项目经理角色的一个内在性质。项目，就其本质而言，是一种持续地管理和平衡范围、进度、预算和质量之间的自然冲突的努力。当然，只要有人参与，就会有冲突。这是人们一起工作的自然结果。处理冲突的不同方式导致项目的结果和项目团队的绩效完全不同。如果冲突没有得到很好的处理，就会导致团队产生挫败感，缺乏信任，以及从整体上降低团队的士气和动力。

关键是要把冲突看成自然而然的，看成改进的机会，看成要主动管理的事情。澄清一下，冲突并不一定意味着团队成员在争吵或打架，它只是意味着存在分歧。当团队决定如何合作，如何完成项目工作，以及如何解决项目中出现的各种技术问题时，自然会出现分歧。

如果在冲突很小的时候就对其进行很好的解决，就不会破坏项目的预期结果。在大多数情况下，项目经理应该让团队成员尝试用他们自己的人际交往技能来解决冲突。如果团队成员认为他们的想法/解决方案/观点是唯一的方法，并且/或者他们没有真正考虑其他团队成员的意见，冲突就会升级。根据 PMI，如果团队成员不能解决冲突，那么在更具预测性的项目中，项目经理会介入解决，而在更具适应性的项目中，由于适应型团队的自组织性质，整个团队会参与进来，其中当然也包括管理冲突。这加强了整个团队展示领导力和人际关系技能的重要性，而不仅仅是由项目经理来展示。

上文已经讨论的有效的项目管理和项目领导的许多素质和技术，在这里发挥了作用。以下方法是有效处理和解决冲突的关键。

关键
主题

- 保持沟通畅通和尊重。
- 关注问题，而不是关注人。
- 专注于现在和未来（而不是过去）。
- 一起寻找可供选择的解决方案。

考试小贴士：对于 PMP 考试，以下是 PMI 规定的关键冲突管理主题。

- 冲突只是团队成员之间的分歧（这是很自然的），不一定是他们在争吵或打架。
- 如果团队成员意见不一致，让他们先尝试解决问题。如果他们不能解决问题，那么采取以下方法。
    - ◆ 预测型项目：项目经理介入解决。
    - ◆ 敏捷型项目：整个团队介入解决，因为他们是自组织的，其中包括管理冲突。
- 冲突管理是关键（不一定是解决冲突），因为项目经理不可能总是解决冲突，但肯定需要管理冲突，使其不对项目产生负面影响。

尽管有许多模型描述了如何处理和解决冲突，但对于考试，建议考生熟悉肯·托马斯（Ken Thomas）和拉尔夫·基尔曼（Ralph Kilmann）的模型，该模型描述了处理和解决冲突的 6 种方法，如表 9-8 所示。该模型侧重于有关各方之间的相对权力以及维持各方之间积极关系的愿望。

关键
主题

表 9-8　对肯·托马斯和拉尔夫·基尔曼处理和解决冲突的模型的总结

方法	描述	使用时机
面对/解决冲突	将冲突视为要解决的问题	冲突当事人之间的关系很重要
合作	通过协作和学习多种角度和观点来处理冲突	参与者之间已建立信任，并且有时间来达成共识。 项目经理经常充当引导者，解决项目团队内的冲突
妥协	冲突的解决方式是同意每一方的某些方面，但不是全部	有关各方都不会完全满意地接受任何解决方案。 这种方法最好在有关各方相对权力平等的情况下使用
缓解/包容	当实现更高优先级的目标比解决冲突本身更重要时使用。 这种方法可使各方关系保持和谐，并产生善意	有关各方没有平等的相对权力或权威。 例如，项目发起人和项目团队成员之间的冲突
强迫	具有更多相对权力或权威的一方，将自己的意志/决定强加给另一方	没有足够的时间来协作或解决冲突
撤退/回避	这场冲突暂时还没有得到解决	冲突可能会自行消失。 这是一种没有赢家的情况。 需要一段冷静期，直到有关各方能够重新保持更平静的心态

尽管项目经理和项目团队的目标是避免冲突升级，但在考试中，考生应该知道可能存在的不同级别的冲突。这些冲突级别被称为解决冲突的 Leas 模型，表 9-9 对其进行了总结。这些级别并不是自成一体的，行为可能会重叠和变化。

表 9-9　　　　　　　　　　　Leas 模型：冲突的 5 个级别

冲突级别	描述
问题解决	团队成员合作解决问题。识别差异，然后在成员之间分享和讨论。这个阶段的冲突是以问题或任务为导向的冲突，而不是以人或关系为导向的冲突
分歧	团队成员有主见，认为只有他们的解决方案才可行，他们无视其他意见。个性和问题混杂在一起，因此无法识别问题。在这个阶段，人们开始互相不信任，并把冲突变成个人问题
竞赛	团队成员开始站队，形成小团体。赢/输的动态出现了，接着进行偏袒、扭曲的沟通和人身攻击。冲突的目标从注重自我保护转移到赢得争论。人们感到受到威胁或振奋，并准备战斗
十字军（有时称为飞行/飞翔）	团队是两极化的，目标只是为了赢（不考虑正确的解决方案应该是什么）。冲突参与者可能会从获胜转向试图伤害或摆脱他们的对手。这需要进行干预
世界大战（有时叫作难缠的情况）	团队之间互不交谈。人们现在没有能力清晰地理解问题。努力破坏他人的声誉、职位或福祉是常见的。这最终破坏了关系

9.4.3.7　影响

由于项目经理通常对团队成员几乎没有直接的职权，特别是在矩阵型组织中，因此及时影响干系人的能力对项目成功至关重要。此处需要的技能与其他几个技能组合重叠，包括情商、冲突管理、谈判和决策。特别重要的是项目经理有能力做到以下几点。

- 劝说。
- 采用积极和有效的倾听技巧。
- 意识到并考虑他人的观点。
- 清楚地阐述观点和立场。
- 收集相关信息以处理问题并达成协议，同时保持相互信任。

需要注意的影响的其他关键方面是，项目经理可以在 4 个方向上施加影响，而所有这些都是成功的项目所需要的。

- 向上（高级管理层）。
- 向下（团队成员）
- 横向（组织内的干系人同侪）。
- 向外（组织外的干系人）。

9.4.3.8 谈判

谈判是在两方或多方之间达成协议的能力，与影响一样，它与本节提到的其他技能组合相重叠，特别是影响、决策、冲突管理和情商。

项目经理经常需要与职能经理和采购部门就项目资源进行谈判。此外，项目经理经常需要利用谈判来获得组织内部对项目的支持，并解决团队内部的冲突。

团队成员可能需要就角色、责任、任务、优先权和冲突进行协商。在敏捷团队中，他们也会协商任务的相对估算，以及他们将从事哪些用户故事的工作。

尽管有许多谈判模型，但斯蒂芬·科维（Stephen Covey）的"双赢思维"模型是PMI 在《PMBOK®指南》第七版中强调的。这个模型适用于所有的互动场景，而不仅仅是谈判。在这个模型中，有 3 种可能的结果。

- 双赢：这是最佳结果。每个人都对这个结果感到满意。
- 赢-输/输-赢：这是一种竞争心态，即为了赢，对方必须输。
- 双输：当竞争心态压倒了合作时，这种结果就会出现。

因此，目标当然是双赢，而为了实现这个结果，需要项目经理具备以下要素。

- 个性：参与的各方都很成熟，他们表现出正直的态度，认为每一方都有足够的价值。
- 信任：各方相互信任，就如何运作达成一致意见，并勇于担责。
- 方法：各方都愿意并能够从对方的角度来看待情况。各方一起工作以识别关键问题和顾虑。他们就可接受的解决方案达成一致，然后共同制定方案以实现可接受的解决方案。

9.4.3.9 认识到多样性、公平性和包容性的价值

一个在生活中和 PMP 考试中都越来越重要的领导力技能是认识到项目团队中多样性、公平性和包容性的价值。

通过包括具有不同性别、文化、年龄、身体特征以及行业和工作背景的个人，项目经理更有可能拥有一个能够"跳出盒子"思考的团队，并更有效地解决问题。凭借不同的知识基础和经验，再加上相互信任和协作的环境，与一个每个人都有类似背景和经验的团队相比，该团队可以更快地确定解决方案和解决问题。

心理安全与多样性是相辅相成的，它指的是通过创造和维持健康的工作环境，拥抱多样性，并在建立信任和相互尊重的基础上，来赋予团队权力。团队成员在工作环境中应能自如地做自己。

9.4.4 改善项目领导力的关键

关键主题

9.4.3 节已经介绍了什么是项目领导力和领导力技能的组成部分，下面来讨论一下

改善项目领导力的几个关键。这一讨论有助于加强考生对本书所涉及的内容的理解，并使其为考试做更好的准备。

为了引导一群不熟悉的项目干系人和项目团队成员完成一些以前没有做过的事情，项目经理必须利用领导力和人际交往技能。此外，领导力风格需要根据特定项目、环境和干系人的具体需求进行调整。下面介绍更有效的项目领导力的关键。

1．**这是关于管理人的问题**：有些人坚持认为，项目管理是关于管理过程（或工作计划）的，而不是关于管理人的。他们是认真的吗？谁在做工作？人。一个有效的项目领导者会采取全面的观点，把人放在第一位。这种方法的结果是着重于建立和发展关系，着重于获得每个干系人的真实理解和认同。

2．**设想目标以及完成目标的方法**：这是为团队提供方向的传统领导力。项目负责人不仅需要清楚地看到目标，并能够为其他人创造这种画面，而且必须了解团队将如何完成目标。看到这幅大图景的能力对于保持项目专注于其主要目标至关重要。

3．**用"他们"的眼睛看**：这项技能对很多人来说并不自然，但如果你能做到，那么这就是一项宝贵的技能。从其他干系人的角度来看待项目。他们看到了什么？他们在想什么？他们需要什么？这种站在他人角度的能力是建立更好的关系、开发需求、管理沟通、管理期望和建立富有成效的项目团队的基础。

4．**赢得他们的信任**：有效的领导者被高级管理层信任，会做正确的事情并完成工作。他们受到其他干系人的信任，因为他们以诚信的方式进行管理，并不断寻求实现双赢的方案来应对任何项目挑战。

> **提示**：做第一个承担责任的人，做最后一个邀功的人。

5．**赢得他们的尊重**：当你没有职位权力时如何赢得项目干系人的尊重？有 4 个关键行为会影响项目干系人对你的尊重程度。

- **表示尊重**：首先，对与你打交道的每个人表示尊重。倾听他们的意见：真正倾听他们，尊重他们的时间，并尊重他们的知识、经验和观点。
- **要真实**：处理现实问题，而不是处理应该或可能出现的问题。你是否愿意承认和面对项目的现实，将是你能否提高整体效率的关键。
- **要公平**：人们可能并不总是喜欢最后的决定，但如果他们觉得你以公平的方式处理了情况，他们会尊重最终决定和你。强调公平的团队管理、决策和冲突解决方法是赢得他人尊重的关键。
- **要保持一致**：以身作则，坚持你的决定，保持你的原则，说到做到，情绪稳定。

6．**推动进展**：作为项目负责人，你专注于完成项目目标，你意识到你最重要的工作之一是使团队尽可能容易地完成工作。你如何做到这一点？把你自己看作一个改进的渠道，一个推动者，一个提高生产力的人。一些关键的行动如下。

- 预测问题，努力防止问题发生，并迅速面对和解决已经发生的问题。
- 创造开放和诚实的团队环境，鼓励团队成员自在地交流他们的想法和意见。
- 为决策过程提供便利。
- 迅速获得所需信息。
- 确保团队拥有结构、流程和工具，以尽可能地提高生产率。
- 努力减少他人的怀疑和不确定因素。

7. **掌握所有权**：让任何人都不要怀疑谁是这个项目的负责人。所有权心态表现为坚持不懈、注重结果、没有借口的态度，这种态度是不可否认的，并能传染给其他团队成员。

8. **坚韧不拔**：就像谚语中的柳树一样，在遇到凶猛的风的情况下，显示其真正的力量，项目领导者也能够迅速调整他们的工作方法和风格，最好地满足项目的需要。通过创造性的且灵活的心态，项目领导者要明白有很多方法可以实现目标，并努力使之成为现实。

9. **做一个老师**：现代项目经理的一个很好的模范是老师。在许多情况下，项目经理实际上在以项目的方法，教育所有的干系人，使他们理解他们的角色和职责。但在所有的项目情况下，要以教学的心态——真诚地希望别人能够学习、成长和进步——而不是采取评判性的观点，这对项目经理的领导力效能至关重要。

10. **努力追求卓越**：有效的项目领导者的一个重要特征是他们有能力使人们相信项目将得到良好的管理，并完成其目标。你如何做到这一点？你在你所做的事情上要表现得非常出色，知道自己在做什么，并体现出能力和专业精神（注意：我们没有说傲慢）。这里有 3 个简单的关键点，那就是做好准备，要有勇气，以及永远不要停止学习和进步。

11. **弥补劣势**：领导者要足够谦虚，有足够的自信心，并要足够地以团队为中心来认识到个人的劣势。在这种认识的基础上，领导者再建立团队，授权责任给团队以适当弥补劣势。同样，要精通所有的事情是很难的，而利用自己和团队的优势来完成工作则更加容易。

12. **展示自我控制能力**：通常情况下，最有效的项目领导者都是自我控制的典范。他们的行为是一致的、积极的，并且在情绪稳定方面，他们对以自我为中心的方法和重大的转变或摇摆（尤其是负面的）都有免疫力。此外，他们能够在压力下保持冷静，并在压力大的时候为他人做榜样。

13. **以紧迫感来平衡团队的氛围**：重要的是要提供积极的环境，在这样的环境中，团队成员能够感受到价值，并得到授权，可以为项目的整体成功做出贡献。然而，项目经理也需要创造紧迫感，以保持项目的进展，并确保任务及时完成。项目经理需要确保团队了解项目的价值以及该项目如何帮助实现组织的战略目标。因此，项目经理必须用紧迫感来平衡氛围。

- **氛围**：使用流畅的沟通和参与，促进团队成员之间的积极互动。
- **紧迫感**：强调项目的愿景，并承诺及时交付价值。

14. **裁减来满足项目的需要**：因为每个项目都是独一无二的、有效的项目领导者会调整他们的风格以满足项目、环境和干系人的需要。能够影响所需领导力风格的常见变量包括。

- **对项目类型的经验**：对将要进行的项目类型有经验的组织和项目团队往往更倾向于自我管理，需要较少的亲身领导。相反，如果项目类型对组织和关键团队成员来说是全新的，那么可能需要更多的监督和直接领导。
- **项目团队成员的成熟度**：项目团队成员在技术方面的成熟度、经验和能力水平可能决定了项目团队本身需要不同程度的监督和指导。一个拥有更成熟/有经验/有能力的人的团队应该需要更少的监督和指导。一个新加入技术专业、新加入团队或新加入组织的团队成员，往往需要更多的关注和指导。当然，这也是一个很好的，可以利用这些更成熟的人作为其他成员的技术领袖和导师的机会。
- **组织治理结构**：正如之前提到的，所有的项目都在组织结构和治理系统中运作。这种组织结构或治理系统可能要求项目以某种方式进行管理。这种期望或要求可能会强烈影响到项目团队管理的权力和责任方面的集中或分散情况。
- **分布式项目团队**：下文将在 9.5.3 节中谈到这一点。

提示：当你与人打交道时，没有什么比面对面的会谈、积极的倾听和谦逊的精神更重要。

9.4.5　仆人式领导方法

关键主题

　　尽管在 9.4.4 节中讨论了许多项目领导力的关键，但它实际上可以归结为一种简单、实用的心态，它驱动着高效的项目领导者的思想、语言和行动。这是一种"服务第一"而不是"我是第一"的心态。体现这种心态方法被称为仆人式领导，由罗伯特·格林里夫（Robert Greenleaf）在 1970 出版年的《作为领导者的仆人》一书中推广。从那时起，"仆人式领导"的理念就一直在稳步发展，现在它已经是大多数现代领导力培训项目的基础。

　　在项目环境中，项目经理以干系人为中心，必须有效地与他人联系以完成工作，必须完全理解客户的需求和要求以提供适当的解决方案，这是一个非常实用的管理方法。对于任何重视客户服务和拥有以团队为中心的领导者的组织（或项目）来说，这是一种协同的方法。

为了更好地说明仆人式领导方法的含义，以及为什么它能让项目经理在项目中以正确的方式为正确的人做正确的工作，下面来看这种理念的突出特点。

- 主张强烈的服务导向；通过扩大对他人的服务来领导。
- 强调倾听、耐心、尊重和反应能力。
- 从他人的角度出发；维护他人的最佳利益。
- 接受责任；主动采取行动。
- 鼓励合作和信任；赋予个人权力。
- 寻求所有团队成员、组织和社区的成长和改进。
- 征求所有干系人的意见和反馈，特别是在决策过程中。
- 坚持使用技能来影响和说服，而不是操纵。
- 突出强有力的诚信原则——道德地使用权力。

PMI 将仆人式领导定义为：通过专注于理解和满足团队成员的需求和发展，以实现最高的团队绩效来领导团队的做法。这个定义很好，很适合团队绩效领域，但是仆人式领导的思维模式影响着领导者与所有项目干系人的互动，而不仅仅是项目团队。

就像所有的项目管理和领导力技能一样，仆人式领导的思维模式并不是一种全能的方法。它是一个光谱，一端是完全以自我为中心、领导至上的心态，另一端是完全以仆人为中心的思维模式。我们的目标是尽最大努力，继续学习，并随着时间的推移努力进步，就像你在其他技能领域一样。

> **注意**：项目管理中的仆人式领导方法使项目经理有最好的机会以正确的方式为正确的人做正确的工作。

9.5 特殊项目情况

为了更好地说明如何应用有效的项目领导力，下面介绍管理一些特殊项目情况的技能。这样做有助于考生加强理解这些概念和原则，并为考试做好准备。

9.5.1 领导具有挑战性的项目团队的技能

项目经理可能会发现在某些情况下项目团队绩效不高。如果团队或某些团队成员被预先分配到项目工作中，这种情况就会经常发生。在这些情况下，项目经理仍然需要完成工作，而目标是提高团队的绩效。虽然本书可以用一整章的篇幅来讨论项目经理可能遇到的所有问题情况，但本小节来研究一些与项目团队绩效有关的常见的挑战性情况，并介绍可以采取的用于改善这些情况的行动步骤。这也能说明前面所介绍的领导力和人际关系技能是如何发挥作用的。

1. **绩效不佳的人**：绩效不佳的人一般分为两种情况：不可接受的工作结果或不可

接受的行为。在许多情况下，绩效不佳是由期望值不明确造成的。如果遇到这种情况，请牢记这些行动步骤。

> **提示**：请记住，团队的其他成员正在关注项目经理如何处理绩效不佳的人。项目经理面临的挑战是如何在公平处理绩效不佳的人和不让绩效不佳的人成为团队的阻力之间取得平衡。

- **寻求理解**：在第一次发生时，不要反应过激。核实他们的期望，寻求了解正在发生的事情和他们的特殊情况，并为任何不明确的情况负责。这应该永远是第一步。
- **提供反馈**：在获得适当的信息后，尽快在私人场合向团队成员提供具体的反馈。重点放在行为或结果上，而不是放在人身上。

> **考试小贴士**：在 PMP 考试中，对于管理没有达到预期绩效的团队成员，有两个重要的主题，具体如下。
>
> 1. 尝试理解团队成员的情况。
> 2. 任何绩效反馈都应该是及时的、谨慎的和具体的。

- **促成成功**：项目经理要尽其所能，使每个团队成员都能成功。提供资源。扫除障碍。提供一切机会让他们的绩效得到改善。
- **启动备份计划**：同时，项目经理不能假设他们的绩效会改善。在出现绩效问题的第一个迹象时，项目经理要开始考虑如果确实需要更换团队成员，或者绩效没有改善，可以做什么来减轻对项目的影响。
- **减少损失**：假设项目经理已经做了到目前为止提到的所有事情，总有一天必须减少损失。项目经理需要开除一个绩效不佳的人的主要原因是，他可能对团队其他成员的绩效和士气产生影响。

2．**难缠的工作人员**：这类团队成员包括那些被称为难以相处或因为拥有不寻常个性而闻名的人。在大多数情况下，这些人是项目的关键路径任务所需要的。当然，这些人是项目经理需要的用来完成关键路径的任务的人。以下是针对这些情况的两个重要建议。

- **自己检查**：不要假设声誉（看法）是完全真实的。自己核实一下。在许多情况下，这些人被不公平地贴上了标签。这些标签往往更多地说明了那些不愿意与他们不同的人一起工作的人，而不是其他内容。
- **对他们一视同仁**：对他们使用与其他团队成员一样的方法。努力了解他们的动机，澄清期望，避免意外，并帮助他们获得成功。

3．**团队没有参与制定的进度计划**：PMI 强调了与团队一起制定详细的项目计划和进度计划的重要性和价值。然而，有时这可能不会发生。如果项目经理发现自己处于这样一种情况下，项目经理自己或团队成员被要求对一个没有参与制定进度计划的项目负责，项目经理必须花费时间来审查进度计划。在继续开展项目之前，项目经理需要得到团队成员的认同。这里有两个重要事项需要考虑。

■ **理解进度计划的假设条件**：在许多这样的情况下，团队成员完全否定进度计划的优点，因为他们不了解作为进度计划基础的假设条件。关键的假设条件包括资源能力和工作产品的质量水平（完成标准）。

■ **识别风险**：如果进度假设和项目现实之间有差距，或者项目经理不能得到团队的承诺，即使这不是直接的问题，也会有一些新的项目风险产生。项目经理要遵循指定的风险和问题管理程序来对其进行处理。

9.5.2　领导跨文化项目团队的技能

由于许多项目团队是全球性的和/或由来自不同文化的团队成员组成，下面介绍领导跨文化项目团队的一些具体技能。

■ **尊重他人**：项目经理要花时间考虑不同的文化、时区、假日安排和工作日安排对项目的影响。常见的影响领域是术语、风险管理、沟通规划（包括召开状态会议的最佳时间）和项目进度。

■ **理解潜在的文化影响**：项目经理要了解对项目沟通和团队互动的潜在文化影响。具体来说，要意识到由于文化差异，其他人可能不会像期望的那样自信或愿意大声说话。此外，审查用于状态报告的任何惯例。确保这些惯例不会传达一些非故意的意思，并且每个人都能自如地使用它们。

■ **倾听以获得理解**：即使是一种共同的语言（在大多数情况下是英语），语言的使用和口音也会有很大的不同。这里的关键是项目经理将积极倾听技能提升到很高的水平，并将注意力集中在理解上。项目经理不要因为口音或某些词的不规则使用而让自己分心或走神。保持参与，要有耐心，提出问题，澄清术语，直到觉得自己和跨文化伙伴处于同一波段时才停止。

■ **规划更加正式**：为了减少文化差异的影响并确保相互理解，跨文化项目更加机械、正式和按部就班。项目经理只需要规划好这一点，并意识到在这些环境中应该避免项目管理的捷径。

9.5.3　领导虚拟项目团队的技能

任何由不在同一地点集中办公的团队成员组成的项目在某种程度上是一个虚拟项目。团队成员在地理上越分散，通过非面对面交流进行的互动越多，项目就越虚拟。

随着通信和 IT 的不断进步，以及移动电话、远程网络访问、电子邮件、呼叫器和即时通信（Instant Messaging，IM）的日常普遍使用，人们在共同工作上进行有效协作的能力得到了极大的提高。当然，减少的办公成本和增加的利用外包选项的能力对大多数组织来说是非常有吸引力的。

然而，这些潜在的生产力提高和成本降低不会自动发生，特别是在大多数项目的苛刻环境下。计划、协调和管理虚拟项目团队需要花费大量的精力。尽管所有的团队程序、协议和工作方式的细节都会记录在团队章程中，但让我们回顾一下领导虚拟项目团队的一些具体技巧。

1．**获得一些面对面的时间，特别是在早期**：如果有任何方法可以争取与虚拟团队成员面对面的时间，就这样做。面对面的互动在建立信任、发展关系和启动项目方面是非常重要的。关于这个主题的一些建议如下。

- 让大家一起参加项目开工会议。
- 尽量让团队在第一阶段（或尽可能长的时间）集中办公，然后让团队成员回到他们的远程地点。
- 如果这些都不可能，可以尝试召开一个小型的开工会议，重点是规划和识别风险，并强烈鼓励大家使用视频会议，特别是对于初次会议。
- 根据项目阶段和工作性质，可以考虑分头工作的环境（如 2 天在现场、3 天在远程地点，或每月 1 周在现场）。
- 如果可以，尽可能地利用视频会议，特别是对于最初的团队会议。如果不可以，考虑创造性地使用数字化图片。

2．**建立团队规范**：促进制定规则和程序，以指导团队的互动和生产力。主要事项包括以下内容。

- 每个人都需要出现（在线）的核心时间。
- 在非核心时间内接触团队成员。
- 优选的团队沟通和协作机制。
- 首选的会议时间，当成员在不同的时区时，尤其重要。
- 报告状态。
- 项目库。
- 网络或电话中断的应急计划。
- 团队目录。

3．**响应能力是决定性因素**：成功的虚拟项目团队的关键是响应能力。如果团队成员很容易接触到并迅速做出响应，大多数组织就不会在意团队成员在哪里工作了。这确实依赖团队成员的专业性和成熟度。

4．**建立虚拟会议的协议**：虚拟会议是虚拟项目团队的命脉。这里有一些重要的提醒，可以使这些会议更有成效。

- 使用每个人都可以使用的技术。

- 使用对每个人都可靠的技术。
- 使用符合项目和发起组织的安全要求的技术。
- 确保每个人都了解如何使用技术。
- 确保在会议召开前发送议程和参考材料（或者直接发布到项目库并发送链接）。
- 审查提出问题的协议。
- 将讨论集中在与所有参与者有关的项目上。对于其他的项目，将其下线。停止讨论，并指定一个行动事项，安排与相关人员的单独会议。
- 即时通信会议可能适用于核心团队会议。

5. **建立明确的时区参考**：在这个全球团队、多时区和夏令时的时代，项目经理要花点时间来审查和澄清时区的指定和惯例。这对避免会议时间冲突有很大的帮助。有两个建议对应对这种情况有帮助。

- 使用较新的时区参考，如东部时间（Eastern Time，ET）指的是东海岸的任何时间，而不是东部标准时间（Eastern Standard Time，EST）或东部夏令时（Eastern Daylight Savings Time，EDST）。
- 参考城市或州，以澄清预定的时间，如芝加哥市时间、伦敦市时间或亚利桑那州时间。

6. **尽早验证生产力**：为了确保虚拟工作环境能使生产力达到项目成功所需的预期生产力水平，请密切关注最初的工作努力。工作任务的基本原理在这里同样适用，但以下内容更加重要。

- 投入时间来澄清工作期望和完成标准。
- 提供所有必要的资源。
- 保持较小的工作包——时间跨度不超过标准报告期。

7. **使用客户和发起人的首选沟通方式**：作为最初沟通计划的一部分，或者作为在项目期间的观察，项目经理确保与发起人和关键客户以他们喜欢的方式，且最适合他们学习风格的方式进行沟通。如果是当面沟通，就和他们当面沟通。如果是上午七点半通过电话沟通，就在上午七点半给他们打电话。如果是在一天结束时通过电子邮件沟通，就给他们发电子邮件。这里要注意的两件重要的事情如下。

- 用于核心项目团队的沟通机制可能与用于发起人和客户的沟通机制不同。
- 使用他们喜欢的方式，而不是项目经理自己或核心项目团队预先提供的方式。这种方式会导致更少的误解和实现期望管理。

9.6　权力的形式

作为一个领导者，最终需要赢得人们的支持，影响人们使其做出正确的决定，并确保任务得到执行。项目经理必须具备谈判技巧，才能在办公室政治中游刃有余地完成任务。因此，其他人如何看待这个人的权力可以成为项目经理或领导者影响他人的主导因素。

领导者或管理者可以被认为在行使各种形式的权力。它们并不相互排斥，一个人可能拥有不止一种形式的权力。

- **职位权力（也被称为正式的、合法的或权威的权力）**：这种权力是由于个人的职位、头衔或工作描述而被赋予的。例如，高级主管在组织中拥有一定的权力，只是因为他们被提升到这个角色。项目经理在项目上有一定的权力（记录在项目章程中），完全是因为他们被赋予了项目管理的角色。
- **专家权力**：其他人承认此人是该领域的专家，并会听从他的建议，因为承认他在该领域具有权威。这种权威可以建立在个人的主题专长、知识、技能、教育或认证上。这种权力始终是争取来的（从不分配）。
- **奖励权力**：个人承认并赞赏团队和团队成员的努力，并给予表扬和鼓励。如果他们有权力，他们可以根据团队成员的努力和表现，向其提供经济奖励和津贴。例如，经理可能会对表现出色的人发放礼品卡，感谢团队成员的贡献。
- **惩罚权力（也被称为惩罚性或胁迫性权力）**：个人不承认其团队或团队成员的努力，不断威胁他们完成工作。团队成员一直处于对反作用力的恐惧之中，而这正是经理认为的推动团队完成工作的动力所在。
- **参照权力**：人们会因某些人赢得了某种信誉而钦佩或尊重他们。例如，一个曾经是运动专家的退役运动员受到尊重。人们会在未来的许多年甚至几十年里记住并尊重个人的成就。
- **个性或魅力**：个人获得他人的尊重仅仅因为他的个性或魅力。
- **关系**：别人对个人的尊重基于个人与谁联系在一起。例如，如果你所在公司的首席执行官（Chief Executive Officer，CEO）的孩子加入你的团队，你可能会比尊重其他团队成员更尊重他。你会更尊重他的唯一原因是，他是 CEO 的儿子或女儿。
- **代表**：团队已指定个人代表他们。
- **信息**：个人有能力控制、收集和传播信息。
- **情景**：个人因其在特殊情况或危机中的表现而获得他人的尊重或钦佩。
- **迎合**：个人可以运用奉承或其他共同点来赢得合作。
- **施加压力**：个人通过限制选择的自由，向他人施加压力，使其做出决定。
- **出于愧疚**：个人将义务或责任感强加给他人。
- **说服力**：个人有能力提供论据，使他人转向所期望的行动方向。
- **回避**：个人觉得自己有权利拒绝参与。

备考任务

9.7 复习所有关键主题

复习本章中最重要的关键主题，这些关键主题在相应页面都标记有"关键主题"图标。表 9-10 列出了这些关键主题以及相应的描述。

表 9-10　　　　　　　　　　第 9 章的关键主题以及相应的描述

关键主题	描述
列表	有效执行团队绩效的重要成果
章节	规划和获取项目资源
章节	获取资源
章节	培训
章节	资源管理计划
章节	高绩效团队的特点
章节	塔克曼阶梯模型
列表	使团队绩效最大化的管理原则
章节	提高团队绩效的技巧
章节	不仅仅是管理
章节	项目中需要领导力的方面
章节	领导力技能
段落	外在和内在激励因素
表 9-6	激励模型
章节	情商
列表	关键决策点
列表	关键的冲突管理方法
表 9-8	肯·托马斯和拉尔夫·基尔曼的冲突管理模型
章节	改善项目领导力的关键
章节	仆人式领导方法
章节	特殊项目情况

9.8　复习题

1. 一个在压力下保持冷静的项目经理，能在行动前思考，能设身处地为他人着想，并能自然地与他人建立融洽的关系，这表现了什么技能？
   A. 自我意识
   B. 激励
   C. 情商
   D. 建立信任
   E. 教练

2. 在塔克曼阶梯模型的哪个阶段会出现最初的冲突？
   A. 形成
   B. 成熟
   C. 震荡
   D. 规范

3. 项目经理可以采取哪些行动来最大限度地提高团队的生产力？（选择两项）
   A. 让团队自己解决他们的问题
   B. 确保工作任务明确并得到理解
   C. 提供工具、资源和程序以促进团队的协作
   D. 让团队负责获取完成他们的工作所需的资源
   E. 每天向团队成员询问情况，以确保他们的进度符合预期

4. 项目经理的哪个行动事项可能不会帮助新的团队成员尽快提高生产力？
   A. 为新团队成员指定一名导师
   B. 准备一份介绍资料，提供项目的背景情况和团队运作环境
   C. 提前布置好他们的工作环境
   D. 对新团队成员投入更多时间
   E. 给他们分配一个具有挑战性的工作任务，作为他们的首个任务

5. 高效的项目经理在哪些方面表现出领导力？（选择所有合适的选项）
   A. 使项目团队不受围绕项目的政治和噪声的影响
   B. 寻找方法来激励每个团队成员，并帮助他们进步
   C. 承担和履行项目的责任和义务
   D. 当别人出现问题或表现出受到项目压力的迹象时，表现出平静、自信的态度
   E. 更加关注项目管理过程，而不是关注参与项目的人员

6. 除了项目经理之外，其他团队成员在项目中发挥领导力的例子有哪些？（选择所有合适的选项）

A．技术领导对潜在的风险保持沉默，因为他不想让项目经理担心

B．技术负责人对项目的方向和计划提供意见

C．项目发起人影响组织政治并提供对项目计划的承诺

D．产品负责人影响和引导干系人的期望

E．高级管理层支持业务流程的改变，这将使从项目到干系人都受到影响

7．为什么批判性思维是所有项目团队成员的重要属性？（选择所有合适的选项）

A．提高识别问题根本原因的能力

B．优先分析数据和证据以评估论点和解决问题

C．允许更快地做出决定

D．减少偏见、未声明的假设条件和情绪化的影响

E．提高理解语言的使用如何影响他人的能力

8．在托马斯-基尔曼模型中，管理高绩效团队中冲突的方法有哪些？（选择 3 项）

A．缓和/调解

B．妥协

C．面对/解决冲突

D．强迫

E．合作

9．项目经理有哪些方法可以赢得团队和其他项目干系人的尊重？（选择所有合适的选项）

A．对他们表示尊重

B．在做出决定和处理冲突的方式上要公平

C．公开面对项目的现实情况

D．关注应该发生的事情，而不是项目当前的现实情况

E．展示你希望别人模仿的行为

F．经常且容易改变你的决定

G．积极倾听与你互动的每一个人

10．哪些陈述反映了仆人式领导的心态？（选择所有合适的选项）

A．鼓励合作和信任

B．从他人的角度出发，维护他人的最佳利益

C．寻求所有团队成员的成长和进步

D．将所有责任分配给他人，以鼓励他们成长

E．表现出强烈的诚信原则

F．出于对其他干系人和团队成员时间的尊重，单方面做出决定

G．强调用教练的方法来管理人

11．为一个项目规划资源管理的主要价值是什么？

A. 确定项目所需的所有资源，以便能够将这些信息纳入项目预算和项目进度中

B. 明确采购部门何时需要参与该项目

C. 确保在项目需要时有足够的资源可用

D. 根据项目的类型和复杂性，确立管理项目资源所需方法和管理行动的水平

12. 项目经理可以使用哪些工具来评估项目角色的潜在候选人？（选择所有合适的选项）

A. 所需资源

B. 态度调查

C. 结构化访谈

D. 能力测试

E. 培训计划

F. 团队章程

本章涵盖以下关于项目沟通管理的主题。

- **规划沟通管理**：介绍高效且有效地与干系人沟通所需的通用工具和工件。
- **管理沟通**：回顾创建、收集、分发、存储、检索和处理信息的过程。
- **监督沟通**：介绍确保干系人的信息需求得到满足的过程。
- **敏捷中的沟通方法**：介绍团队和干系人之间沟通的敏捷方法。

第 10 章

项目沟通

本章将详细讨论项目经理和团队成员如何在沟通管理方面成功满足干系人的项目需求。本章也将讨论与《PMBOK®指南》第六版、《PMBOK®指南》第七版和 ECO 有关的原则。

本章介绍 PMP ECO 中的以下目标。

领域	任务	考试目标
人员	任务 9	与干系人协作
人员	任务 10	建立共识
人员	任务 11	让虚拟团队参与进来并为其提供支持
过程	任务 2	管理沟通
过程	任务 4	让干系人参与进来
过程	任务 12	管理项目工件
过程	任务 16	确保进行知识交流，使项目得以持续开展

10.1 摸底小测试

摸底小测试可以帮助你评估自己是应该认真阅读本章内容，还是直接跳到"备考任务"部分。如果你对答案没有把握，或者你对题目涉及的知识有疑问，请认真阅读本章内容。表 10-1 列出了本章知识点和相对应的测试题目。你可以在附录 A 中找到这些题目的答案。

表 10-1   本章知识点和相对应的测试题目

本章知识点	测试题目
规划沟通管理	1~4
管理沟通	5~7
监督沟通	8~9
敏捷中的沟通方法	10

注意：自我评估的目的是衡量你对本章内容的掌握程度。如果你不知道某道题的答案，或者感到模棱两可，你应该将此题标记为错误，以便对相关内容进行学习。如果猜对了答案，会使你的自我评估产生偏差，并可能产生一种"已经掌握"的错觉。

1. 视频会议是哪种沟通方法？
   A. 互动沟通
   B. 正式的口头沟通
   C. 拉式沟通
   D. 紧密矩阵

2. 你正在管理一个被指定为最高机密的军事项目，结果是，不允许一些团队与其他团队交流。你会在哪里记录这个制约因素？
   A. 沟通管理计划
   B. 需求文件
   C. 团队章程
   D. 项目章程

3. 重复信息是哪项的例子？
   A. 噪声
   B. 障碍物
   C. 反馈信息
   D. 互动交流

4. 你正在管理一个有许多全球团队的大型项目。最近，你注意到有些团队成员没有收到他们需要的信息，有些没有被邀请参加会议，有些没有收到他们需要的报告，有些收到错误的报告。在这种情况下，你应该先做什么？
   A. 追踪团队成员以了解团队成员需要哪些报告和信息，以及哪些会议需要他们参加
   B. 审查沟通管理计划中详细说明的信息分发情况
   C. 与团队安排一次会议以确保达成共识
   D. 确保所有团队成员收到所有报告，并邀请所有团队成员参加所有会议

5. 在以下哪种情况下，正式的书面沟通是无效的？
   A. 提交变更请求
   B. 创建项目章程
   C. 在干系人的状态会议上做记录
   D. 要求对合同进行变更

6. 你对一个团队成员的绩效有疑问。一开始和团队成员谈论这个问题的时候，最合适的沟通方式是什么？

  A. 正式的口头

  B. 正式的书面

  C. 非正式的口头

  D. 非正式的书面

7. 你正在管理项目中的 15 个分析师和开发人员，但增加了 2 个人。这增加了多少条沟通渠道？

  A. 31

  B. 153

  C. 136

  D. 33

8. 在与干系人的会议中，有两个干系人告诉你，他们从未收到你正在汇报的报告。其他干系人确实收到了，你确认这两个干系人都在分发名单中。你没有打印任何多余的报告，因为它是一个有 50 多页的大文件。这两个干系人明显很失望，但后来发现报告被误认为垃圾邮件。有什么方法可以防止这种情况的发生？

  A. 你应该对所有会议参与者进行跟进，以确认他们收到了该报告

  B. 你应该参考干系人参与计划，以确定如何能防止这种情况的发生

  C. 你应该参考干系人参与度评估矩阵，以确保这两个干系人是支持项目的

  D. 你应该在会议开始前就预见这个问题，并且多打印几份报告

9. 渗透性沟通在以下哪种情况下效果最好？

  A. 在紧密矩阵中

  B. 使用常规视频会议工具的虚拟团队

  C. 面对面的交谈

  D. 在强矩阵型组织中

10. 你是一名团队促进者，指导一名初级团队成员。你正在给这个团队成员展示一张图表，显示哪些用户故事还没有开始，哪些已经开始，哪些已经完成。你正在给这个团队成员看什么图表？

  A. 燃尽图

  B. 燃起图

  C. 看板

  D. 工作绩效报告

基础主题

    沟通是信息的交流，是项目管理者的一项重要工作技能。可以说，沟通是项目经

理的首要工作技能。事实上，项目经理一般要花 90% 的时间与干系人进行沟通、接触和合作。因此，项目经理需要确保沟通是有效和高效的。

- **有效沟通**：在正确的时间，通过正确的媒介，向正确的干系人提供正确的信息。
- **高效沟通**：在最短的时间内为干系人提供其所需的信息。信息不多，也不少。

沟通管理知识领域涉及规划、管理和监督必要的活动，以确保满足项目和干系人的信息需求。项目经理必须首先制定与干系人沟通的策略，然后有效和高效地执行这些策略。

《PMBOK®指南》第六版中与沟通管理有关的过程如下。

- 规划沟通管理。
- 管理沟通。
- 监督沟通。

在接下来的章节中，将详细讨论每个过程，因为它们与 ECO 和 PMP 考试有关。

10.2 规划沟通管理

沟通管理的第一个过程是规划沟通管理，这个过程指的是如何规划、执行、监控和控制信息的流动，以便将正确的信息及时传递给适当的干系人。在许多项目中，信息可能是保密的或受限制的，因此，对于这些项目来说，有一个详细而有力的沟通计划是至关重要的。

项目经理需要确保向适当的干系人发送相关信息，而不是向每个干系人发送每一条信息。许多组织管理沟通的效率相当低，这就是为什么你的收件箱里经常满是与你无关的电子邮件，或者你被邀请到许多无益的会议。沟通管理知识领域的目的就是解决这些问题。

规划沟通管理的基本原则是确定干系人的信息需求，制定面向所有干系人的沟通方式。项目经理需要确定如下问题的答案。

- 谁需要这些信息？
- 他们需要什么信息？
- 他们多长时间需要一次这些信息？
- 为什么这些信息对他们很重要？
- 这些信息将如何交付？
- 这些信息将何时交付？

10.2.1 项目沟通的重要性

项目沟通很重要，这不仅是为了让干系人正确和持续地了解项目的状态、进展和影响，而且是决定项目整体成功的关键因素。为什么是这样呢？这里有几个关键原因。

- **管理期望**：本书在第 5 章和第 9 章中详细地讨论了管理期望，但在本章，对于项目和作为项目领导者的项目经理来说，沟通的质量和效果将对干系人的期望产生巨大的影响。
- **管理项目团队**：项目经理的沟通能力是影响管理和领导项目团队的突出因素。
- **减少冲突**：即使没有不必要的冲突，在通常的时间、财政和资源限制下执行普通项目已经很有挑战性，很多冲突是由误解、缺乏信息或不存在的问题造成的，所有这些都可能由无效的沟通导致。
- **可取之处**：可靠的项目经理知道有两种技能可以在几乎任何项目情况下帮助他们——组织和沟通。在这两个方面，尤其是在项目沟通方面表现出色，将弥补项目经理几乎所有其他方面的不足。

还值得注意的是，沟通的媒介有很多，沟通的方式也很多。沟通不仅仅是指相互之间的交谈和对话，它还指文件。事实上，项目经理的大部分沟通时间都花在了文件上。项目上的沟通的例子可能包括如下内容。

- 状态报告（在第 14 章中讨论）。
- 进度审查会议。
- 开工会议。
- 执行报告。
- 演讲报告。
- 财务报告。
- 政府（或外部机构）报告。
- 问题日志。
- 风险登记册。
- 变更日志。
- 责任分配矩阵（例如 RACI 矩阵）。
- 项目组织结构图。
- 任何项目会议（以任何形式/选项）。
- 任何项目文件。
- 项目合作和参与工具。

还可以包括组织变更管理沟通，具体如下。

- 项目名称/身份。
- 项目网站（门户网站）。
- 企业社交网络平台。
- 组织变更管理计划。
- 常见问题（Frequently Asked Question，FAQ）参考。

◆ 宣传活动。

◆ 新闻简报。

◆ 公共关系通知。

◆ 路演。

◆ 与主要干系人的单独会议。

10.2.2　规划沟通管理的重要工具和技术

　　为干系人之间的有效沟通制定合适的计划和方法，需要利用各种策略和工具。下面将更详细地讨论一些重要工具和技术。

关键主题

10.2.2.1　沟通模型

　　众所周知，将信息从一个人传递给另一个人的过程中，每次传递给下一个人时都会降低该信息的价值。如果 1 号告诉 2 号一些信息，然后 2 号把信息传给 3 号，3 号再传给 4 号，每次信息都会被稍微稀释，直到最后信息完全改变。

　　发送方-接收方沟通模型试图解决这个问题，并确定信息可能被淡化、误解、误读或干扰的领域。如果能确定这些领域，就有可能改善沟通，减少任何误解。

　　图 10-1 显示了一个发送方-接收方沟通模型的例子。

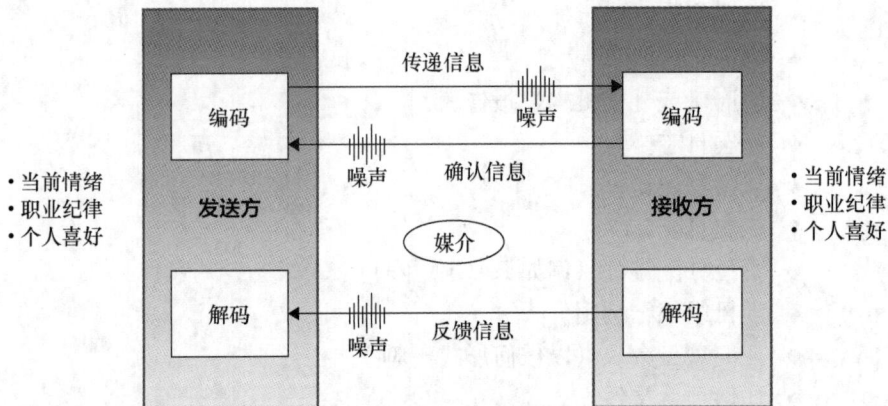

图 10-1　发送方-接收方沟通模型

　　在这种模型下，发送方向接收方发送信息，接收方要么确认收到信息，要么以回复原始信息的形式向发送方提供反馈。

　　编码是指把信息编码成符号，如文字、文本、图片或声音，具体取决于媒介。

　　传递信息是指所使用的媒介，如谈话、写作、打字或发短信。

　　解码指的是接收方将收到的信息进行解释。

噪声是指任何可能影响信息理解的干扰或障碍，具体如下。

- 物理噪声（嘈杂的音乐、机器噪声）。
- 分散注意力。
- 距离。
- 陌生的技术。
- 文化差异（例如，世界上某个地方的一句话在另一个地方可能有不同的含义）。
- 缺乏兴趣或知识。

反馈信息指的是接收方以各种形式给发送方进行反馈，具体如下。

- 回答所问的问题。
- 提供所要求的信息。
- 重复信息（例如，重复一个电话号码，以确保接收方正确地写下它）。
- 使用非语言提示，例如点头表示同意或摇头表示不同意。

这种沟通模型包含这样的观点：信息本身以及信息的发送和接收方式将受到一些因素的影响，如发送方和接收方的情绪状态、对主题的了解、背景、个性、文化、工作方法、国籍、年龄、专业学科、种族、民族以及其他许多因素。

发送方主要负责确保信息已经完整发送，清晰明了，并且接收方已经收到并理解了该信息。

这个模型只显示了两个人和可能导致两个人之间产生误解的因素。如果加上第三个人和第四个人，可以看到从一个人到另一个人之间信息的变化有多快。

关键主题

10.2.2.2 沟通需求分析

项目经理必须分析干系人的沟通需求，以确定和谁沟通、沟通什么，以及如何、为什么和什么时候沟通，并根据情况和受众调整沟通风格。

沟通有各种方式、机制和维度，这些影响着项目经理与干系人的信息交流方式。

- **书面和口头**：写作方式与说话方式不同。
- **正式和非正式**：正式的项目计划的写法与非正式的短信的写法不同。
- **内部和外部**：与企业内部干系人的沟通可能不同于与企业外部干系人的沟通。
- **官方和非官方**：面向公众和其他干系人的官方沟通可能与项目组内部的非官方沟通不同。
- **非语言**：这种沟通方式包括身体语言、音调和语气、手势和面部表情。
- **媒体**：这种沟通方式包括图片、图形和图表。
- **词语的选择**：用词的细微差别可以改变沟通的意义。
- **等级关注**：根据干系人的职位或头衔来调整沟通方式。
  - ◆ **向上**：等级高于项目经理的干系人。

◆ **向下**：等级低于项目经理的干系人

◆ **横向**：组织内与项目经理等级相同的干系人

在制定有效的沟通计划时，项目经理需要考虑到所有这些因素。

误解可以通过使用书面沟通的 5C 原则来减少（尽管不能消除）。虽然 5C 原则有几个不同的版本，但以下是 PMI 规定的版本。

- 正确的语法和拼写。
- 简洁的表达和删除多余的词语。
- 明确的目的和针对读者需要的表达。
- 连贯的思维逻辑。
- 克制的文字和想法。

良好的沟通者会根据他们所沟通的对象来调整沟通方式，并考虑以下因素。

- 个人差异。
- 文化差异。
- 政治分歧。
- 多样性和包容性。
- 干系人的首选沟通方式。
- 积极倾听（在 10.3.2 节讨论）。

考虑到所有这些因素，可以看到为什么规划沟通是促进项目成功的一个重要因素。不幸的是，现实情况是，沟通在许多组织中的执行效率低下，效果不佳。因此，项目经理可能需要考虑以下能够影响沟通规划的因素。

- 对发起组织结构的需求。
- 组织的文化（EEF）。
- 干系人分析的结果。
- 报告关系。
- 项目中涉及的职能领域。
- 参与项目的人数。
- 项目干系人的实际位置。
- 每个干系人的信息需求。
- 项目团队成员的经验水平。
- 技术的可用性。
- 信息需求的及时性和频率。
- 期望的项目沟通方式。
- 项目的预期完工时间。
- 项目的组织风险水平。

- 对终端用户的预期变化影响。
- 组织文化。
- 需要的外部沟通水平。
- 采购合同。
- 法律顾问建议的任何制约因素。

关键主题

10.2.2.3　沟通方法

3 类沟通方法如下。

- **互动沟通**：任何人都可以在任何时候交谈。例如，谈话、打电话、召开团队状态会议或视频会议。
- **推式沟通**：对特定受众的单向通信，例如，语音邮件、传真、备忘录、报告、信件、电子邮件。这种方法确保了信息的传播，但并不验证信息是否被接收方实际收到和理解。
- **拉式沟通**：信息保存在中央存储库中，以便人们可以自由检索信息。例如，共享驱动器、网络门户、内部数据库（如经验教训数据库）。

10.2.2.4　沟通技术

技术在不断变化，项目经理将持续根据新的技术进步来改变沟通方式。然而，项目经理不要随意选择最新的工具，因为不同的工具可以用于不同类型的沟通和协作。有各种需要考虑的因素会影响项目经理对技术的选择，具体如下。

- 信息的紧迫性和频率。
- 技术的可用性，特别是如果干系人是全球性的（有些技术可能不是在所有地区都适用的）。
- 技术的可靠性。
- 技术的易用性。
- 项目环境（面对面的团队成员使用的工具与虚拟团队成员使用的工具不同）。
- 信息的保密性。

10.2.2.5　重要工件：沟通管理计划

沟通管理计划记录了如何在整个项目生命周期内对所有干系人进行项目沟通的规划、构建、实施和监督。它包括以下内容。

- 干系人的沟通需求（谁需要什么信息，他们什么时候需要，为什么这些信息对他们很重要，他们多长时间需要一次，什么时候传递信息，如何传递信息）。
- 信息发布计划，说明谁、何时、以何种方法获得什么信息。

- 详细说明关于何时更新和提供信息的进度计划。
- 问题和未解决事项的升级上报程序。
- 沟通的制约因素。
- 会议的最佳做法。
- 负责沟通的人。
- 沟通的制约因素（例如，干系人分布在全球 15 个时区。由于办公时间不重叠，如何处理会议和电话会议？）。
- 用于沟通的方法和技术。
- 负责授权发布保密信息的人员。
- 项目术语词汇表。
- 状态报告、团队会议等的模板。
- 更新本计划的方法和程序。
- 为项目沟通分配的资源和预算。
- 组织变更管理方面。
- 使用 PMIS、团队协作网站或其他项目工具进行沟通。
- 纳入项目状态报告的数据点。

这份清单并不详尽，但确实包括了沟通管理计划中记录的信息类型。与任何管理计划一样，不要试图记住以上所列出的所有例子。相反，要理解管理计划的目的。在这种情况下，任何与干系人和团队成员沟通项目信息的过程和程序都要记录在沟通管理计划中。

表 10-2 显示了一些常见的沟通类型和方法，每种沟通类型和方法的最佳用途，以及与之相关的一些重要说明。

表 10-2 常见的沟通类型和方法

沟通选项	最佳用途	重要说明
面对面	建立业务关系的最佳方法 最适合用于人际间敏感且难以沟通的信息 最适合用于沟通情感和非语言信息	最丰富、最有效的方法 在许多国家做生意的唯一方法。"现身"表明了承诺
视频会议	面对面会议的最佳替代品	通过网络会议工具提高可用性。提前确保技术条件 降低了会议参与者在会议期间的多任务处理能力
直接音频（电话）	当互动对话是必须的时 当视觉交流不是必须的时 当紧迫性很重要时 当隐私很重要时	如果在免提电话上进行，应假设其他人在房间里

续表

沟通选项	最佳用途	重要说明
语音信箱	短信息 当共同的信息需要发送给多人时 当目标干系人倾向于语音沟通或者对电子邮件应接不暇时	如果是冗长的信息，请在一开始说明信息的主要内容 避免用于有争议或敏感信息的通信 确保干系人会定期检查语音邮件
电子信箱	当共同的信息需要发送给多人时 当目标干系人倾向于文字沟通或使用电子邮件沟通时 当必须留存沟通记录时	尽可能避免冗长的电子邮件，或在一开始说明主要内容，并强调要求的任何行动 有效地使用主题行——确保邮件内容与主题/重点一致
即时通信	用于项目团队的日常互动 用于虚拟项目团队 小组/团队即时通信工具可以促进团队合作	有助于建立社区和项目团队的亲密关系 不适合正式工作关系 使办公区更加安静 大多数小组/团队即时通信工具可以记录讨论内容 有监控隐私和机密的担忧
发短信	当人们需要分享简短的、一对一的信息时 当建立非正式的友好关系时 当立即响应不是必须的时 当沟通不需要电话或人们无法接听或接收电话时	尽管技术在进步，但不要以为信息总是被接收或以正确的顺序接收（如果超过 140 个字符）
音频会议	当需要团体协作和面对面会议是不可行的时 当桌面或文件不需要实时分享时	允许参与者进行多任务处理和做其他事情，这使得参与度和会议水平是持续的项目风险 大多数网络会议工具也提供音频 大多数系统允许对会议进行录音
网络会议带音频	当需要团体协作和面对面会议是不可行的时 当数据或演示需要共享时 虚拟培训课程	需要面对与音频会议一样的挑战 在技术准备和培训上，投入更多的准备时间 能够记录问题 记录并供以后查阅
网络会议带视频	当可见的小组协作是必须的，而面对面会议是不可行时 当面部表情和/或非语言沟通需要可见时 当数据或演示需要共享时	参与者需要足够的隐私和环境控制权，以便使用摄像头 确保更高水平的参与度，减少了多任务处理 在技术准备和培训上，投入更多的准备时间 记录并供以后查阅
项目/团队协作工具	当正在进行的关于工作成果或主题讨论的小组协作需要被记录下来时	建立社区和项目团队的亲密关系
社交网络工具	当项目信息需要在核心工作团队之外共享时 当要建立或改进社区氛围，特别是对于外部干系人时 当需要外部干系人快速、实时地反馈以促进项目决策时	必须确定目标受众的社交网络工具使用水平（舒适度、频率等） 在确保信息的安全性和只限于授权用户的前提下，企业社交网络工具（如 Yammer）是可以访问的

10.3 管理沟通

　　管理沟通过程是指向干系人提供关于项目的最新相关信息。它是创建、收集、分发、存储、检索、管理、监测和及时处理信息的过程。

　　简单地说，管理沟通过程指的是诸如发送、接收和删除电子邮件，运行和分发报告，主持会议和电话会议，进行对话等活动——这些都是项目经理一直在做的事情！

10.3.1 沟通技能

　　如前所述，沟通是项目经理的一项重要技能，因为项目经理需要确保任务的执行、团队的合作，以及团队成员的协作。项目经理将根据情况和受众调整沟通方式，并考虑各种因素（如文化差异、个人差异和多样性）来改善沟通。

　　沟通不仅仅涉及语言，还涉及非语言的提示，如身体语言、音调和语气、手势和面部表情。这些都是有效和高效沟通所需要考虑的。

10.3.2 积极倾听

　　沟通不仅仅关于说话。沟通也关于倾听对方的意见。一个好的沟通者也是一个好的听众，他允许对方说话。如果你不断地打断对方，在对方面前说话，这不是良好沟通的标志。

　　倾听的一个组成部分是**积极倾听**，即你向对方提供反馈。反馈的一些例子可以是重复信息、澄清信息、确认信息，以及使用点头表示同意，或摇头表示不同意的形式。

10.3.3 沟通的障碍和促进因素

　　表 10-3 概述了沟通的障碍和促进因素。

表 10-3　　　　　　　　　　　沟通的障碍和促进因素

沟通的障碍	沟通的促进因素
扭曲的认知	积极倾听
不信任的来源	使信息与接收方相关
传输错误	将信息简化为最简单的术语
噪声	组织信息
信息没有明确编码	反复强调关键点
敌意	及时性
变得情绪化	简洁明了
权力游戏和政治	

10.3.4 其他类型的沟通

　　好的沟通者会根据沟通是正式的、非正式的、口头的还是书面的来调整他们的沟通类型。表 10-4 总结了这些类型的一些例子。

表 10-4　　　　　　　　　　　　　　沟通的类型

正式的书面	非正式的书面	正式的口头	非正式的口头
项目计划	电子邮件	演示文稿	会议
项目章程	手写的笔记	演讲稿	对话
合同	简要说明	主旨发言	特设讨论
商业论证	即时通信	产品演示	
进展报告			

10.3.5　沟通渠道的数量

发送方-接收方沟通模型显示了信息如何在沟通链中被误解。另一个能以这种方式影响沟通的主要因素是沟通线路的数量，也被称为沟通渠道的数量（这些术语可以互换使用）。

当一个团队成员与另一个团队成员进行沟通时，这代表了一条沟通渠道。当一个团队有几个团队成员时，沟通渠道的数量用以下公式表示：

$$\frac{n(n-1)}{2}$$

其中 n 代表一个团队中的人数。

假设一个团队有 4 个人，团队中的沟通渠道如图 10-2 所示。

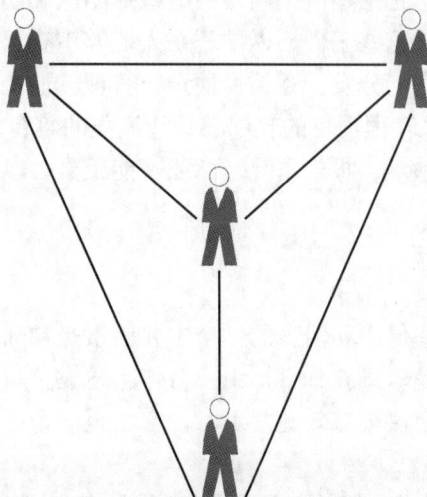

图 10-2　团队中的沟通渠道

在图中，人与人之间的每条线都代表一条沟通渠道。

问题：在一个 4 人团队中，是否有 4 条沟通渠道？

答案：不是，有 6 条（数图 10-2 中的线）。

让我们把这个例子放到公式中。因为团队里有 4 个人，所以公式变成了：

$$(4 \times 3) / 2 = 6$$

> **注意：** 考生在考试中要注意两个问题。
>
> 1. 仔细阅读问题，以确定项目经理是否被包括在团队中，或者项目经理是否必须将自己加入团队。
> - 如果问题中说"你在管理 4 个人"，项目经理需要把自己加到团队中，这样团队中就有 5 个人。
> - 如果问题中提到"你是 4 人团队的一员"，项目经理就包括在团队中，所以总共有 4 名团队成员。
> 2. 确定问题是在询问沟通渠道的总数，还是在要求计算额外的沟通渠道。

问题：你正在管理一个由 10 名分析师组成的团队。团队中又增加了两名分析师。又增加了多少条沟通渠道？

答案：23。

因为你要管理 10 名分析师，最初有 11 个人（10 名分析师加你）。因此，最初有 11 个人：$(11 \times 10)/2 = 55$。当再增加 2 人时，团队中就有 13 人了。因此，增加 2 人：$(13 \times 12)/2 = 78$。沟通渠道的数量增加：$78 - 55 = 23$。

10.3.6　创建项目工件

沟通的一个重要方面是，计划和项目状态等内容经常通过文件（工件）进行沟通。项目团队与项目经理，包括适应型项目中的敏捷团队和团队促进者一起，使用正确的配置管理来创建和维护这些工件，以便干系人能够审查工件的最新版本。

信息的创建、收集、分发、存储、检索、管理、监控和处置都是通过 PMIS 进行的，它是项目经理用来管理项目的软件工具和流程的集合。这包括诸如变更管理系统、配置管理系统、归档系统、报告系统、商业智能工具，以及用来开发、计划和管理项目的任何软件工具。

10.3.7　举行会议的准则

导致团队成员效率低下和沮丧的一个主要因素是参加无数次无意义的和不必要的会议。会议是一个交流信息、分享知识、合作、达成共识、提供状况和做出决定的好工具。但是，只有当会议被有效地使用时，它才是一个好工具。否则，它可能是无意义的和耗费时间的。

想象一下，一个由 10 名团队成员组成的团队参加了一个不必要的长达 1 小时的会议。他们不需要去那里，而且他们从会议中没有得到任何好处。这加起来就是 10 小时的生产力损失。如果他们每天都参加这类会议，那么 5 天下来，就是 50 小时的生产力损失。现在想象一下，整个组织参加这种非生产性会议，就可以看到，由于这些不必要的会议，公司每个月会损失数百甚至数千小时的生产力。

因此，组织必须为举行会议制定自己的标准和最佳实践，而项目经理在安排和促进项目会议时也必须遵循这些标准和最佳实践。会议应该是富有成效和高效的。你真的需要为一个简单的干系人的状态更新安排长达 1 小时的会议吗？还是 15 分钟就够了？

每个组织都有自己的会议指导方针，但通常包括如下内容。

- 确保会议有目的（不要只是为了开会而安排会议）。
- 确保会议的时间长度适合与会者的参与和协作。
- 确保只邀请适当的与会者参加会议。
- 在会议开始前制定并分发议程。
- 在会议开始前审查议程，并在会议期间坚持执行议程。
- 指派一名与会者做会议记录或笔记（或在允许的情况下进行录音）。
- 根据议程，保持会议讨论的主题。
- 及时分发会议记录、笔记或录音。

10.4 监督沟通

监督沟通过程是指确保满足干系人的沟通需求。

根据发送方-接收方沟通模型，发送方的主要责任是确保信息被接收方按原意接收，并且接收方理解信息。

因此，项目经理要确保在正确的时间将正确的信息发送给正确的干系人。项目经理要跟进干系人，以确保他们收到正确的信息并理解这些信息；也要跟进那些没有提供信息的干系人，要求他们提供需要的任何信息；还要跟进干系人，要求他们提供到目前为止关于项目或可交付物的任何反馈（积极的或建设性的）。

可以使用各种方法进行监督沟通，具体如下。

- 客户满意度调查。
- 经验教训。
- 观察干系人的反应和身体语言。
- 对问题日志的审查。
- 电子邮件和会议。

通过监督沟通，项目经理可以确定干系人的参与水平，并相应调整沟通，以确保干系人处于适当的参与水平。

关键主题 **渗透性沟通**是一种在没有任何直接交流的情况下接收信息的手段。例如，当你坐在你的办公室里工作时，你周围可能会有不同的对话，而你并没有参与其中，你也不一定在偷听。然而，你可能无意中听到与你有关或你感兴趣的对话。这被称为渗透性沟通。

渗透性沟通只在面对面的环境（紧密矩阵）中才能发挥作用。在虚拟环境中，如果你是一个人坐在那里，周围没有其他人，它就不起作用。

10.5　敏捷中的沟通方法

在大多数情况下，预测型方法和敏捷型方法中的沟通是一致的。项目经理仍然需要确保沟通是有效和高效的。无论项目生命周期的方法是什么，项目经理仍然要规划信息需求，以确保适当的干系人及时收到适当的信息。

然而，敏捷中的反馈回路要短得多，这意味着敏捷中的沟通和协作要多得多。因为团队的工作时间很短，客户（通过产品负责人）不断参与，所以敏捷项目允许不断地沟通。敏捷团队、产品负责人和团队协调人每天都在不断地合作。

每日站会确保团队成员的状态和障碍每天都能得到沟通，任何新的用户故事都将得到沟通，并被实时放在产品待办事项列表中，以便重新确定优先级。

Scrum-of-scrum 会议是同一项目中的敏捷团队之间的定期会议，以相互分享信息和状态。敏捷团队是小型的，所以在一个大型项目中，几个敏捷团队会一起工作。在定期（不一定是每天）的基础上，每个团队的一个成员，通常是团队协调人，将参与这些 Scrum-of-scrum 会议。

在每个迭代结束时，团队有冲刺回顾会，讨论所学到的经验，所以持续改进是建立在敏捷精神之上的。

另外，请记住，敏捷团队有自主权，可以就项目中的冲刺待办事项列表、活动和用户故事的优先级做出日常决定。团队促进者（或敏捷教练）作为仆人式领导，鼓励团队成员之间的合作，并确保团队有必要的信息和数据来完成工作。

在适应型项目中，没有安排与干系人的每周状态会议。相反，信息发射源的使用消除了这种对广泛的干系人状态会议的需要，但仍然有助于向干系人沟通状态。以下常见的图表被用作信息发射源。

- **燃起图**：根据完成的定义，显示有多少个故事点已经完成（显示完成的工作）。
- **燃尽图**：根据完成的定义，显示还剩下多少个故事点（显示剩余的工作）。
- **累积流量图**：显示有多少故事点还没有开始、正在进行中，以及已经完成。
- **看板（任务板）**：显示尚未开始的、正在进行的和已经完成的用户故事或任务。

这些图表将在第 14 章详细讨论。

然而，值得注意的是，混合型项目通常涉及定期状态报告和定期干系人状态会议。请记住，混合型项目同时具有预测型和敏捷型的元素，所以状态报告和每周的状态会议可能会与每日站会和 Scrum-of-scrum 会议一起进行。

备考任务

10.6　复习所有关键主题

复习本章中最重要的关键主题，这些关键主题在相应页面都标记有"关键主题"图标。表 10-5 列出了这些关键主题以及相应的描述。

表 10-5　　　　　　　　　　第 10 章的关键主题以及相应的描述

关键主题	描述
章节	沟通模型
章节	沟通需求分析
章节	沟通方法
段落	渗透性沟通
章节	敏捷中的沟通方法

10.7　复习题

1. 你正在参加一个干系人的状态会议，并向主要干系人介绍项目结果。一个干系人向你提到，他们现在希望每周五上午收到一份项目总结的电子邮件。你接下来应该怎么做？

   A. 告知团队促进者这一新需求

   B. 更新沟通管理计划

   C. 请主要干系人到信息发射源了解最新情况

   D. 告知团队这个新需求

2. 根据发送方-接收方沟通模型，当发送信息时，谁对接收方已经收到并理解信息负有主要责任？

   A. 接收方，通过正确解码信息

   B. 发送方，通过确保信息已以接受方能理解的方式被编码和传输

   C. 发送方，通过正确解码信息

   D. 接收方，通过确保信息被解码和理解

3. 来自世界不同地区的两名团队成员正在进行一场对话。但由于文化差异和口音差异，两人都对手势和短语产生了误解。这是下列哪种情况的一个例子？

   A. 噪声

   B. 缺少沟通技巧

   C. 缺少沟通方式评估

   D. 不容忍

4. 以下哪项不属于书面交流的 5C？（选择两项）

  A. 明确的目的和针对读者需要的表达

  B. 连贯的思维逻辑

  C. 汇编现有来源的信息

  D. 沟通相关信息

  E. 正确的语法和拼写

5. 你已经创建了一个共享驱动器，以确保所有的团队成员都可以得到项目文件的最新版本。这里描述的沟通方法是以下哪种情况？

  A. 推式

  B. 正式的书面

  C. 拉式

  D. 横向

6. 戴维正在管理一个高知名度的项目，但干系人一直对进展和项目状态有很多困惑。他一直小心翼翼地确保所有干系人都能获得关于项目的所有可能的信息，但是许多干系人无法解释与他们无关的结果。戴维如何能避免这种情况？

  A. 戴维原本应该更新干系人参与计划，以确保干系人参与到项目中

  B. 戴维原本应该向干系人介绍如何阅读和理解信息

  C. 戴维原本应该了解干系人的信息需求，并且应该只向他们发送他们需要的相关信息

  D. 根据发送方-接收方沟通模型，戴维原本应该在向干系人发送信息后，继续跟进，确保他们理解信息

7. 你的一个团队成员在电子邮件和工作中的反应不是很积极。最近，她没有及时解决分配给她的问题。作为项目经理，你想了解问题出在哪里。在这种情况下，你最初应该使用什么类型的沟通方式？

  A. 正式的书面

  B. 非正式的口头

  C. 正式的口头

  D. 非正式的书面

8. 以下哪些是沟通的促进因素？（选择两项）

  A. 噪声

  B. 积极倾听

  C. 正式的口头表达

  D. 拉式沟通

  E. 及时性

9. 你的团队成员凯西在一个简短的会议后从一个干系人的办公室给你打电话。她告诉你，她

在收集所需的重要项目信息方面遇到了一些阻力。作为项目经理,你要给凯西对如何获得必要的信息做一些详细说明。为了确保凯西已经完全理解了指示,你应该做以下哪项操作?

A. 以电子邮件的形式跟进,明确概述所讨论的指示

B. 关注非语言线索,如身体语言和副语言沟通

C. 请凯西确认她是否理解了信息

D. 请凯西向你重复指示

10. 你是一个团队促进者,一个关键的干系人要求定期了解项目的更新情况。你应该做什么?

A. 让他有机会接触到信息发射源

B. 将他加入电子邮件分发名单

C. 邀请他参加每周的状态会议

D. 邀请他参加每日站会

本章包括以下有关质量管理的主题。

- 质量简介：介绍质量，以及为什么质量是项目的重要制约因素。
- 规划质量管理：介绍用于规划质量管理过程的常用工具和工件。
- 管理质量：介绍质量保证的程序。
- 控制质量：介绍质量控制的程序。
- 其他质量术语：介绍考生在考试中需要知道的重要质量术语。
- 质量理论：介绍考生在考试中需要了解的重要质量理论和先驱者。

第 11 章

项目质量

本章将详细讨论考生通过 PMP 考试所需掌握的质量管理的方法，并讨论成功交付优质产品或服务所需的常用过程、工具和工件。本章还将讨论与《PMBOK®指南》第六版、《PMBOK®指南》第七版以及 ECO 相关的原则。

本章介绍 PMP ECO 中的以下目标。

领域	任务	考试目标
人员	任务 4	向团队成员和干系人授权
人员	任务 7	为团队解决和消除各种障碍
人员	任务 10	建立共识
过程	任务 1	执行需要紧急交付商业价值的项目
过程	任务 7	规划和管理产品/可交付物的质量
过程	任务 9	整合项目规划活动
过程	任务 10	管理项目变更
过程	任务 11	规划和管理采购
过程	任务 15	管理项目问题
过程	任务 16	确保进行知识交流，使项目得以持续开展
业务环境	任务 1	规划和管理项目的合规性
业务环境	任务 2	评估并交付项目利益和价值
业务环境	任务 3	评估并解决外部业务环境变化对范围的影响

11.1 摸底小测试

摸底小测试可以帮助你评估自己是应该认真阅读本章内容，还是直接跳到"备考任务"部分。如果你对答案没有把握，或者你对题目涉及的知识有疑问，请认真阅读本章内容。表 11-1 列出了本章知识点和相对应的测试题目。你可以在附录 A 中找到这些题目的答案。

表 11-1 本章知识点和相对应的测试题目

本章知识点	测试题目
质量简介	1～2
规划质量管理	3～4
管理质量	5
控制质量	6～8
其他质量术语	9
质量理论	10

注意：自我评估的目的是衡量你对本章内容的掌握程度。如果你不知道某道题的答案，或者感到模棱两可，你应该将此题标记为错误，以便对相关内容进行学习。如果猜对了答案，会使你的自我评估产生偏差，并可能产生一种"已经掌握"的错觉。

1. 你的团队用来测试可交付物的一台机器坏了，需要修理。关于此行动最合适的说法是以下哪个？
   A. 纠正措施
   B. 缺陷补救
   C. 预防措施
   D. 一致性成本

2. 在下列各项中，哪项会被认为是缺陷？
   A. 你按照客户的需求交付产品，但产品不能正常工作
   B. 你在分析控制图时，发现有 7 个数据点低于平均值线
   C. 你用来测试产品的一台机器突然发生故障并停转
   D. 你交付的产品运行良好，但与客户的需求不同

3. 你将如何对产品召回的成本进行分类？
   A. 一致性成本
   B. 外部失败成本
   C. 内部失败成本
   D. 评估成本

4. 在与你的干系人进行了长时间的讨论和辩论之后，你们终于商定了团队在下一个项目中必须遵守的质量标准。作为项目经理，你接下来应该做什么？
   A. 通知团队
   B. 更新质量管理计划
   C. 通知担保人

D. 安排启动会议

5. 你的团队正处于项目的测试阶段，团队成员已经确定了测试用例和测试场景，现在正在进行测试以确保系统正常工作。另一个小组正在对你的团队的工作进行审查，以确保你的团队遵守项目程序。另一个小组使用的是什么工具？

A. 统计抽样

B. 质量审计

C. 质量保证

D. 质量控制

6. 你正在与你的团队合作，解决一个令人困惑的问题，并需要找到主要原因。你最有可能使用哪种工具？

A. 石川图

B. 帕累托图

C. 统计抽样

D. 散点图

7. 你的项目上的许多问题需要解决，你想确定对这些问题进行优先级排序的方法，以便团队能够解决那些根源性的问题。你最有可能使用什么工具？

A. 石川图

B. 统计抽样

C. 帕累托图

D. 散点图

8. 以下哪种情况属于失控情况？

A. 你看到有 7 个数据点高于平均值

B. 你看到一个数据点高于控制上限

C. 你看到一个数据点高于控制下限

D. 你看到一个常见的原因偏差

9. 敏捷型项目的特点之一是团队不断地尝试，试图找到改善效率的方法。以下哪种会议与 Kaizen（持续改善）的关系最密切？

A. 待办事项梳理会

B. 每日站会

C. 冲刺回顾会

D. 冲刺审查会

10. 以下哪些质量理论是由克劳士比和朱兰分别提出的？

A. "80：20" 原则，戴明的全面质量管理的十四法

B. 朱兰的适用性质量管理法，零缺陷理论

C. 戴明的全面质量管理的十四法，朱兰的适用性质量管理法

D. 零缺陷理论，朱兰的适用性质量管理法

基础主题

11.2 质量简介

《PMBOK®指南》第六版的质量管理知识领域，涉及将组织的质量政策纳入产品和项目过程的过程。

你可能听说过"把质量建立在"这个常见的短语。下文深入探讨一下这个短语的含义。首先，要强调的是，质量既指产品，也指过程。要在产品（或服务）中建立质量，就必须在整个产品过程中建立质量。

11.2.1 质量的定义

关键主题 　　**质量**的定义有很多，但 PMI 选择作为其标准的是 ISO 9000:2015 的定义，其中指出质量是指一系列内在特性满足要求的程度。

请注意，这个定义具体涉及产品满足要求，而不是说产品实际上必须运转（尽管在许多情况下这是隐含的）。下面把质量的定义分解成简单的术语。

满足客户要求但不能使用的产品（或服务）不被认为是缺陷。举个例子，假设你雇了一个油漆工来粉刷房子里的一个房间，你指示他把一面墙涂成亮蓝色，一面墙涂成亮粉色，一面墙涂成荧光黄，一面墙涂成绿色，天花板涂成紫色。这些是你的要求。如果油漆工完全按照这些要求粉刷房间，但你不喜欢最后的产品，因为颜色冲突太大，你不能说油漆工的工作质量差。你也不能告诉油漆工，他的工作是有缺陷的，因为颜色不合适。在这个例子中，你提供给了油漆工一系列不好的要求。

相反，你可以向客户交付一个完美的工作产品，但如果产品不符合他们的要求，这将被视为缺陷。例如，如果你制造并交付了一辆工作良好的自行车给客户，但他们要求的是一辆三轮车，这将是缺陷，因为你没有交付客户所要求的东西（尽管自行车工作良好）。

考试小贴士：对于 PMP 考试，考生要始终理解质量的定义。

从项目经理的角度来看，关于质量的基本主题是，这应该是一个积极、主动的过程，重点是预防问题而不是修复问题。当然，问题会被发现并需要修复，但预防问题比修复问题更好。

持续改进是另一个关键主题。项目经理应该始终努力从错误中学习，并将过程落实到位，对质量管理过程进行微小但持续的增量改变。简单地修复问题还不够。项目

经理还需要确保同样的问题不会再次发生。

考试小贴士：在考试中，总是寻找主动而非被动的选项，将预防置于检查之上的选项，以及促进持续改进的选项。

11.2.2　质量管理的 5 个方法

质量是有成本的，将质量包括在项目过程和产品中是一项投资。然而，如果这是一项重大的投资，可能一开始会决定不花钱，在这种情况下，可能最终不得不花更多的钱来修复缺陷。以下是一些质量管理的方法，这些方法从最昂贵的到最便宜的，成本依次递减。

1．最昂贵的质量管理方法是让客户发现缺陷。这将导致花费额外的费用来修复问题，引发客户的挫败感，这可能导致业务损失、声誉损失、客户损失、诉讼索赔、产品召回等诸多问题。这也被称为外部失败成本（后文将讨论）。

2．重视质量控制，在可交付物送达客户之前发现并修复缺陷。虽然这个方法比让客户发现缺陷好一点，但专注于质量控制也有相关的成本，如果发现了许多需要修复的缺陷，这也可能是一个昂贵的方法。这也被称为内部失败成本（后文将讨论）。

3．注重质量保证，纠正过程本身。如果过程是完美的，每个过程的输出应该是无缺陷的，从而产生无缺陷的最终产品。在这种情况下，对最终产品的测试应该是最低限度的。

4．将质量纳入项目和产品的规划和设计中。相比在问题发生后再进行发现和解决，拥有识别和处理潜在故障的程序是一种更积极、主动的方法。

5．在整个组织中创造一种质量文化，使每个人都能意识到并致力于工艺和产品的质量。这始终被认为是最好的方法；然而，现实情况是，不是每个组织都能达到可以使用这个方法的阶段。

11.2.3　等级与质量

关键主题

一个经常与质量相混淆的术语是等级。**等级**的官方定义是"对用途相同但技术特性不同的可交付物的级别分类"。

下面把这句话翻译成简单的语言。等级指的是诸如产品特性的数量、产品特性的类型，以及客户对产品的看法。而质量指的是产品是否真正做到了它应该做的事（满足客户的要求）。

例如，你可以购买一辆基本款的汽车，或者购买顶配款。基本款没有很多功能，而顶配款则有所有的"花哨"功能。因此，基本款被认为是低等级的，而顶配款被认为是高等级的。例如，你购买了具有可能要求的所有功能的顶配款，但这些功能不断出现故障，那么这是质量差。

拥有低等级的产品并没有错。低等级的产品的功能较少，但价格较低，面向的客户群与高等级的产品面向的客户群不同。不管怎么说，在任何情况下，质量差都是不可接受的。有可能有一个低质量的高等级产品（有许多产品功能，但这些功能不能正常工作），或一个高质量的低等级产品（有较少的功能，但产品按照设计运转良好）。

11.2.4　将质量纳入过程和可交付物

项目团队使用基于需求的指标和验收标准来衡量产品和过程的质量。请记住第 6 章的内容，有许多类型的需求，包括质量需求和合规性需求，这两点是相关的。质量有几个方面，具体如下。

- **性能**：产品的功能是否与所期望的一样？例如，高速无线路由器是否提供了设计时的速度？
- **符合性**：产品是否满足客户的要求？
- **可靠性**：产品的功能是否稳定？
- **弹性**：在发生故障的情况下，产品的恢复速度如何？
- **满意度**：客户对产品满意吗？
- **一致性**：产品与竞争对手的产品相比如何？
- **效率**：产品的设计是否对用户友好，以便它能让最终用户以最小的努力产生相同的结果？
- **可持续性**：产品是否对外部（生态、社会、环境等）产生积极影响？

项目团队需要为 3 种类型的行动制定计划。

【关键主题】

- **纠正措施**：将工作按项目管理计划的要求进行调整的有意为之的活动。
- **缺陷补救（又称返工）**：有意为之的活动，以修改不符合要求的产品，确保其符合要求。
- **预防措施**：有意为之的活动，确保未来的工作绩效与项目管理计划的保持一致。

下面来扩展一下这些术语。纠正措施指的是修复过程或机制。例如，如果生产线上的一台机器出现故障，修复或更换该机器就是纠正措施。同样，修复任何偏离基准的情况，试图回到计划中，也是纠正措施。如果项目成本超出预算或进度落后于预期，采取措施调整项目恢复到原来的预算或进度，就是纠正措施。

缺陷是指产品本身（项目的可交付物）的问题。如果正在测试产品或服务，而产品或服务没有完成它应该做的事（没有满足要求），这将被视为缺陷。修复该缺陷自然被称为"缺陷补救"，也被称为"返工"。

预防措施指的是试图从一开始就防止纠正措施和/或缺陷补救的发生。例如，对机器的定期维护就是预防措施，因为目的是防止纠正措施的发生。使用高质量的原材料也是预防措施，因为这在努力防止缺陷补救的发生。

还要注意的是，纠正措施和缺陷补救都是指修复已经出现的问题。然而，仅仅修复这个问题是不够的，团队还需要确保同样的问题不会再次发生。根本原因分析（在本章后续内容中讨论）是这项活动的常用工具。

11.2.5 持续改进

为了继续讨论预防措施，下面介绍关于质量的另一个关键主题——持续改进。项目经理应该总是试图不断地改进项目流程，以试图防止任何潜在的未来失败。计划-执行-检查-行动（Plan-Do-Check-Act，PDCA）循环，也被称为计划-执行-研究-行动（Plan-Do-Study-Act，PDSA）循环，是许多持续改进方法的基础，如六西格玛、精益和持续改善。正如休哈特（Shewhart）和戴明（Deming）所定义的，持续改进的基本概念是，组织应该进行小规模的渐进式变革，以持续改进他们的流程，而不是试图进行一次巨大的变革，因为这往往会造成管理不善和难以实施的后果。4 个基本阶段（如图 11-1 所示）具体如下。

1. **计划**：定义目标、过程和程序。
2. **执行**：执行计划并获得数据。
3. **检查**：分析数据并与计划进行比较。
4. **行动**：根据结果采取相应的行动。也就是说，找出问题的根本原因，试图重回计划，重新评估计划，修改计划，等等。

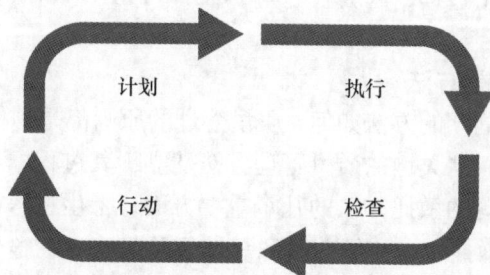

图 11-1　计划-执行-检查-行动循环

11.2.6 质量控制与质量保证

关键主题 有两个术语经常被混淆，而且有时可以互换使用，它们是质量控制与质量保证。了解这两个术语之间的区别是很重要的。

- **质量控制**：指测试产品或可交付物，以确保它符合需求，并按规定运行。
- **质量保证**：指的是确保遵守项目政策、过程和程序。它意味着确保团队正在做他们应该做的事情。

例如，假设团队有 50 个需要测试的方案。测试每个单独的方案以确保其结果是通过的，这就是质量控制，而确保团队实际上已经测试了所有 50 个方案，这就是质量保证。团队可能只测试了 30 个方案，如果到目前为止一切都通过了，他们就会停止测试，因为他们可能错误地认为其他 20 个方案也会通过测试。这种行为对项目经理来说是不可接受的，因为该团队没有遵守程序。

因此，确保团队遵守项目政策、过程和程序就是质量保证。这指的是遵守所有的项目政策、过程和程序（不仅仅是测试产品的过程）。项目经理要确保诸如变更控制、文件、干系人对临时可交付物的批准等程序都得到正确的遵守。

本章还想强调，质量是所有团队成员的职责，成功需要所有团队成员的参与。尽管特定的团队和/或团队成员可能负责测量质量的合规性和差距，但整个团队需要合作来创造成功。这种合作也包括与供应商和第三方的合作。一个组织和它的供应商是相互依存的。从供应商那里收到劣质的产品会对最终的产品产生影响。供应商的不断拖延会对项目进程产生影响。因此，与供应商的合作应始终以互利为目标。长期的关系比短期的收益更可取（当然，这取决于项目的性质和规模、行业和情况）。

《PMBOK®指南》第六版中与质量管理有关的过程如下。

- 规划质量管理。
- 管理质量。
- 控制质量。

下文将讨论每个过程，因为它们与 ECO 和 PMP 考试有关。

11.2.7 质量管理的敏捷方法

无论项目生命周期的方法如何，质量管理的原则都是一样的。然而由于敏捷/适应型方法的性质，有一些关键的质量管理方法建立于其过程本身。

以下是质量管理的敏捷方法的几个重要方面，考生在考试中需要了解这些方面。

- **回顾**：在敏捷中，持续改进和总结经验是建立在整个敏捷过程中的。在每个冲刺结束时，团队会举行迭代回顾会，讨论哪些地方做得好，哪些地方需要改进。这些经常性的回顾会定期检查质量流程的有效性。团队成员调查根本原因并提出改进质量的新方法。
- **频繁的、小规模的迭代**：一个敏捷冲刺阶段只有 1~4 周，所以质量管理在短期迭代中更容易管理，而不是像预测型阶段那样，可能持续好几个月。这些小批量的工作旨在尽早发现不一致的地方和问题，以便尽早解决，这就意味着要不断地改进。
- **完成的定义**：在项目的早期，敏捷团队、团队促进者和产品负责人要确定工作的详细验收标准（完成的定义），这将清楚地确定工作是否已经完成。在小的工作增量上有这样的细节，可以清楚地确定该增量是否满足要求。

- **识别障碍**：每日站会是基础，让团队可以识别拖累团队或阻碍其工作的问题和障碍。

11.3　规划质量管理

质量管理的第一个过程是规划质量管理，它是指质量控制以及质量保证的程序。其目的是为测试产品提供指导和方向，并确保遵守该项目的政策、程序和标准。这些程序被记录在质量管理计划中。

与所有的规划过程一样，规划质量管理应该与其他规划过程同时进行，因为所有的知识领域都会相互影响。质量影响到项目的每一个知识领域，所以规划应该尽早开始。

11.3.1　合规

在规划质量管理时，项目经理和项目团队还必须考虑到管理产品的开发、测试和交付的标准和法规。请确保了解标准和法规之间的区别。

- **标准**：这通常是一种最佳实践，一般由行业或组织制定。
- **法规**：这通常是由政府机构实施的。法规有很多类型，但有些法规（如法律）会导致经济处罚或者其他对不遵守法规的惩罚。

大多数项目需要遵守标准和/或法规，这被认为是项目的制约因素。在整个项目的生命周期中，需要识别、跟踪和管理这种合规要求。例如，在一个建筑项目中，你需要了解影响建筑内容和方式的地区法律和建筑法规。

合规要求被认为是非功能性要求，但遵守并满足合规要求是项目质量活动的一部分。

在合规方面可能涉及一些风险，具体如下。

- 不了解与项目有关的法规。
- 不了解可能影响项目的法律、法规和标准的变化。
- 对合规要求的误解，导致对如何实施、测试和交付合规要求的困惑。

不遵守法规的后果因法规本身的不同而大不相同，可能是经济处罚，严重的甚至会坐牢。

组织需要确定谁要为违反合规要求的情况负责，这通常是高级管理层的人。

11.3.2　重要工件：质量管理计划

关键主题

质量管理计划记录了如何执行政策、程序和准则，并提到了质量控制和质量保证的程序。质量管理计划中记录的信息类型包括如下内容。

- 项目的质量标准。
- 质量目标。
- 与质量控制和质量保证有关的角色和职责。
- 测试产品的程序（质量控制）。
- 使用的质量工具。
- 事项不合规的程序。
- 高级干系人和管理层的签批程序。

11.3.3 重要工件：质量测量指标

质量测量指标描述了如何衡量产品/服务和项目过程的质量。在项目规划阶段的早期，项目经理和/或团队设置某些指标，以确定项目管理过程是否运行良好。质量测量指标的例子包括故障率、随时间变化的缺陷数量、总停机时间、按时完成任务的百分比和成本绩效。每个行业、组织和项目都确定了自己的一套衡量标准。

11.3.4 重要工具和技术：质量成本

与质量管理相关的成本是项目的直接成本。与纳入质量有关的成本（如使用优质的原材料和定期维护机器）都包括在成本基准中。同样，修复缺陷、问题和失败的成本也是项目的直接成本。因此，规划质量的一个重要工具是质量成本。

质量成本有以下几类。

1. **一致性成本**：指为避免失败而花费的资金。
- **预防成本**：指在产品或过程中融入质量，并被描述为预测故障和防止故障发生而花费的资金。预防成本的一些例子如下。
  - 定期维护机器以减少设备故障。
  - 使用优质的原材料以减少产品故障。
  - 在正确的时间对团队成员进行适当的培训，以减少人为错误。
  - 在正确的工作中使用正确的机器，以减少浪费并提高生产力。
  - 记录过程以减少人为错误。
- **评估成本**：指任何形式的测试，具体如下。
  - 测试产品（包括所有不同类型的测试，如单元测试、系统测试和 IT 项目的回归测试）。
  - 测试过程。
  - 在将原材料投入机器之前对其进行检查。
  - 测试以确保产品符合安全要求（破坏性测试产生的损失）。
2. **非一致性成本**：指由于失败而花费的资金。

- **内部失败成本**：项目期间修复问题的成本，具体如下。
  - ◆ 缺陷（需要修复/修改产品以满足要求）。
  - ◆ 废料（需要放弃到目前为止创建的可交付物）。
  - ◆ 停工（机器出现故障，在修好之前，没有人可以做任何工作）。
  - ◆ 失败分析。
  - ◆ 团队士气低落（一种无形的因素，但也是一种内部失败）。
- **外部失败成本**：在产品到达客户手中后发现的问题的修复成本。外部失败成本的一些例子如下。
  - ◆ 保修工作。
  - ◆ 负债。
  - ◆ 产品召回。
  - ◆ 产品退货。
  - ◆ 客户投诉。
  - ◆ 业务/声誉的损失。
  - ◆ 诉讼索赔。

11.4　管理质量

管理质量过程是指质量保证。它指的是确保团队遵守质量标准、政策和程序，确保团队成员正在做他们应该做的事情。质量保证的关键目标之一是确定过程中任何潜在的失败，并确定过程改进的领域，以提高效率、效力，并最终提高干系人的满意度。

11.4.1　管理质量的重要工具和技术

用于质量保证的一些工具如下。

- **质量审计**：对整个项目过程进行结构化的独立审查，以确保项目活动遵守组织的过程、政策和程序。质量审计通常由项目团队以外的团队或人员进行，如内部审计部门或外部审计师。审计的一些目标如下。
  - ◆ 确保遵守最佳实践和程序。
  - ◆ 识别过程中的任何差距和不足之处。
  - ◆ 如果认为没有遵守最佳实践，则分享这些实践。
  - ◆ 对项目过程和程序的任何改进提供建议。
- **矩阵图**：用于分析数据集之间的关系，以确定可能影响质量的所有因素。
- **面向 X 的设计**：也被称为面向卓越的设计，是一种实现目标的系统方法。X 是一个可变因素，可以有很多考虑因素，如成本、可靠性、质量和可回收性，这里仅举几例。

在 11.5 节讨论的工具也与"管理质量"有关。

11.4.2　管理质量的重要工件：质量报告

因为管理质量过程指的是质量保证，所以关于质量保证的调查发现的总结都记录在质量报告中。审计员创建一份关于质量保证的调查结果的质量报告，同样，项目经理或其他参与质量保证的人的任何调查发现也记录在质量报告中。该报告包括质量管理问题和对纠正措施的建议。

11.5　控制质量

控制质量过程指的是质量控制，也就是团队对产品的测试，以确保交付的产品符合要求。团队成员验证产品的完整性、合规性和一致性，以确保产品适合客户使用。

团队成员不只测试最终产品，必须在整个项目中进行质量控制，以确保项目每个阶段的每个可交付物都符合所有要求。

控制质量的重要工具和技术

尽管这些工具是在本节讨论的，但它们同样适用于"管理质量"，因为同样的工具既可以用来测试产品，也可以用来测试过程。

关键主题

1. 检查

可以说，质量控制和质量保证的最常见的技术之一是检查，也被称为测试或产品评估（用于质量控制）。简单地说，团队需要测试产品、服务和过程，以确保按照要求交付具有正确等级和质量的产品，并遵守项目政策和程序。此外，客户需要检查和测试产品，以确保产品符合他们的需求和期望（这个测试有时被称为用户验收测试）。

举个例子，如果你雇用承包商来改造房子，你作为客户，会不断检查他们的进度，以确保他们按照你的期望来改造房子。同样，当一个 IT 团队向客户交付软件时，他们会在上线前进行各种阶段的测试，如单元测试、功能测试、回归测试和压力测试（仅举几例）。然而，需要注意的是，团队应该在项目的每个阶段对产品和过程进行测试，而不是等到最后才测试。

关键主题

2. 帕累托图

帕累托图是一种特殊的直方图，按频率降序显示关键问题（或问题的原因）。图 11-2 显示了一个帕累托图的样本。

注意该图有两个 y 轴。

- 左边对应柱状图。
- 右边对应累积百分比，指的是上面的累积百分比折线。

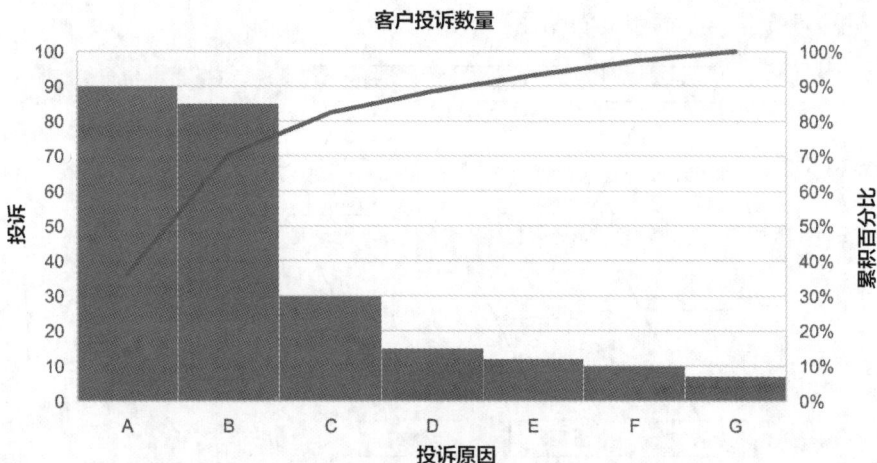

图 11-2　帕累托图

在这个例子中，原因 A 是投诉数量最多的原因（因此对应柱状图中最高的一个柱形），占所有投诉数量的大约 35%。原因 B 是投诉数量次多的原因。原因 A 和 B 共占所有投诉数量的约 70%。原因 A、B 和 C 加在一起约占所有投诉数量的 80%，以此类推，直到达到 100%。

帕累托图背后的指导因素是"80∶20"原则，即 80% 的问题是由 20% 的原因造成的。因此，通过解决 20% 的原因，就可以解决 80% 的问题。

当然，并不总是必须是直接的 80∶20，但原则是少数原因导致最大数量的问题。因此，这些是需要首先解决的原因。在这个例子中，原因 A 和 B 应该是首先考虑解决的原因。解决这些原因将解决约 70% 的客户投诉。

通过这种方式，帕累托图用来对问题进行优先级排序，并确定哪些问题需要首先解决。

3. 根本原因分析

根本原因分析用来确定问题的根本原因并解决问题。它可以识别问题的根本原因，以便能够解决问题，从而预先防止任何进一步的问题发生。用于根本原因分析的主要工具有 4 个名称，在 PMP 考试中是同义的。这些名称如下。

- 因果图。
- 石川图。
- 鱼骨图。
- why-why 分析图。

考试小贴士：确保你知道所有这 4 个与根本原因分析有关的名称。它们是同一个工具，但该工具有 4 个同义的名称。

图 11-3 是一个简单的石川图。

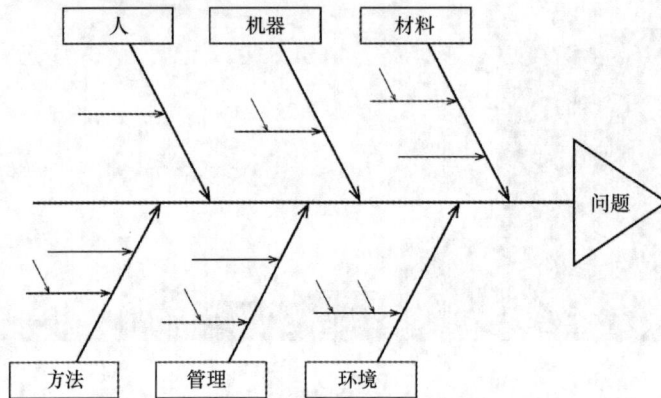

图 11-3　石川图（又称因果图、鱼骨图和 why-why 分析图）

其基本原则如下。

① 识别出的问题在右边（在这个例子中，在三角形里面，尽管它不一定需要是三角形）。

② 在上面和下面的方框中列出问题的所有可能原因（在这个例子中，原因有人、机器、材料、方法、管理和环境）。

③ 针对每个可能的原因深入调查，询问一定数量的"为什么"，最终找到根本原因。

每个行业和组织都以自己的方式使用石川图，但当石川薰教授开发这个图时，使用"5 个为什么"的分析是很普遍的，即通过提出后续问题并深入研究 5 次，总能找到问题的根本原因。

4．散点图

散点图用来显示两个变量之间的关系。图 11-4 显示了一个简单的散点图。

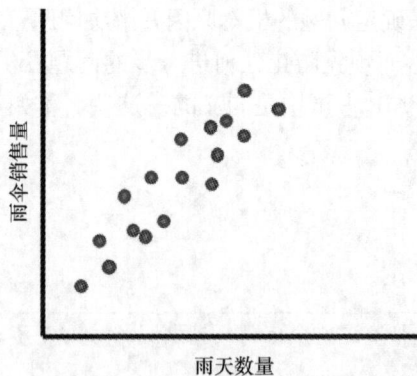

图 11-4　散点图

这个例子显示了雨天数量和雨伞销售量之间是否有直接的关联。如图 11-4 所示，如果散点朝着一个方向排列，而且可以看到可能有一条最佳拟合线，这说明这些变量之间有直接的关联。相反，如果这些散点随机地散布在图表上，这两个变量之间就没有直接的关联。

关键主题

5. 控制图

控制图用于显示一个过程是否稳定和可预测，这种类型的图表在制造业（以及其他行业）中被广泛使用。图 11-5 显示了一个简单的控制图。

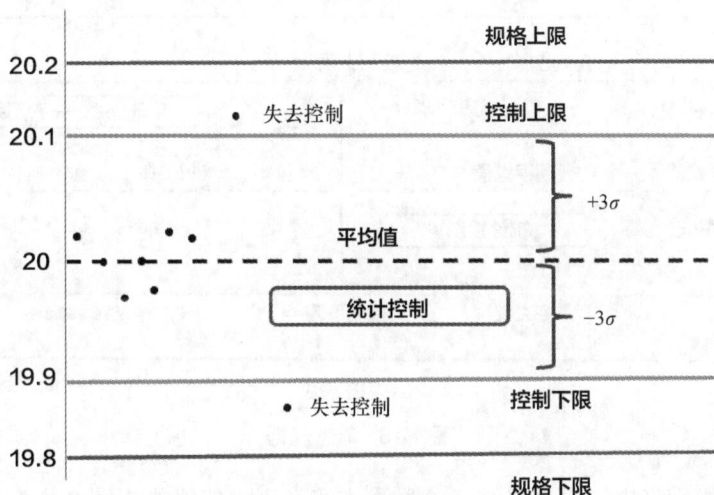

图 11-5 控制图

假设在一个制造环境中，正在生产的玻璃瓶被要求有 20 厘米的高度。当这些批次的瓶子从生产线上出来时，你将用激光测量这些瓶子的高度。只要它们的高度是 20 厘米，那么将是完美的。然而，由于生产过程中的自然差异，并不是所有批次的瓶子的高度都会正好是 20 厘米。有些会稍大，有些会稍小。只要这种差异落在一个可接受的范围内，这个过程就在统计控制之内。

你可以在控制图上绘制这些结果。因为瓶子的高度要求是 20 厘米，这将是图 11-5 所示的平均值线。你会看到一些数据点在平均值上（意味着它们正好是 20 厘米），一些在平均值的上面，一些在平均值的下面。

可接受的差异被称为控制界限，有一个控制上限和一个控制下限。在图 11-5 中，控制上限是 20.1 厘米，控制下限是 19.9 厘米。只要成批的瓶子的高度在 19.9 厘米和 20.1 厘米之内，这个过程就在统计控制之内。

当你看到一个数据点高于控制上限或低于控制下限时，过程就失去了控制。机器操作员负责调查和解决这个问题。出现失控情况的一个常见原因是机器需要重新校准，因此机器操作员是第一个接触点。

还有一个由客户设定的规格界限（包括规格上限和规格下限），它代表了客户的要求。控制界限则是根据过程本身设定的，PMP 考试的标准精度水平是 3 个标准差（+/−3σ）。

下面来扩展一下这个话题。如前所述，任何在控制上限和控制下限之间的数据点通常被称为在统计控制之内。然而，有许多例外情况被称为区间测试。在 PMP 考试中，只需要知道一个区间测试，它被称为 **7 点规则**，如图 11-6 所示。

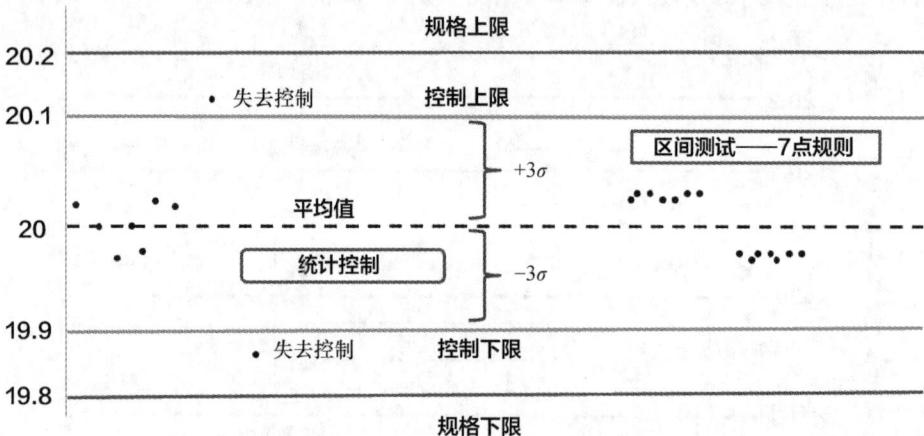

图 11-6　7 点规则

7 点规则指出，看到连续 7 个数据点高于平均值线或连续 7 个数据点低于平均值线也标志着出现失控的情况，团队成员需要调查原因。在这个例子中，制造过程中连续产生了 7 个批次高度大于 20 厘米的瓶子。你需要调查原因。如果该过程继续呈现这种趋势，它可能开始制造越来越高的瓶子，直到它们的高度突破控制界限。

与控制图有关的另外两个重要术语如下。

- **共同原因（又称随机原因）差异**：这些数据点在控制界限内，在控制上限和控制下限之间。
- **特殊原因（又称可指定的原因）差异**：这些是失控的数据点，要么高于控制上限，要么低于控制下限。

图 11-7 在一张图中总结了所有讨论过的控制图术语。

6．统计抽样

统计抽样用来测试一定范围内具有代表性的样本，所以团队不需要测试每一个数据点。统计抽样的目的是在不降低质量或缩小测试范围的情况下减少测试的数量。例如，假设你正在实施一个薪资系统，希望确保所有员工都能正确和及时地收到工资，并正确地进行合适的扣除和纳税。团队需要进行测试，以确保所有员工的工资和扣款都是正确的。假设有 100,000 名员工，在这种情况下，团队不会对所有 100,000 名员工重复这一测试。团队将确定所有不同的员工群体，并从每个群体中选择一小部分进行测试。现在，团队只需要进行几百次测试，而不是进行 100,000 次测试，以确保所有员工群体的工资和扣款正常。

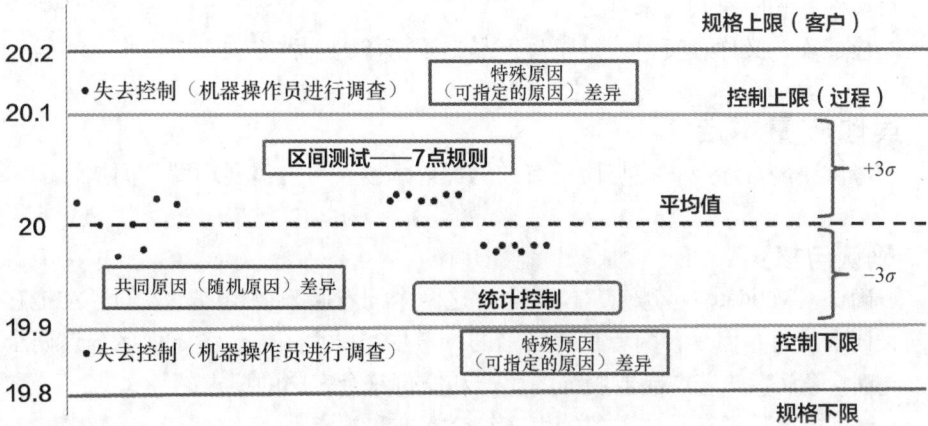

图 11-7 完整的控制图

7. 价值流图

价值流图是过程改进工具，显示了过程中所有详细可视化的步骤，用于识别瓶颈和低效率。图 11-8 是一个价值流图的样本。在图的底部的时间阶梯上，上面标有"等待"的线条代表非增值工作，下面标有"过程时间"的线条代表增值工作。如果你正在寻找高效的领域，应该首先关注减少上面标有"等待"的线条中的非增值工作。

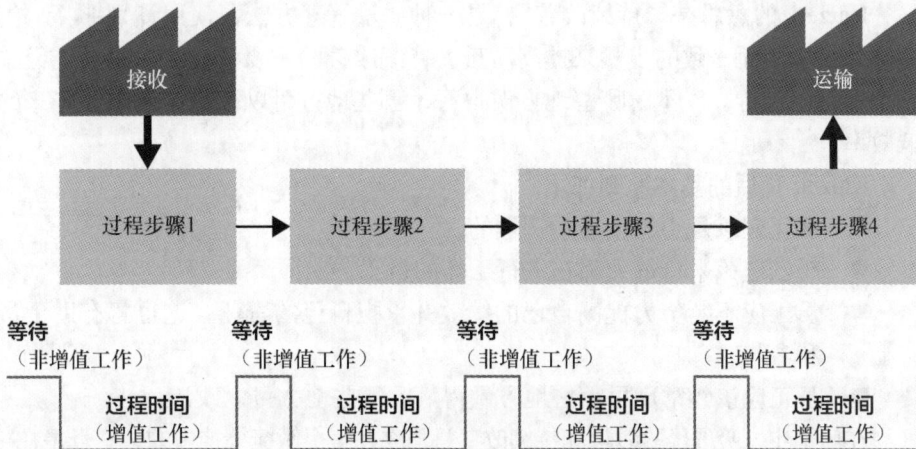

图 11-8 价值流图

8．核对单和检查表

核对单是需要考虑的事项、行动或要点的清单，经常被用作个人和团队的提醒。通过创建和遵循核对单，团队成员可以确保执行所有必要的步骤，完成所有任务。许多人只是把它称为"待办事项"清单。这些清单可以使用历史数据（OPA，如以前的项目文件）和专家判断来制定。

检查表，又称理货单，是整理产品缺陷清单的一种方式。

11.6 其他质量术语

考试还经常涉及一些与质量有关的额外术语。考生需要理解下面描述的术语。

11.6.1 确认与核实

确认（Validate）与核实（Verify）这两个词看起来很相似，人们经常把它们当作同义词来使用；但是，两者是有区别的，考生需要为了通过考试而区分这两个词。

■ **确认**意味着产品或服务的生产和交付符合客户的要求。

■ **核实**是指产品或服务的生产符合标准和规定。

例如，当你在建造一栋房子时，确认意味着房子是根据建筑计划建造的，即按照正确的设计、正确的房间的数量、正确的尺寸、等建造的。核实意味着房子是按照当地的建筑规范和法规建造的。

■ 项目团队将确认和核实可交付物（质量控制）。

■ 客户将确认并接受可交付物（确认范围）。

11.6.2 持续改善

Kaizen 的意思是"持续改善"，是一种质量管理方法，使用计划-执行-检查-行动循环，采取小而一致的步骤来提高质量。持续改善的重要活动之一是总结经验，应在整个项目中进行，以了解哪些地方做得好，哪些地方可以改进，以防止未来的失败和低效率。

Kaizen 背后的基本原则如下。

■ 变化应该是小的、易于管理的。

■ 想法应该来自每天都在进行工作的员工。

■ 员工应不断努力提高自己的绩效并承担自己的责任。这也将有助于员工激励和参与。

■ 员工应该经常反思哪些地方做得好，哪些地方可以改进。

在敏捷中，吸取经验教训和持续改善是建立在整个敏捷精神中的，并且是在冲刺回顾会中进行的。不幸的是，这不是在预测型项目中，所以项目经理必须为这项任务确定时间。

11.6.3 精确度与准确度的关系

与确认和核实类似，精确度与准确度这两个词被很多人互换使用。然而，这两者是有区别的，考生需要为了通过考试而区分这两个术语。

- **精确度**意味着数据点集中在一起，几乎没有散点。
- **准确度**意味着数据点在平均值上或接近平均值。

图 11-9 描述了这两个术语之间的区别。当你向镖靶投掷飞镖时，如果一个飞镖正好落在中心位置，这就是准确的。如果所有的飞镖都落在一个区域，不一定在中心位置，这就是精确。

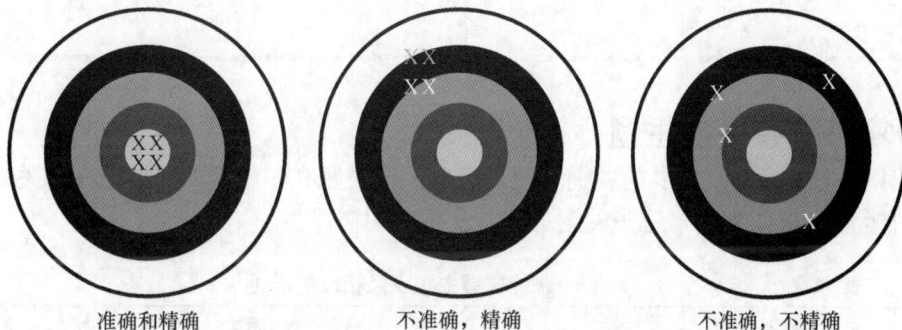

| 准确和精确 | 不准确，精确 | 不准确，不精确 |

图 11-9　精确度与准确度的关系（来源：darrenwhi/123RF）

11.7　质量理论

对于 PMP 考试，考生需要了解一些质量理论创始人，但是不需要详细研究他们。以下是一个总结。

- **W. 爱德华兹·戴明（W. Edwards Deming）。**
  - ◆ 制定了全面质量管理的十四法。
  - ◆ 观察到 85% 的质量问题都与管理有关。因员工原因而导致质量问题的比例只有 15%。
  - ◆ 与沃尔特·休哈特（Walter Shewhart）一起开发了计划-执行-检查-行动循环。
- **约瑟夫·M. 朱兰（Joseph M. Juran）。**
  - ◆ 将质量定义为"适用性"。
  - ◆ 明确了等级和质量之间的区别。
  - ◆ 开发了朱兰三部曲，将质量管理分为质量计划、质量控制和质量改进。
- **菲利浦·B. 克劳士比（Philip B. Crosby）。**
  - ◆ 撰写了《质量免费》一书，认为在一个良好的质量过程中，虽然可能有一个很大的初始投资，但由于生产力的提高、返工的减少和客户满意度的提高，所节省的费用将抵消初始投资。

◆ 促进了零缺陷理论的概念发展。

■ 田口玄一。

试图建立与质量相关的财务措施，并强调质量应该被设计到产品中。

■ 威廉（比尔）史密斯［**William（Bill）Smith, Jr.**］。

创造了六西格玛过程改进的概念。

备考任务

11.8　复习所有关键主题

复习本章中最重要的关键主题，这些关键主题在相应页面都标记有"关键主题"图标。表 11-2 列出了这些关键主题以及相应的描述。

关键主题

表 11-2　　　　　第 11 章的关键主题以及相应的描述

关键主题	描述
章节	质量的定义
章节	等级与质量
列表	为 3 种类型的行动制订计划
章节	质量控制与质量保证
章节	重要工件：质量管理计划
列表	质量成本的类别
章节	检查
章节	帕累托图
章节	根本原因分析
章节	控制图

11.9　复习题

1. 你注意到生产线上的一台机器工作效率低下，产生了一些缺陷。其中一些缺陷无法修复，但有些可以修复。你提起了一个变更请求，要求修复该机器，并得到批准。这个行动被称为

A．缺陷补救

B．预防措施

C．返工

D. 纠正措施

2. 你被重新分配到一个现有的项目中，代替目前的项目经理，他已经离开了公司。你想确定项目的质量目标和目的。你应该怎么做？

A. 向团队寻求帮助

B. 审查 OPA，因为它们是标准操作流程

C. 审查项目章程

D. 审查质量管理计划

3. 你管理一个改造客户房屋的项目。仅仅过了一个月，客户就打电话给你，抱怨室内的门没有对准，不能正常关闭。当你检查时，你发现安装的门尺寸不对，你需要把它们全部更换。更换门所产生的费用将被视为以下哪项？

A. 内部失败成本，因为这应该是在最后检查时发现的

B. 外部失败成本，因为产品已经交付给了客户

C. 内部失败成本，因为这是一个缺陷

D. 外部失败成本，因为这是返工

4. 你正在和团队成员开会，讨论关于可交付物的质量公差范围。一个团队成员说，可接受的范围应该在 2.5% 以内，而其他成员则表示是 3σ。你应该如何建议？

A. 他们应该遵循行业标准

B. 他们应该遵循该组织的标准

C. 他们应与 PMO 协商

D. 他们应该查阅质量管理计划

5. 质量保证小组正在审查文件，以确保你的团队遵循程序，并识别任何不正常的偏差。他们在做什么？

A. 质量审计

B. 质量控制

C. 管理质量

D. 核实可交付物

6. 控制上限被设定为 400，控制下限被设定为 -300。规格上限被设置为 280，规格下限被设置为 -280。你有一个数据点在 375。以下哪项是正确的？

A. 该过程在客户要求的统计控制内

B. 该过程在统计控制内，满足客户的要求

C. 该过程已经失去控制，但在客户要求的范围内

D. 该过程已经失去控制，且不在客户要求的范围内

7. 有不同的原因导致一个特定的问题，你要找到根本原因。你看一张图表，上面列出了问题的所有可能的原因，并对每个可能的原因进行深入分析，询问一定数量的"为什么"。

哪种工具和技术最适用于测试有代表性的总体样本？

A. 石川图

B. 帕累托图

C. 统计抽样

D. 价值流图

8. 迭代回顾可用于持续改进。这个陈述正确还是错误？

A. 正确

B. 错误

9. 你正在看一个控制图，注意到有几个数据点落在平均值线上。一些数据点聚集在平均值线以上，但是低于控制上限，有些聚集在平均值线以下，但高于控制下限。以下哪种说法是正确的？

A. 高于控制上限的一个数据点是准确的，但 7 个高于平均值的连续数据点违反了 7 点规则

B. 聚集在一起的数据点是准确的，但在平均值线上的数据点是精确的

C. 超过平均值的 7 个连续数据点是精确的，而一个低于控制下限的数据点是准确的

D. 聚集在一起的数据点是精确的，但在平均值线上的数据点是准确的

10. 将左边的术语与右边的情景相匹配。

1. 低等级	A. 你的客户要求 24 英寸（1 英寸=0.0254 米）的显示器，但你制造并交付了 20 英寸的显示器
2. 低质量	B. 客户打电话说，相机的功能不发挥作用，所以现在你需要修复它
3. 评估成本	C. 你的手机有一个 800 万像素的摄像头，而你的竞争对手的手机有一个 1000 万像素的摄像头
4. 外部失败成本	D. 你的团队在每次完成过程后测试项目组件

本章包括以下有关采购管理的主题。

- **规划采购管理**：介绍常用的规划采购管理的工具和
  工件。
- **实施采购**：介绍招投标、选择供应商、合同谈判和
  签署合同的常用工具和工件。
- **控制采购**：介绍监督供应商工作和结束与供应商的
  合同的常用工具、程序和工件。

第 12 章

项目采购

本章将讨论各种类型的合同和采购程序，以便在项目中成功地管理供应商和承包商。本章也将讨论与《PMBOK®指南》第六版、《PMBOK®指南》第七版和 ECO 有关的原则。

本章介绍 PMP ECO 中的以下目标。

领域	任务	考试目标
人员	任务 8	协商项目协议
人员	任务 9	与干系人协作
人员	任务 10	建立共识
过程	任务 2	管理沟通
过程	任务 3	评估和管理风险
过程	任务 5	规划并管理预算和资源
过程	任务 6	规划和管理进度
过程	任务 7	规划和管理产品/可交付物的质量
过程	任务 8	规划和管理范围
过程	任务 9	整合项目规划活动
过程	任务 10	管理项目变更
过程	任务 11	规划和管理采购
过程	任务 12	管理项目工件
过程	任务 15	管理项目问题
过程	任务 16	确保进行知识交流，使项目得以持续开展

12.1　摸底小测试

摸底小测试可以帮助你评估自己是应该认真阅读本章内容，还是直接跳到"备考任务"部分。如果你对答案没有把握，或者你对题目涉及的知识有疑问，请认真阅读本章内容。表 12-1 列出了本章知识点和相对应的测试题目。你可以在附录 A 中找到这些题目的答案。

表 12-1 本章知识点和相对应的测试题目

本章知识点	测试题目
规划采购管理	1～4
实施采购	5～7
控制采购	8～10

注意：自我评估的目的是衡量你对本章内容的掌握程度。如果你不知道某道题的答案，或者感到模棱两可，你应该将此题标记为错误，以便对相关内容进行学习。如果猜对了答案，会使你的自我评估产生偏差，并可能产生一种"已经掌握"的错觉。

1. 以下哪项不是集中采购的优势？
   A. 部门的专业知识
   B. 标准化的程序
   C. 项目专用采购资源
   D. 项目经理花在采购活动上的时间减少

2. 考虑到成本影响、资源可用性和进度计划，你正在确定是否将一项活动外包给供应商。你在做什么？
   A. 成本效益分析
   B. 自制或外购分析
   C. 实施采购
   D. 采购策略

3. 你已经决定将一项活动外包给首选供应商。以下哪项是正确的？
   A. 这就是所谓的唯一来源合同
   B. 这是自制或外购分析
   C. 这就是所谓的单一来源合同
   D. 这是一个建议书评估

4. 你正在管理一个办公大楼的建筑项目，需要 10,000 平方英尺（1 平方英尺 ≈ 0.0929 平方米）的地毯。客户更喜欢标准的设计，这种设计的地毯可以从几个供应商那里购买。最好使用以下哪一个招标文件？
   A. 建议邀请书
   B. 信息邀请书
   C. 总价加经济价格调整
   D. 报价邀请书

5. 一个潜在客户有兴趣购买一定数量的你的旗舰产品，这将需要你采购额外的设备来完成这个订单。潜在客户给你发了一封意向书，以便你的公司能够获得银行贷款来采购额外的设备，但银行拒绝了贷款申请。最有可能的拒绝的原因是什么？

A. 你的公司在过去的一年里可能有财务问题和信用问题

B. 你可能没有权力为你的公司申请贷款

C. 意向书不是一个法律文件

D. 可能潜在客户存在严重的信用问题和财务问题

6. 你正在与一个敏捷型项目的几个潜在卖方开会。这最有可能是什么会议？

A. 发布会

B. 投标人会议

C. 迭代审查会

D. 干系人状态会议

7. 你会利用以下哪种工具来寻找潜在的供应商来讨论项目，并接收其建议书？

A. 建议邀请书

B. 建议书评估

C. 采购管理计划

D. 广告

8. 你雇用了一个供应商来执行你项目中的某些活动。以下关于提前终止的说法不正确的是？

A. 你的供应商可以因故终止合同

B. 你的供应商可以为了方便而终止合同

C. 你可以为了方便而终止合同

D. 你可以通过双方协议终止合同

9. 关于已经完成的工作和同意完成的工作，你与一个供应商发生了争议。你应该怎么做，以确定解决这一争议的下一步措施？

A. 参照采购管理计划

B. 参考你所在组织的法律部门的建议

C. 参考项目的采购经理的建议

D. 参照与供应商的合同

10. 你与你的供应商有固定总价合同。在监督他们的工作时，你最关注的是什么？

A. 诱导转向法

B. 使用的资源比原来计划的多

C. 计划放缓导致成本增加

D. 原材料成本增加

基础主题

采购是指从组织外部获得货物和服务。项目经理和团队决定是在内部进行采购工作还是将工作外包。项目经理和团队规划和管理协议和合同，确保供应商执行合同规定的工作。在采购过程中可能会有重大的法律义务和惩罚，所以正确执行这些程序对项目的成功很重要。

> **关键主题**
>
> 考试小贴士：对于 PMP 考试，你需要考虑几个问题。
>
> 1. 项目其他知识领域的大部分活动和过程是指项目经理和团队为客户执行工作。在采购管理中，项目经理和团队现在是客户，需要雇用供应商来执行工作。因此，项目经理和团队向供应商提出要求，并根据这些要求制定项目的范围（或工作说明书）、进度和预算。这些将被记录在一份有法律效力的合同中。
>
> 2. 除非另有说明，问题都从买方的角度出发。如果一个问题没有说明你是买家还是卖家，请始终假设你是买家。
>
> 3. 除非另有说明，否则假设该项目有采购经理，项目经理与之合作进行采购活动。然而，项目经理应该足够熟悉采购流程，以便对合同做出明智的决定。

《PMBOK®指南》第六版中与采购管理相关的过程如下。

- 规划采购管理。
- 实施采购。
- 控制采购。

下面将详细讨论每个过程，因为它们与 ECO 和 PMP 考试有关。

12.2 规划采购管理

规划采购管理过程是指确定从组织外部获取货物和服务的程序。它涉及做出采购决定和确定潜在卖家的程序。项目经理和团队确定采购期间所需的步骤以及需要谈判的合同类型。

12.2.1 集中采购与分散采购

在集中采购的环境中，所有的采购活动都必须通过组织内部的中央采购部门。必须遵循标准程序，采购部门负责所有的采购活动。

在分散采购的环境中，组织没有采购部门，而是由专门的采购经理来监督每个项目。

表 12-2 显示了集中采购和分散采购的一些优势和劣势。

表 12-2 集中采购与分散采购的比较

集中采购		分散采购	
优势	劣势	优势	劣势
专业采购部门	采购人员并不专职服务于项目	采购人员专职服务于项目	受限于采购人员的经验
标准化的程序和合同文件	采购资源并不总是在你需要时是可用的	项目经理对采购活动有更多的控制权	必须发展专业采购知识
项目经理不需要在采购活动上花费那么多时间			

12.2.2 合同的组成部分

一份合同必须至少包含这 5 个要素。

- **要约**：这一组成部分记录了卖方所提供的货物或服务。
- **验收**：这一组成部分记录了买方所接受的货物或服务。
- **能力**：这一组成部分确保卖方能够完成工作，并且合同签署人要心智健全且达到法定年龄。
- **对价**：这一组成部分也被称为"交换条件"，即卖方提供货物或服务以换取某种回报。回报通常是金钱，但也不一定是金钱。
- **法律目的**：这一组成部分确保所交付的货物或服务必须是在所交付的地方合法的货物或服务。例如，如果在你的办公大楼旁边建造一座 200 英尺高的塔是非法的，那你就不能签订合同来这样做。

通常情况下，合同的组成部分比这里列出的要多得多，但这些是合同的最少组成部分。合同的其他组成部分包括如下内容。

- 交付日期和进度。
- 工作描述。
- 双方的责任。
- 担保和保证（如果适用）。
- 对权威的识别。
- 终止条款。
- 条款和条件。

这绝不是一个详尽的清单，但它代表了合同中典型的几个组成部分。

12.2.3 合同的类型

关键主题 对于 PMP 考试，考生只需要了解几种类型的合同（和一些变形）。在现实世界中，有许多类型的合同，而且合同本身可以是其他类型的合同的混合体。

12.2.3.1 预测型环境下的合同

对于 PMP 考试，考生需要知道预测型项目的 3 种基本合同类型以及其中两种合同类型的一些变形。在现实世界中，有许多类型的合同，一份合同还可以是其他几种类型的合同的混合体。在 PMP 考试中，考生需要知道的合同类型有以下几种。

1. 总价合同

■ 在总价合同中，买方以预先确定的固定价格完成整个采购工作，如果买方在合同签订后不改变工作范围，买方只需向卖方支付这一固定价格。

■ 在总价合同中，卖方承担了合同的所有风险（因此，卖方必须控制成本）。请记住，风险意味着不确定性，所以卖方在这种合同上拥有所有的不确定性。买方清楚地知道将为工作支付的价格。

■ 总价合同必须有非常详细的工作说明书，因为买方和卖方都需要就工作的确切参数达成一致，并就哪些将交付，哪些将不会交付达成一致。

考试小贴士：在以下情况下，买方更倾向于选择总价合同。

■ 需求是明确的。

■ 项目清晰明了且仅有极小的风险。

■ 买方希望减少其组织的风险。

■ 买方希望合同更容易管理（例如，买方将收到一张总价发票，不需要根据交付的材料和完成的工作核实收据）。

总价合同的变形如下。

■ **固定价格（Firm Fixed Price, FFP）**：这是最常见的固定价格合同类型，也是大多数买方组织的首选，因为货物或服务的价格一开始就确定了，除非工作范围发生变化，否则合同价格不会有变化。

■ **总价加激励费用（Fixed Price Incentive Fee, FPIF）**：在固定价格中加入激励，其形式可以是奖金、罚款或成本分摊。

◆ 在罚款的情况下，卖方有动力实现某个预先确定的目标；否则，他们可能需要支付罚款。

◆ 在成本分摊的情况下，设置价格上限，任何超过价格上限的费用由卖方承担。

■ **总价加经济价格调整（Fixed Price with Economic Price Adjustment, FPEPA）**：这种固定价格合同对通货膨胀、价格波动、汇率波动或其他经济条件等因素进行了调整。

2. 成本补偿合同

在成本补偿合同中，卖方的所有费用和开支都可得到补偿，并可获得基于某些因素的费用。

在这种类型的合同中，买方承担了合同的所有风险，因为最终成本在项目结束之前是未知的。卖方没有控制成本的动机，因为由买方付款，所以卖方可能不会关心浪费或使用额外的资源。因此，买方可能会努力控制成本。

考试小贴上：在以下情况下，买方更倾向于采用成本补偿合同。

■ 预计在整个项目中范围会有巨大变化。

■ 有高风险（不确定性），买方不能在一开始就确定范围、预算或进度（如研究和开发项目）。

成本补偿合同的变形如下。

◆ **成本加成本百分比**（**Cost Plus Percentage of Cost, CPPC**）：在这种类型的合同中，卖方获得成本的补偿，并获得预先确定的成本百分比。例如，如果合同上写着"成本+10%"，卖方就可以报销他们的所有费用，再加上成本的 10%（此部分就是卖方将获得的利润）。在这种类型的合同中，卖方可能有增加成本的动机，因为成本越高，他们得到的报酬就越多。

◆ **成本加固定费用**（**Cost Plus Fixed Fee, CPFF**）：在这种情况下，卖方可以报销所有的费用，并获得一笔固定的费用，无论成本如何。

◆ **成本加激励费用**（**Cost Plus Incentive Fee, CPIF**）：在这种情况下，卖方可以报销所有的费用，并且如果卖方满足一定的条件，他们可以得到一笔激励费用。

◆ **成本加奖励费用**（**Cost Plus Award Fee, CPAF**）：卖方收到一笔固定的成本费用和一笔主观奖励（可以认为是"小费"），奖励由买方决定。

3. 工料（**Time and Material, T&M**）**合同**（又称时间和手段合同）

■ 在工料合同中，卖方因时间得到报酬，因材料得到补偿。

■ 每个单位时间都有卖方的利润在内。例如，如果卖方每小时收费 200 美元，成本是每小时 120 美元，那么卖方每小时的利润是 80 美元。另外，卖方也得到成本补偿。

■ 这种类型的合同通常有"已知成本"或"不超过"（也称为最高价）的条款，合同的风险最初由买方承担，直到达到最高价，在最高价的情况下，风险就会转移到卖方。

考试小贴士：在下列情况下，买方更倾向于采用工料合同。

■ 无法快速编制或认可准确的工作说明书。

■ 短期的扩充人员类的项目。

---

4. 不确定交货量合同

这种类型的合同规定了货物或服务的不确定数量，并规定了既定时间段内的货物或服务的不确定数量的上限和下限。

12.2.3.2 适应型环境下的合同

以下是考生在 PMP 考试中需要了解的敏捷型合同的基本类型。

- **时间上限和材料合同**：这类似于传统的工料合同，为客户设定了时间上限；但是，如果项目提前结束，卖方可以得到利润。
- **目标成本合同**：买方和卖方同意最终成本并分享任何成本超支或节约的情况。
- **增量交付合同**：价格是按迭代谈判的，但合同可以在项目的预先谈判点进行审查和调整。

需要注意的另外两种类型的合同如下。

- **竣工合同。**
  - ◆ 大多数此类合同被认为是完成合同。
  - ◆ 卖方因提供特定货物或服务而获得报酬。
  - ◆ 它要求卖方完成并交付指定的产品。
- **定期合同。**
  - ◆ 当范围、进度和预算没有确定时，它是比较笼统。预算没有确定，也不保证完成任何成果。
  - ◆ 它用于指定时间段内的特定工作水平，而不是可交付物。
  - ◆ 例如，你在一个研究和开发项目中雇用了供应商来完成 1000 小时的工作。该供应商派了一个团队给你，你把任务委托给该团队。他们总共完成了 1000 小时的工作，然后合同就结束了。然而，并不能保证这个团队会交付成果。

12.2.4 规划采购管理的重要工具和技术

项目经理和团队需要在项目期间仔细规划采购过程，以确保为适当的工作选择了合适的供应商，并正确地进行了合同谈判。下面的内容描述了一些可能使用的常用方法和工具。

关键主题

12.2.4.1 自制或外购分析

自制或外购分析是指决定在内部进行工作还是雇用供应商来完成工作。在做出这一决定时，有许多考虑因素，具体如下。

- **成本**：由供应商来完成这项工作是否更有成本效益？项目经理和团队进行成本效益分析，以确定将工作外包或在内部执行是否具有成本效益。项目经理可能需要考虑 ROI、NPV、投资回收期、IRR 和效益成本比（Benefit Cost Radio，

BCR）等。

- **进度**：如果项目进度落后于计划，且项目有固定的最后期限，项目经理可以决定将一些活动外包给供应商，试图将项目拉回正轨。这是纠正措施的一个例子。
- **风险**：项目经理想减少组织的风险或转移风险。
- **资源**：项目经理没有执行这项工作的资源（如一台专门的机器或有专门技能的人员），所以项目经理把工作外包给有资源的供应商。
- **要求**：项目经理不具备满足要求的专业知识。
- **质量**：工作质量可能达不到标准。

项目经理可能倾向于将工作留在内部的一些原因如下。

- **控制**：如果项目经理决定团队自己执行工作，那么项目经理对工作有更多的控制权。当工作外包时，就会受到供应商的控制。
- **专有信息**：项目经理希望保持机密信息的安全。
- **新的业务领域**：如果业务正在扩展到新的领域，项目经理希望在这个领域增长专业知识，并可能决定通过雇用具有新技能的新员工在内部完成工作，而不是外包给供应商。

关键主题

12.2.4.2　供方选择分析

买方在决定外包工作时，需要评估和确定他们希望雇用的供应商的类型。供应商必须满足最低标准才能被考虑签订合同，而最低标准必须在提交招标书之前确定。这种评价方法是指供方选择分析，而决策标准是指供方选择标准。

举个简单的例子，假设你需要对你的房子进行一些改造工作。对于这类项目，你不会向大型跨国建筑公司招标，你会联系当地的小型承包公司来做这项工作。这就是你的供方选择标准。

供方选择标准的其他常见例子如下。

- **最低成本**：公司决定需要选择成本最低的供应商，而不考虑质量或任何其他因素。
- **仅凭资质**：例如，一个标准可能是"项目经理必须获得 PMP 认证"。
- **供应商的规模和经验**：例如，项目经理可能只考虑大型组织。反之，项目经理可能决定只考虑小型组织来竞标这个合同。
- **分类**：项目经理只考虑属于某个类别的组织。例如，项目经理可以选择退伍军人拥有的小企业或妇女拥有的小企业，这在美国联邦政府的合同中很常见。
- **财务能力**：项目经理需要确定该供应商是否是一个有偿付能力的组织。

- **技术能力**：项目经理需要考虑供应商在提供货物或服务方面有多少技术专长。
- **管理方法**：项目经理需要考虑供应商的管理方法是否与组织的管理方法兼容。
- **保修**：项目经理可以考虑供应商提供什么类型的保修。
- **过往绩效**：项目经理需要审查供应商在过去的项目中的绩效，或者供应商从其他客户那里得到了什么样的绩效评价（例如，网上评价）。
- **风险**：项目经理可能会考虑外包给供应商所涉及的风险。例如，项目经理可能会确定，与本地供应商相比，从 500 英里（1 英里 ≈ 1609.34 米）外的供应商那里接收原材料的延迟风险更高。
- **推荐信**：项目经理所在的组织可能需要供应商以前的客户的推荐信。
- **固定预算**：作为买方，项目经理有一个固定预算，而潜在的卖方则提出他们可以在这个固定预算内完成的工作。

这些只是一些例子，不是一个详尽的清单。每个组织在试图确定与哪些供应商合作时都有自己的一套考虑。

这种分析被称为**供方选择分析**，该决策标准被称为供方选择标准。

有两种类型的供方选择分析是非竞争性的。

关键主题

- **独有来源**。
  - ◆ 在这种情况下，只有一个供应商可以提供货物或服务，所以项目经理别无选择，只能选择这个供应商。
  - ◆ 这种情况可能是由于垄断造成的，或者供应商由于专利而拥有独家权利。
- **单一来源**。
  - ◆ 这指的是首选供应商。
  - ◆ 在这种情况下，如果项目经理愿意，可以选择接触其他供应商，但由于首选供应商已经被组织审查并证明了他们的能力，大多数项目经理只雇用首选供应商。

12.2.5 规划采购管理的重要工件

以下涉及的工件是作为采购规划的一部分而创建的。

12.2.5.1 采购管理计划

采购管理计划记录了团队将如何从组织外部获得货物或服务。它记录了以下内容。

- 如何协调采购工作。
- 干系人的与采购有关的角色和职责。
- 关于采购的风险管理程序。
- 获得投标的过程。

- 如何管理多个供应商。
- 开展重要采购活动的时间表。
- 法律管辖区和货币。

这并不是一份详尽的清单，只是采购管理计划中记录的一些事项类型的例子。

12.2.5.2 采购策略

在确定将工作外包后，要为外包的活动制定策略。采购策略的 3 个基本组成部分如下。

- **交付方法**：例如，项目经理是否允许供应商使用分包商？供应商是合资企业吗？采用定制的交付方法吗？根据行业、项目和情况，有不同的交付方法。
- **合同支付类型**：项目经理喜欢对哪种类型的合同进行谈判？在项目的哪些阶段将向卖方付款？
- **采购阶段**：如果适用，该策略记录如何在项目的各个阶段进行采购。

12.2.5.3 招标文件

招标文件是用于向卖方发布的征求建议书。对于考试来说，考生应该知道 3 种基本类型的招标文件。

- **信息邀请书（Request For Information，RFI）**。
  - ◆ 买方或卖方需要更多的信息。
  - ◆ 有时在发出建议邀请书（Request For Proposal，RFP）之前使用。
  - ◆ 有时在提交了建议邀请书之后使用。
- **报价邀请书（Request For Quote，RFQ）**。
  - ◆ 它通常只关注价格。
  - ◆ 它一般用于不需要个性化定制的标准项目。
  - ◆ 例如，你需要购买 1,000 卷长度为 100 英尺的铜线。这是一个标准产品，你不是在定制产品。你只需要知道价格底线：将花费多少钱？
- **建议邀请书**。
  - ◆ 它专注于客户的需求和要求。
  - ◆ 卖方在收集需求和确定项目范围之前不能给出报价。
  - ◆ 例如，你需要实施一个专门为业务流程设计的商业智能系统。这是一个定制产品，所以在供应商能够提供报价之前，需要收集和了解需求。

12.2.5.4 采购工作说明书

采购工作说明书通常被称为服务采购的工作大纲（Term Of Reference，TOR）。它由范围说明书发展而来，包括以下内容：

- 卖方需要执行的任务。
- 卖方必须遵守的标准。
- 需要提交批准的数据。
- 范围、进度、预算和其他限制因素。

　　采购工作说明书是一份详细的文件，将成为合同的一部分。具体的详细程度取决于合同的类型，但它必须写得足够详细，以便买方和卖方都能理解并同意哪些是要交付的，哪些不是要交付的。表 12-3 提供了上文刚刚讨论过的采购文件的摘要。

表 12-3　　　　　　　　　　　　采购文件对比

采购管理计划	采购策略	采购工作说明书	招标文件
采购工作将如何与其他项目工作协调和整合，特别是资源、进度计划和预算工作	交付方法	对采购内容的描述	信息邀请书 报价邀请书 建议邀请书
关键采购活动的时间表	合同支付类型	规格、质量要求和绩效指标	
用于管理合同的采购指标	采购阶段	所需附加服务描述	
所有干系人的责任		验收方法和验收标准	
采购假设条件和制约因素		绩效数据和其他所需报告	
法律管辖区和货币		质量	
关于独立估算的信息		履约时间和地点	
风险管理事项		货币，支付进度计划	
预审合格卖方（若适用）		担保	

12.3　实施采购

　　实施采购过程是指与卖方讨论项目，接受卖方的建议书，选择卖方，与卖方就协议或合同进行谈判，最后签署合同，或达成协议。协议可以以多种形式记录，具体如下。

- 服务水平协议（Service-Level Agreement，SLA）。
- 保密协议（Nondisclosure Agreement，NDA）。
- 补充协议。
- 谅解备忘录（Memorandum Of Understanding，MOA）。
- 合同。

12.3.1　实施采购的重要工具和技术

　　以下介绍实施采购的一些常用方法和工具。

12.3.1.1　广告

根据选择标准，项目经理需要寻找潜在卖方来提交建议邀请书或报价邀请书。其中一种方法是做广告，以便潜在卖方能够联系到项目经理。在独有来源或单一来源的情况下，项目经理不需要使用这种方法。

12.3.1.2　投标人会议

投标人会议是与所有潜在卖方进行的一次会议，以确保所有卖方对采购过程有清晰和共同的理解。它可以是面对面的会议、电话会议或视频会议。投标人会议的主要特点如下。

- 会议由买方在卖方提交任何投标书之前举行。
- 其目的是确保公平和平等的竞争环境，使任何卖方都不会得到优惠待遇。
- 一般由买方向卖方发出建议邀请书，邀请他们参加投标人会议。买方告知卖方提交任何问题的最后期限，所有问题都会得到回答，并提供给所有潜在卖方。
- 会议本身是公开的对话，买方与所有潜在卖方公开讨论项目，所有潜在卖方可以公开提问。
- 该过程是透明的，并试图防止对某一特定卖方的偏袒，以及买方和卖方组织之间的勾结。
- 从买方的角度来看，使用投标人会议的主要优势之一是买方只需要组织一次会议。否则，买方将组织与每个卖方的单独会议来讨论同一个项目，这将更耗费时间。想象一下，如果你有 20 个潜在卖方，你可以组织 20 个单独的会议，即为每个供应商组织一个会议，来讨论同一个项目，或者组织一个投标人会议，邀请他们全部参加。

根据行业和组织的不同，投标人会议有不同的形式，但前面列出的几点是基本原则。不是每个行业都使用投标人会议。例如，在美国，投标人会议在联邦政府机构中很常见，但私营行业很少使用这种方法。

12.3.1.3　建议书评估

在项目经理作为买方收到潜在卖方的投标书后（在投标人会议后或其他情况下），项目经理需要评估这些建议书并对其进行排序，以决定选择哪一个。有许多评估建议书的方法，所有组织和个人都有自己的方法。根据建议书评估，项目经理选择排名最高的供应商，并开始与他们进行合同谈判。

这里需要的关键人际交往技能是谈判。记住，在 PMP 考试中，假定项目经理在进行合同谈判时总是能得到采购资源。虽然项目经理可能不是主要的谈判者，但无论如何，项目经理仍然可以参与到合同谈判中。

考试小贴士：PMI 假设项目经理在进行合同谈判时，总是能获得采购资源。

12.3.2　其他重要的采购术语

以下是考生在 PMP 考试中需要注意的更多的采购术语。

合格供应商名单：这些供应商符合供方选择标准，并被批准提供货物或服务。他们还不一定能获得合同。买方将向这些供应商发出建议邀请书或报价邀请书，接收他们的投标书。

意向书（Letter Of Intent，LOI）：这份文件概述了一方与另一方做生意的初步意向。它可以在许多方面使用；然而，它不是一份法律文件。

相对性原则：这个术语指的是买方和卖方之间的合同义务。如果你与一个供应商签订了合同，你与这个供应商有相对性原则，而供应商与你也有相对性原则。你们双方对彼此都有法律义务；但是，如果供应商决定将部分工作外包给分包商，你与他们的分包商没有相对性原则，因为你没有与分包商签订合同。因此，你不能委托任何工作，甚至不能与分包商沟通。你所有的委托和沟通都需要通过与你有相对性原则的供应商进行。

不可抗力：合同中的这一条款指的是"天灾"，即你无法控制的，也无法提前预测的负面和突发事件。这包括自然灾害，如洪水和飓风，以及人为造成的情况，如暴乱和战争。该条款规定，任何一方都不能对由于他们无法控制的因素而导致的无法履行工作承担责任。

12.4　控制采购

控制采购过程是指合同管理以及监督供应商的工作。控制采购是管理采购关系，确定采购的成功和失败，控制任何变更，并结束与供应商的合同的过程。

因为买方和卖方相互之间拥有相对性原则，每一方都对另一方负有法律义务，所以双方都要确保另一方履行其合同义务。如果任何一方想修改合同，必须通过合同变更控制过程。

作为买方，项目经理对供应商进行定期的绩效审查，以确保他们按照合同中的约定执行工作，并观察他们执行工作的效率。例如，项目经理判断供应商是否及时交付高质量的工作，或者是否不断有缺陷被项目经理和团队指出来。项目经理定期测试和检查供应商的工作，以确保他们提供合同规定的产品或服务。

监督供应商工作的方法也可能由合同的类型决定，具体如下。

- **固定价格：**由于卖方在成本方面承担不确定性，项目经理可能需要注意"诱导转向法"，通过这种做法，供应商承诺使用（并且项目经理已经支付）高等级和高质量的原材料,但实际上使用较低等级和较低质量的原材料来降低他们的成本。

■ **成本补偿**:因为买方要支付所有的费用,作为买方,项目经理可能想监督卖方的成本,并确保所使用的资源确实为项目增加价值。例如,卖方带来的 5 个额外的团队成员是否真的需要?还是他们只需要 3 个?

■ **工料**:因为在为卖方的时间付费,所以项目经理可能想观察供应商的工作,并监督他们的发票,以确保他们没有在进度上做文章。例如,如果他们向你收取 100 小时的工作费用,你要确保他们确实进行了 100 小时的生产性工作,而不是他们休息了很久,故意工作得很慢,以延长时间,同时向你收费。

控制采购的重要工具和技术

接下来的内容描述了一些常用的工具和技术,可以用它们来监控供应商的工作。

1. 绩效审查和检查

绩效审查和检查用于买方测试以及检查卖方的工作,以确保工作是按照合同规定进行的。在合同结束前,买方可以进行用户验收测试、演练,或检查可交付物。具体的程序和活动取决于项目的行业和性质。

此外,买方确定供应商的工作绩效以及他们的效率。例如,他们的进度是提前还是落后于进度计划,成本超出预算还是低于预算?产品是否有质量问题?

2. 审计

审计是独立的审查,以确保遵守项目的过程和程序。独立的小组核实项目团队成员是否遵守组织的政策、程序和标准,并识别任何差距。

3. 合同变更控制系统

对合同的任何修改都必须经过正式的变更控制过程。由于合同是法律文件,合同变更控制过程可能比普通的内部变更控制过程更复杂,因为有外部当事人参与其中。一方可能不理解另一方为什么需要变更,所以在达成协议之前可能会有更多的反复交涉。

合同变更有不同类型,具体如下。

■ **行政变更**:这些是简单的非实质性的变更,也是最常见的变更。它们通常很容易用最小的努力来完成,如人员、联系信息和拼写错误的变更。它不会使项目的实际范围或预算或进度发生变化。

■ **合同变更**:这些变更是指对合同的实质性变更,如对范围、功能或期限的变更。

■ **补充协议**:这些变更是指与合同有关但单独谈判的额外协议。

■ **推定变更**：这些变更是由买方的行动或不行动引起的。例如，由于买方未能提供使卖方继续工作所需的信息，进度需要变更。由于买方的不作为，工作被耽搁了。

■ **合同的终止**：这些变更将在 12.4.1.5 节中讨论。

4. 索赔管理

如果有争议（或分歧），买方和卖方必须努力解决争议，索赔管理的程序在合同本身就有记录。

一些常见的争议领域如下。

■ **保修**：产品或服务在保修期结束前出现故障。

■ **弃权**：这意味着放弃某些权利。

■ **违约**：存在不履行义务的情况。

■ **停止和终止**：呼吁停止一项非法活动，不再进行该活动。

按照合同规定的程序进行谈判以解决争议是首选方法，但如果失败了，可能会有替代争议解决（Alternate Dispute Resolution，ADR）方法，这也是合同中所记录的，如调解和仲裁。

5. 结束采购

采购可以通过以下两种方式之一结束。

■ **合同的完成。**

 ◆ 卖方已完成工作，产品或服务已成功交付给客户。

 ◆ 这是结束合同的最佳方式。

 ◆ 通常情况下，未付发票的最后付款标志着合同已经结束。

 ◆ 在较大的项目中，完成后可由买方向卖方发出书面通知，确认合同已经结束。

■ **合同的提前终止。**

 ◆ **方便起见。**

对于 PMP 考试，只有买方有权终止合同，而且必须在合同中协商。它不是自动隐含的。

这个终止条款规定，买方可以由于商业原因提前取消合同。

例如，如果高级管理层取消了项目，买方可以提前终止与卖方的合同。

 ◆ **正当原因。**

这种终止是买方和卖方的一种默示权利，指的是对合同的重大违约。

任何一方都可以因另一方的违约行为而采取法律行动。

 ◆ **双方同意。**

经双方同意，可以提前取消合同。

这对买方和卖方都是一种权利。

备考任务

12.5 复习所有关键主题

复习本章中最重要的关键主题，这些关键主题在相应页面都标记有"关键主题"图标。表 12-4 列出了这些关键主题以及相应的描述。

表 12-4　　　　　　　　　第 12 章的关键主题以及相应的描述

关键主题	描述
考试小贴士	采购
章节	合同的类型
章节	自制或外购分析
章节	供方选择分析
章节	非竞争性的采购形式
段落	投标人会议
段落	共同利益关系
章节	结束采购

12.6 复习题

1. 你是一个组织的 IT 项目经理，该组织的高级管理层是厌恶风险的。在实施一个项目的中途，由于你的公司缺乏资源，你决定一些活动需要外包给一个供应商。你应该就哪种类型的合同进行谈判？

   A. 工料合同

   B. 固定总价

   C. 成本加固定费用

   D. 成本加激励费用

2. 在以下哪种情况下，你最有可能使用建议邀请书？

   A. 你需要 200 英尺的铜管

   B. 你需要 35 把椅子用于会议室

   C. 你需要为你的 IT 系统定制一个解决方案

    D. 你需要为办公室配备 50 台标准笔记本电脑

3. 你的高级干系人希望你选择一个小型的本地供应商来执行你计划外包的一项活动。以下哪项是正确的？

    A. 这是供方选择标准

    B. 这是一个自制或外购分析

    C. 这是一项需求

    D. 这是一项采购策略

4. 你决定将工作外包，并与一家企业签订了成本加成本百分比合同。在整个项目中，你最关心的问题是什么？

    A. 进度

    B. 供应商对专有信息的访问权限

    C. 供应商的专长

    D. 成本

5. 你需要为一个酒店建筑项目购买 500 扇同等大小的窗户。

    你应该向供应商提交什么类型的招标文件，以便他们能给你一份报价？

    A. 报价邀请书

    B. 建议邀请书

    C. 信息邀请书

    D. 固定总价

6. 你的供应商雇用了他们的一个分包商，而这个分包商表现极其不佳。你已经多次与分包商联系，但他们已经完全忽略了你。以下哪项是正确的？

    A. 分包商有权不回应你

    B. 由于他们表现不佳，你应该因故取消合同

    C. 你应该对该分包商采取法律行动

    D. 你应该对你的供应商采取法律行动

7. 在以下哪种情况下，将适用不可抗力条款？（选择两项）

    A. 该地区处理经济状况不佳的问题

    B. 一场突然的龙卷风在该地区登陆

    C. 该国家已经进入了经济衰退期

    D. 该地区的材料价格已经上涨

    E. 该地区发生了暴乱

    F. 供应商的分包商推迟了原材料的运输，而你的分包商却没有这样做

8. 你的供应商要求修改合同。在开始工作之前，他们正在等待你的团队成员提供重要数据和需求细节。然而，自提出申请已经过了几个星期，他们仍然没有收到他们需要的信息，

这将危及最后期限。他们正在要求延长最后期限。你应该怎么做？

　　A. 因故终止合同

　　B. 由于合同修改而延长期限

　　C. 将此条目添加到风险登记册

　　D. 由于建设性的变更而延长期限

9. 以下哪项是行政变更合同的一个例子？

　　A. 合同因故终止

　　B. 由于买方未能提供供应商开始工作所需的原材料，期限被延长

　　C. 联系人的电话号码已经改变

　　D. 由于一个新的发现，合同上协商的成本需要变更

10. 将左边的合同类型与右边的情景相匹配。

1. 固定总价	A. 你需要雇用 3 个技术分析员，为期两周，以完成项目上的一些任务
2. 成本加固定费用	B. 你需要详细了解最终的成本是多少
3. 工料合同	C. 项目的结果在范围、时间和成本上是不确定的
4. 总价加经济价格调整	D. 这是一份为期 5 年的合同，你想降低你的组织的风险，但你已经同意根据通货膨胀进行调整

本章涵盖有关不确定性绩效域和风险管理知识领域的以下主题。

- 不确定性和风险管理概述：介绍不确定性和风险管理中的重要概念和术语，为进一步讨论提供基础。
- 规划风险管理：介绍用于规划风险管理的工件、工具和技术。
- 风险管理的重要工件：介绍所有风险管理过程所使用的重要风险管理工件。
- 风险识别和分析：介绍与风险识别以及定性和定量风险分析有关的重要工具和技术。
- 规划风险应对：介绍用于管理威胁和机会，以及具有不同特点的不确定性的重要策略。
- 风险应对的实施和风险监督：介绍实施风险应对和监督风险中使用的重要概念。

第 13 章

不确定性

本章将介绍与管理项目的不确定性和风险有关的活动和功能。本章将重点讲解 PMI 所强调的重要基础知识、过程、工具、概念和术语，以便考生能够更好地为 PMP 考试做准备。

在《PMBOK®指南》第六版中，风险管理涵盖在风险管理知识领域中，该知识领域中包括以下过程。

- 规划风险管理。
- 识别风险。
- 实施定性风险分析。
- 实施定量风险分析。
- 规划风险应对。
- 实施风险应对。
- 监督风险。

在《PMBOK®指南》第七版中，8 个项目绩效域之一是不确定性绩效域。这表明 PMI 重新认识到这个项目管理领域对项目成功的重要性。

关键主题

根据《PMBOK®指南》第七版，如果有效执行了不确定性绩效域，项目将显示以下结果。

1. 对项目环境的认识，包括技术、社会、政治和经济环境。
2. 对不确定性的积极探索和回应。
3. 对项目中多个变量的相互依赖关系的认识。
4. 预测威胁和机会的能力，并了解问题的后果。
5. 项目的交付几乎不受不可预见的事件或条件的影响。
6. 实现提高项目绩效的机会和成果。
7. 有效利用成本和进度储备，与项目目标保持一致。

本章将讨论《PMBOK®指南》第六版和《PMBOK®指南》第七版中提到的相关原则，并讨论 PMP ECO 中的以下目标。

领域	任务	考试目标
人员	任务 2	领导团队
人员	任务 3	支持团队绩效
人员	任务 7	为团队解决和消除各种障碍
人员	任务 8	协商项目协议
人员	任务 9	与干系人协作
人员	任务 13	指导有关的干系人
人员	任务 14	通过运用情商来提升团队绩效
过程	任务 3	评估和管理风险
过程	任务 4	让干系人参与进来
过程	任务 5	规划并管理预算和资源
过程	任务 6	规划和管理进度
过程	任务 7	规划和管理产品/可交付物的质量
过程	任务 8	规划和管理范围
过程	任务 9	整合项目规划活动
过程	任务 10	管理项目变更
过程	任务 13	确定合适的项目方法论/方法和实践
过程	任务 15	管理项目问题
业务环境	任务 1	规划和管理项目的合规性
业务环境	任务 2	评估并交付项目利益和价值
业务环境	任务 3	评估并解决外部业务环境对范围的影响

13.1 摸底小测试

摸底小测试可以帮助你评估自己是应该认真阅读本章内容，还是直接跳到"备考任务"部分。如果你对答案没有把握，或者你对题目涉及的知识有疑问，请认真阅读本章内容。表 13-1 列出了本章知识点和相对应的测试题目。你可以在附录 A 中找到这些题目的答案。

表 13-1 本章知识点和相对应的测试题目

本章知识点	测试题目
不确定性和风险管理概述	1～2
规划风险管理	3
风险管理的重要工件	4
风险识别和分析	5～7
规划风险应对	8～9
风险应对的实施和风险监督	10

注意: 自我评估的目的是衡量你对本章内容的掌握程度。如果你不知道某道题的答案, 或者感到模棱两可, 你应该将此题标记为错误, 以便对相关内容进行学习。如果猜对了答案, 会使你的自我评估产生偏差, 并可能产生一种"已经掌握"的错觉。

1. 威胁和机会之间的区别是什么?

   A. 没有区别。它们都是需要管理的风险

   B. 机会将被上报给高级管理层, 因为需要更多的权力才能利用机会

   C. 没有区别。它们都会对项目目标产生负面影响

   D. 威胁是能够对项目目标产生负面影响的风险。机会是能够对项目目标产生正面影响的风险

2. 风险偏好、风险临界值和风险容忍度之间的区别是什么?

   A. 没有区别。这 3 个术语是可以互换的

   B. 风险偏好描述了组织在风险方面的总体态度。其他两个术语的意思是一样的

   C. 风险偏好描述了组织在风险方面的总体态度, 风险容忍度定义了组织能够接受多大的影响, 而风险临界值定义了风险无法再被接受的影响点

   D. 风险偏好和风险容忍度的含义是一样的, 两者都定义了组织对风险的总体态度。风险临界值定义了必须避免的风险的影响程度

3. 关于风险管理计划, 以下哪些说法是正确的? (选择两项)

   A. 它包含项目要管理的风险

   B. 它通常包含风险策略、风险类型, 以及风险概率和影响的定义

   C. 它通常包含风险登记册、风险报告, 以及定义的初始风险清单

   D. 它记录了如何对项目的风险进行管理和控制

4. 哪些风险管理过程使用风险登记册和风险报告?

   A. 在风险识别过程中使用风险登记册, 而风险报告是在风险监督期间使用的

   B. 它们在所有的风险管理过程中使用, 贯穿于整个项目

   C. 它们都是在风险识别和风险监督期间使用的

   D. 风险登记册在风险识别和规划风险应对期间使用。风险报告在实施风险应对和风险监督期间使用

5. 哪些是用来描述项目风险的常见来源的缩写词?

   A. RBS、WBS 和 RISKS

   B. PETO 和 VUCA

   C. PESTLE 和 TECOP

   D. PESTLE、TECOP 和 VUCA

6. 定性风险分析的目的是什么?

A. 确定每个已识别的风险发生的概率

B. 为定量风险分析做准备

C. 确定处理每种风险的策略

D. 对已识别的风险进行优先级排序，以便项目能够专注于高优先级的风险

7. 定量风险分析工具的例子有哪些？

A. 模拟、风险概率和影响矩阵，以及 SWOT 分析

B. 德尔菲技术、RBS 和 EMW

C. 模拟、敏感性分析和影响图

D. 决策树、模拟和 RBS

8. 处理威胁的应对策略有哪些？

A. 上报、转移、接受、规避和减轻

B. 上报、分享、接受、开拓和提高

C. 收集信息、为多种结果做准备、增加韧性

D. 渐进明细、实验和原型法

9. 什么是次生风险？

A. 那些被认为是低优先级的风险

B. 在所有风险应对策略实施后，任何剩余的风险

C. 因实施风险应对计划而产生的新风险

D. 那些在主要风险处理完后才处理的风险

10. 以下哪项不是风险监督过程的目标？

A. 识别新的和/或次生风险

B. 实施商定的风险应对计划

C. 评估项目的整体风险水平是否发生了变化

D. 跟踪应急储备的状况

E. 监督风险应对计划的实施情况

基础主题

13.2 不确定性和风险管理概述

关键主题 通过对项目的不确定性和风险的管理，优秀的项目经理真正提供了价值。所有的项目，就其性质而言，都有不确定性的因素，总有一些事件会在项目团队和组织的控制之外发生，从而影响项目实现预期目标的能力。

正如 PMI 的不确定性绩效域成果所强调的那样，关键是要对项目环境有一个全面

的认识，对尽可能多的潜在风险事件进行预测和规划应对，并利用项目方法，使项目对可能发生的已知和未知风险具有弹性。

几十年来，PMI 简单地将项目管理的这一领域称为风险管理，一些读者坚持认为 PMI 仍然可以使用这一提法。在《PMBOK®指南》第六版中，PMI 在讨论非事件风险时引入了变异性风险和模糊性风险的元素，现在在《PMBOK®指南》第七版中，PMI 更进一步，将 8 个绩效域中的一个专门用于不确定性。

PMI 对于不确定性的讨论，包括不确定性本身，即不知道的状态；模糊性，即不清晰的状态；复杂性，即由于人类行为、系统行为或相互依赖的数量而难以管理的事物的特征；易变性，即快速且不可预测的变化的可能性；当然还有风险，即可能发生或不发生的事件。

不管怎么说，所有这些不确定性都是项目的潜在风险，项目经理的重点是减少任何不确定性和模糊性的元素，将复杂的事物分解成更小和更容易管理的部分，为任何波动做好准备，并为实际发生的任何风险事件做好反应。

这种对不确定性的广泛关注有助于确保项目经理和项目团队在评估风险时考虑完整的项目环境，并适当关注影响项目团队提供高质量解决方案的能力，以满足或超过干系人的期望——这主要是指目标项目解决方案中存在的任何模糊性和复杂性。

这种对目标可交付物所涉及的不确定性、模糊性和复杂性的关注，强调了在项目规划期间要考虑的开发方法和质量管理方法的重要性。事实上，开发方法可以成为处理目标解决方案中的具有不确定性、易变性或复杂性的关键风险应对措施之一。这是越来越多地采用适应型开发方法的主要动力之一，因为适应型开发方法同时具有风险管理过程和内在项目弹性。此外，这就是为什么有效的质量管理方法对于管理项目的风险至关重要，尤其是项目解决方案开发过程中固有的不可预见的风险。尽早识别潜在故障和缺陷的能力为项目团队提供了应对的时间，使其能够采取纠正措施，并仍然提供符合干系人期望的解决方案。

此外，像其他项目管理过程一样，管理不确定性和风险不是一次性的活动。它是持续的，直到项目完成。但是，确定项目将如何在前期管理风险是至关重要的。本章后续内容将更详细地介绍这个话题。关于这一点，如何管理风险以及在风险管理的形式上投入多少时间和精力，取决于组织、行业、项目规模、项目复杂性和项目重要性。

在学习为了通过考试需要熟悉的《PMBOK®指南》第六版中的正式风险管理流程之前，且退一步，先学习一些在复习和考试中需要了解的重要风险管理术语和概念。

13.2.1　风险的定义和风险的来源

关键主题

首先介绍一下风险的官方定义。根据 PMI，风险是不确定的事件或条件，风险一旦发生，会对一个或多个项目目标有积极或消极的影响。项目的风险来源因项目的类型、项目环境和行业的不同而不同；然而，常见的环境因素可以影响任何项目的不确定性。这些因素包括但不限于以下几点。

- **经济因素**：例如，整体经济状况、价格波动、汇率波动、实物资源的可用性、供应链状况、借贷资金的能力、通货膨胀和通货紧缩。
- **法律或立法要求和限制**：立法或法律要求的潜在变化会影响到需要满足的合规性水平、需要使用的工作过程或需要生成的文件。
- **政治影响**：这些影响可以是组织内部的，也可以是外部的。
- **技术考虑因素**：这些因素涉及新的、新兴的或复杂的技术。
- **市场影响**：例子包括市场条件的变化和主要竞争对手的潜在行动。
- **社会影响**：这些影响包括文化或媒体的观点。
- **物理环境**：这个因素涉及安全、工作条件和天气。
- **模糊性**：这个因素与不清楚当前或未来条件有关。

13.2.2 风险与问题

关键主题

接下来澄清一下项目中的风险与问题之间的区别。主要的区别是，风险是潜在的问题。如果风险发生了，它现在就是问题。当风险成为问题时，就需要解决方法或纠正措施来保护项目的目标。此外，风险记录在项目的风险登记册中（本章将在后续内容中介绍这个登记册），问题记录在项目的问题日志中。关于风险与问题的区别，请看表 13-2 的快速总结。

表 13-2　　　　　　　　　　　　风险与问题之间的区别

	风险	问题
定义	负面风险是潜在的问题	实际发生的风险
应对战略	风险应对计划	纠正措施或变通办法
记录的文件	风险登记册	问题日志

在敏捷中，问题通常被称为障碍、妨碍或阻碍。一般来说，这些术语是同义的；然而，它们之间存在着微妙的区别，具体如下。

- **障碍**：指的是减缓或阻碍工作或团队进展的情况或行动。例如，高级管理层可能会要求团队在冲刺期间不断汇报并提供状态更新。这将被认为是非增值工作，会阻碍团队的绩效。在这种情况下，团队促进者替代团队进行汇报，从而将团队从这种非增值工作中解放出来。
- **妨碍**：指可以阻止工作开始的障碍，在工作开始前需要移开或避开它。例如，在收到许可证之前，建筑工作不能开始。
- **阻碍**：指的是导致工作开始后停止的事件或条件。例如，软件许可证已过期，团队无法继续工作。

规划和估算产品待办事项列表内容可以帮助识别某些障碍，例如，根据目前提供的信息水平，一个大的用户故事不能被分解成小的用户故事。风险审查是另一个识别障碍的常用工具。

对于考试来说，考生要知道障碍应该首先在每日站会（记住，每日站会应该不超过 10 或 15 分钟）上被传达给团队促进者，但详细的讨论应该在会后以离线方式进行。然后，团队促进者应该与干系人合作，试图消除这些障碍、妨碍和阻碍。团队促进者可以使用障碍任务板来跟踪和沟通障碍的状态。

13.2.3　威胁与机会

关键主题

如果你是风险管理的新手，你可能已经认为所有的风险都是负面的。但情况并不一定如此。负面的风险被称为威胁。正面的风险被称为机会。项目经理和项目团队的目标是尽量减少任何威胁对项目目标的影响，并利用任何可以提高项目目标的机会。

因为大多数人都习惯于威胁，而且大多数项目和组织都关注这些对项目目标的威胁，所以人们往往不确定什么是机会。总之，这两种类型的风险的来源是相同的。潜在的事件或条件决定了它对项目产生正面或负面的影响。请看表 13-3 所示的威胁与机会的例子，以进一步澄清两者的区别。

表 13-3　　　　　　　　　　　威胁与机会的例子

风险来源类别	威胁的例子	机会的例子
政府/政治气候	政府的变化可能导致关税增加，更多出口产品的限制，以及更多的监管	政府的变化可能导致关税减少，减少限制出口产品，以及更少的监管
经济	通货膨胀率的上升可能减少人们对产品的需求	经济状况的改善可能增加人们对产品的需求
技术	使用新技术可能容易产生更多的缺陷	新技术的使用可能会增加团队生产力和降低成本
资源	潜在的外汇兑换率增长可能会影响关键的材料成本，使其增加 25%	潜在的外汇兑换率减少可能会降低关键的材料成本，使其减少 25%
立法/法律	新的立法可能会增加合规性和报告的要求	新的立法可能会产生税收激励，促进客户购买产品
市场条件	竞争者可能会提前发布更先进的产品	市场竞争最小化提供了争取更大市场份额的机会
物理环境	长时间的零度以下天气状况可能会影响施工进度	反常的温暖天气可能允许加快施工进度
社会趋势	社会趋势的转变可能会减少人们对产品的需求	支持重点社会事业的营销活动可能增加客户好感

13.2.4　风险分类和类型

关键
主题

13.2.1～13.2.3 节已经介绍了什么是风险、威胁和机会，以及它们的来源，下面介绍组织项目风险的常见方法。

归纳风险分类的原因是为了改善项目经理对整个竞争领域的看法，提高为管理风险而制定的战略的有效性，避免重复和/或相互矛盾的风险应对策略，并帮助确定在应对这些风险时应将预算和资源集中在哪里。此外，当对所有的风险有更深入的了解，并对它们进行合理的归纳分类之后，项目经理就可以更好地实施综合风险管理方法。这里的综合风险管理方法指的是确定哪些风险可以由项目团队自己管理，哪些风险需要委托或升级到组织内的适当级别进行管理。这样做的过程被称为风险分类。具体来说，风险分类是按受影响的项目领域或其他有用的类别归纳项目风险源的过程，以确定最容易受到不确定性影响的项目领域。

关于考生在 PMP 考试中需要熟悉的风险类型和风险分类，见表 13-4 和表 13-5 的总结。

表 13-4　　　　　　　　　　　　　　　风险类型

风险类型	描述	备注
事件	不确定的未来事件，可能会或可能不会发生	这些是"传统"类型的风险。事件风险可由以下因素引发：自然力量、供应商、客户、政府法规，甚至内部资源变化
非事件	计划中的不确定情况和/或由于缺乏知识或理解导致的不确定性	这种类型的风险包括所有的易变性和模糊性的风险
商业	商业所固有的风险并有可能在财务方面造成损失	这些是保险公司不会承担的风险。例如，失败的项目和失败的商业冒险
可保的	保险公司将承担的风险	常见的类型包括个人风险（事故、死亡）、财产风险（火灾、盗窃、洪水等），以及诉讼风险（诉讼）

表 13-5　　　　　　　　　　　　　　　风险分类

风险种类	描述	备注
基于效果	根据对项目内在制约因素的影响来进行风险分类	典型的基于效果的分类包括基于进度、范围、成本、质量和资源
基于来源	根据来源对风险进行分类	本分类使用与项目风险来源相同的清单（即技术风险、外部风险、内部风险和行业特定风险）
单个风险	影响一个或多个项目目标的风险	这些都是项目经理所关注的风险
整体风险	影响项目整体的风险	这并不等同于所有单个风险的总和。项目整体风险代表了干系人面临的项目结果的影响和/或变化

13.2.5　风险偏好、风险临界值和风险容忍度

关键
主题

在进入正式的风险管理过程之前，介绍 3 个额外的术语，它们对于确定项目的整体风险管理方法是至关重要的。这 3 个术语经常被混淆，且错误地交换使用。

在最高层级上，从风险偏好开始。**风险偏好**指的是组织或个人为了预期的回报或效益而愿意接受的不确定性的程度。在大多数情况下，风险偏好水平以一般类别表示：高、中或低。具有高风险偏好的组织愿意为项目结果带来的高回报而处理更高的风险。特定的组织的风险偏好可以根据以下因素的变化而变化。

- 工业。
- 公司文化。
- 组织目标。
- 组织的财务实力。
- 竞争者。
- 具体项目的重要性和受益机会。

在一些环境中，风险偏好可以分为寻求风险、风险容忍、风险中立或风险规避。表 13-6 提供了对这些风险偏好分类的总结。

表 13-6　　　　　　　　　　风险偏好分类

风险偏好	描述	备注
高 寻求风险	组织欢迎风险和不确定性	由于项目效益提供的高回报，风险是有意接受的
中 风险容忍	组织可以接受大多数的不确定性，并将风险视为业务和项目的正常组成部分	风险不会严重影响行为或项目方法
中 风险中立	组织故意在短期内承担合理的风险以产生长期效益	在风险和回报之间有明显的权衡关系
低 风险规避	组织对不确定性感到不安	尽可能少地承担风险以及尽可能避免和防止风险

在了解组织和项目的风险偏好后，项目经理可以着手建立风险容忍度。**风险容忍度**是干系人或组织愿意接受的某一风险的最大潜在影响。风险容忍度通常用范围表示。例如，预算的+/-10%的成本偏差或 5～10 天的进度延误。换句话说，只要特定风险的影响保持在这些范围内，组织就会接受这个风险。

然而，在某个影响点上，组织或干系人将不再接受该风险，必须采取行动。这个影响点被称为风险临界值。风险临界值指的是对围绕项目目标的可接受的风险区间的度量，项目目标反映了组织和干系人的风险偏好。低于这个风险临界值，组织将接受风险；高于这个风险临界值，将不接受风险。

因此，在前面的风险容忍度的例子中，成本超支的风险临界值是 10%，而进度延

误的风险临界值是 10 天。正如在风险临界值的定义中提到的，组织的风险偏好越高，对项目目标的影响的风险容忍度和风险临界值通常就越高。

上文介绍了风险管理所涉及的关键概念和术语，下面把注意力转向项目风险管理所涉及的 7 个正式过程。

1. 规划风险管理。
2. 识别风险。
3. 实施定性风险分析。
4. 实施定量风险分析。
5. 规划风险应对。
6. 实施风险应对。
7. 监督风险。

13.3 规划风险管理

关键主题

风险管理过程的第一步是确定如何在项目上管理和控制风险。风险管理使用的方法论和方法记录在风险管理计划中。这一步在《PMBOK®指南》第六版中称为规划风险管理。这个过程的主要目的是确保所使用的方法是一致的，并且这些方法与所识别的单个风险的影响以及项目对组织和主要干系人的重要性相匹配。

像其他子管理计划一样，风险管理计划是整个项目管理计划的组成部分，它是通过专家判断、干系人访谈、会议以及 OPA 和 EEF 输入的结合来制定的。

尽管规划风险管理是在项目开始时进行的，但它不是一次性的任务。应在整个项目中定期评估风险管理计划的有效性，并在需要时进行调整。

> **注意：** 风险管理计划并不包含项目的具体风险。风险管理计划描述了如何管理和控制风险。实际的项目风险记录在风险登记册（或风险清单）中。

如前所述，规划风险管理过程的重要输出或工件是风险管理计划。接下来介绍风险管理计划的常见要素。

- **风险策略：** 此部分描述管理项目风险的一般方法。风险策略在很大程度上受到组织和关键干系人的风险偏好的影响。
- **方法论：** 此部分定义用于对项目进行风险管理的具体的方法、工具和数据源。
- **角色和责任：** 此部分定义风险管理计划中描述的每一类活动的上级领导、支持人员和风险管理团队成员及他们的职责。
- **资金：** 此部分确定开展风险管理活动所需的资金，并制定应急和管理储备的协议。
- **时间安排：** 此部分定义在整个项目中进行风险管理活动的时间和频率。这些过程事件应被纳入项目进度计划。

- **风险类型**：此部分提供分类清单，以帮助组织确定项目的风险。13.2.4 节讨论了风险类型。
- **干系人的风险临界值**：此部分记录关键干系人的风险偏好。具体来说，应注意围绕每个项目目标的可衡量的风险临界值水平，因为它们驱动用于评估和优先考虑个别风险的概率和影响的定义。此外，这些风险临界值水平决定整个项目风险暴露的可接受水平，并驱动将要实施的风险管理方法。
- **风险概率和影响的定义**：此部分定义将用于项目的概率和影响的级别。大多数项目至少有高、中、低 3 个基本级别。然而，需要更详细的风险管理方法的项目可能有额外的级别。关键是每个级别都有概率级别和影响级别的定义，而这些定义在概率和影响矩阵中使用。在许多情况下，这些定义是由组织预先定义的，是 OPA 的一部分。无论采用哪种方式，项目经理可能仍然需要根据特定项目来制定风险概率和影响的定义。参见表 13-7，这是一个涵盖 3 个项目目标的概率和影响的定义的例子。

表 13-7　　　　　　　　　　　　概率和影响的定义的例子

级别	概率	对项目目标的影响（+/-）		
		时间	费用	质量
高	≥70%	>12 周	>25 万美元	对关键功能有重大影响
中	30%～69%	4～12 周	5 万～25 万美元	对关键功能有一些影响
低	<30%	< 4 周	<5 万美元	对关键功能有轻微影响

- **概率和影响矩阵**：此部分描述在执行定性风险分析的过程中，用来给各个风险（威胁和机会）分配相对值的评分矩阵。这个评分用来确定单个风险相对于其他风险的优先级。
- **报告格式**：此部分定义风险管理过程的输出如何记录、分析和交流。具体来说，风险登记册和风险报告的内容和格式在此定义。
- **跟踪**：此部分定义如何记录风险活动以及如何审计风险的管理过程。

13.4　风险管理的重要工件

上文介绍了风险管理计划的工件，下面介绍当涉及风险管理时需要熟悉的另外两个重要工件：风险登记册和风险报告。

风险登记册和风险报告的结构是作为规划风险管理过程的一部分起草的，它们在所有的风险管理过程中被使用（更新）。

13.4.1 风险登记册

关键主题　　　**风险登记册**用作在整个项目中进行的所有风险管理活动的中央存储库（逻辑数据库）。每一个被识别的风险都记录在风险登记册中。在风险登记册中记录的数据根据具体的因素（组织政策、行业、项目的复杂性和规模、风险管理的严格要求等）而有所不同。在风险登记册中记录的常见数据元素包括但不限于以下内容。

- **风险标识号**：每个风险记录的唯一标识。
- **风险名称/标题/描述**：风险的名称、标题和/或描述。
- **风险类型**：为单个风险分配的类型。具体的价值列表取决于项目使用的风险分类。
- **风险触发器**：触发风险实际发生的具体事件或风险临界值。
- **识别的日期**：风险被识别并记入风险登记册的日期。
- **优先权**：分配给单个风险的优先级。
- **概率**：分配给单个风险的概率等级。
- **影响**：分配给单个风险的影响级别。
- **风险分数**：为单个风险确定的最终风险分数。
- **风险负责人**：拥有该单个风险的风险应对策略的人。
- **应对策略**：针对单个风险商定的应对策略。
- **响应到期日**：预计应对策略执行的日期。
- **风险状态**：风险的当前状态。至少，这里的数值列表包括风险开始和结束。
- **风险更新日期**：风险登记册中该条目的最后一次更新日期。

简而言之，风险登记册可以定制，以反映项目所需的风险分析水平和风险管理水平。参见图 13-1，可了解风险登记册的例子。

项目编号					项目经理				
项目名称					赞助人				
风险标识号	风险描述	概率	影响	风险分数	风险类型	风险触发器	应对策略	准备金	风险负责人

图 13-1　风险登记册模板

> 注意：在适应型项目中，这个工件可能被称为风险清单，但它的功能与风险登记册的功能相同。

13.4.2 风险报告

关键主题　　　源于风险管理过程的另一个重要工件是**风险报告**。像风险登记册一样，风险报告是作为风险管理计划的一部分起草的，在整个项目中随着风险管理活动的进行而使用。

如果项目经理没有使用 OPA 中的模板，风险登记册和风险报告的结构是作为风险管理计划制定过程的一部分起草的，然后在所有的风险管理过程中使用（更新）。

风险报告的目的是为项目的风险状况提供管理总结。这份项目文件总结在项目的任何时间点上的整体项目风险水平和单个项目风险。

像风险登记册一样，风险报告没有固定的格式或内容，关键是在整个项目过程中，定期向重要的项目干系人提供关于项目风险状况的准确的信息总结。可以把它看作对风险登记册的分析总结。大多数风险报告至少分为两部分：一个是整体项目风险总结部分，另一个是高优先级的单个风险列表。风险报告中常见的内容包括但不限于以下内容。

- 项目整体风险状况。
- 项目整体风险的来源。
- 针对整体项目风险的规划风险应对。
- 单个项目风险的摘要信息。
- 关键的优先级风险列表，以及规划的风险应对措施。
- 全部的威胁与机会。
- 风险分类细目表。
- 关键指标。
- 应急储备状况。
- 主要趋势。
- 结论摘要。

13.5　风险识别和分析

在决定如何应对项目风险之前，项目经理首先需要识别风险，然后分析风险对项目目标的潜在影响。下面首先介绍用于识别风险的技术，然后深入讲解用于风险分析的不同方法。

13.5.1　识别风险

关键主题　第一步是识别项目风险。在 13.2.1 节讨论项目风险的来源时，涉及关于识别风险的内容。在本节中，将再次讨论识别这些风险，并强调常用的重要工具。

> 提示：风险识别是一个反复的过程，一直持续到项目完成。项目经理和项目团队应保持勤奋以保护和/或加强项目目标。

有一些常见的外部和内部项目风险的来源。事实上，有一些缩略词可以帮助你记住它们。

- **PESTLE**：Political——政治、Economic——经济、Social——社会、Technical——技术、Legal——法律和 Environmental——环境。
- **TECOP**：Technical——技术、Environmental——环境、Commercial——商业、Operational——运营和 Political——政治。
- **VUCA**：Volatility——易变性、Uncertainty——不确定性、Complexity——复杂性和 Ambiguity——模糊性。

许多组织在提示清单、检查单或风险分解结构（Risk Breakdown Structure，RBS）中包括这些常见的风险来源，用作风险识别过程的工具。当进行访谈或小组会议作为风险识别过程的一部分时，这些模板（提示清单、检查单、RBS）可作为框架和起点。使用 TECOP 框架的 RBS 的例子见图 13-2。

RBS0级	RBS1级	RBS2级
所有项目风险来源	1.0技术	1.1范围定义
		1.2需求定义
		1.3估算
		1.4假设和制约因素
		1.5技术复杂性
		1.6技术成熟度
		1.7技术接口
	2.0环境	2.1竞争
		2.2汇率
		2.3场地与设施
		2.4天气条件
		2.5环境影响
	3.0商业	3.1合同条款和条件
		3.2市场条件
		3.3供应商和销售商
		3.4分包商
		3.5客户稳定性
	4.0运营	4.1运营管理
		4.2计划和组合管理
		4.3组织文化
		4.4资源配置
		4.5内部采购
	5.0政治	5.1待定立法
		5.2现行法规
		5.3政治气候
		5.4待定贸易协定

图 13-2　RBS 示例

像项目管理的其他方面一样，为风险识别收集输入的方法是相似的。下面介绍风险识别过程中使用的常用方法和工具。

- **专家判断**：利用以前在类似项目和/或业务领域工作过的人的经验和专业知识。

- **访谈**：与资深的团队成员、干系人和主题专家进行一对一的会谈。
- **头脑风暴/团队会议**：举行团队会议和/或头脑风暴会议，以识别风险。
- **德尔菲技术**：在一群专家中获得共识。这个过程需要一个促进者，利用调查问卷连续整理专家们的意见，直到达成共识。该方法还允许专家们匿名分享他们的想法，不受其他人的影响。
- **SWOT 分析**：审查对项目和/或组织进行的 SWOT 分析，以寻找更多的威胁（来自劣势和威胁部分）和机会（来自优势和机会部分）。
- **假设条件和制约因素分析**：审查规划过程中确定的任何假设条件和制约因素。风险往往围绕这些假设条件和制约因素。
- **文件分析**：审查项目文件中的潜在风险，包括但不限于合同、协议、历史项目记录，特别是过去类似项目的风险登记册、技术文件、项目进度、项目预算和质量管理计划。
- **根本原因分析**：识别问题的根本原因，以便采取预防性或纠正性行动。在风险识别方面，这种分析可以用来积极主动地识别潜在的威胁和机会。常见的方法是，从一个问题陈述开始，如"项目可能会被推迟"，并探讨哪些威胁会导致这种情况的发生。反之亦然，提出一个效益说明书，如"项目在预算范围内交付"，并探索哪些机会可能导致这种情况发生。

13.5.2 定性风险分析

关键主题

在识别风险之后，需要对它们进行优先级排序，这样项目就可以专注于高优先级的风险。这个过程被称为定性风险分析。需要评估的风险的两个关键方面是风险发生的概率和如果风险真的发生了其对项目的影响。可以想象，这个过程的挑战是 3 重的。

- 这是主观的判断，可能会有认识上的偏差。
- 分析取决于数据的质量和关于风险的信息。
- 干系人对某一风险发生的概率和影响可能没有相同的认识。

当定性风险分析过程完成后，对风险进行相对评分；确定高优先级的风险；为每个风险指定一个责任人，负责制定和实施相应的风险应对计划；根据评估结果更新风险登记册；为执行定量风险分析或推进风险应对计划奠定基础。

确定单个风险的优先级的过程包括从相关的项目干系人那里获得关于风险发生的概率以及如果发生其对一个或多个项目目标的影响的共识。作为风险管理计划的一部分，定性风险分析过程中经常使用两个工具：风险概率和影响评估以及风险概率和影响矩阵。这两个工具的理念是，在风险优先级之上为单个风险建立特定的值。关于风险概率和影响评估的例子，请参考表 13-7；关于风险概率和影响矩阵的例子，请参考图 13-3。在风险概率和影响矩阵中，每个单元格中的数值代表分配给风险的相对分数，它是分配给风险的概率和影响的乘积。

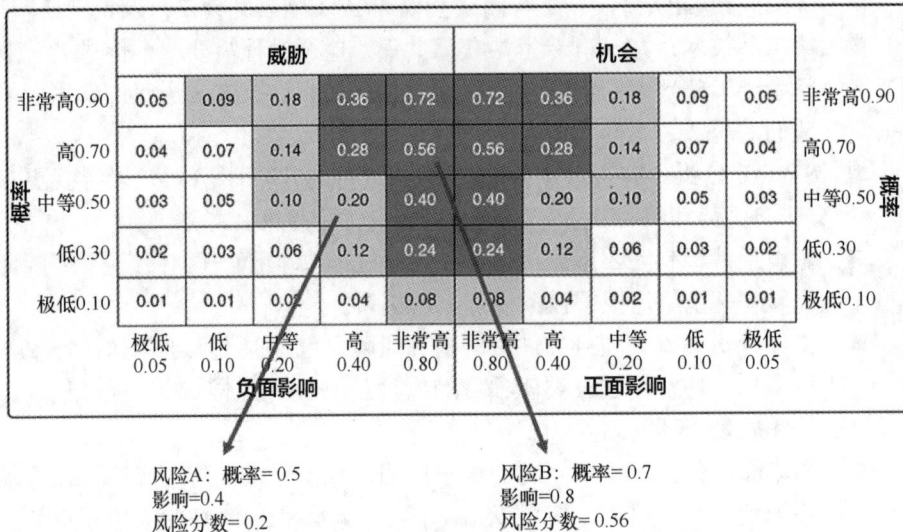

		威胁				机会				
非常高0.90	0.05	0.09	0.18	0.36	0.72	0.72	0.36	0.18	0.09	0.05	非常高0.90
高0.70	0.04	0.07	0.14	0.28	0.56	0.56	0.28	0.14	0.07	0.04	高0.70
中等0.50	0.03	0.05	0.10	0.20	0.40	0.40	0.20	0.10	0.05	0.03	中等0.50
低0.30	0.02	0.03	0.06	0.12	0.24	0.24	0.12	0.06	0.03	0.02	低0.30
极低0.10	0.01	0.01	0.02	0.04	0.08	0.08	0.04	0.02	0.01	0.01	极低0.10

风险A：概率=0.5
影响=0.4
风险分数=0.2

风险B：概率=0.7
影响=0.8
风险分数=0.56

图 13-3　风险概率和影响矩阵

用一个简单的公式来计算风险分数，具体如下：

$$概率 \times 影响 = 风险分数$$

表 13-8 提供了一个例子，一个项目对概率和影响采用 1～10 的数字等级（1 为最低级，10 为最高级）来确定每个风险的最终分数和排名。

表 13-8　　　　　　　　　　　　　　定性风险分析

风险	概率	影响	风险分数	排名
风险 1	8	7	56	1
风险 2	5	10	50	3
风险 3	6	9	54	2
风险 4	7	5	35	4
风险 5	2	2	4	5

注意：在一些组织中，低等级的风险可能被放在一个单独的风险观察清单上。

除了概率和影响之外，在给某一风险指定最后的优先级之前，还可能评估其他因素，包括以下内容。

■ **紧迫性**：为有效应对风险而必须采取应对措施的时间段。时间越短，紧迫性越高。

- **临近性**：风险在多长时间之后会影响一项或多项项目目标。时间越短，临近性越高。
- **潜伏期**：从风险发生到其对一项或多项项目目标的影响显现之间，可能的时间段。时间越长，潜伏期越长。
- **可管理性**：风险负责人管理风险的发生和/或影响的容易程度。管理越容易，可管理性就越高。
- **可控性**：风险负责人能够控制风险结果的程度。控制越容易，可控性越高。
- **可监测性**：对风险发生或即将发生进行监测的容易程度。监测越容易，可监测性就越高。
- **连通性**：风险与其他单个项目风险存在关联的程度。如果风险与其他多个风险存在关联，连通性就高。
- **战略影响力**：风险对组织的战略目标潜在的正面或负面影响。如果风险对战略目标的影响大，战略影响力就大。
- **密切度**：风险被一名或多名干系人认为要紧的程度。风险被认为很要紧，密切度就高。

13.5.3 定量风险分析

关键主题

下一个类型和层次的风险分析被称为定量风险分析，它根据数值来分析风险，如成本、时间或资源数值。对于考试来说，定量风险分析更常见的是基于货币价值。

定量风险分析的目的是评估所有单个的项目风险和其他不确定性来源对整个项目目标的综合影响。换句话说，定量风险分析量化了项目的整体风险暴露。定量风险分析的其他好处是，减少了偏见，并减轻了定性风险分析的静态性质。

看起来是一件很好的事情，对吗？那么，为什么不常见到这种分析呢？有几个原因，包括但不限于以下几个方面。

- 它需要关于单个项目风险的高质量数据。
- 它需要坚实的范围、进度和成本基准。
- 它需要更多的时间和投资。
- 它经常需要使用专门的风险建模工具和专业知识。

定量风险分析的使用在有现成的高质量数据的行业中比较常见，如金融业、制造业和军事国防业。此外，定量风险分析的使用通常保留给大型、复杂、具有战略意义或基于合同的项目。

尽管缺乏常见的用法，但确实需要熟悉这个过程以及重要的工具，这些可以作为定量风险分析的一部分用于考试。根据 PMI，并非所有项目都需要定量风险分析。

接下来的内容描述一些在定量风险分析中发挥作用的工具、技术和模型。

13.5.3.1 预期的货币价值

强大的技术有助于项目的应急储备与实际识别的风险保持一致，这就是给每个识别的风险分配预期的货币价值（Expected Monetary Value，EMV）。这个过程包括用风险发生的概率乘风险发生时的预期货币影响。

计算 EMV 的公式如下：

$$概率 \times 货币影响 = EMV$$

见表 13-9 的说明。在这张表中，计算出的 EMV 总量可以用来相应地调整应急储备。

表 13-9   EMV

风险	概率（%）	货币影响（美元）	EMV（概率*影响）（美元）
威胁 1	50	−75,000	−37,500
威胁 2	35	−100,000	−35,000
威胁 3	70	−30,000	−21,000
威胁 4	20	−15,000	−3,000
机会 1	40	80,000	32,000
机会 2	55	20,000	11,000
EMV 总量			−53,500

在这个例子中，将对应急储备做出 53,500 美元的调整。

然而，还有其他各种计算应急储备调整数额的方法，仅对于考试而言，考生不需要知道这些方法。以上的例子只展示了一种调整应急储备的方法，考生需要在考试中注意。

13.5.3.2 模拟

模拟可以用来显示单个项目风险和其他不确定性来源的综合影响，特别是工作任务的工期估算和成本估算。这些专门的计算机模型通常采用蒙特卡罗模拟，使用概率分布对成本和/或工期估算进行随机迭代。蒙特卡罗模拟的输出样本见图 13-4。

在图 13-4 所示的例子中，黑方格表示项目的目标完成时间（23.5 周）。根据蒙特卡罗模拟结果，项目在这个时间内完成的概率是多少？是 60%。另外，两组形成直角的线条表明该项目在 22 周内完成的可能性为 22%，在 24.5 周内完成的可能性为 85%。

此外，这些模拟工具允许项目分析哪些已识别的风险对项目的关键路径有最大的影响。这一信息可以在规划风险应对阶段提供指导和聚焦的方向。

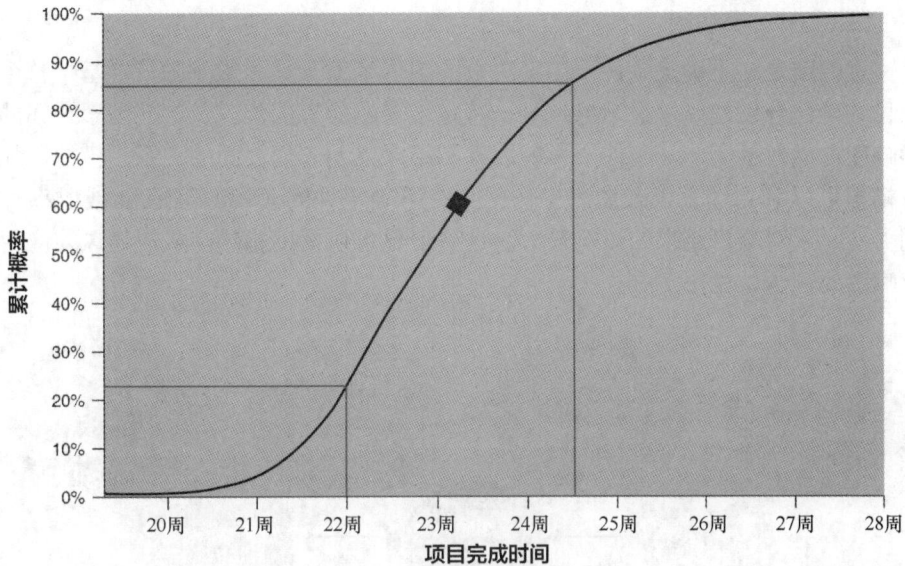

图 13-4　蒙特卡罗模拟

13.5.3.3　敏感性分析

敏感性分析有助于确定对项目目标有最大潜在影响的单个项目风险或其他不确定性来源。它将项目结果的变化与定量风险分析模型中的要素的变化联系起来。这些要素可以包括单个项目风险、具有高可变性的项目工作要素，或特定的模糊性来源。显示结果的常用技术是龙卷风图，其中各要素按相关强度降序排列。这种技术的结果是一种看起来像龙卷风的视觉效果。请看图 13-5，这是一个敏感性分析龙卷风图的样本。

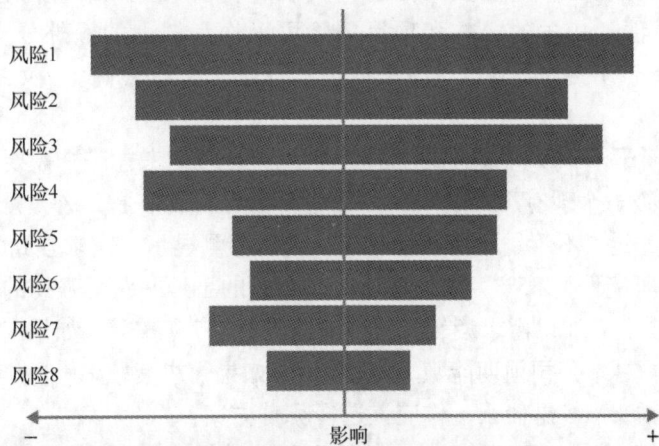

图 13-5　敏感性分析龙卷风图示意

13.5.3.4　影响图

影响图是在不确定条件下制定决策的图形辅助工具。影响图可以基于整个项目或项目的一部分创建，以显示导致某一特定结果的所有因素以及这些因素之间的关系。影响图可以包括实体、事件、影响因素和结果以及它们之间的关系。模拟，如蒙特卡罗模拟可以利用图表以及图表中任何具有不确定性的元素的范围和/或概率分布来表明哪些元素对项目结果的影响最大。这些信息可以帮助指导团队规划风险应对。关于影响图的例子，见图 13-6。

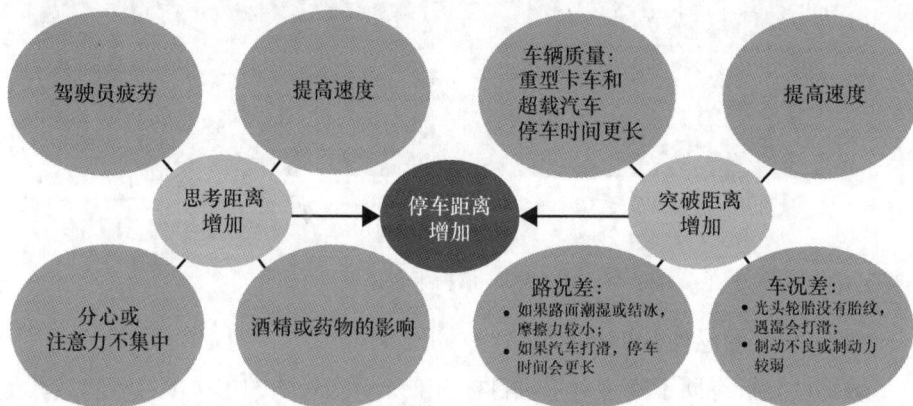

图 13-6　影响图

13.5.3.5　决策树

当项目团队需要在不同的备选方案之间做出决定时，决策树是有效的工具。替代方案在树状图中用分支来描述，代表各种决策选项和要考虑的事件。对于每个决策或事件，相关的成本和项目风险可以作为树上的额外分支来说明。然后，通过计算每个分支的 EMV 对决策树进行评估。具有最高 EMV 的分支代表最佳决策和路径。

通过一个例子可以更好地理解这个工具。让我们考虑一个需要决定是建造一个新工厂还是升级一个现有工厂的项目。建造新工厂的成本是 2 亿美元，升级工厂的成本是 8000 万美元。不管是建造还是升级，销售预测显示，需求强劲的可能性为 65%，需求疲软的可能性为 35%。如果你建造一个新的工厂并获得强劲的需求，公司预计将赚取 3.2 亿美元；如果需求疲软，利润预期只有 1.5 亿美元。如果对工厂进行升级，并且有强劲的需求，公司预期能赚 1.9 亿美元；如果需求疲软，利润预期为 9500 万美元。建设和升级总 EMV 是什么，你应该选择哪种方案？

请参阅图 13-7，了解附带的决策树和相关的 EMV 计算的例子。

在这个例子中，你会选择升级工厂，因为升级总 EMV 大于建造总 EMV。

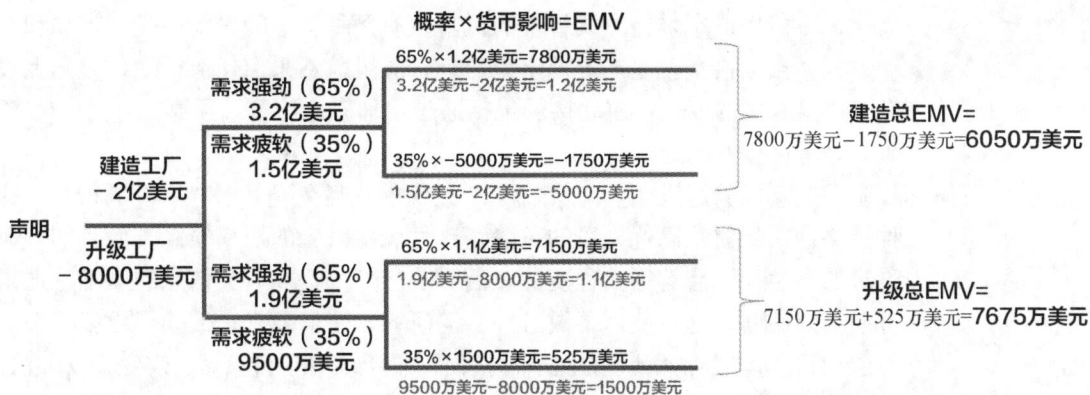

概率×货币影响=EMV

需求强劲（65%）
3.2亿美元

65%×1.2亿美元=7800万美元

3.2亿美元−2亿美元=1.2亿美元

建造总EMV=
7800万美元−1750万美元=**6050万美元**

建造工厂
−2亿美元

需求疲软（35%）
1.5亿美元

35%×−5000万美元=−1750万美元

1.5亿美元−2亿美元=−5000万美元

声明

升级工厂
−8000万美元

需求强劲（65%）
1.9亿美元

65%×1.1亿美元=7150万美元

1.9亿美元−8000万美元=1.1亿美元

升级总EMV=
7150万美元+525万美元=**7675万美元**

需求疲软（35%）
9500万美元

35%×1500万美元=525万美元

9500万美元−8000万美元=1500万美元

图 13-7　决策树

13.6　规划风险应对

关键主题

在对整体项目风险和单个风险进行识别、分析和优先级排序之后，现在是时候规划适当的风险应对了。规划风险应对的重点是就采取什么行动和策略来解决整体项目风险和单个风险达成一致意见。有效的风险应对措施可以减少项目的整体风险，使威胁最小化，并使机会最大化。本节将介绍用于解决不同类型的风险（威胁和机会）和不同类型的不确定性（一般不确定性、模糊性、复杂性和易变性）的常用策略。

13.6.1　威胁应对策略

关键主题

在处理威胁（可能对一个或多个项目目标产生负面影响的风险）时，有 5 种策略需要考虑。

■ **上报**：应对风险的责任被升级到组织内更高的级别或权力。当风险超出项目的范围和/或项目经理的权限时，就会使用风险上报。通常情况下，这些风险在组织内的项目或项目组合层面进行管理。在确认风险责任被升级方接受后，这个风险就不再由项目团队监控。

■ **转移**：应对风险的责任被转移给第三方。第三方通常会收到一笔保险费（付款），用于管理风险并在风险发生时处理其影响。通常，会有一个正式的协议来处理风险转移的安排。典型的例子包括保险、保证、担保和履约保证金。

■ **接受**：风险接受是指认识到威胁，但不采取积极主动的行动来降低威胁发生的概率或降低发生时的影响的行为。一个具有较高风险偏好的组织可能会接受更多的风险。风险接受通常在两种情况下使用：其一，低优先级的风险；

其二，不能以成本效益方式管理的风险。有两种类型的风险接受：被动和主动方式。被动接受就是在定期审查之外，对风险不采取任何行动，以确保没有与风险有关的变化。主动接受包括通过增加应急储备（预算、时间和/或资源）来考虑潜在的影响。

- **规避**：风险规避是指完全消除威胁和/或保护项目免受其潜在影响的行为。这种策略通常保留给高优先级的风险，这种风险发生的概率很高，而且如果风险真的发生了，会有很大程度的负面影响。如果提高有关信息的质量，通常可以消除威胁，这可能需要做进一步的研究，澄清要求，或获得更多有关的专业知识。其他风险规避的例子包括但不限于改变项目策略、改变开发方法、缩小范围，以及修改一个或多个项目目标（如延长进度）。

> **小贴士**：考生通常会混淆风险规避和风险接受，因为他们认为"规避"意味着"无视"。当你读到"风险规避"时，应想到"不可接受"、"消除"和"可能的最高等级的主动反应"。

减轻：风险减轻是指减少威胁发生的概率和/或降低特定威胁的潜在影响的行为。下文在讨论处理不同类型的不确定性的策略时，会研究风险减轻的例子。

> **注意**：项目团队将投入大部分精力处理的威胁是那些使用风险规避或风险减轻应对策略的威胁。

13.6.2 机会应对策略

关键主题 在处理机会（可能对一个或多个项目目标产生正面影响的风险）时，有 5 种策略需要考虑。

- **上报**：这一策略与用于威胁的上报策略相同。应对风险的责任被升级到组织内更高的级别或权力。当风险超出了项目的范围和/或项目经理的权限时，就会使用这种策略。通常情况下，这些风险在组织内的项目或项目组合层面进行管理。在确认风险责任被升级方接受后，该风险不再由项目团队监控。

- **分享**：分享策略与用于威胁的转移策略类似，但不是将风险完全转移给第三方，而是与第三方共享风险。当有理由相信第三方能更好地利用这个机会时，就会采用这种策略。第三方通常会因为分担风险而收到一笔保险费（付款）。风险分享的典型例子包括合资企业（签订合作协议）、伙伴关系、特殊团队和具有特殊专长的公司。

- **接受**：这种策略与用于威胁的风险接受相同。风险接受是指认识到机会但不采取主动行动的行为。风险接受通常在两种情况下使用：其一，低优先级的机会；其二，机会不能以经济、有效的方式解决。有两种类型的风险接受：被动和主动方式。被动接受是指在定期审查之外，对风险不采取任何行动，以确保没有与风险有关的变化。主动接受包括通过管理应急储备（预算、时间和/或资源）来说明机会。

- **开拓**：开拓策略是用于威胁的风险规避策略的反面。与完全消除威胁不同，团队要消除任何不确定性，确保机会肯定会发生。这种策略通常保留给高优先级的机会，如果它们真的发生，会产生高度的正面影响。一些风险开拓的例子包括但不限于分配最优秀的人才或获得具有高技能的顾问，以确保在更短的时间内交付高质量的产品，并使用新技术和/或精简的工作流程，以减少和缩短项目成本和工期。

- **提高**：风险提高策略是用于威胁的风险减轻策略的反面。**风险提高**是增加机会发生的概率和/或提高给定机会的潜在影响的行为。为增强风险而采取的行动通常与为利用风险而采取的行动一样，只是不那么积极。这些行动不会绝对保证机会的发生。例如，假设你的项目如果能在一年内交付产品，就会得到一笔可观的奖金。你可以要求带薪加班或采购最好的资源，但这将推高你的成本。相反，你决定把重点放在强大的团队建设措施上，如果项目确实在一年内完成，就向团队提供奖金。

表 13-10 总结了威胁和机会应对策略，并且可以帮助你记住它们之间的共生关系。

表 13-10　　　　　　　　　威胁和机会应对策略总结

威胁应对策略	简要说明	机会应对策略	简要说明
上报	向上级主管部门报告	上报	向上级主管部门报告
转移	将风险转移给第三方	分享	与第三方合作
接受	被动接受：不采取任何行动 主动接受：为应急储备增加额外的资金	接受	被动接受：不采取任何行动 主动接受：为应急储备增加额外的资金
规避	消除风险	开拓	确保机会发生
减轻	降低概率和/或影响	提高	增加概率和/或影响

PMI 有不确定性绩效域的原因之一是对项目采取整体观点的重要性，解决项目没有达到预期目标的最普遍的原因，而不仅仅是关注单个风险。这些原因围绕着一般不确定性、模糊性、复杂性和易变性，而且它们通常是任何项目的最大风险来源。下文将单独介绍每个类别，并讨论每个类别的一些常见风险应对策略。

13.6.3　应对一般不确定性的策略

当面临一般不确定性，特别是围绕项目要提供的解决方案时，以下是需要考虑的关键策略。

收集信息：这是处理不确定性时最基本和最直观的策略，特别是当不确定性是由普遍缺乏信息和知识造成的时。当从研究和/或采访专家中收集更多信息时，项目经理可以大大降低不确定性水平。

为多种结果做准备：在这种情况下，要交付的最佳解决方案可能会因某些事件是否发生而变化（即风险），而且可能的结果是有限的，如果主要的解决方案被证明是不可行的或无效的，项目团队可以规划备份或应急解决方案。如果可能的结果很多，那么项目团队就需要更详细地分析潜在的事件和/或原因，以确定最可能的结果，然后把这些作为应急计划的一部分。

基于集合的设计：在围绕解决方案设计存在大量不确定性的情况下，围绕典型的项目制约因素（进度、预算、质量、风险）没有设定明确的优先级，项目团队可以调查解决方案的多种设计和备选方案，并在项目早期评估对项目制约因素的权衡。然后从这个评估中，项目团队决定采取哪种方法。在这种情况下，某种类型的适应型项目方法将是非常宝贵的。

增加韧性：在变化概率较高的情况下，使用具有内置韧性的项目和开发方法是有用的，可以成为这种不确定性的最佳应对策略。

13.6.4 应对模糊性的策略

当项目经理在处理项目所要交付的解决方案的模糊性时，应对策略与一般不确定性的应对策略是类似的，并强调对项目采取更具适应性的方法。以下是需要考虑的关键策略。

- **渐进明细**：可用于计划、解决方案需求和解决方案本身。这是在收到更准确的信息后继续完善细节的过程。滚动式规划是渐进明细的一个例子，敏捷/适应型项目方法使用渐进明细来细化产品需求和每个迭代的产品。
- **实验**：在一些情况下，模糊性是由缺乏具体因果关系的信息造成的，可以进行一组精心设计的实验，以获得更好的信息并减少所涉及的模糊性。这种情况在适应型方法中非常常见，通常被称为风险刺探。
- **原型法**：减少方案选项或方案选项的某些方面甚至方案需求的模糊性的一种工具是对可能的方案进行原型设计。在原型中，干系人有一些具体的可评估项并对其提供反馈，这可以帮助明确所需的解决方案并减少模糊性。

13.6.5 应对复杂性的策略

在介绍处理不同类型的复杂性的常用策略之前，先讨论一下考生在考试中可能看到的一个流行的复杂性模型。

13.6.5.1　斯泰西复杂性模型

由拉尔夫·斯泰西（Ralph Stacey）开发的斯泰西复杂性模型，通过考虑两个一般不确定性因素来指导管理方法：做什么（需求）和如何做（技术）。见图 13-8 所示的例子。

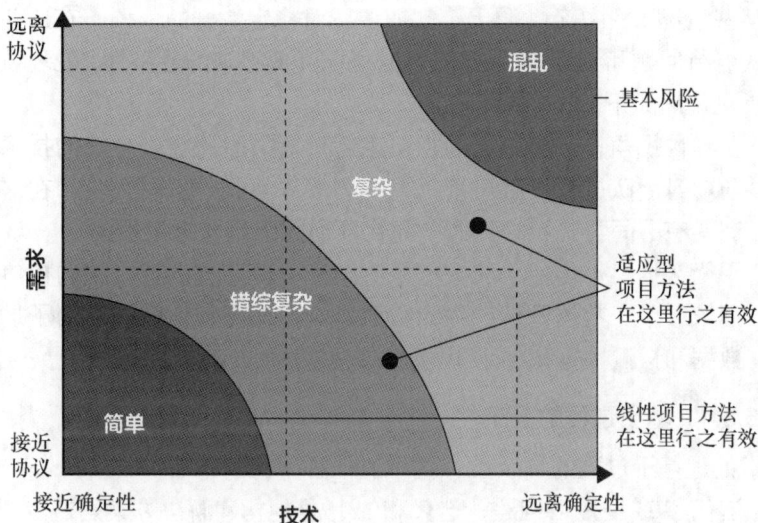

图 13-8　斯泰西复杂性模型

对于 PMP 考试来说，关键是要了解根据这两个不确定性因素，哪种项目开发方法最适合项目。如果需求相当明确，干系人之间达成了协议，并且团队对他们要做的事情有信心（他们以前做过，技术是稳定的），那么一个更有预测性的线性项目方法就很适合。否则，如果这两个不确定性因素被映射到复杂区域，那么适应型项目方法就更适合。如果项目被映射到混乱区域，那么这将是一个非常高风险的项目，在许多情况下，应该放弃项目，直到其中一个方面可以实现更多的确定性。

现在来看处理不同种类的复杂性的关键风险应对策略。

13.6.5.2　基于系统的复杂性

处理基于系统的复杂性，有两种常见的策略。

■ **解耦**：将整个系统分解成独立的部分，每个部分都有一个主要功能。这个过程有助于简化工作过程，减少相互连接的数量，允许修改每个部分而不影响系统的其他部分，允许单独测试每个部分，并缩小问题的总体规模。这种设计方法是迭代和增量开发的最佳实践。

■ **模拟**：使用模拟来管理基于系统的复杂性有几个层次。仿真工具可以在测试期间用于系统的任何组件或组件的组合。此外，如果系统更多是关于人的行为，那么关于在类似情况或环境下的目标行为的信息可以用来模拟这个新环境中的预期行为。

13.6.5.3 重新构建复杂性

在某些情况下，复杂性源于感知或源于对特定数据的依赖。在这些情况下，以不同的方式看待问题和/或获得更好的数据可以降低感知的复杂性。处理重新构建复杂性的两种常见策略如下。

- **多样性视角**：利用不同的视角来看待复杂的问题或系统的技术。这可以包括与项目团队进行头脑风暴，以开启看待问题的不同方式。在这种情况下，**拥有具有不同背景和经验的多元化项目团队是非常宝贵的**。

- **平衡数据**：平衡使用的数据源有助于对情况提供更广阔的视角，并有助于抵消依赖单一数据源所产生的负面影响。平衡数据的一个例子是结合使用历史数据和预测数据和/或使用多个数据源。

13.6.5.4 基于过程的复杂性

为了处理基于过程的复杂性，这里有 3 种常见的策略。

- **迭代和/或增量地构建**：迭代和/或增量地构建解决方案是适应型方法的一个标志。这种策略允许团队在每个迭代中专注于特定的功能，并从干系人那里获得即时的反馈。在每个迭代中，团队会了解哪些是有效的，哪些是无效的，并从中进行调整。

- **经常让干系人参与**：尽早并经常从干系人那里获得反馈。这种策略可以减少假设，促进干系人的参与和建立所有权，并在整个项目中提供持续的学习。同样，这是适应型方法的另一个标志，但也可以纳入混合型和预测型方法中。

- **故障保护**：对于系统中的关键要素，要建立冗余，或者增加在关键组件出现故障时能提供正常降级的要素。

13.6.6 应对易变性的策略

在《PMBOK®指南》第七版的不确定性绩效域部分，PMI 关注项目易变性的两个方面：可用材料的易变性和可用资源技能组合的易变性。尽管这些当然是易变性的两种特点，但在回顾应对易变性风险的常见策略时，它们似乎忽略了最常见的易变性来源——范围和需求的变化，因此，我们把它加入应对易变性风险的策略清单中。为了应对易变性，这里有一些常见的策略。

使用适应型方法：正如第 3 章中所讨论的，使用适应型方法的常见原因是处理可能存在范围和需求易变的项目环境。这种方法是有韧性的，是为了处理频繁和突然的变化而设置的。

　　备选方案分析：如果围绕材料和/或技能组合的可用性存在波动风险，项目团队可以主动分析替代方法来完成有风险的事件或工作。这方面的例子包括重新安排工作顺序，将工作外包，以及利用不同的技能组合。

　　分配储备：这是一个接受围绕材料和资源价格波动和/或进度可用性的风险的例子。正如在上文中提到的，通过向预算分配成本储备来处理价格波动，以及分配进度储备来处理由于资源或材料可用性造成的延误，来积极接受风险。

　　因为在本书中已经讨论了几种类型的储备，所以请看表 13-11，以快速总结储备类型及其定义。

表 13-11　　　　　　　　　　　　储备类型概要

储备类型	定义
成本储备	处理预算项目价格波动的预算金额
进度储备	进度计划上的持续时间，以处理由于资源和/或材料供应而造成的延误
应急储备	处理项目风险的计划储备。应急储备包括预算金额，但也可以包括进度和资源储备
管理储备	预算类别用于处理意外事件，如计划外的范围内工作

　　注意：应急储备针对已知的风险（已知的未知），由项目经理负责。

管理储备针对未知的风险（未知的未知），由高级管理层负责。

对于 PMP 考试，假设项目经理知道管理储备有多少钱，但没有权力对管理储备做任何决定。项目经理的权力被严格限制在应急储备中。

13.6.7　其他规划风险应对的说明和术语

　　在规划风险应对完成之前，项目团队需要审查所有计划中的风险应对措施，以确保所有的优先风险都得到解决，而且各种计划中的风险应对措施之间没有明显的差异或冲突。如果有差异和冲突，需要重新评估受影响的风险应对计划。

　　当风险应对计划完成后，解决高优先级的整体项目风险和单个风险的风险应对策略就被称为应急计划。此外，如果应急计划被证明是无效的，最好的做法是准备弹回计划（B 计划）。

　　此外，实施任何一项主要应对策略都有可能产生新的风险。这种类型的风险被称为次生风险。次生风险的例子是，项目团队决定在下个月加班，以避免错过一个重要期限的风险（风险应对计划）。然而，这一行动可能会增加产品中出现更多工作错误的风险（次生风险）。

　　另外，常见的情况是，风险应对策略并没有针对每一个已识别的风险而实施。在所有风险应对措施实施后，剩下的风险被称为残余风险。对这些术语的快速总结，见

表 13-12。

表 13-12	其他规划风险应对术语的摘要
术语	**描述**
应急计划	主要风险应对策略
弹回计划	如果应急计划被证明是无效的，要有弹回计划
次生风险	任何应对策略所产生的"新风险"
残余风险	在所有风险应对策略实施后剩下的任何风险。风险应对策略总是被动的接受，根据PMI，应该将这些策略限制在低概率、低影响的风险上

13.7　风险应对的实施和风险监督

　　风险管理的最后两个过程是"后续"要素：实施风险应对和监督风险。下面介绍在考试中需要知道的每个要素的要点。

13.7.1　实施风险应对

`关键主题`　　实施风险应对就是你认为的那样。它是实际执行商定的风险应对计划的过程，以减少整个项目的风险暴露，尽量减少单个威胁，并最大限度地增加机会。一个重要的说明：在现实中，这个步骤在风险管理过程中通常被忽视。在这种情况下，项目经理需要与风险负责人合作，以确保计划的实施和推进。

　　实施风险应对是在整个项目中进行的，涉及对相关跟踪和报告文件的更新，特别是风险登记册和风险报告。此外，作为一些风险应对计划的一部分，可能需要变更请求，特别是当它们影响到成本和进度基准时。另外，对风险的定期审查包括跟踪风险应对计划的状态和有效性。

13.7.2　监督风险

`关键主题`　　监督风险是项目经理和项目团队在完成最初的风险识别和风险应对计划后，需要花费大部分精力的过程。这个过程包括跟踪现有的风险，监督风险应对计划的实施，识别和分析新的和/或次生风险，重新评估风险，重新评估策略，以及评估风险过程的有效性。

　　最重要的是，通过保持对不断变化的项目风险状况的关注，这个过程使项目决策建立在有关整体项目风险和单个风险的最新信息之上。为了实现这一点，必须建立频繁的定期审查和/或反馈会议机制，并将风险审查作为该过程的一部分。值得注意的是，这是适应型项目方法的有利因素之一，因为频繁和定期的审查会议和反馈循环是该过程的一部分，包括每日站会、冲刺/迭代审查和回顾会。然而，这些频繁的审查也可以在更多的预测型和混合型项目中实施。

此外，监督风险过程包括跟踪为管理风险而设立的储备。随着项目的推进和储备的使用，项目经理需要不断评估剩余的储备是否仍足以处理当前的残余风险。

前面提到的风险监督的另一个方面是对整个风险管理过程的有效性的定期评估。这种评估可以作为项目审查会、风险审查会的一部分进行，或通过更加正式的风险审计过程进行。风险管理计划将记录风险审计过程的形式和目标。

为了总结风险监督过程的活动和目标，这里有一个总结性的检查表，以帮助考生进行考试准备工作。

- 评估整个项目的风险水平是否有变化。
- 确定已实施的风险应对措施是否有效。
- 确定现有风险的状况是否已经改变。
- 识别新的和/或次生风险。
- 评估项目假设条件是否仍然有效。
- 确认整个项目战略是否仍然合适。
- 监督储备是否仍足以处理残余风险。
- 确保风险管理政策和程序得到遵守。
- 评估整体风险管理方法是否适当。

备考任务

13.8　复习所有关键主题

复习本章中最重要的关键主题，这些关键主题在相应页面都标记有"关键主题"图标。表 13-13 列出了这些关键主题以及相应的描述。

表 13-13　　　　第 13 章的关键主题以及相应的描述

考试要点	描述
段落	不确定性绩效域
章节	不确定性和风险管理概述
章节	风险的定义和风险的来源
章节	风险与问题
章节	威胁与机会
章节	风险分类和类型
章节	风险偏好、风险临界值和风险容忍度

续表

考试要点	描述
章节	规划风险管理
章节	风险登记册
章节	风险报告
章节	识别风险
章节	定性风险分析
图 13-3	风险概率和影响矩阵
列表	其他风险因素
章节	定量风险分析
章节	规划风险应对
章节	威胁应对策略
章节	机会应对策略
章节	实施风险应对
章节	监督风险

13.9 复习题

1. 由于对多个项目目标的潜在影响，项目团队已经决定采取行动来消除某个特定的风险。他们选择了哪种风险应对策略？
   A. 风险接受
   B. 风险减轻
   C. 风险规避
   D. 风险上报
   E. 风险转移

2. 当项目团队处理威胁时，采用哪些风险应对策略将需要更多的努力？
   A. 风险减轻和风险接受
   B. 风险规避和风险上报
   C. 风险规避和风险减轻
   D. 风险上报和风险减轻

3. 通过考虑需求和项目技术的不确定性水平，项目经理参考斯泰西复杂性模型，确定项目属于复杂区域。在这种情况下，斯泰西复杂性模型建议采取什么项目方法？
   A. 预测型项目方法
   B. 适应型项目方法

C．混合型项目方法

D．原型法

E．弹性的方法

4. 哪种风险分析工具用来确定哪些风险对项目的关键路径有最大的影响？

A．决策树

B．龙卷风图

C．影响图

D．风险概率和影响矩阵

E．蒙特卡罗模拟

5. 组织在风险分析过程中不用定量风险分析的原因有哪些？（选择 3 项）

A．它需要更多的时间和投资

B．它需要为单个项目风险提供高质量的数据

C．它要求对项目负责和问责

D．它需要坚实的范围、进度和成本基准

E．它只用于金融业的项目

6. 在为某一特定风险指定最后的优先级之前，除了概率和影响之外，还有哪些因素应该考虑？

A．政治、经济和紧迫性

B．可控性、连通性和社会影响

C．潜伏期、可管理性和资源可用性

D．紧迫性、密切度和临近性

E．战略影响力、可监测性和技术

7. 在风险识别过程中，项目团队发现了一个机会，也就是将项目成本降低 30%。由于这种潜在的节约，项目团队决定确保这个机会的出现。在这种情况下，他们采用了什么风险应对策略？

A．风险开拓

B．风险规避

C．风险提高

D．风险减轻

E．风险分享

8. 风险 A 的概率为 50%，影响分值为 9。风险 B 的概率为 60%，影响分值为 8。风险 C 的概率为 90%，影响分值为 6。风险 D 的概率为 30%，影响分值为 10。哪种风险将被排在最高位？

A．风险 A

B．风险 B

C. 风险 C

D. 风险 D

9. 项目团队在风险管理计划中记录，将使用范围、进度、成本和质量进行风险分类。这是什么类型的风险分类？

A. 基于来源

B. 事件

C. 非事件

D. 基于效果

E. 项目目标

10. 如果组织可以接受大多数不确定性，并接受风险作为业务和项目的正常部分，你会如何描述本组织的风险偏好？

A. 风险承受能力强

B. 寻求风险

C. 风险中立

D. 风险接受

E. 风险厌恶

F. 精通风险

本章涵盖测量绩效域和监控项目的以下主题。

- 绩效测量和监控：介绍 PMI 测量绩效和监控项目的方法。
- 绩效跟踪工具和工件：回顾测量项目绩效和团队绩效的常用工具和工件。
- EVM：介绍 PMP 考试中需要了解的 EVM 的公式。

第 14 章

项目测量

本章将讨论监控项目以及采取测量方法来评估和报告项目的绩效。本章还将讨论与《PMBOK®指南》第六版、《PMBOK®指南》第七版和 ECO 有关的原则。

本章介绍 PMP ECO 中的以下目标。

领域	任务	考试目标
人员	任务 3	支持团队绩效
人员	任务 9	与干系人协作
人员	任务 10	建立共识
过程	任务 1	执行需要紧急交付商业价值的项目
过程	任务 2	管理沟通
过程	任务 3	评估和管理风险
过程	任务 4	让干系人参与进来
过程	任务 5	规划并管理预算和资源
过程	任务 6	规划和管理进度
过程	任务 7	规划和管理产品/可交付物的质量
过程	任务 8	规划和管理范围
过程	任务 9	整合项目规划活动
过程	任务 10	管理项目变更
过程	任务 11	规划和管理采购
过程	任务 12	管理项目工件
过程	任务 15	管理项目问题
过程	任务 16	确保进行知识交流，使项目得以持续开展
过程	任务 17	规划和管理项目/阶段收尾和过渡工作
业务环境	任务 2	评估并交付项目利益和价值
业务环境	任务 3	评估并解决外部业务环境变化对范围的影响

14.1 摸底小测试

摸底小测试可以帮助你评估自己是应该认真阅读本章内容，还是直接跳到"备考任务"部分。如果你对答案没有把握，或者你对题目涉及的知识有疑问，请认真阅读本章内容。表 14-1 列出了本章知识点和相对应的测试题目。你可以在附录 A 中找到这些题目的答案。

表 14-1　　　　　　　　本章知识点和相对应的测试题目

本章知识点	测试题目
绩效测量和监控	1～3
绩效测量工具和工件	4～7
EVM	8～10

注意： 自我评估的目的是衡量你对本章内容的掌握程度。如果你不知道某道题的答案，或者感到模棱两可，你应该将此题标记为错误，以便对相关内容进行学习。如果猜对了答案，会使你的自我评估产生偏差，并可能产生一种"已经掌握"的错觉。

1. 以下哪些属于关键绩效指标？（选择两项）
   A. 进度指标
   B. 滞后量指标
   C. 提前量指标
   D. 成本指标
   E. 质量保证指标

2. 以下哪项不是项目中进行绩效测量的原因？
   A. 确定是否按计划进行
   B. 对变更进行影响分析
   C. 跟踪成本
   D. 跟踪资源利用情况

3. 以下哪项不属于 SMART 标准？
   A. Attainable——可实现的
   B. Realistic——现实的
   C. Analytical——分析性的
   D. Measurable——可衡量的

4. 团队促进者正在与关键干系人讨论项目的状况，并向他们展示剩余的任务，目前正在进行的任务，以及已经完成的任务。团队促进者最有可能采用的是哪个图表？
   A. 信息发射源
   B. 燃起图
   C. 累积流量图

D.　看板

5. 你使用以下哪种工具来展示团队已经完成的故事点数量?
    A.　信息发射源
    B.　燃尽图
    C.　燃起图
    D.　周期时间

6. 以下哪个不属于用来跟踪绩效的图表或报告的例子? (选择两项)
    A.　累积流量图
    B.　石川图
    C.　净推荐值
    D.　Scrum 板
    E.　帕累托图

7. 在敏捷团队的信息发射源上,你不会发现以下哪项?
    A.　燃起图
    B.　Scrum 板
    C.　速度图
    D.　甘特图

8. 以下哪个术语可以衡量到目前为止项目所取得的成本效益?
    A.　CV
    B.　SPI
    C.　CPI
    D.　TCPI

9. 以下哪项指标表明该项目成本在预算内且进度符合计划?
    A.　SV 为负值,CV 为负值
    B.　CPI 大于 1,SPI 大于 1
    C.　BAC 小于 EAC
    D.　CPI 为 1,SPI 为 1

10. 项目的 PV 是每周 2,000 美元,而此时项目的 SV 是−2,000 美元。你将如何解释这个情况?
    A.　你的成本超出了预算
    B.　你还剩余价值 2,000 美元的工作要做
    C.　你的进度落后于计划
    D.　你已经完成了价值 2,000 美元的工作

基础主题

14.2　项目测量

《PMBOK®指南》第七版的测量绩效域涉及评估项目绩效和采取适当行动以维持最佳绩效所需的活动。

《PMBOK®指南》第六版的对应过程组是监控过程组，PMI 将其描述为跟踪、审查和调整项目进展与绩效，识别必要的计划变更并启动相应变更的过程。

简而言之，它们都是指将实际结果与计划进行比较，确定实际结果与计划的偏差，并努力回到计划中（纠正措施）。下文将讨论《PMBOK®指南》第六版和《PMBOK®指南》第七版中详述的原则和过程。

14.3　绩效测量和监控

充分的规划是项目成功的常识。人们经常说，好的规划会带来好的执行。然而，这总是正确的吗？

通常情况下，由于许多没有预料到的因素和风险，最深思熟虑的计划也会出错。与计划同样重要的是对项目的监督和控制，采取合适的绩效测量，并作出决定，酌情调整任何偏差。

根据 PMI，监督是指收集绩效数据，制定绩效措施，并报告绩效信息。控制是指将实际绩效与计划进行比较，分析差异，并根据需要提出纠正措施。

14.3.1　有效的测量和测量指标

对项目进行绩效测量的原因有很多，其中包括如下内容。

- 跟踪资源利用情况。
- 确定成本是否符合预算，是超出预算，还是低于预算。
- 确定进度是否符合计划，是超前于计划，还是落后于计划。
- 跟踪已完成的工作和使用的资金。
- 向干系人提供信息。
- 展示问责制。
- 与最初的计划相比，确定产品或服务将向客户提供的价值水平。
- 确保最终产品或服务将满足验收标准。

然而，仅仅进行测量本身并不一定能给项目带来价值。重要的是如何利用这些测量结果。在有了这些测量结果之后，需要让干系人参与进来，并根据这些结果做出适当的决定。

在项目的早期，项目经理确定有效的测量和测量指标是很重要的，以确保能适当地跟踪、评估和报告项目的绩效。这一步通常可以在制定项目章程时确定，并根据需要逐步加以阐述。这些测量和测量指标记录在项目管理计划中。这些测量指标都列在相应知识领域的项目管理计划的子项目管理计划中。每个项目经理都应该根据实际情况来调整测量指标，测量且只测量重要的内容。项目中很容易就会过度分析和测量太多的指标，这些指标不会增加价值，只会浪费时间。

在项目中设立关键绩效指标（Key Performance Indicator，KPI）来评估成败是非常必要的。有两种类型的 KPI，具体如下。

- **提前量指标**：提前量指标预测项目的变化或趋势。提前量指标可以在项目达到容限之前识别任何不利的趋势，从而降低项目的绩效风险。例如，项目经理可以使用当前的在制品（Work In Progress，WIP）任务数量来确定否在达到容限之前进度越来越落后于计划。提前量指标也可以是不可量化的，如糟糕的风险管理过程或关键干系人不在项目上或不参与项目。

- **滞后量指标**：滞后量指标在事件发生后衡量可交付物或事件，同时也考察过去的绩效。例如，滞后量指标关注已完成的可交付物的数量或已消耗的资源数量。滞后量指标通常可以用来显示某些因素之间的相关性；例如，项目出现负的进度偏差（Schedule Variance，SV），即进度落后于计划的原因可能是团队士气低落。

任何指标或测量标准都应始终遵循 **SMART** 原则，具体如下。

- Specific——具体的。
- Measurable——可测量的。
- Achievable——可实现的。
- Relevant——具有相关性。
- Time-bound——具有时限性。

SMART 标准也有变形，具体如下。

- Meaningful——有意义的，而不是 Measurable——可测量的。
- Agreed——同意或 Attainable——可达到的，而不是 Achievable——可实现的。
- Realistic——现实的或 Reasonable——合理的，而不是 Relevant——具有相关性。
- Timely——及时而不是 Time-bound——有时限性。

要明白，运行报告、分析结果和讨论行动往往是非常耗费时间的，对技术团队来说这些是非增值工作，所以最重要的是只测量属于 SMART 标准的内容。

关键绩效指标和测量标准因项目和行业而异，但一些常见的指标如下。

- 成本偏差（Cost Variance，CV）。
- SV。
- 成本绩效指数（Cost Performance Index，CPI）。

- 进度绩效指数（Schedule Performance Index，SPI）。
- EV。
- 完成任务的数量。
- 缺陷的数量。
- 计划工时与实际工时的对比。

14.3.2 监控项目

《PMBOK®指南》第六版的监控过程组包括跟踪、审查和调节项目绩效所需的过程。它将项目的实际结果与计划进行比较，并确定任何偏差，以便进一步讨论和决策。例如，项目进度是超前还是落后于计划，成本是超出预算还是低于预算？

《PMBOK®指南》第六版中与监控有关的过程如下。

- 监控项目工作。
- 实施整体变更控制（在第 4 章中讨论）。
- 确认范围（在第 6 章中讨论）。
- 控制范围（在第 6 章讨论）。
- 控制进度（在本章的 14.5 节中讨论）。
- 控制成本（在本章的 EVM 部分讨论）。
- 控制质量（在第 11 章中讨论）。
- 控制资源（在第 9 章中讨论）。
- 监督沟通（在第 10 章中讨论）。
- 监督风险（在第 13 章中讨论）。
- 控制采购（在第 12 章中讨论）。
- 监督干系人参与（在第 5 章中讨论）。

如前所述，上述过程在其相应的章节中都有详细的讨论。本章将从 ECO 中过程领域的角度来概述监控过程组。

无论在哪个知识领域，监控过程组的原则都是一样的。项目经理将工作绩效数据与计划进行比较，并计算出偏差。然后，对偏差进行分析，以确定工作绩效信息，这一步是对偏差进行阐释。工作绩效报告中包含工作绩效信息，本章后续内容中将讨论一些例子。

举例来说，控制进度指的是将实际时间线（工作绩效数据）与计划进度相比较，以确定项目进度是符合进度计划，是超前于计划，还是落后于计划（工作绩效信息）。项目经理可以使用 EVA（将在本章后续内容中讨论）来确定进度状态。同样，控制成本是指将实际成本或预算（工作绩效数据）与计划成本或成本基准进行比较，以确定项目成本是符合预算，是低于预算，还是超出预算（工作绩效信息）。同样，项目经理可以使用 EVA 来确定成本状态。控制资源是指将实际使用的实物资源（工作绩效数据）与最初计划的资源进行比较。

因此，对于《PMBOK®指南》第六版的监控过程组中的每一个过程，从范围管理到干系人管理，都适用以下规则。

- 起始点（或输入）总是工作绩效数据加上对应的计划或基准。
- 所使用的工具和技术之一是偏差分析，因为项目经理要将实际结果与计划进行比较。
- 从这些过程中产生的工件（或输出）是工作绩效信息，这是对偏差的阐释。

第一个过程，监控项目工作，是将所有的监控过程整合在一起形成工作绩效报告。请记住，整合管理（第 4 章的内容）指的是同时执行所有过程，且只能由项目经理执行的核心知识领域。因此，监控项目工作是指收集每个知识领域的工作绩效信息，并将结果以图表、图形、报告和评论（即工作绩效报告）的形式呈现出来。

14.4 绩效跟踪工具和工件

项目经理可能会使用许多工具、图表、图形和报告来进行测量，以确定项目绩效。接下来的章节将介绍一些在 PMP 考试中常用的工具。其中有些是在预测型和适应型项目中使用的，有些是预测型项目中特有的，有些是敏捷型项目中特有的。

首先，讨论一下需要测量的具体内容。尽管每个项目和情况都是独特的，每个项目都会有独特的测量标准，但一些常见的测量标准可以应用于许多项目，具体如下。

- **技术绩效测量**：对产品进行技术绩效测试以确保产品满足技术要求，如果不满足技术要求，则需要确定偏差。
- **非技术绩效测量**：非技术绩效包括与系统或机器的运行有关的规模、准确性、可靠性和效率。
- **错误和缺陷**：确定缺陷的根本原因，已识别的缺陷数量与已解决的缺陷数量。
- **在制品**：测量目前正在进行的工作事项的数量。
- **队列大小**：测量队列中事项的数量，并确认在制品与剩余工作的比较。
- **SV 和 SPI**：比较计划的开始和结束日期与实际的开始和结束日期，SV 和 SPI 可以确定项目进度是符合进度计划，还是提前或落后于进度计划。本章的 14.5 节将进一步详细解释这一指标。
- **CV 和 CPI**：对比计划成本和实际成本，CV 和 CPI 决定了项目成本是在预算内、低于预算还是超出预算。本章的 14.5 节将进一步详细解释这个指标。
- **资源利用率**：还可以比较计划的资源利用率和实际的资源利用率。

下面各节描述一些用于分析和显示测量结果的常用工具和工件。

14.4.1 看板

关键
主题

看板在敏捷中广泛使用。看板也称为任务板、敏捷板或 Scrum 板，它显示了团队在冲刺期间的可交付物的状态。它一目了然，可以显示哪些用户故事还没有开始，哪些正在进行，哪些已经完成。图 14-1 是看板的一个例子。

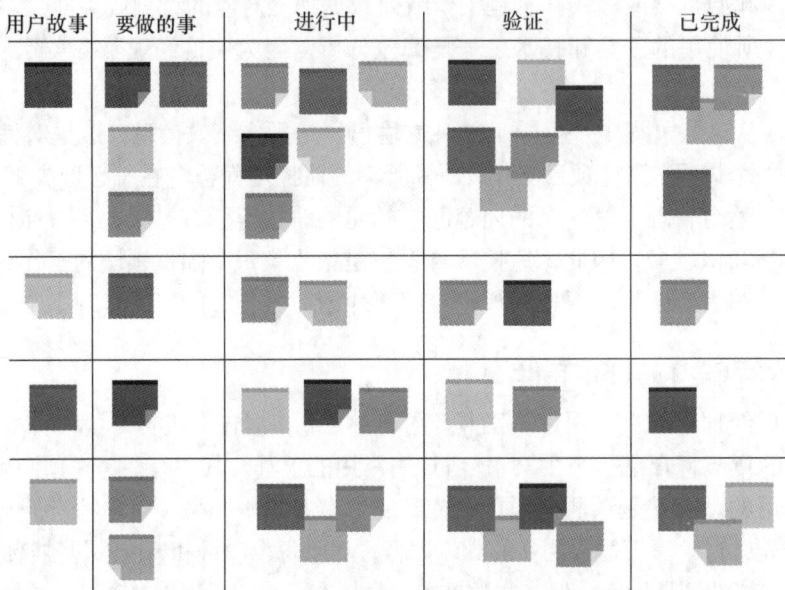

图 14-1　看板

看板还可以显示其他类型的状态，如测试开始、测试完成和签收。团队选择展示状态类别，以帮助其他干系人跟踪团队的状态。

团队还需要确定任何时候的工作中都可以进行的最佳在制品数量。

- 团队如果有太多的在制品事项未完成，可能无法在冲刺结束时完成所有的事项，所以这些未完成的用户故事会被放回产品待办事项列表中。例如，假设团队计划在这个冲刺阶段交付 10 个用户故事，并开始同时进行所有的工作。到冲刺结束时，如果只有两个用户故事是根据完成的定义已经完成的，另外 8 个用户故事完成了 95%，那么这 8 个不完整的用户故事就会回到产品待办事项列表中。

- 如果团队一次只做很少的事项，有些用户故事甚至可能在冲刺结束时都没有开始。比如，团队决定每次只做一个用户故事，在 100% 完成一个用户故事之前不会开始另一个用户故事。到冲刺结束时，他们可能已经完成了 6 个用户故事，但另外 4 个用户故事甚至一点都没有开始做。同样，这 4 个用户故事又会回到产品待办事项列表中。

团队需要确定他们一次可以做多少个用户故事，以便在冲刺结束时，所有的用户故事都能被 100% 完成。

14.4.2　燃尽图

燃尽图主要用于敏捷项目，它显示了根据完成的定义，还有多少工作需要完成。图 14-2 显示了一个燃尽图的例子。

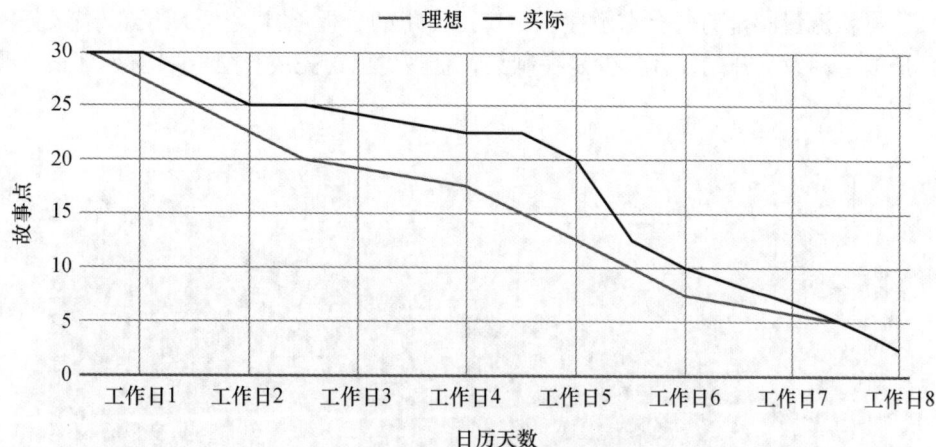

图 14-2　燃尽图

y 轴显示故事点的数量，x 轴显示时间线。理想线（有时被称为"计划"线）显示在某一时间点上预计会有多少个故事点存在。实际线表示在该时间点上实际剩下多少个故事点。

14.4.3　燃起图

燃起图主要用于敏捷项目，它显示了根据完成的定义，已经完成了多少工作。它还显示了已经增加的工作。图 14-3 显示了一个燃起图的示例。

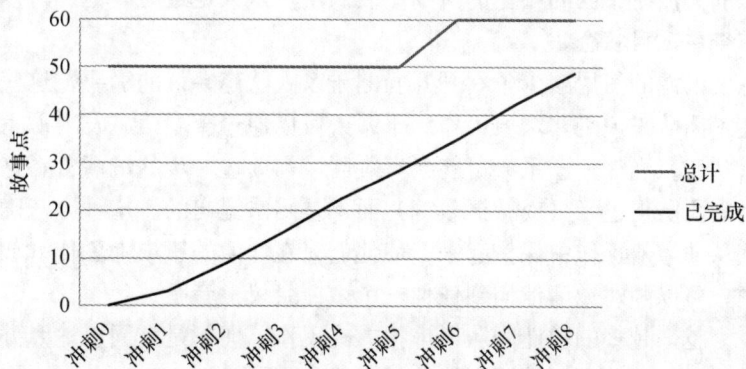

图 14-3　燃起图

y 轴显示故事点的数量，x 轴显示时间线。总计线是计划，显示了在某个时间点上预计完成的故事点的数量。它还显示了随着时间的推移，有多少故事点被添加。

已完成线显示实际结果，或者说在该时间点上实际完成了多少个故事点。

14.4.4 累积流量图

累积流量图是另一个在敏捷中被广泛使用的看板工具，它显示了有多少故事点（或用户故事）没有开始，有多少是在制品，有多少已经完成。图 14-4 显示了一个累积流量图的示例。

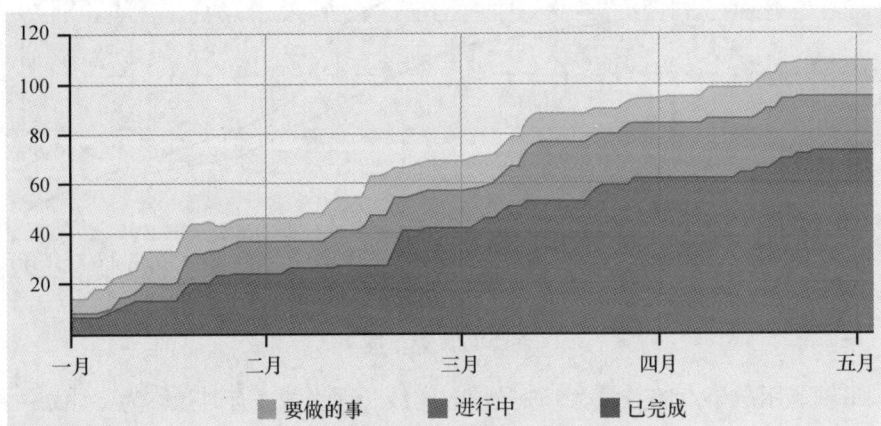

图 14-4 累积流量图

14.4.5 信息发射源

关键主题

信息发射源主要用于敏捷项目，它是图表、图形和报告的集合，向关键干系人展示项目的状态和敏捷团队的状态。传统意义上，信息发射源是挂在敏捷团队成员办公地点附近的人流密集区的墙上的实物图表。当干系人走过时，他们可以快速浏览信息发射源并查看项目状态。

信息发射源的使用减少了召开冗长的干系人状态会议的需要，这些会议在大多数时候对技术团队来说是非增值工作。干系人可以通过查看信息发射源上的图表来快速评估项目状态。当然，干系人可能会有疑问或需要进一步的澄清，在这种情况下，这些问题是向团队促进者（或敏捷教练）而不是团队提出的。这种方法确保了团队促进者将团队从非增值工作中保护起来，使他们只在增值的事项上工作。如果干系人仍有其他顾虑，可以随时邀请他们到任何一个敏捷会议上旁听。

如今，越来越多的敏捷团队以虚拟方式工作，而不是在同一地点办公，因此，信息发射源通常位于共享驱动器和工作板上。

考试小贴士：如果一个新的干系人找到团队促进者，要求定期了解敏捷项目的情况，团队促进者应该首先让干系人查看信息发射源。

作为信息发射源的一部分，一些常见的图表如下。

- 看板。
- 燃尽图。
- 燃起图。
- 累积流量图。
- 速度图。

14.4.6 干系人满意度测量

干系人满意度可以通过各种方法来测量。下面是一些例子。

- **净推荐值（Net Promoter Score，NPS）**：这种测量方法通常用于测量顾客对产品或服务的满意度以及他们向他人推荐产品或服务的可能性。净推荐值通常在-100 到+100 的范围内测量，正数意味着干系人对产品或服务总体上是满意的。准确的数字决定了满意（或不满意）的程度。
- **团队士气**：简单地观察团队的互动可以确定团队内部的士气。然而，评估和调查也可用于确定团队士气的确切水平。这些评估和调查可以确定团队成员是否有参与感、感到被理解，或者满意他们对项目的贡献。
- **情绪图**：情绪图是跟踪干系人的情绪和反应的快速而简单的方法。常见的是用表情符号或图标来识别参与度和满意度的高低，但也可以使用其他测量标准，如颜色和数字。图 14-5 显示了一个使用表情符号的情绪图。

图 14-5 情绪图（来源：Evgeniy_D/Shutterstock）

14.4.7 商业价值测量

项目经理需要确保项目实现期望的商业价值，同样也包括在项目开始时确定商业价值。一些用于商业价值测量的指标如下。

- **效益成本比**：效益成本比是作为效益-成本分析的一部分来计算的，通常是为了确定项目的优先级，决定下一步做哪个项目。高级管理层将更多地参与这一决定，以确定投资的效益。如果效益大于成本，就应该考虑这个项目，效益成本比越高越好。而在同一个项目内部则通常不计算效益成本比。

- **ROI 和 IRR**：ROI 和 IRR 是通常用来确定项目优先级的其他测量标准，并可用来测量项目的财务回报。ROI 或 IRR 越高，潜在回报就越高。
- **PV、未来值（Future Value，FV）和 NPV**：这些测量指标考虑了资金的时间价值，NPV 越高越好。一般来说，负的 NPV 表明该项目不应该启动，除非有非货币的原因，如监管要求或商誉。
- **机会成本**：机会成本测量的是选择一个机会而不是另一个机会所放弃的商业价值。例如，假设项目 A 将产生 50,000 美元的价值，而项目 B 将产生 70,000 美元的价值。如果你决定选择项目 B，因为它的收益比项目 A 的收益高，那么机会成本就是 50,000 美元，因为这是你放弃的收益。

对于 PMP 考试，考生应该了解这些术语，但考试中不太可能要求计算其中的任何数字。

14.4.8　其他绩效跟踪工具和工件

项目经理、高级干系人和项目团队使用许多其他标准来测量项目的绩效。一些其他的绩效跟踪工具和测量方法如下。

- **甘特图**：甘特图用于预测型项目，以显示项目活动的进度和时间线。在第 7 章中讨论过甘特图。
- **里程碑图**：里程碑图用于预测型项目，以显示项目重要节点的进度。在第 7 章中讨论过里程碑图。
- **产品路线图**：产品路线图用于适应型项目，以显示敏捷产品的高层级的开始和结束。在第 7 章中讨论过产品路线图。
- **吞吐量**：主要在敏捷中使用，显示了在固定时间范围内完成事项的数量。
- **周期时间**：在敏捷中，周期时间用于测量一项特定的任务从开始到结束需要多长时间。
- **速度**：在敏捷中，速度显示了在一个冲刺周期完成了多少故事点，并展示在速度表上。
- **工作绩效报告**：工作绩效报告的例子包括以下内容。
  - ◆ **状态报告**：状态报告显示了项目目前的情况。
  - ◆ **进度报告**：进度报告显示了自上次更新以来所完成的工作。
  - ◆ **预测**：预测显示了基于历史数据和趋势的预测，如完工尚需估算（Estimate To Complete，ETC）、完工绩效指数（To Complete Performance Index，TCPI）、完工偏差（Variance At Completion，VAC）和完工估算（Estimate At

Completion，EAC）。14.5 节将更详细地介绍这些预测。

◆ **EV 报告**：EV 报告显示已完成的工作与计划中的工作相比较的价值。接下来的内容将介绍 EVM 的概念。

■ **偏差报告**：偏差报告显示了计划和实际结果之间的偏差。

■ **质量报告**：这些图表、图形和报告基于收集到的质量测量标准和指标。

14.5　EVM

项目经理可以在不同情况下使用许多方法和途径来确定项目的财务和进度状况。有很多方法来评估项目的价值，不同的行业使用不同的成本管理方法和预算惯例来确定项目的绩效。

其中一种方法，也是 PMI 选择采用的方法，称为 EVM，也称为 EVA。

EVM 的整个原则是，价值是从货币的角度来计算的，甚至进度也是从货币的角度测量的。因此，在 EVM 环境中，不会说"该项目进度落后于计划 3 周"，而会说"我们有价值 10 万美元的工作落后于计划"。

从公式的构建方式来看，进度也被转换成了货币价值，如果不习惯 EVM，最初可能会有点困惑。有 3 个指数分别是 CPI、SPI、TCPI，但除了这 3 个指数之外，其余的术语都是基于货币价值的。

本节讨论 EVM 术语和公式。重要的是，你要理解这些术语的含义，而不是盲目地记住这些公式。当然，也需要知道这些公式，因为在考试中不会提供公式，但当理解了这些术语时，公式就会变得更容易理解。

用下面的情景来说明相关内容。

一个为期 10 周的项目耗资 100,000 美元，项目已经进行了 5 周。已经完成了 40%，到目前为止已经花费了 60,000 美元。

表 14-2 概述了 4 个基本的 EVM 变量。

关键主题

表 14-2　　　　　　　　　　　　　　4 个基本的 EVM 变量

英文缩写	术语	解释
PV	计划价值	截至此刻，项目应该完成多少工作 如果一个 10 周的项目进行了 5 周，耗资 100,000 美元，项目应该完成 50%。所以，PV=50,000 美元。在考试中，假设 PV 将线性地分布在整个项目中
EV	挣值	截至此刻，项目已经完成了多少工作。如果项目完成了 40%，则已经赚取/生产了价值 40,000 美元的工作。EV=40,000 美元
AC	实际成本	到目前为止，该项目已经花费了多少钱？到目前为止，已经花了 60,000 美元（题目中已给出）。AC=60,000 美元
BAC	完工预算	项目的原始基准预算。在这种情况下，题目中给出的 100,000 美元

表 14-3 详细说明了 SV 和 CV 的公式。

关键主题

表 14-3   SV 和 CV

术语	公式	解释
SV	SV=EV−PV PV=5/10×100,000=50,000 美元 EV=40%×100,000=40,000 美元 SV=40,000−50,000=−10,000 美元	现在项目进度超前于计划还是落后于计划 正值=超前于计划 负值=落后于计划 在这种情况下，有价值 10,000 美元的工作落后于计划
CV	CV=EV−AC EV=40%×100,000=40,000 美元 AC=60,000 美元（问题中给出） CV=40,000−60,000=−20,000 美元	现在项目成本超出预算还是低于预算 正数=低于预算 负数=超出预算 在这种情况下，已经超支了$20,000。根据工程量，成本比预算超支了 20,000 美元

表 14-4 详细列出了两个重要的指数：CPI 和 SPI。

关键主题

表 14-4   CPI 和 SPI

术语	公式	解释
CPI	CPI=EV/AC EV=40,000 美元 AC=60,000 美元 CPI = 40,000/60,000≈0.67	资金的支出率（即每花 1 美元，项目赚多少钱） 小于 1=不好 大于 1=好 在这种情况下，对于每 1 美元支出，团队只执行了价值为 67 美分的工作。因此，项目成本超出了预算
SPI	SPI=EV/PV EV=40,000 美元 PV=50,000 美元 SPI=40,000/50,000=0.8	目前完成的工作绩效 小于 1=不好 大于 1=好 在这种情况下，团队的工作率达到了 80%，所以项目进度已经落后于计划

表 14-5 显示了 4 种 EAC 的公式。EAC 也被称为预测估算。

表 14-5   EAC

术语	公式	何时使用
EAC（1）	EAC=AC+自下而上的 ETC	需要新的估算 原来的估算是有缺陷的
EAC（2）	EAC=AC+(BAC−EV)	未来的支出将保持在预算范围内的比率 偏差不是典型的 偏差将不再继续

术语	公式	何时使用
EAC（3）	EAC=BAC/CPI	支出继续以目前的比率进行 目前的 CPI 将继续 偏差是典型的 偏差将继续
EAC（4）	EAC=AC+[(BAC-EV)/ (CPI×SPI)]	成本绩效不佳，需要有确定的完成日期

利用这个例子，表 14-6 显示了如何计算 EAC（2）和 EAC（3）。

表 14-6 使用 EAC（2）和 EAC（3）的例子

术语	公式	何时使用
EAC（2）	EAC=AC+(BAC-EV) AC=60,000 美元 BAC=100,000 美元 EV=40,000 美元 EAC=40,000+(100,000- 60,000)=120,000 美元	未来的支出将保持预算中的比率。偏差不是典型的。偏差将不再继续。在这种情况下，只要项目成本不进一步超出预算，项目就会以 120,000 美元结束
EAC（3）	EAC=BAC/CPI BAC=100,000 美元 CPI=0.67 EAC=100,000 美元/0.67= 150,000 美元	支出继续保持当前的比率。 目前的 CPI 将继续。偏差是典型的。偏差将继续。 在这种情况下，如果项目继续以同样的速度工作，那么项目将以 150,000 美元完成

表 14-7 显示了两个额外的变量：ETC 和 VAC。

表 14-7 ETC 和 VAC。

术语	公式	解释
ETC	ETC=EAC-AC EAC=120,000 美元 AC=60,000 美元 ETC=120,000 美元 -60,000 美元 =60,000 美元	从现在开始到结束，完成该项目所需的资金。这个例子使用 EAC（2），意味着需要花费 60,000 美元来完成项目
VAC	VAC=BAC-EAC BAC=100,000 美元 EAC=120,000 美元 VAC=100,000 美元-120,000 美元 =-20,000 美元	预计到项目结束时，项目成本将超出/低于预算多少。在这个例子中，在项目结束时，成本将超出预算 20,000 美元

表 14-8 描述了 TCPI，即剩余工作为了满足预算需要达到的 CPI。

表 14-8   TCPI

英文缩写	术语	解释
TCPI	完工绩效指数	为了满足预算，项目需要达到的 CPI。 剩余工作成本/剩余预算。 如果项目有价值 100,000 美元的工作要做，而预算中还剩下 50,000 美元，那么 100,000 美元/50,000 美元=2（或 200%）。 如果项目有价值 50,000 美元的工作要做，而预算中还有 100,000 美元，那么 50,000 美元/100,000 美元=0.5（或50%）

表 14-9 列出了考生在考试中需要知道的两个 TCPI 公式。

表 14-9   TCPI 公式

术语	公式	何时使用
TCPI（1）	TPCI=(BAC−EV)/(BAC−AC) BAC=100,000 美元 EV=40,000 美元 AC=60,000 美元 TPCI=(100,000−40,000)/(100,000−60,000)=1.5	为了原始预算，所需的 CPI。 当原始预算可实现时使用
TCPI（2）	TPCI=(BAC−EV)/(BAC−AC) BAC=100,000 美元 EAC=120,000 美元 EV=40,000 美元 AC=60,000 美元 TPCI=(100,000−40,000)/(120,000−60,000)=1	为了实现预测的预算，所需的 CPI。 在原始预算无法实现时使用

EVM 的练习示例

情景

你正在改造一栋小型办公楼。翻新工程包括升级洗手间，更换大厅的地毯，以及升级 10 层楼的照明。每层楼预计需要一周时间，花费 60,000 美元。

该项目已经进行了 4 周，到目前为止，成本为 280,000 美元，已经完成了 4.5 层。假设未来的表现将是过去的典型偏差。

答案

表 14-10 提供了这种情况下的解决方案。

表 14-10 EVM 的练习示例的答案

英文缩写	公式/计算	结果
BAC	10 层×60,000 美元	600,000 美元
PV	4 周×60,000 美元	240,000 美元
AC	280,000 美元（已给出）	280,000 美元
EV	4.5 层×60,000 美元	270,000 美元
CV	(EV–AC) 270,000 美元–280,000 美元	−10,000 美元
CPI	(EV/AC) 270,000 美元/280,000 美元	0.96
SV	(EV–PV) 270,000 美元–240,000 美元	30,000 美元
SPI	(EV/PV) 270,000 美元/240,000 美元	1.12
EAC	(BAC/CPI) 600,000 美元/0.96	625,000 美元
ETC	(EAC–AC) 625,000 美元–280,000 美元	345,000 美元
VAC	(BAC–EAC) 600,000 美元–625,000 美元	−25,000 美元
TCPI	(BAC–EV)/(BAC–AC) (600,000 美元–270,000 美元)/(600,000 美元–280,000 美元)	1.03

备考任务

正如前言中的"如何使用本书"部分所述，你有几种备考选择：这里的练习、第 18 章的考试模拟题。

14.6 复习所有关键主题

复习本章中最重要的关键主题，这些关键主题在相应页面都标记有"关键主题"图标。表 14-11 列出了这些关键主题以及相应的描述。

关键主题　　　表 14-11 第 14 章的关键主题以及相应的描述

关键主题	描述
章节	SMART 标准
段落	工作绩效数据、工作绩效信息和工作绩效报告
章节	看板
章节	信息发射源
表 14-2	4 个基本的 EVM 变量
表 14-3	SV 和 CV
表 14-4	CPI 和 SPI

14.7 复习题

1. 项目经理努力地通过采取许多绩效测量方法来衡量项目的进展。这些测量结果被及时记录并归档。该项目成本超出了预算，进度落后于计划，这让主要干系人感到惊讶。然而，项目经理向他们展示了已经采取的绩效测量，所以出现这样的结果并不意外。你会给这位项目经理什么建议？

A. 项目经理应该把这些文件保存在一个更容易访问的地方，以便所有的关键干系人能够看到这些文件

B. 应该在获得这些测量结果时就将其传达给主要干系人

C. 主要干系人应该更多地参与到项目的决策中

D. 项目经理应该早点与团队联系，讨论如何提高他们的绩效

2. 以下哪些是常见的项目关键绩效指标 KPI？（选择所有合适的选项）

A. SPI

B. CPI

C. 完成任务的数量

D. 缺陷的数量

E. 计划时间与实际时间的对比

3. 以下哪种情况属于工作绩效信息？

A. 燃起图

B. 你已经在这个可交付物上花费了 80,000 美元

C. 信息发射源

D. 你的进度落后 5%

4. 项目经理收集了诸如 CPI、SPI、CV、缺陷数量和已完成的任务数等指标，现在正在将这些指标格式转换为图表。该项目经理正在做什么？

A. 制定工作绩效报告

B. 创建信息发射源

C. 编写工作绩效信息

D. 确定团队绩效

5. 你使用以下哪种工具来衡量干系人的满意度？

A. 速度

B. ROI

C. 净推荐值

D. 实际成本与计划成本的对比

6. 项目的 CPI 为 1.09，SPI 为 1.06。项目的 CV 是 34,300 美元，SV 是 29,200 美元。客户有严格的截止日期，对成本很敏感。即使在项目的这一阶段，他们也对这些结果感到担忧，并且正在要求你想办法使项目回到项目管理计划的轨道上。你应该给你的客户什么建议？

A. 项目成本没有超出预算，并且进度提前于计划，所以客户在这个阶段没有什么可担心

的。你应该告知他们无须担忧

   B. 因为成本已经超出预算，并且进度落后于计划，你应该立即寻找提高效率的方法

   C. 向你的客户解释，你将收集所有的工作绩效信息并向他们解释这些结果

   D. 向你的客户解释，你会让团队参与其中，并找到方法来更有效地开展工作

7. 项目的 BAC 为 45,000 美元，AC 为 23,450 美元，CPI 为 1.09，SPI 为 0.93。关于这个项目，这些数字告诉你什么？

   A. 你的项目成本低于预算，但进度提前于计划

   B. 你的项目成本低于预算，但进度落后于计划

   C. 你的项目成本超出预算，但进度提前于计划

   D. 你的项目成本超出预算，且进度落后于计划

8. 你一直在以增量的方式向组织提供系统功能。关键的干系人希望得到一份报告，详细说明到目前为止用户的满意度。你正试图确定实现此报告的最佳方法以及决定采用以下哪种工具？

   A. 情绪图

   B. 效益成本比

   C. ROI

   D. 净推荐值

9. 到目前为止，项目有以下指标：PV=63,000 美元，EV=61,000 美元，AC=62,000 美元。以下哪项是正确的？

   A. 成本超出预算，进度提前于计划

   B. 成本低于预算，进度提前于计划

   C. 成本超出预算，进度落后于计划

   D. 成本低于预算，进度落后于计划

10. 将绩效跟踪工具和图表与描述相匹配。

1. 燃尽图	A. 显示一项任务从开始到结束需要多长时间
2. 速度图	B. 显示了敏捷产品的高层级起点和终点
3. 看板	C. 显示尚未开始的任务，在制品，以及已经完成的任务
4. 信息发射源	D. 基于完成的定义，显示还有多少工作要完成
5. 产品路线图	E. 根据表情符号显示干系人的满意度
6. 净推荐值	F. 提供一系列的图表、图形和报告，显示敏捷团队和项目的状态
7. 现值	G. 显示了从上次更新开始到现在已经完成的工作
8. 周期时间	H. 显示在一个冲刺阶段已经完成了多少个故事点
9. 情绪图	I. 衡量客户满意度的标准是-100 到+100
10. 进度报告	J. 考虑到货币的时间价值

本章包括结束项目、阶段或项目迭代所需的步骤和程序。

- 项目结束的原因：介绍项目结束可能需要的各种方式。
- 收尾活动：介绍项目收尾所需的常见活动。
- 过渡就绪：介绍项目交接可交付物给持续运营的计划。

第 15 章

收尾项目

本章将讨论结束项目、阶段或迭代以及收尾所需的步骤。本章还将讨论与《PMBOK®指南》第六版、《PMBOK®指南》第七版和 ECO 有关的原则。

本章介绍 PMP ECO 中的以下目标。

领域	任务	考试目标
人员	任务 3	支持团队绩效
人员	任务 9	与干系人协作
人员	任务 10	建立共识
过程	任务 1	执行需要紧急交付商业价值的项目
过程	任务 2	管理沟通
过程	任务 4	让干系人参与进来
过程	任务 9	整合项目规划活动
过程	任务 12	管理项目工件
过程	任务 16	确保进行知识交流，使得项目得以持续开展
过程	任务 17	规划和管理项目/阶段收尾和过渡工作
业务环境	任务 2	评估并交付项目利益和价值

15.1 摸底小测试

摸底小测试可以帮助你评估自己是应该认真阅读本章内容，还是直接跳到"备考任务"部分。如果你对答案没有把握，或者你对题目涉及的知识有疑问，请认真阅读本章内容。表 15-1 列出了本章知识点和相对应的测试题目。你可以在附录 A 中找到这些题目的答案。

表 15-1　　　　　　　本章知识点和相对应的测试题目

本章知识点	测试题目
项目结束的原因	1~2
收尾活动	3~4
过渡就绪	5~6

> 注意：自我评估的目的是衡量你对本章内容的掌握程度。如果你不知道某道题的答案，或者感到模棱两可，你应该将此题标记为错误，以便对相关内容进行学习。如果猜对了答案，会使你的自我评估产生偏差，并可能产生一种"已经掌握"的错觉。

1. 项目经理应该在什么时候准备项目的最终报告？
   A. 在客户接受了最终的可交付物后
   B. 在项目经理被告知项目已取消后
   C. 在项目经理被告知组织不再需要该项目可交付物之后
   D. 所有这些答案都是正确的
   E. 所有这些答案都不正确

2. 以下哪些不是合适的取消项目的理由？（选择两项）
   A. 与另一家公司的合并会影响整个组织
   B. 客户有大量的额外要求
   C. 组织不再需要该可交付物
   D. 不再有足够的资金
   E. 该项目被无限期地搁置
   F. 材料价格大幅上涨，导致项目成本比原来的成本基准增加一倍

3. 在结束项目、阶段或迭代的过程中，以下所有情况中，除了哪一个情况，其他所有情况都可能发生？
   A. 确认范围
   B. 迭代回顾
   C. 更新经验教训
   D. 归档文件

4. 你正在和团队成员开会，一些关键的干系人参会旁听。团队正在讨论哪些地方进展顺利，哪些地方可以改进。团队还简单地讨论了下一个为期两周的迭代。你参加的是什么会议？
   A. 经验教训会
   B. 项目收尾会
   C. 迭代审查会
   D. 冲刺回顾会

5. 在客户接受了最终的可交付物后，在转入持续运营之前，项目经理需要确保发生什么？
   A. 质量控制
   B. 过渡就绪
   C. 确认范围
   D. 完成的定义

6. 以下哪项不包括在过渡计划中?

   A. 知识转移的程序

   B. 过渡就绪

   C. 客户验收的程序

   D. 最终用户培训

基础主题

结束项目,从理论上讲,是很简单的。对许多人来说,这只是一个"交付最终产品(或服务),让我们继续下一个项目"的情况。如果实际上能像这样简单就好了。

结束项目的原因有很多,不同的项目和生命周期对结束步骤的处理方式也不同。此外,结束可以指结束阶段、迭代、版本或整个项目,而且每个项目的处理方式都不同。然而,它们之间有一些共同的原则。

《PMBOK®指南》第六版涵盖收尾过程组中的结束步骤,更具体地说,是结束项目或阶段过程。

《PMBOK®指南》第七版,没有单独的绩效域来收尾,而是在几个章节中解释收尾原则。

15.2　项目结束的原因

关键主题　《PMBOK®指南》第六版中,结束的步骤详见收尾过程组中的结束项目或阶段过程。结束项目或阶段的另一个名称是行政收尾。行政收尾的主要好处如下。

- 归档有关该项目或阶段的信息。
- 计划的工作已经完成。
- 释放团队资源。

然而,在讨论结束的步骤之前,先谈谈为什么项目可能结束。

项目结束的原因有很多。最常见的原因,也是结束项目的最佳原因,就是已经完成了可交付物。团队已经成功地完成了产品或服务,它已经被客户接受,并且已经过渡到生产、持续运营或上线。自然,这也是所有项目经理和项目团队努力实现的目标。事实上,完成可交付物的目标是项目的成功因素之一。

然而,项目可能因为其他原因而必须结束。项目可能取消(也称为过早或被迫关闭)。

项目可能因为许多原因而取消,例如以下原因。

- 项目可交付物已经过时或不再需要。
- 开展项目的原因已经不再有效。

- 组织不再需要该产品或服务。
- 资源已经转移到另一个优先级更高的项目。
- 融资已不再适用。
- 已确定的重大风险，使项目不可行。
- 规章制度的变化使项目不可行。
- 兼并或收购要求项目结束。
- 高级管理层的变化可能会改变项目的优先级。
- 其他经济和外部变化可能会影响组织，导致项目关闭。
- 项目被搁置，直到进一步通知。

就最后一项内容（项目被搁置，直到进一步通知）再补充一点。就 PMI 的目的而言，被无限期搁置的项目应该正式收尾，并遵循收尾步骤。如果需要，该项目可以在以后重新开放。

许多组织使用**阶段关口**方法来决定继续或取消项目。在这种方法中，在项目的不同阶段，通常是在项目的主要定义的阶段结束时，高级决策者或指导委员会决定继续或取消项目。图 15-1 显示了一个简单的阶段关口方法。

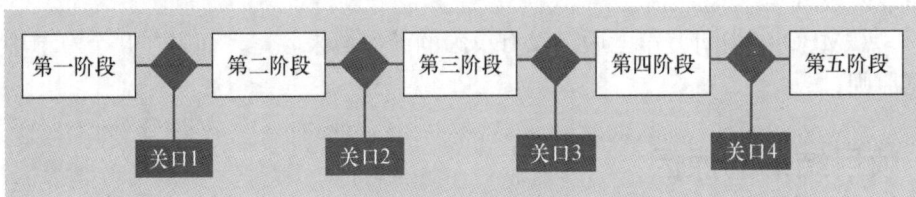

图 15-1 阶段关口方法

在这个例子中，在第一阶段结束时，项目已经到达了第一个关口（关口 1）。在这个阶段，高级决策者对是否继续项目进行分析和讨论，如果决定继续，项目将进入第二阶段。在第二阶段结束时，项目已经到达了关口 2。高级决策者再次分析和讨论项目的未来。如果他们确定该项目不再可行，该项目将被取消，这被称为"**决策点**"。

术语**阶段关口**有几个同义词，具体如下。

- 治理门。
- 关口。
- 阶段结束。
- 阶段门。

决策点具体是指项目取消的时间点。

阶段关口方法通常用于研究和开发项目以及政府项目等。

结束的方法也因生命周期而异。预测型项目可能有几个阶段，并一次性向客户交付最终产品。项目经理需要执行步骤来结束每个阶段，并结束整个项目。

迭代和增量型生命周期分别需要结束每个迭代和增量。这些活动由项目经理领导。

敏捷型项目要求结束每个冲刺和发布，这是由整个敏捷团队领导的。

15.3 收尾活动

在项目、阶段、迭代或发布可以结束之前，项目经理和团队必须得到客户的认可。

在预测型项目中，关键的干系人根据项目开始时建立的验收标准来接受可交付物，这些标准记录在项目管理计划中。需求跟踪矩阵经常用来确保需求已经完成并被批准。

在敏捷型项目中，产品负责人在每个迭代结束时根据完成的定义来验收交付物。在发布之前对产品进行最终验收。最终验收必须在收尾步骤之前完成，并作为确认范围过程的一部分来执行。

尽管收尾的步骤可能因组织而异，但它们一般都包含在项目管理计划中。在收尾期间进行的一些常见活动如下。

- 将可交付物过渡到正在进行的操作、生产或项目的下一阶段。
- 确保支付适当的成本。
- 确保与所有供应商的合同都已结束（已向供应商支付费用，采购也已结束）。
- 确保合同归档。
- 收集项目记录。
- 确保所有文件都是最新的，并且如果文件需要签署，确保已获得正确签署。项目管理计划的任何组成部分，包括基准可能需要最后一次更新。
- 准备项目的最终报告（在本节末尾讨论）。
- 审计成功和失败的经验，更新经验、教训。
- 如果是项目结束，管理向持续运营或生产团队进行的知识转移；如果是阶段结束，管理向下阶段项目团队进行的知识转移。
- 归档所有的项目文件；它们现在将成为 OPA。
- 向适当的干系人传达项目现在已经结束的消息。
- 衡量干系人的满意度。
- 重新分配任何实物资源。
- 释放团队资源。

这些活动并没有按照任何特定的顺序列出，也不表示排除性的清单。然而，一般来说，释放团队资源通常是收尾最后一步，因为项目经理需要资源来执行收尾活动。

同样重要的是要理解，无论项目如何结束，项目经理都必须执行收尾活动。即使项目因任何原因取消，仍然必须执行收尾活动。

收尾的重要工件

除了各种项目文件（所有项目过程的工件）的更新，收尾涉及两个重要的工件。

■ **过渡计划**：过渡计划也被称为实施计划和推广计划。本章稍后将讨论此计划。

■ **最终报告**：最终报告提供了对项目绩效的总结，包括以下内容。

◆ 对项目或阶段的概述。

◆ 范围目标，包括评估范围的标准，以及证明达到完工标准的证据。

◆ 质量目标，包括用于评估质量的标准以及质量偏差的原因。

◆ 成本目标，包括可接受的成本区间和实际成本。

◆ 计划目标，包括结果是否实现预期的效益。

◆ 验证信息，包括对最终产品、服务或结果的批准。

◆ 对最终产品、服务或结果如何满足商业需求的概述。

◆ 对风险和问题的概述以及如何解决这些问题。

值得注意的是，收尾的重要输出之一是最终产品、服务或结果移交，这指的是将可交付物移交给不同的小组或组织。如果是项目结束，这个新的小组或组织可以是持续运营或支持团队，如果是阶段结束，也可以是不同的项目团队。

15.4 过渡就绪

在最终的可交付物能够被转移到持续运营、生产或上线之前，项目经理必须规划过渡交接。就像任何项目活动一样，向持续运营的移交需要充分规划以实现平稳过渡。

例如，当你在制造厂制造了一台新机器来取代现有的两台机器后，你不能在没有计划的情况下立即替换这两台机器。需要停止整个生产线，需要培训终端用户和他们的主管，需要创建操作程序和指导性文件，机器在安装后和恢复生产前需要进行测试。所有这些活动都需要合适的计划。

如果不能充分规划这种过渡，就会导致产品交付的失败，如果项目顺利进行到这一步，却在过渡期失败，将是很不幸的。

项目经理和团队需要确定组织、终端用户和其他干系人是否准备好接受新的可交付物，并开始实施。他们需要确定哪些流程受到影响，哪些团队受到影响，谁需要培训，何时进行培训，如何进行培训，谁将提供培训，在哪里记录过渡和培训，等等。这个计划记录在过渡计划中，该计划包括以下程序。

■ **过渡就绪**：这一步决定了组织是否已经准备好接受这个新产品、可交付物、增量或服务。

■ **知识转移**：这个过程是对持续运营团队或客户进行产品或服务使用方面以及操作可交付物时需要注意的事项的培训。

■ **终端用户/客户培训**：这项任务确保客户和最终用户知道如何使用产品或服务。

- ■ **沟通**：该程序提供了产品或服务使用的沟通协议，包括任何支持和维护的升级程序。
- ■ **实施后的支持**（也被称为 DevOps 或 hypercare）：这个程序记录了如何支持新产品或服务。

> 注意：DevOps 是指通过改善开发和运营团队之间的沟通和协作来实现顺利交付的方法或共享方式。

人们可以争辩："我们不是已经有这些程序了吗？"或者"这不是应该在项目开始时就计划好了吗？"

有可能，但不一定。记住渐进明细这个词。计划是在必要时创建和更新的。在项目（甚至预测型项目）中，通常直到创建和测试交付物之后，才知道如何过渡到上线或运营。

> 注意：本章讨论的步骤、活动和原则针对的是预测型项目，并用于结束项目或项目阶段。根据项目的规模和性质，从一个阶段转到下一个阶段时，可能需要对过渡就绪进行评估，特别是如果下一个阶段将由不同的团队来执行。新的团队将需要了解到目前为止所创建的内容。

在预测型项目中，可能会安排与客户的项目收尾会议，以获得对已交付范围的最终验收。

在适应型（敏捷）项目中，每个迭代的产品增量的过渡是交给产品负责人的，每个冲刺或迭代的结束是在冲刺回顾会上进行的，在回顾会上，敏捷团队会讨论学到的经验，还会讨论哪些地方做得好，哪些地方做得不好，以及哪些地方可以改进。这种讨论不应该是指责，而应该是有益的沟通，以改善未来冲刺的过程、程序和团队表现。冲刺回顾会通常以对下一个冲刺的简短讨论结束。通常，其他关键干系人也会参加这个会议。

混合型项目根据项目和情况对过渡进行调整，但一般来说，过渡和移交都是逐步进行的。

效益实现

关键主题 可交付物的有效过渡增加了项目成功和效益实现的可能性。项目效益实现的时间线取决于项目的生命周期和性质。在适应型项目中，效益可能在每个冲刺结束时实现。在预测型项目中，效益是在产品进入生产或持续运营后实现的。效益可能立即实现，也可能需要一些时间（几个月甚至几年）。

例如，如果你正在开发一种新产品，预计每年可增加 2 亿美元的销售额，达到这一目标并实现效益可能需要几年时间。相比之下，流程改进项目可能立即实现效益。

效益实现和达成效益的程序被记录在**效益管理计划**中，该计划最初是在项目启动前与效益负责人一起制定的（与商业论证一起进行）。效益管理计划在项目结束时更新，并在过渡到持续运营时审查。

在产品交付给客户后，往往需要持续改进，以获得效益的充分实现。

■ 在预测型项目中，任何此类改进或修改都可能是一个新项目。

■ 在适应型项目中，任何改进或修改都可能规划到未来的冲刺阶段。

■ 在混合型项目中，这些程序需要根据所使用的方法论和方法进行调整。

在过渡到持续运营的过程中，项目团队负责交付产品或服务，为客户组织提供效益。此外，该团队还要做以下工作。

■ 提供计划绩效数据。

■ 与业务所有者合作，确定业务实现指标。

■ 分析任何可能影响效益实现的剩余风险。

■ 提供使用产品或服务所需的任何技术信息。

在预测型项目中，客户确保效益的实现，并采用任何改进和修改来维持效益的实现。客户还要做以下工作。

■ 将实际绩效与计划进行比较（包括任何关键绩效指标）。

■ 识别影响已交付效益的风险。

■ 确定所需的任何流程和工具，以确保持续的效益实现。

在适应型项目中，产品负责人与客户一起工作，以确定任何需要的改进或升级。产品负责人还做以下工作。

■ 与团队合作，确定合适的指标来测量绩效。

■ 识别和监督风险。

在整个过渡过程中，**效益负责人**与项目经理和团队合作，以确保计划的效益得到适当的实现。效益负责人确保建立和分析测量指标，并向管理层报告已实现的效益。

在预测型项目中，效益负责人可以是发起人、运营经理或业务分析员。

在适应型项目中，产品负责人承担效益负责人的责任。

备考任务

15.5　复习所有关键主题

复习本章中最重要的关键主题，这些关键主题在相应页面都标记有"关键主题"图标。表 15-2 列出了这些关键主题以及相应的描述。

关键主题	描述
段落	行政收尾
段落	阶段关口
章节	收尾活动
章节	过渡就绪
章节	效益实现

关键主题

表 15-2　　　　　　　第 15 章的关键主题以及相应的描述

15.6　复习题

1. 项目团队已经完成了项目的第三阶段，项目经理正在与其他主要干系人开会，审查项目并讨论其未来。由于一些外部因素和主要风险，他们决定取消该项目。这个审查和随后的决定被称为什么？

    A. 阶段门和阶段关口

    B. 终端门和阶段关口

    C. 上线和决策点

    D. 阶段关口和决策点

2. 以下哪项是行政收尾的好处？（选择两项）

    A. 归档项目信息

    B. 释放团队成员，以开始新的追求

    C. 接受可交付物

    D. 已经实现里程碑

    E. 产品成功转入持续运营

3. 项目的最终报告包含，除了以下哪个信息外所有的信息？

    A. 对最终产品如何实现业务需求的概述

    B. 对风险和问题的摘要以及如何解决这些问题

    C. 对项目或阶段的概述

    D. 对项目开始的概述和正式授权

4. 你正在进行行政收尾，并已收集了项目记录，确保与供应商的合同结束，并编写最终报告。你接下来应该做什么？

    A. 存档项目文件

    B. 获得客户的正式验收

    C. 确认范围

    D. 验证产品的验收标准是否已经达到，并收尾项目

5. 你的组织的项目环境最近转变为适应型项目环境。你指导团队，并为那些没有敏捷经验的关键干系人提供建议。他们正试图了解敏捷中的收尾过程。你会如何建议他们？

   A. 解释收尾工作在项目交付过程的末尾发生

   B. 解释收尾工作发生在每个冲刺期结束时的冲刺审查会

   C. 解释收尾发生在冲刺回顾阶段

   D. 解释当关键的干系人批准可交付物后，就会进行收尾

6. 你的软件开发项目已进入尾声。这是一个全新的系统将取代旧的遗留系统，而组织中没有人曾经使用过这个新系统。在上线之前，你向关键的干系人展示了最终的系统功能，他们对展示的印象非常深刻。他们同意这个系统已经准备就绪，可以投入使用。你接下来应该做什么？

   A. 确保该组织已准备就绪，可以投入使用

   B. 尽快让系统上线，让旧系统废止

   C. 开始归档项目文件

   D. 更新经验、教训

本章将介绍另外两个考生在考试中需要知道的主题，这些主题涵盖所有的 PMP 领域、知识领域和过程组。本章包含以下主题。

- 裁剪：介绍裁剪项目管理过程的方法。
- 组织变革管理：介绍由于内部和外部环境因素而导致的组织变革。

第 16 章

更多要知道的事

本章介绍的两个主题与本书的许多章节相关，但是对于它们属于哪一章，没有明确的定义。本章将讨论裁剪和组织变革管理，也将讨论与《PMBOK®指南》第六版、《PMBOK®指南》第七版和 ECO 有关的原则。

裁剪和组织变革管理与 PMP ECO 的所有任务相关，具体如下。

领域	任务	考试目标
人员	任务 1	管理冲突
人员	任务 2	领导团队
人员	任务 3	支持团队绩效
人员	任务 4	向团队成员和干系人授权
人员	任务 5	确保团队成员/干系人得到充分培训
人员	任务 6	建设团队
人员	任务 7	为团队解决和消除各种障碍
人员	任务 8	协商项目协议
人员	任务 9	与干系人协作
人员	任务 10	建立共识
人员	任务 11	让虚拟团队参与进来并为其提供支持
人员	任务 12	定义团队的基本规则
人员	任务 13	指导有关的干系人
人员	任务 14	通过运用情商来提升团队绩效
过程	任务 1	执行需要紧急交付商业价值的项目
过程	任务 2	管理沟通
过程	任务 3	评估和管理风险
过程	任务 4	让干系人参与进来
过程	任务 5	规划并管理预算和资源

续表

领域	任务	考试目标
过程	任务 6	规划和管理进度
过程	任务 7	规划和管理产品/可交付物的质量
过程	任务 8	规划和管理范围
过程	任务 9	整合项目规划活动
过程	任务 10	管理项目变更
过程	任务 11	规划和管理采购
过程	任务 12	管理项目工件
过程	任务 13	确定合适的项目方法论/方法和实践
过程	任务 14	制定项目治理结构
过程	任务 15	管理项目问题
过程	任务 16	确保进行知识交流，使得项目得以持续开展
过程	任务 17	规划和管理项目/阶段收尾和过渡工作
业务环境	任务 1	规划和管理项目合规性
业务环境	任务 2	评估并交付项目利益和价值
业务环境	任务 3	评估并解决外部业务环境变化对范围的影响
业务环境	任务 4	为组织变更提供支持

16.1 摸底小测试

摸底小测试可以帮助你评估自己是应该认真阅读本章内容，还是直接跳到"备考任务"部分。如果你对答案没有把握，或者你对题目涉及的知识有疑问，请认真阅读本章内容。表 16-1 列出了本章知识点和相对应的测试题目。你可以在附录 A 中找到这些题目的答案。

表 16-1　　　　　　　　　　　本章知识点和相对应的测试题目

本章知识点	测试题目
裁剪	1～2
组织变革管理	3～4

注意：自我评估的目的是衡量你对本章内容的掌握程度。如果你不知道某道题的答案，或者感到模棱两可，你应该将此题标记为错误，以便对相关内容进行学习。如果猜对了答案，会使你的自我评估产生偏差，并可能产生一种"已经掌握"的错觉。

1. 以下哪些是裁剪项目管理方法的好处？
    A. 团队成员的承诺增加
    B. 更有效地利用资源
    C. 以客户为中心
    D. 所有这些答案都是正确的
    E. 这些答案都不正确

2. 以下哪项不是裁剪过程的步骤？
    A. 进行持续改进
    B. 遵循 ADKAR 模式
    C. 选择最初的开发方法
    D. 为组织裁剪

3. 你正在管理一个项目，为组织实施一项业务变更。在项目中，你正在记录知识转移和培训，以及为实施业务变更所需的准备活动。你要更新哪个文件？
    A. 变更管理计划
    B. 变更控制计划
    C. 项目管理计划
    D. 推广计划

4. 以下哪些是 ADKAR 模型中的步骤？（选择 3 项）
    A. 巩固
    B. 解散
    C. 渴望
    D. 否定
    E. 接受
    F. 知识

基础主题

16.2　裁剪

　　PMI 将**裁剪**定义为"对项目管理方法、治理和过程进行调整，使之更适合特定环境和当前任务"。

　　下面来研究这个定义是什么意思！有许多项目管理的方法论和管理方法。每个项目都是独一无二的，所以项目经理和项目团队必须根据实际情况应用和调整工具、技术、过程和工件。项目经理必须调整领导力风格，而团队成员也必须相应地调整工作方式。这个过程称为裁剪，裁剪发生在整个项目过程中。适应独特的目标、干系人和环境，通过最大限度地提高价值、管理约束和改善绩效，裁剪有助于实现项目的成功。

裁剪包括了解项目的背景、目标和运行环境，并平衡项目和项目环境的竞争需求。项目经理需要进行调整以更好地适应组织、干系人和环境因素。许多因素会影响裁剪的类型和水平，如项目的规模和持续时间、项目的关键性、地点、干系人需求以及团队成员的经验。

以下是裁剪的一些好处。

- 团队成员的承诺增加。
- 以客户为中心。
- 更有效地利用资源。

16.2.1 裁剪什么？

接下来的内容将讨论项目中需要裁剪的内容。

关键主题

16.2.1.1 生命周期和开发方法

确定生命周期的方法——是否使用预测型、迭代型、增量型、适应型或混合型生命周期——是一个裁剪的例子。如果是预测型项目，项目经理规划阶段和每个阶段的持续时间。一些阶段可能有多个迭代，一些阶段可能使用适应型方法操作。例如，一个办公大楼的建设和搬迁项目涉及员工和计算机设备的搬迁以及新软件的更新，这就需要采用混合型方法，其中施工阶段使用预测型生命周期，搬迁阶段使用增量型生命周期，以及软件更新阶段使用敏捷型生命周期。项目经理需要相应地调整程序、过程和工件。

关键主题

16.2.1.2 领导力风格

正如第 9 章中所讨论的，有许多类型的领导者和领导力风格。项目经理需要根据情况、团队、干系人、项目的生命周期、环境因素和项目的需要来调整领导力风格，从而管理冲突、领导团队，并更有效地执行各个过程。这里有一些需要考虑的因素。

- **团队的经验**：在具体项目上有更多经验的团队可能更容易自我管理，比没有经验的团队需要更少的领导。如果项目对组织来说是全新的，一般来说，通常需要更多的监督和更多的指令型领导力风格。
- **团队成员的成熟度**：在技术领域有丰富经验和成熟的团队成员可能比没有经验的团队成员需要更少的监督和管理。
- **组织的治理结构**：组织结构是"自上而下"的，高级管理人员大量参与项目决策，还是给予团队自主权使他们能够做他们需要的事情？组织结构会影响项目经理的领导力风格。

- **组织文化**：组织内的文化可以决定项目经理的领导力风格，因为风格决定了需要遵循的程序、使用的模板、高级管理层的批准等。
- **地理位置**：项目经理需要根据项目进行的地点来调整领导力风格，例如根据资源的可用性和该地点的外部文化等因素进行调整。
- **分散的团队**：项目团队在地理上分散和虚拟工作是非常普遍的，这可能会对沟通和协作造成挑战。

这份清单并不详尽，但提供了一些需要考虑的因素。

16.2.1.3　过程裁剪

裁剪项目过程可以帮助过程改进，并帮助识别瓶颈和低效率。例如，你可以使用精益生产方法，使用价值流程图和经验、教训（或敏捷中的回顾）等工具进行过程改进。

为所使用的生命周期和开发方法裁剪过程，可以包括修改、删除、添加、混合或对齐过程。混合的意思是混合了不同过程的各种元素；对齐的意思是在有许多项目团队的大型项目上有标准的定义、术语和方法。

16.2.1.4　参与

项目经理的责任是使干系人和团队成员参与和合作，并支持团队绩效。然而，每个人都是独立的个体，所以参与方式会随着领导力风格的变化而变化。参与方式的一些例子可能包括如下内容。

- **人员**：评估团队成员的能力和技能组合以确定他们的项目任务，进而可以确定他们的参与度和积极性。例如，一个期限很紧的项目，最好雇用有经验的团队成员，而不是没有经验的。另外，团队成员可能需要参加培训以提高他们的技能组合。
- **赋权**：这指的是确定赋予团队成员的责任、权力和决策能力。根据不同的情况，有些团队成员有很高的决策权，而有些成员的决策权很低。例如，在敏捷项目中，团队有决策权，但在预测型项目中，团队可能没有类似级别的权力。
- **整合**：项目团队和干系人可能来自许多不同的部门和组织，因此项目经理需要整合和裁剪所有贡献者之间的沟通和参与，以实现项目成功。

16.2.1.5　工具、方法和工件

为适当的工作选择合适的机器和工具也属于裁剪，项目经理和项目团队决定使

用哪种工具和技术手段。同样，对项目工件和模板进行裁剪，可以确保有效使用这些文件。

16.2.1.6 工作方式

工作方式（也被称为 WoW，Way of Working）决定了团队将如何一起工作，包括可能演变的管理方法和团队关系的类型。

16.2.1.7 绩效域

本书中讨论的所有绩效域都是根据情况和项目裁剪的。以下是一些例子。

- **干系人**：干系人的数量、地点、内部和外部环境以及技术，这些可能决定干系人的合作。
- **项目团队**：物理位置、多样性、经验、职员与承包商，以及特殊需求或培训，都是裁剪团队领导力的因素。
- **开发方法和生命周期**：正如本章所讨论的，需要确定并裁剪适合项目的开发方法和生命周期。
- **规划**：规划会受到内部和外部因素的影响，必须在整个项目过程中逐步制定并进行相应的调整。
- **项目工作**：在整个项目中需要收集信息以确定绩效。收集什么信息；如何收集；以及如何记录、传送和交流，都要裁剪，为项目服务。例如，是否有定期的状态会议或发送状态邮件或使用信息发射源？
- **交付**：可能需要调整价值的交付方式。比如，在每个冲刺阶段、增量阶段还是在项目结束时交付价值？
- **不确定性**：风险是项目的主要制约因素，干系人的风险偏好和容忍度可以决定裁剪的方法。
- **测量**：需要根据情况裁剪价值的测量方式以及项目的监控方式。如何获取工作绩效数据并将其转换为工作绩效信息，根据情况而有所不同。同样，信息的报告方式和时间也不同，需要进行裁剪（如图表、报告和图形）。

16.2.2 裁剪过程

在进行任何裁剪之前，需要了解项目环境。裁剪过程包括以下步骤。

第 1 步：选择初始开发方法。

第 2 步：为组织裁剪。

第 3 步：为项目裁剪。

第 4 步：持续改进。

下面来看这些步骤的详细内容。

第 1 步：选择初始开发方法。

项目经理、项目团队和其他主题专家运用他们对产品、交付节奏和其他因素的了解，确定项目的最佳方法论和开发方法。他们可能会使用信息工具，如适合性过滤器，来确定裁剪方法的有效性。

第 2 步：为组织裁剪。

根据 PMI，为组织裁剪包括增加、删除和重新配置开发方法的元素，使其更适合组织。裁剪的程度取决于实际情况。例如，影响一个小部门的小项目可能不需要像影响外部客户群的大型安全关键性项目那样的监督。这类大型项目需要额外的审批、预防措施和问题解决过程。PMO 或价值交付办公室（Value Delivery Office，VDO）可能会参与审查和批准裁剪的交付方法。

第 3 步：为项目裁剪。

由于许多因素，项目过程、工具和工件需要裁剪，常见因素如下。

- 合规性、行业和现有技术。
- 时间限制和预算。
- 项目团队的规模、地点和经验。
- 客户的位置和参与性。
- 组织内部和外部文化。

第 4 步：持续改进。

重要的是明白裁剪不是一次性的过程，而是在整个项目中不断地进行，以确保以最有效的方式生产出可交付物。预防措施和持续改进是主动决策的有效工具，有助于保持团队参与整个项目中。这样的团队参与也会导致创新和改进，而不是满足于现状。

16.3　组织变革管理

组织如何管理变革是商业成功的关键因素。外部商业环境在不断变化，不适应变化或反应不够迅速都会给组织带来深远的影响。多年来，我们看到了许多因为管理层未能充分应对变化而导致企业失败的例子。诸如 Blockbuster、Kodak 和 Nokia 等公司曾经是所在行业的市场领导者，但由于他们无法对不断变化的外部商业环境做出反应，他们要么倒闭，要么市场份额大大降低。

组织如何调整和应对变革？当然是通过做项目！

根据项目的定义，项目就是一种变化。项目可以创造独特的事物，与以前不同的事物（记住项目的定义是"为创造独特的产品、服务或成果而进行的临时性工作"）。组织创造项目和拥抱变化是一种战略，用来平衡投资和风险，它更加灵活，并确保最大的 ROI。组织把变革作为战略性的商业活动，PMO 在项目和组织之间建立并保持一致性。

由于许多不同的原因，需要进行组织变革。以下是组织变革原因的几个常见例子。

- 客户需求的变化。
- PESTLE、TECOP 和 VUCA 因素（见第 13 章）。
- 新技术的采用。
- 兼并和收购。
- 管理层的变化。
- 私人公司成为上市公司。
- 采用新的商业模式。
- 竞争。
- 外部和内部环境变化（也称为 EEF）。

然而，就像任何项目一样，组织变革也必须在整个生命周期内进行规划、处理和适当控制。一般来说，组织变革可能不受员工欢迎，可能会遇到阻力。因此，组织文化是项目规划中的关键因素。员工接受变革还是抵制变革，会影响到变革的最终成败。例如，对于一家全新的创业公司来说，当公司尝试在市场上找到自己的位置时，不断变革将是不可避免的。在这样的公司里，员工应该期待并接受变革。然而，对于一家大型的成熟公司来说，其员工的平均任期可以用几十年来计算，在试图对组织实施重大变革时，可能会遇到阻力。

16.3.1 规划变革

关键主题

为变革转型做计划是关键。做一个通常不可持续的巨大变革，不如做一些小的增量变化更有效，这些变化更容易处理，更容易被接受，并能增加员工的认同感。就像在任何项目中一样，每一个行动都需要适当的规划和执行才能成功。通常情况下，这个计划记录在推广计划中，包括知识转移、培训和实施业务变革所需的准备活动。组织变革项目的规划、执行、监督和控制与其他项目的一样。本书中讨论的工具、工件和过程也适用于变革管理项目。之前讨论的任何生命周期（预测型、适应型、迭代型、增量型或混合型生命周期）也适用于变革管理项目。

> 注意：根据 PMI，推广计划不作为项目管理计划的一个组成部分。

项目经理需要确定如何与人们沟通和使人们接受变革，以及如何培训员工。此外，可能包括使用态度调查，来衡量人们对变革的感受，并规划信息分享会议，来确保人们熟悉新的流程。通常情况下，人们会因为变革带来的不确定性而抵制变革。前文已经多次说过，沟通、参与和协作是项目成功的关键——组织变革的项目更是如此。

作为在组织变革中管理团队的项目经理，应该通过知识转移和定期的信息分享来辅导、指导和支持团队。项目经理应该保持知识的时效性并改进过程，还需要避免强迫任何变化和疏远团员，因为变化会滋生冲突。

PMI 创建了 **Brightline**®倡议，以支持那些需要知道如何弥补战略和执行之间差距的管理人员。它还为在变革转型环境中工作的项目经理和团队提供变革管理方面的资源。Brightline®倡议包括 5 个面向组织转型领导者的构件；这些构件包括以下内容。

- North Star 北极星声明阐明了转型的愿景和战略目标，需要简洁明了。
- 领导者需要了解客户洞察力和全球大趋势（类似 PESTLE，但以客户为中心），还需要了解是什么在影响着企业，并推动着变革。
- 领导者需要使用适应性强的跨职能的转型操作系统，采用快速反应的团队和有见识的项目专家，他们可以执行转型战略来授权变革（而不是高级管理层自上而下的等级方法）。
- 领导者需要利用组织内部的志愿支持者来推动转型（而不是外部顾问）。
- 领导者还需要以由内部到外部的员工转型为目标（类似于 ADKAR）。

考试中不太可能出现关于 Brightline®倡议的任何题目。考生只是了解相关内容即可。

16.3.2　变革模型

许多组织变革管理模型的重点是解决组织如何从目前的状态过渡到未来的理想状态的问题。以下内容将描述一些常见的模型。尽管考生不需要记住这些模型的所有方面，但应该对其有基本的了解。

16.3.2.1　组织变革管理：实践指南

《组织变革管理：实践指南》是一个基于若干变革管理模型的迭代模型；它重点关注一些列反馈闭环，以获得最佳的成功。其基本框架如下。

- **启动变革**：帮助人们理解变革的理由。
- **规划变革**：确定成功实施变革所需的工作。
- **实施变革**：执行计划，展示能力，确保积极影响，并进行必要的改进。
- **管理过渡**：考虑如何应对与未来状态实现后可能出现的变革相关的需求。
- **维持变革**：确保新的能力能够得以保持，而以前的过程得以停止。

关键主题

16.3.2.2　ADKAR®模型

ADKAR®模型重点关注个人在适应变革时所经历的 5 个连续步骤。

第 1 步——认知：此步骤确定了人们为什么需要进行变革。

第 2 步——渴望：一旦人们知道为什么需要变革，就需要有参与和支持变革的渴望。

第 3 步——知识：人们需要通过培训和教育了解新的过程、体系以及任何新的角色和职责。

第 4 步——能力：这一步骤指的是动手实践，展示新的技能和行为。

第 5 步——巩固：这一步骤可为维持变革提供支持，可以包括奖励、认可、反馈和测量。

16.3.3　更多的变革模型

以下内容所描述的模型不一定是 PMP 考试所需要的，然而，它们在《PMBOK®指南》第七版中被提及，因此这里对其进行总结。

16.3.3.1　Kotter 的 8 步法模型

Kotter 的 8 步法模型采用一种自上而下的方法，从组织的高级管理层开始，通过管理层向下推广到员工。其步骤如下。

第 1 步　营造紧迫感：确定变革的原因，包括推动变革的任何机会和威胁。

第 2 步　组建强大的联盟：确定能够影响变革的领导者。

第 3 步　创建变革愿景：创建愿景声明，以确定指导变革的价值观。

第 4 步　沟通愿景：通过组织沟通愿景。

第 5 步　清除障碍：适当地处理和消除问题。

第 6 步　创造短期成果：确定快速且容易取得的成果，为变革提供动力和支持。

第 7 步　促进深入变革：进行持续改进。

第 8 步　巩固企业文化中的变革：确保变革更深层次地融入企业文化。

16.3.3.2　Virginia Satir 模型

Virginia Satir 模型展示了人们如何经历和应对变革，目的是帮助团队成员了解他们的感受，并使他们能够更高效地实施变革。其组成部分如下。

- **因循守旧**：一切都感觉很熟悉，人们对目前的过程和程序感到很舒适。人们都在自己的舒适区。
- **外部干扰**：变革是新的，人们可能抵制采用这种变革。人们可能会忽视变革，或者否定新变革的相关性。
- **混乱**：人们不熟悉，可能不适应变革。他们的绩效可能会下降，而且他们可能会感到焦虑。然而，有些人会接受这种变革并感到兴奋。
- **思想转变**：人们开始看到摆脱混乱的方法，因为他们适应了这种变革。
- **实践和整合**：人们在日常的工作中实施变革。
- **进入新常态**：这个新环境成为他们的新常态。

16.3.3.3　转变模型

转变模型确定了转变的 3 个阶段，试图让人们了解当组织变革发生时个人心理状况。

结束、失去和放手：变革会在这一阶段被引入，且通常与恐惧、愤怒、不确定性、否认和对变革的抵制有关。

中间区域：当变革发生时，有些人可能会感到沮丧、不满、困惑和焦虑，从而导致绩效下降。然而，有些人可能会接受这种变革，并且更具创造力和创新性。

新的开始：人们接受并拥护变革，因为已经适应了变革。

16.4　项目中的角色总结

本书在不同的地方提到了预测型项目和敏捷型项目中的几个角色，这些角色是考生在 PMP®考试中需要了解的。在此对这些角色进行了总结，以便快速查阅。

- **干系人**：任何受到项目积极或消极影响的个人、团体或组织，或能对项目产生积极或消极影响的人。
- **发起人**：为项目提供资金；签署、公布和发布项目章程。可以是一个人、一组人、高级管理层，PMO 或外部组织。
- **项目团队**：参与项目的每个人，他们在执行项目的工作或对项目作出决策。
- **项目管理团队（项目领导团队）**：对项目进行战略决策的关键干系人。他们是项目团队的一个子集，有时被称为指导委员会。
- **项目经理**：对项目负责。与干系人合作以推动结果，并负责满足干系人的期望和领导团队。在预测型项目中，他们可以"掌控一切"。
- **职能经理**：为项目提供资源（团队成员）。项目经理经常需要与职能经理协商资源问题。职能经理除了提供团队成员外，通常在项目中没有直接的作用。
- **业务分析师**：重点关注并定义需求的收集。拥有商业环境和客户的知识，并努力确保价值交付。往往是业务和技术团队之间的桥梁。业务分析师定义什么是可交付的，而项目经理定义如何实现它。

以下是敏捷型项目特有的角色。

- **团队促进者（仆人式领导、敏捷教练）**：鼓励敏捷团队成员之间的合作。排除障碍，确保团队拥有完成工作的工具。促进而不是管理。主持每日站会，经常担任敏捷教练。
- **产品负责人**：代表企业（客户）。对用户故事进行优先级排序以创建产品待办事项列表，并批准在冲刺审查期间交付的事项。
- **敏捷团队**：自组织团队，包括团队中需要的所有角色，如开发人员、测试人员、业务分析师和设计师。具备 T 型技能的跨职能的专业人员。

备考任务

16.5　复习所有关键主题

复习本章中最重要的关键主题，这些关键主题在相应页面都标记有"关键主题"图标。表 16-2 列出了这些关键主题以及相应的描述。

表 16-2　　　　第 16 章的关键主题以及相应的描述

关键主题	描述
章节	生命周期和开发方法
章节	领导力风格
章节	过程裁剪
章节	参与
章节	绩效域
章节	规划变革
章节	ADKAR®模型

16.6　复习题

1. 你是一个经验丰富的项目经理，过去成功地管理了许多项目。你现在要在一个从未去过的国家管理项目，而且那里的文化与你所习惯的不同。由于这些文化差异，一些团队成员对你的一些要求没有反应。你应该怎么做？

　A．根据文化调整你的领导力风格

　B．将该问题上报给团队成员的职能经理

　C．安排与每个有问题的团队成员会面，要求他们解释为什么不回应你

　D．继续跟进他们，直到你得到回应

2. 谁负责裁剪项目过程和程序？

　A．项目经理

　B．项目团队

　C．项目经理和团队

　D．项目经理、团队和发起人

3. 以下哪项不包括在推广计划中？

　A．知识转移

B. 过渡就绪

C. 客户验收可交付物的程序

D. 终端用户培训

4. 以下哪种情况最不可能导致组织变革管理项目？

A. 合并和收购

B. 采用新的商业模式

C. 系统升级

D. 私营公司要上市

第 17 章

最后准备

现在你已经读完了整本书，回答了"摸底小测试"问题，并做了每章末尾的测试题，你该如何准备最终考试呢？

首先，要明白，技巧是通过考试的关键。PMP 考试并不只是测试考生对主题的知识掌握水平。它还测试在 PMP 考试中感到模棱两可和具有挑战性的情况下考生如何应用知识！考试有许多不同的出题风格，也有许多不同风格的问题。考试把题目混在一起，考生可能需要跳出条条框框，从选项中选择最佳答案。

本章涵盖通过考试所需的信息；但是，大多数人需要更多的准备，而不是简单地阅读本书的前 16 章。本章与前言一起提出了一些活动和学习计划，以帮助考生完成对考试的准备。

17.1 考试技巧

本节的目的是给出一些基本的提示和指导，告诉考生如何阅读 PMP 考试题目。

请理解这个清单并不详尽；PMI 可以在考试题目中引入许多新的技巧和难题。然而，通过了解这些基本方法，考生将能够将这些技能应用于 PMI 在真实考试中提出的任何题目背景。

1. 先读最后一句话。
2. 学会挑出关键词和短语。
3. 挑选最佳选项。
4. 排除不好的选项。
5. 认识到什么时候只有一个选项能解决问题。
6. 理解预测型与敏捷型。
7. 理解现实世界的术语与 PMI 术语的区别。
8. 在正确的背景下使用正确的术语。
9. 理解所有文件的目的。
10. 遵循所有 PMI 过程。
11. 其他注意事项。

17.1.1 先读最后一句话

考生可能会遇到一些诱导性的题目，其中的背景与问题不相关。总是先从阅读题目的最后一句话开始，因为最后一句话通常就是问题。考生可以通过简单地阅读最后一句话和查看选项内容来回答问题。如果背景与问题无关，在阅读问题之前阅读背景有时会影响判断。

即使背景与问题是相关的，也可能给出一些不相关的信息。通过首先关注最后一句话，可以确保对问题的初始理解。这种方法可以让考生更容易地挑出关键词和短语，消除干扰因素和不相关的信息。

17.1.2 学会挑出关键词和短语

有时，整个题目可能取决于一个关键词或短语。重要的是，考生要能挑出这些关键词和短语。有时关键词或短语可能出现在问题（题目的最后一句话）中。有时关键词或短语可能在背景中，有时在某个选项中。有时这些关键词或短语可能是第一、最后、总是、从不、不、最不可能或最有可能。如果考生错过了这些关键词或短语或读错了这些关键词或短语，就会改变整个问题的背景。一定要注意这些类型的关键词和短语。

17.1.3 挑选最佳选项

很多时候，选项中没有明确的答案。在这种情况下，考生必须学会挑选最佳选项。有时，最佳选项可能包括所有其他选项（例如，选项 A、C 和 D 都包括在选项 B 中）。有时，最佳选项是更详细的答案。很多时候，正确的选项可能取决于一个关键词或短语。考生需要找出以下选项。

- 让团队参与进来。
- 与干系人合作。
- 主动的而不是被动的方法。

如果问题是项目经理下一步应该做什么，请寻找以下选项。

- 更新一份文件。
- 与干系人进行沟通。
- 让干系人或团队参与进来。
- 分析或调查情况。
- 识别问题的根本原因。

17.1.4 排除不好的选项

有时，在挑选最佳选项时，排除不好的选项的过程可能具有挑战性。排除那些带有负面语气的选项，如指责某个人或团队或暗示某个人或团队有错的选项。项目经理需要主动出击，所以任何被动的方法通常都是不正确的。

　　排除任何非实质性的选项——那些没有任何实际意义的选项，例如"高质量的过程真的很重要"或"PM 拥有冷静的、集体的管理风格"。这些术语没有真正的功能含义，因此这样的选项通常是不正确的。

17.1.5　认识到什么时候只有一个选项能解决问题

　　有时，选择最佳选项就像意识到只有一个选项真正解决了问题一样简单。

　　选项实际上是针对问题的。虽然其他选项可能是真实的陈述，但如果它们不涉及问题，就不是正确的答案。

17.1.6　理解预测型与敏捷型

　　能够区分预测型和敏捷型是非常重要的，因为问题可能会混合预测型和敏捷型知识。
- 在敏捷中，本身并没有真正的项目经理，但实际问题可能是指敏捷项目经理。在这种情况下，考生会认为这个人是团队促进者、敏捷教练，或者敏捷实践者。这些术语中的任何一个都可以使用。
- 预测型环境中的项目经理是拥有全部权力的，对项目中发生的所有事情负责。敏捷型项目的团队促进者是仆人式领导。
- 敏捷型项目的团队促进者不委托或分配任务给团队。而预测型项目的项目经理则会分配任务。考生在排除选项时要能够区分这种差异。
- 如果考生被困在一个敏捷问题上，思考一下敏捷宣言有助于选择最佳选项。

17.1.7　理解现实世界的术语与 PMI 术语的区别

　　考生要始终要认识到这样一个事实，即正确答案将使用 PMI 术语，而不是在现实世界中可能使用的术语。例如，在现实中，你可能会雇用一个项目助题，但在《PMBOK® 指南》或 PMI 授权的任何其他 PMP 考试材料中没有提到这种角色。考生可以排除这种使用现实世界的术语的选项。

17.1.8　在正确的背景下使用正确的术语

　　考生除了确保没有将现实世界的术语与 PMI 术语混淆之外，还需要确保正确使用 PMI 术语。例如，在风险管理中，分享积极的风险（不分享消极的风险），转移消极的风险（不转移积极的风险）。如果看到描述负面风险的场景，就要知道分享或其他任何正面风险应对策略，都不是正确的选项。在正确的背景下使用正确的术语可以帮助排除不正确的选项。

17.1.9　理解所有文件的目的

本书中讨论了许多文件和工件。考生要确保了解每一个文件的目的，因为考试可能会围绕它们出一些混乱的问题。例如，团队章程记录团队的价值观和协议，而项目章程授权项目开始。任何被标记为管理计划的文件总是记录程序和如何执行项目的特定知识领域。

考生要确保理解所有 PMI 文件的目的。

反过来说，要注意捏造的术语和文件。例如，没有任何 PMI 文件被称为争议管理计划。始终要注意捏造的术语！

17.1.10　遵循所有 PMI 过程

在现实世界中，没有项目会利用 PMI 所倡导的每一个过程和最佳实践。记住，PMI只是设定了共同的标准，各组织在现实世界中对其进行裁剪。为了达到通过 PMP 考试的目的，考生应该假设需要遵循所有的程序和过程。例如，如果还没有写好项目章程，而项目已经完成了一半，项目经理要和发起人一起编写项目章程。如果还没有创建WBS，而项目已经接近尾声，项目经理仍然要创建 WBS。

17.1.11　其他注意事项

在确定正确的选项时需要注意的其他事项包括以下内容。

- 定期更新文件。
- 项目经理积极、主动地与干系人和团队成员进行沟通。
- 在预测型项目中，变更要经过正式的变更控制过程。
- 如果项目还没有确定基准，就不需要通过变更控制过程。在项目管理计划已经基准化之后，任何变更都需要通过变更控制过程进行合理控制（对于预测型项目）。
- 敏捷拥抱变化。任何变更都会被放入产品待办事项列表中，并重新确定优先级。
- 登记册指的是当前的项目文件（工件），而知识库（如经验、教训知识库）是历史信息，指的是 OPA。
- 如果问题涉及预测型项目，并且没有说明组织结构的类型，那么假设项目经理在强矩阵组织中，项目经理是掌控一切的。如果是敏捷的题目，团队促进者是仆人式领导，但不能假设组织结构的类型。

17.2　学习计划和技巧

本节提供了一些关于如何更好地准备 PMP 考试的标准建议。虽然其中一些建议并不适用于每个人，但本节让考生了解如何在准备以及参加 PMP 考试的过程中节省时间和减少压力。每个人都有独特的学习风格，所以考生应该裁剪这些学习方法，选择最适合自己的方法。

■ 如果你喜欢作为小组的一份子来学习，可以尝试组建或加入一个学习小组。网上和当地有很多 PMP 学习小组，你可以在网上搜索。

■ 如果你有《PMBOK®指南》第六版、《PMBOK®指南》第七版，或者可以查阅《过程组：实践指南》，请将其作为参考，而不是参考其他学习材料。PMP 考试不基于任何一本《PMBOK®指南》，所以尽量避免使用它们进行广泛的学习。如果你是 PMI 的会员，可以从 PMI.org 网站免费下载《PMBOK®指南》第六版和《PMBOK®指南》第七版。

■ 为学习制定一个系统和时间框架。为完成各章的学习和复习本书设定里程碑和日期。本书配套网站上的可下载的学习计划表将帮助你实现这一目标。

■ 将阅读和学习时间分散。因为这是复杂的材料，不容易在短时间内理解。在短时间内读得太多，会让人感觉喘不过气，导致疲惫和沮丧。

■ 不要试图在一个晚上或一个周末就把所有的学习内容都塞满脑袋！有很多知识材料，你需要学会把这些材料应用到题目上。

■ 不要让现实生活中的、在职的项目管理经验干扰学习行为。记住：必须根据 PMI 的原则和标准来通过考试，而不是根据所在行业和过去的经验。特别是对于经验丰富的项目管理从业人员来说，这种冲突有时是难以克服的。

■ 阅读本书的所有章节，并成功完成所有"摸底小测试"和章末测验的题目。请确保阅读并理解题目的答案解析。

■ 如果你觉得对任何一章的知识掌握薄弱，请对该章进行第二次学习。

■ 复习每一章末尾中列出的关键主题，或者直接翻开页面寻找关键主题。

■ 对于你的任何薄弱领域，再次学习书中对应的那一章。

■ 再参加一次时长为 230 分钟的模拟考试。

■ 重复参加考试，直到你的分数稳定在总分的 70%到 80%的范围内。重复参加考试经常是确定知识劣势和未来学习重点领域的最佳方法。

摸底小测试和复习题的答案

第 2 章

2.1 摸底小测试答案

1. 答案 B 正确。依照 PMI 的规定，答案 B 正确地强调了描述项目的两个最重要的属性。答案 A 和 D 是常见的最佳实践，但没有谈到描述项目。答案 C 不正确，因为它没有谈到独特的产品、服务或成果，而且答案 C 的后半句，像答案 A 和 D 一样，没有描述项目。

2. 答案 C 正确。答案 C 正确地指出了 PMI 的项目管理定义的第一部分。答案 A 看起来好像是正确的，但它是 PMP 考试中陷阱的例子，它指出的内容不是官方定义的一部分。答案 B 不正确，因为它涵盖的范围太狭窄了。答案 D 不正确，因为它涵盖的范围也太狭窄了，而且并不总是正确的方法。

3. 答案 D 正确。答案 D 正确地列出了与项目有关的 8 个常见职能中的 3 个。答案 A、B 和 C 正确地列出了 8 个常见职能中的 2 个，但每个答案中都有一个职能是不正确的。对于答案 A，不正确的是制作 EV 报告。这在某些项目上可能是需要的，但它不是常见的高级职能。对于答案 B，不正确的是产生详细的进度计划。在某个特定的项目上可能需要这个职能，但它太具体了，并不总是适用于所有项目。对于答案 C，不正确的是进行敏捷开发。这个职能是"开展工作并贡献洞察"的一部分，但敏捷开发并不总是能满足项目目标。

4. 答案 B 正确。它正确地定义了 PMI 的 3 个主要技能类别。它结合了以前和现在的 PMI 人才三角的术语。其他答案看起来都可能是正确的，但每一个都至少缺少 3 个主要技能类别中的一个。对于答案 A，缺少的是商业敏锐度，而沟通是领导力的一部分。对于答案 C，也缺少商业敏锐度，它列出的事项太具体了，且都是技术项目管理或领导力的子技能。对于答案 D，制定进度计划和促进会议的召开是过于具体的内容，分别是技术项目管理和领导力的子技能。

5. 答案 B 正确。项目用于创造、更新或改进产品。答案 A 不正确，因为项目和产品存在区别。答案 C 不正确，因为它描述的是产品的目的，而没有说到产品与项目的关系。答案 D 不正确，因为虽然项目是项目组合和项目集管理的一部分，但产品可能是也可能不是项目组合或项目集管理的一部分。这取决于组织如何实施产品管理。

6. 答案 D 正确。范围、进度和资源是传统的项目三重制约。答案 A 不正确，因为文件不是项目制约因素。答案 B 不正确，因为高管支持不是正式的项目制约因素，尽管它可能是风险制约因素的例子。答案 C 不正确，因为 PMO 监督不是正式的项目制约因素。

7. 答案 D 正确。这个答案最好地概括了混合型、敏捷型项目中角色的不同。答案 A 不正确，因为这些角色是不同的，并且有不同的关注点。答案 B 不正确，因为项目经理的角色和敏捷教练的角色是不能互换的，尽管组织通常试图使同一个人担任这两个角色。与答案 B 类似，答案 C 不正确。

8. 答案 A 正确。其所列的 3 项原则都属于 12 项项目管理原则。答案 B 不正确，因为始终把进度和预算放在优先于其他干系人的位置上，这不被认为是项目管理原则。答案 C 不正确，因为为每个干系人群体定制状态报告不被认为是项目管理原则。答案 D 不正确，因为在项目工作计划中首先解决高风险事项不被认为是项目管理原则。

9. 答案 C 正确。5 个项目管理过程组的每一个都列在答案 C 中。其他选项是不正确的，因为它们没有列出所有 5 个正确的项目管理过程组。答案 A 不正确，因为开发、测试和部署不是项目管理过程组，尽管它们可能是项目阶段。答案 B 不正确，因为实施不是项目管理过程组，而且该答案缺少启动过程组。答案 D 不正确，因为商业论证开发不是项目管理过程组；它缺少启动过程组，而控制过程组缺少监督部分。

10. 答案 B 正确。其列出的 3 个事项中的每一个都是项目管理知识领域。其他答案是不正确的，因为它们有一项不是正式的项目管理知识领域。答案 A 不正确，因为状态报告管理不是正式的项目管理知识领域。答案 C 不正确，因为问题管理不是正式的项目管理知识领域。答案 D 不正确，因为团队管理不是正式的项目管理知识领域。

11. 答案 C 正确。其列出的 3 个事项中的每一个都是项目管理绩效域。其他答案都不正确，因为它们有一项不是正式的项目管理绩效域。答案 A 不正确，因为整合管理不是绩效域，但它是知识领域。答案 B 不正确，因为收尾不是绩效域，但它是过程组。答案 D 不正确，因为领导力不是绩效域，但它是整合所有绩效域所需要的项目经理的关键技能。

12. 答案 B 正确。随着项目的成熟，所有的规划和预测都会变得更加准确，风险和不确定性的水平也会降低。其他答案都不正确，因为它们指的是项目生命周期的后期阶段。

13. 答案 D 正确。这是 PMI 中价值交付系统的官方定义。答案 A 不正确，因为价值交付系统不仅仅是一个项目管理系统，也是一种组织方法。答案 B 不正确，因为价值交付系统不仅仅是一种关注单一项目的财务方法。答案 C 不正确，因为它排除了项目组合、项目集和运营，而且价值交付系统不仅仅关注客户的满意度。

14. 答案 C 正确。这个答案提供了对这 3 个方面相互关系的最佳描述。答案 A 不正确，因为虽然项目组合的范围通常比项目的范围更大，但这并不能描述这三个方面之间的关系。答案 B 不正确，因为项目组合管理不仅仅是组织内的项目集和项目的财务管理，而且答案 B 没有描述这 3 个方面之间的关系。答案 D 不正确，因为项目组合可以包括项目集、项目和运营。

15. 答案 A 正确。这是 PMI 规定的 3 种组织结构。答案 B 不正确，因为尽管层级型和团队导向型是职能型组织结构和项目导向型组织结构的特征，但这并不是组织结构的名称，而且其中缺少矩阵型。答案 C 不正确，因为层级型是职能型组织结构的特征，而平衡矩阵组织结构是矩阵型组织结构的子类型之一。答案 D 不正确，因为分权型和集中型分别是项目导向型组织结构和职能型组织结构的特征，而且矩阵型不在其中。

16. 答案 C 正确。这些都是构成 OPA 的过程资源、数据资源或治理系统资源。答案 A 不正确，因为组织文化和基础设施不被认为是 OPA，但它们是 EEF。答案 B 不正确，因为市场条件是外部因素，不被视为 OPA 的一部分。答案 D 不正确，因为监管环境是外部因素，不属于 OPA 的一部分。

17. 答案 B 是最佳答案。这是 PMI 规定的 3 种类型的 PMO，取决于 PMO 对项目的影响和控制的程度。答案 A 不正确，因为监督和执行是项目管理过程组。答案 C 不是一个糟糕的不正确答案，因为其确实描述了 3 种类型之间的关键区别，但这些都不是正式的类型名称。答案 D 不正确，因为职能型是一种组织结构类型，而且综合型不是 3 种 PMO 类型中的一种类型。

18. 答案 D 正确。这些是项目的 4 个干系人。答案 A 不正确，因为干系人不仅仅是客户和最终用户。答案 B 接近正确，但竞争对手组织不被认为是项目干系人。答案 C 不正确，原因与答案 A 不正确的原因相似。

2.6　复习题答案

1. 答案 B 正确。公司政策是 OPA 的一部分，因为它们是与组织有关的文件。其他答案对应的内容都是 EEF。

2. 答案 D 正确。你的组织的标准操作程序是 OPA 的一部分，因为它们是与你的组织有关的文件。任何影响你的组织整体的文件都是 OPA。答案 B 不正确，因为当前的项目文件在被归档成为历史信息之前通常不被认为是 OPA。答案 A 和 C 不正确，因为监管要求和企业文化都是 EEF。

3. 答案 D 是最佳答案。严格来说所有给出的答案都是正确的；然而，最佳答案是包括所有其他答案内容的答案，也就是包括质量、资源、进度和预算的答案 D。另外两个主要的制约因素是范围和风险。

4. 答案 B 正确。项目协调员对项目拥有有限的决策权。你有权将任务委派给团队成员，这意味着你的权力有限。因此，其他答案是不正确的。如果你有充分的权力，你将是项目经理。如果你没有权力，你将是项目联络员。团队促进者与团队成员合作，以确保他们有适当的工具来完成工作。

5. 答案 C 正确。在职能型组织结构中，项目经理得到的支持最少，控制项目资源的能力也最弱。答案 A 和 D 不正确，因为在平衡矩阵组织结构中，项目经理会被赋予更多的资源控制权，或者能够利用高级管理层来影响资源分配。答案 B 不正确，因为紧密矩阵涉及矩阵组织内项目团队成员的同地办公，与本题无关。

6. 答案 D 正确。这句话准确地概括了所有项目的目标。技术领导不是有效的项目管理中最重要的因素。因此，答案 A 不正确。答案 B 不正确，因为一个项目需要在多个层面、通过多个角色进行领导。无论项目的规模如何，项目经理都应该是项目的领导者。因此，答案 C 不正确。

7. 答案 B 是最佳答案。关于在考试中你如何寻找最佳答案，本题是一个很好的例子。扎实的沟通、领导和谈判技能对于其他 3 个答案描述的情况也很重要，但在项目团队的领导力方面，这些技能是必不可少的，也是对项目成功影响最大的部分。因此，答案 A、C和 D 不是最佳答案。

8. 答案 C 正确。项目管理过程应在项目生命周期的每个阶段和/或迭代中执行。答案 A 不正确，因为项目管理过程是用来管理项目生命周期的进展的，比如，项目生命周期的各个阶段并不总是与控制和执行过程相关。答案 B 不正确，因为它与正确答案相反。答案 D 不正确，因为启动、规划和收尾过程之间可能和传统的项目生命周期阶段（如概念、分析和结束）之间存在关系。

9. 答案 D 正确。正如题目中所解释的，没有明确结束日期且反复发生的安全漏洞评估不能被认为是一个项目。项目必须有时间界限。答案 A 不正确，因为项目产品不必一定与组织的价值交付系统有直接关系。答案 B 不正确，因为安全漏洞评估至少会产生一个产品——漏洞评估报告。答案 C 不正确，虽然问题描述中确实没有具体的开始日期，但这并不是这项工作不能被视为项目的直接原因。

10. 答案 A 正确。在平衡矩阵组织结构中，项目经理和职能经理协同工作以满足部门和项目的需求。答案 B 和 C 不正确，因为在职能型组织结构或弱矩阵组织结构中，职能经理拥有更大的权力，可能会直接处理问题。答案 D 不正确，因为在项目导向型组织结构中，项目经理会直接处理这些问题。

11. 答案 C 正确。在预测型项目中，干系人影响力在项目的开始阶段是最大的。当制定最初的目标时，有很多来自干系人的输入。在项目的主要参数达成一致后，项目经理和项目团队开始为既定目标工作，干系人的参与就会减少。答案 B 是正确，因为指导项目活动的是项目经理，而不是干系人。答案 A 和 D 不正确，因为它们没有准确反映预测型项目中干系人的参与。

12. 答案 B 正确。题目指出，培训没有满足进度计划的要求，而结果是培训没有让用户得到适当的培训效果。这意味着进度和质量都受到影响。在所有的答案中，答案 B 提供了对项目影响的最佳描述。答案 A 不正确，因为它没有提到对项目质量的影响。答案 C 不正确，有以下原因。出现这个问题有可能是提供培训师的组织的责任，但对项目造成的影响，其责任在于项目经理。答案 C 也忽略了质量问题。答案 D 不正确，因为它表示项目经理对进度进行了填充。这是一种不道德的做法。项目经理的估算应该是切合实际的。如果预料到会发生这样的问题，应该在项目开始时就着手解决这些问题，同时采用适当的恢复方法。通过填充进度，项目经理隐藏了项目的真正风险。

第 3 章

3.1　摸底小测试答案

1. 答案 D 是最佳答案。根据 PMI，答案 D 正确地强调了为什么这些方面对项目成功很重要。答案 A 正确，但它不是正确答案中的最佳答案。答案 B 不正确，因为尽管开发方法可能影响项目所需的技能，但它肯定不会决定项目的持续时间。答案 C 不正确，因为完全相反的说法更接近事实。

2. 答案 C 正确。它正确地指出了两者之间的关系以及包括项目所有工作的因素。答案 A 不正确，因为两者是有区别的。答案 B 不正确，但它是关于开发生命周期模型的表述，大部分是正确的，根据项目的需要对其进行修改它们是很常见的，这并不是最好的答案。答案 D 不正确，因为它不准确。

3. 答案 B 正确。它正确地应用了 PMI 的定义。答案 A 不正确，因为它描述的是开发方法。答案 C 不正确，因为它描述了产品生命周期。答案 D 不正确，因为它指的是项目管理过程组。

4. 答案 B 正确。它正确地说明了 PMI 的定义。答案 A 不正确，因为交付节奏适用于所有行业，而不仅仅是音乐行业。答案 C 不正确，因为尽管这可能发生，但它不是正确的定义，且没有涉及目标交付物的交付。答案 D 不正确，因为交付节奏与项目经理的口头沟通技巧无关。答案 E 不正确，因为交付节奏不是关于开发迭代的数量或持续时间的，尽管一个项目可能需要使用敏捷或迭代方法来满足交付周期的要求。

5. 答案 D 正确。因为它指出了这两种方法的主要区别。答案 A 不正确，因为两种方法都可以用于实物和数字产品，尽管迭代型开发方法对数字产品来说更容易。答案 B 不正确，因为产品改进和开发过程改进都不是这些开发方法的典型特征。答案 C 不正确，因为如前所述，两者之间是有区别的；这两个术语在现实世界中经常被错误地互换使用，因为这两种方法经常被同时使用，特别是在适应型/敏捷型项目上。

6. 答案 D 正确。适应型/敏捷型开发方法的共同特征是，使用迭代型和增量型开发方法，实现不断地反馈循环，以及预期变更的过程。答案 A 不正确，因为这只是与预测型开发方法最相关的一系列项目阶段。答案 B 不正确，因为自上而下的管理不被认为是适应型/敏捷型开发方法的特征。答案 C 不正确，因为对专注于完美的产品不是适应型开发方法的特征。该方法的重点是在每个迭代后交付最小可行产品。

7. 答案 D 是最佳答案。这个答案最好地概括了在选择最佳开发方法时必须考虑的所有不同群体。答案 A 不正确，因为项目进度是在开发方法和项目生命周期确定之后才确定的。答案 B 不是最佳答案。它所列的因素是需要考虑的，但也有很多其他因素需要考虑。答案 C 不正确，因为项目团队的愿望不是主要考虑因素，而项目团队的技能和经验与开发方法的选择是考虑因素。答案 E 不正确，因为不同的开发方法可以在同一个项目中使用。

8. 答案 A 正确。风险的性质将有助于确定应该使用哪种开发方法。如果需要通过深入的分析、详细的计划、严格的测试和文件来减轻风险，可能需要更具预测性的方法。如果风险更多地集中在产品解决方案的可行性或市场/干系人的接受度上，那么更具适应性/混合性的方法可能是最好的。答案 B、C 和 D 不正确，因为它们说某个开发方法总是最佳选择。

9. 答案 C 正确。可交付物的类型和性质决定了哪种开发方法可供选择。从开发方法中，可以确定交付节奏。在确定了开发方法和交付节奏后，就可以确定后续的项目阶段和整个项目生命周期。其他不正确，因为它们没有按照正确的顺序列出关系。

10. 答案 B 和 D 正确。因为两者都准确地描述了这两个绩效域之间的关系。答案 A 不正确，因为开发方法的选择是项目初步规划的关键方面。由于同样的原因，答案 C 也不正确。

3.7　复习题答案

1. 答案 B 正确。组织绩效管理过程不是选择开发方法时的有效的主要考虑因素。其他答案是有效的主要考虑因素。

2. 答案 C 和 D 正确。答案 C 描述了混合型的生命周期，其结合了预测型和敏捷型方法。答案 D 描述了增量型方法。答案 A 不正确，因为它描述了适应型方法。答案 B 不正确，因为它描述了预测型方法。

3. 答案 A 和 D 正确。答案 A 描述了预测型项目生命周期。答案 D 描述了使用迭代开发方法的混合型项目生命周期。答案 B 不正确，因为它列出了项目管理过程组。答案 C 不正确，因为它描述了产品生命周期。

4. 答案 C 正确。考虑到所涉及的可交付物的性质、管理所涉及的变更方面的需要以及使用纯粹的适应型方法的文化成熟度,最有可能的情况是每个可交付物都将使用混合型方法进行开发和/或部署，包括增量和/或迭代方法的各个方面。由于组织成熟度的问题，答案 A 不正确。答案 B 不正确，因为许多可交付物将受益于增量和/或迭代开发方法的元素，以更好地管理干系人的期望、管理变更，并协调部署。答案 D 不正确，因为移动应用程序最有可能从适应型开发方法中受益，而传统的应用程序最有可能使用预测型方法，因为这种应用程序的未知因素较少。

5. 答案 C 正确。敏捷型/适应型开发方法的 4 个方面是团队内部以及业务和技术团队之间的紧密协作，期待并拥抱变更，在 2～4 周的迭代间隔内频繁地交付工作产品（重点），以及团队是自我组织的。答案 A 不正确，因为强大的项目经理和最少的业务参与度并不是敏捷开发方法的典型特征。答案 B 不正确，因为专注于产品价值最大化并不是敏捷开发方法的典型特征。实际上，该方法的重点是在每个迭代中交付最小的可行产品。答案 D 不正确，因为进度的优先级不是敏捷方法中最高的。

6. 答案 D 正确。虽然每个冲刺的目标都是交付更有价值的工作产品，但冲刺的结果可能会被干系人拒绝或认为不适合生产。其他答案都不正确，因为它们都代表了 Scrum 敏捷开发方法的准确特征。

7. 答案 B 不正确。因为答案 B 描述的是增量型开发方法，其包括分块开发和部署产品。其他答案是正确的，因为它们是关于迭代开发方法的真实陈述。

8. 答案 C 正确。答案 C 正是此交付节奏的名称所表示的，在固定的时间内多次交付。答案 A 不正确，因为"持续"这个交付节奏的名称表示随时根据需要频繁地交付产品。答案 B 不正确，因为虽然它是定期交付的例子，但定期交付不一定是每月交付一次。答案 D 不正确，因为迭代是一种开发方法，而不是交付节奏的名称。

9. 答案 D 正确。当评估要使用的最佳开发方法时，需求确定性、变更的难易程度、以及安全和法规需求都是有效可交付物变量。答案 A 不正确，因为组织结构不是有效可交付物变量。答案 B 不正确，因为预期投资回报率在选择开发方法时不是典型的变量，当然也不是有效可交付物变量。答案 C 不正确，因为当选择开发方法时，产品生命周期的预期持续时间不是变量。

10. 答案 A 不正确。项目生命周期可以包含多种开发方法和交付节奏。这些方面是基于可交付物的，而不是基于项目生命周期的。其余的答案都是正确的，因为它们都是合理的陈述。

第 4 章

4.1 摸底小测试

1. 答案 D 是最佳答案。项目经理在执行整合的过程中，有可能与项目中的任何干系人互动。尽管所有答案事实上都正确，但其他答案都包含在答案 D 中。

2. 答案 C 正确。团队基本规则包含在团队章程（而不是项目章程）中。项目章程是对项目开始的正式授权，包含高层级的需求、范围、开展项目的业务理由以及任何确定的资源。

3. 答案 A 和 D 正确。项目章程的目的是为了授权项目开始，并确保干系人在项目的目的和范围以及可交付物方面保持一致。项目章程不包含任何关于预算、进度或可交付物的详细信息。在这个阶段还没有进行详细的计划，所以没有建立基准。

4. 答案 C 正确。项目管理计划通常由以下人员签署：项目经理、发起人、项目领导小组的主要干系人和主要团队成员。然而，在规划期间，会确定谁将签署项目管理计划。所有的干系人这一术语包括终端用户和提供原材料的供应商，他们不在项目管理计划上签字。

5. 答案 B 正确。冲刺接近尾声意味着这是一个敏捷型项目。因此需求不需要通过变更控制过程，也不需要拒绝，只需要将需求（用户故事）添加到产品待办事项列表中，然后产品负责人将重新确定优先级。

6. 答案 D 正确。项目管理计划还没有被批准，因此没有基准。它已经完成并发送给主要干系人，供他们批准。如果在这个阶段发现有遗漏的活动，可以简单地将其添加到项目管理计划中。在获得批准后，如果发现有遗漏的活动，项目经理将需要进行变更控制。

7. 答案 B 正确。题目背景中提供的指标是原始数据，即工作绩效数据。工作绩效信息是对这些原始数据的说明（如"我们的进度落后于计划或成本超出预算"）。不存在工作绩效数字这样的说法。工作绩效报告是对工作绩效信息的总结描述。

8. 答案 A、C 和 D 正确。商业价值是商业活动的可量化的净收益，可以是有形的或无形的。最后期限或预算不被认为是商业价值，而被认为是项目的制约因素。答案 A、C 和 D 是项目结束后可能获得的收益。请注意答案 D 是一种无形的收益。

9. 答案 B 正确。在给出的答案中，接下来要做的是执行影响分析。虽然题目背景中说明可以简单、快速地解决问题，但实际上意味着什么却无从知晓。影响分析总是涉及量化的价值（如 3,000 美元或两个星期或一个额外的资源）。仅用简单或复杂并不能表示一种影响。

10. 答案 D 是最佳答案。关键在于版本这个词。因为团队成员提及的是不同版本的文件，所以说明没有一个很好的配置管理系统。变更控制是为了管理对交付品（而不是对文件）的更新。指派一名团队成员负责更新文件并不是对资源的最有效利用。虽然涉及文件管理系统的答案看起来很有希望，但最好的、更详细的答案是涉及配置管理系统的答案。

4.8　复习题答案

1. 答案 A 正确。项目经理只负责确保所有知识领域过程和项目的任务都在适当的时间执行。其他知识领域的任务可以分配给团队成员完成，而整合过程只能由项目经理来完成。因为项目经理可以将所有这些过程整合为统一的整体。

2. 答案 B 正确。无论情况有多紧迫，你都应该在开始任何项目工作之前，获取签署的项目章程。因此，正确的做法是等待，直到你从发起人那里获得签署的项目章程，然后才可以继续。

3. 答案 C 和 E 正确。需求文件和风险登记册不是项目管理计划的组成部分。项目管理计划由许多文件组成，这些文件被分为子管理计划、项目基准和其他组件。

4. 答案 C 正确。在敏捷型中，没有基准（没有范围基准、进度基准或成本基准）。敏捷型管理使用相对估算，创建产品待办事项列表，并使用产品路线图。所有其他答案都是敏捷型项目中的工件。

5. 答案 D 正确。工作绩效信息将实际结果与计划进行比较，以分析结果。既然如此，知道你的成本比预算高出 10% 意味着你已经将迄今为止的实际成本与计划预算（或成本基准）

进行了比较。所有其他的答案都是工作绩效数据，因为它们是实际结果或原始观察。

6. 答案 A 正确。题目背景描述了混合方法，每个产品增量被称为最小业务增量。每个迭代（冲刺）提供最小的增量，向客户交付价值（敏捷的原则之一）。

7. 答案 B 正确。显性知识是容易编纂的知识和有形的知识（如报告、文字、图表、图片等）。隐性知识是基于经验和信念的知识。

8. 答案 B 正确。正确的 PMI 方法是进行影响分析。在这种情况下，题目背景只是说明这个问题很容易快速解决，而没有深入研究快速和容易的定义。在提交变更给变更控制委员会以获得批准之前，你必须总是进行影响分析而不是只考虑"快速和容易"这样的指标。

9. 答案 D 正确。题目背景描述了团队成员在查看不同版本的代码，所以他们没有实施配置管理系统。配置管理指的是访问最新版本。这不会在沟通管理计划中更新，也不一定是因为沟通中断，排除答案 B 和 C。

10. 答案 D 是最佳答案。所有这些答案都正确，但这里的最佳答案是答案 D，因为它包含其他所有的答案。变更控制的全部目的是防止对项目进行不必要的变更。项目经理通过执行其他答案中提到的任务来做到这一点。

第 5 章

5.1 摸底小测试答案

1. 所有这些答案都被视为项目的干系人。干系人是指任何受项目影响或者能够影响项目的个人、团体或组织。

2. 答案 B 是最佳答案。题目涉及凸显模型和干系人方格。在凸显模型中，确定型干系人是所有 3 个变量（权力、合法性和紧迫性）的交集，因此在给出的答案中，这是最佳答案。在权力利益方格中，拥有最高优先级的干系人是那些拥有高权力和高利益的干系人。在权力影响方格中，则是拥有高权力和高影响的干系人。

3. 答案 B 正确。你刚刚确定了一个新的干系人，所以要更新干系人登记册。在更新干系人登记册后，再执行其他答案的操作。

4. 答案 A 正确。在权力利益方格中，项目经理对权力低但利益高的干系人的管理策略是"随时告知"。

5. 答案 C 正确。应该在整个项目中识别干系人。

6. 答案 A 正确。只要项目仍然在进行中，就不能停止识别项目中的干系人。只有在项目正式收尾完成后，才能停止识别干系人。即使在开始收尾过程时，也可能识别到新的干系人，比如，识别新的终端用户，因此答案 B 不正确。答案 C 不正确，因为你永远不知道是否已经识别了所有的干系人，直到项目正式收尾完成。高级干系人绝不应该告诉你停止识别干系人，由项目经理来确保在整个项目中识别所有的干系人。

7. 答案 A 正确。干系人的当前和期望的参与度记录在干系人参与度评估矩阵中，这就是你将审查的文件。干系人管理计划记录如何促进干系人参与和协作。干系人登记册记录所有干系人和干系人群体。资源日历记录项目中资源的可用性。

8. 答案 B 正确。题目中的关键短语是方法和策略，这意味着你正在寻找促进干系人参与和协作的程序。这些方法和策略记录在干系人参与计划中，这也是项目管理计划的子管理计划（记住，任何子管理计划文件记录的都是项目的程序）。答案 A 不正确，因为干系人参与度评估矩阵记录了干系人的参与度（而不是如何与干系人协作）。凸显模型和权力利益方格是用来确定干系人优先级的分类模型。

9. 答案 A 是最佳答案。虽然所有答案看起来都正确，但最佳答案是 A，因为应该根据需要与干系人进行沟通。如果干系人每天都需要信息，那么每周举行状态会议将是无效的。如果干系人每周需要信息，那么每日举行状态会议将是低效的。记住一定要选择最佳答案，因为并不总是存在完美的答案。

10. 答案 D 正确。你应该总是选择最主动的方法使得干系人最大程度参与。在题目描述的这种情况下，虽然干系人将从项目中受益，但他们仍有抵触情绪，因此你需要找出他们产生抵触情绪的原因并努力使他们理解项目的目标和效益。项目目标记录在项目章程中，项目效益记录在效益管理计划中。答案 A 不正确，因为避免给他们太多关于项目的信息，以防他们开始反对项目，这暗示了消极的语气，你需要参与和协作。答案 B 可能看起来正确，因为你确实希望尽早让他们参与进来，但并不是每个干系人在项目中都有角色和职责（例如，终端用户是干系人，但可能没有参与到项目中）。答案 C 不正确，因为虽然你要更新干系人登记册和干系人参与度评估矩阵，但题目问的是处理这种情况的方法，而不是要更新哪个工件。

5.8 复习题答案

1. 答案 B 正确。你总是期望干系人参与进来，所给答案中，最好的方法是让他在项目的早期和整个过程中参与进来。永远不要选择试图孤立关键干系人或以消极方式对待他们的答案。你总是希望参与和协作。

2. 答案 C 正确。在给出的答案中，技术专家最不可能是干系人。你只是向他们征求意见，题目背景中没有任何内容表明他们与项目有关。建筑检查员是干系人，因为他们的决定会影响项目。为你提供原材料的供应商是干系人，即使你只与他们有过一次业务往来。如果他们延迟提供原材料，就会影响你的项目。终端用户正在使用你的产品，所以他们是系统实施项目的干系人。

3. 答案 C 正确。任何在组织之外的干系人都属于向外的影响。向上的影响指的是在组织中层级高于你的干系人，向下的影响是指层级低于你的干系人，而横向的影响则指组织内与你同层级的干系人。

4. 答案 D 正确。因为这个人不再是干系人，所以首先要做的是更新干系人登记册，将其识别为非干系人，这也是凸显模型中的一个区域。题目背景中没有任何内容表明这个人的离开会给项目带来风险（不要做不存在的假设，很容易想当然）。你可以通知团队，但题目问的是你"下一步"应该做什么。下一步要做的是更新干系人登记册。

5. 答案 A、C、E 正确。检查表和统计抽样是质量管理中使用的工具（检查表用于识别质量问题，统计抽样用于检验有代表性的样本）。所有的其他答案都可以用来识别干系人。

6. 答案 B 正确。干系人的参与度记录在干系人参与度评估矩阵中。在这种情况下，题目提到了"不知道"和"支持"，这就是参与度。干系人参与计划记录你将如何促进干系人参与。凸显模型以及权力利益方格显示干系人的分类。

7. 答案 A 正确。题目描述的是凸显模型，而所有 3 个变量（权力、合法性和紧迫性）的交集指的是确定型干系人。

8. 答案 C 正确。题目中，C 指的是"当前的参与度"，D 指的是"期望的参与度"。如果 C 和 D 在不同的方格中，意味着干系人当前的参与度与期望的参与度不一样。因为存在差异，这表明你需要相应地采取行动促进干系人参与。

9. 答案 C 正确。你要选择能让干系人参与的答案，在这种情况下，就是审查项目章程的收益的答案。如果你继续编写项目章程，就忽视了高级管理层，这是一种被动的方法。你需要选择最积极、主动的方法。你也不需要自动遵守高级管理层的要求，因为他们不是专家。你应该与高级管理层合作，做出对项目最有利的决定。

10. 答案 A 正确。干系人 A 不知道这个项目存在，但你希望他支持项目，所以你的首要任务是确定他不知道项目存在的原因并与他联系，使他能够了解并支持你的项目。干系人 C 和 D 的"当前"和"期望"的状态处于同一方格，这意味着他们处于你希望的参与度，所以你不需要花费大量的精力引导他们参与，因为他们已经积极参与了。干系人 B 虽然是中立的，但仍然是需要联系的干系人，但他并不是你最优先考虑的对象。

第 6 章

6.1 摸底小测试答案

1. 答案 A、B、C、D、E（所有这些答案）都正确。所有这些答案都可以导致与范围有关的项目失败。

2. 答案 B 正确。题目问的是程序（确定下一步行动）。范围程序记录在范围管理计划中。其他文件也需要更新，但题目没有问需要更新什么内容。

3. 答案 A 和 D 正确。在给定的答案中，只有访谈和观察是可以用来收集需求的工具。石川图是用来找到问题的根本原因的。帕累托图是用来显示关键问题按频率递减的排列顺序的。待办事项列表细化是敏捷活动，可以重新排列产品待办事项的优先级。

4. 答案 B 正确。在这些答案中，最好的是范围说明书，因为提前一个月完成是对进度这一制约因素的改变。其他答案没有记录进度制约因素。范围管理计划记录的是对开发范围的程序的任何改变。产品待办事项列表是用户故事的优先级列表，需求跟踪矩阵在整个项目生命周期中跟踪需求。

5. 答案 D 正确。范围基准是由范围说明书、WBS 和 WBS 词典组成的。它不包括任务或活动，这就是为什么其他答案不正确。

6. 答案 B 正确。WBS 不包含任何工作包的细节。相反，这些细节（如工作包之间的依赖关系）是在 WBS 词典中显示的。其他答案都采有了正确的说法。

7. 答案 C 正确。确认范围是验收可交付物的过程，这是由客户执行的。客户在验收之前进行测试和核实。团队对可交付物的测试称为控制质量。

8. 答案 D 正确。确保范围变更通过适当的变更控制过程是控制范围，这是项目经理的一个重要职责。尽管在整个项目中促进干系人参与是至关重要的，但该题目背景本身并没有描述干系人的参与，因此答案 A 不正确。范围蔓延是指不受控制的工作扩展，而背景中描述的是你在控制工作的扩展，所以答案 B 不正确。由客户确认范围，而不是项目经理，所以答案 C 不正确。

9. 答案 B 正确。用户故事应该是小而独立的。如果用户故事是庞大的，它们应该被分解成更小的用户故事。你不需要重新分配用户故事或分配额外的团队成员，因为团队成员自己决定他们在敏捷型项目中的工作任务。

10. 答案 D 正确。用户故事的形式应该是"作为一个<角色>，我想要<功能>，实现<业务价值>，"唯一符合这个模板的答案是答案 D。关于旅行社的答案缺少业务价值，所以需要进一步细分。四居室的房子是范围，而不是用户故事。关于蓝色的墙的答案是预测型项目的需求，而不是敏捷型项目的用户故事。

6.11　复习题答案

1. 答案 C 正确。因为客户没有要求实现这个额外的功能，也因为这不在项目的原始范围内，这种变更将被认为是镀金的，应该经过变化控制过程。

2. 答案 D 正确。题目背景描述了收集需求的新的程序，所以首先要做的是更新需求管理计划。只有在更新之后，才会轮到部门经理介绍自己，并收集任何额外的需求（如果不是项目最初范围的一部分，就需要通过变更控制过程）。你在识别了他们是谁之后，将更新干系人登记册（题目背景并没有说你已经识别了这些部门经理，只是说有新的程序）。

3. 答案 B 正确。需求跟踪矩阵在整个项目生命周期中跟踪需求。在这种情况下，由于活动没有与任何需求相联系，这意味着缺少需求跟踪矩阵。原来的项目经理可能已经创建了一套详细的需求但这些活动并没有与需求联系起来（因此答案 A 不正确）。WBS 不包含活动（因此答案 C 不正确）。变更控制程序很可能已经到位，但它可能没有被遵循（因此答案 D 不正确）。

4. 答案 D 正确。范围说明书是对项目可交付物和创建这些可交付物所需工作的详细描述。它包括范围描述、验收标准、可交付物、包含内容、除外责任、制约因素、假设条件和需求,对高级干系人来说这比其他答案对应的文件提供的信息量更大。商业论证太高层级了。WBS 显示了需要完成的工作，但是不包括假设条件、制约因素、验收标准等。范围管理计划记录了用于开发范围的程序。

5. 答案 A 和 C 正确。范围基准是由 WBS、WBS 词典和范围说明书组成的。工作包是 WBS 的一部分，所以被包括在范围基准中。任务和需求不是范围基准的一部分。范围基准是用来创建任务和活动的。需求是用来创建范围基准的。

6. 答案 A 正确。题目背景中有很多信息，所以你必须要仔细挑选合适的信息。客户的观察和对可交付物的测试是确认范围。团队的测试是控制质量，所以答案 C 和 D 都不正确。影响分析已经由团队领导完成（他们已经找到了问题的根本原因，而且需要 15 小时来解决问题），所以你不需要做影响分析，你可以直接提交变更请求。

7. 答案 D 是最佳答案。确认范围是验收可交付物的过程，这是由客户执行的。团队的测试是控制质量。在题目背景中，因为项目经理正在进行影响分析并提交变更请求，所以项目经理正在通过执行变更控制来控制项目的范围。所有其他的答案都有一句或两句正确的陈述，但其他陈述都不正确，因此整个答案不正确。只有答案 D 有 3 句正确的陈述，因此是最佳答案。

8. 答案 B 正确。完成的定义是由团队和产品负责人共同确定的，而不是由团队促进者委派的，并且完成的定义是在发布开始时确定的，而不是在冲刺规划期间确定的。

9. 答案 C 正确。在迭代评审会上产品负责人对可交付物表示批准或拒绝。因为产品负责人代表客户，所以这个会议与确认范围过程密切相关，确认范围过程是预测型项目中客户验收可交付物的过程。迭代回顾会更多地与收尾相接近。

10. 答案 B 和 D 正确。在本章前面的内容中，敏捷优先级排序技术是成对比较分析和 100 分法。T 恤尺码和计划扑克牌是估算技术，而罗马投票是为了达成共识。

第 7 章

7.1 摸底小测试答案

1. 答案 D 正确。题目背景描述了制定进度的程序，任何关于进度的程序都记录在进度管理计划中。项目进度计划是项目规划的进度，而进度基准是批准的进度计划。工作绩效信息告诉你，你的进度比计划提前或推迟了多少。

2. 答案 A 和 D 正确。活动使用动词，而工作包使用名词。在题目背景中订购和检查都是动词（表示你正在做某事）。主卧室、重新布线和水管工程是工作包；它们没有告诉你完成所需工作的细节，只是告诉你需要做的工作。这 3 个答案中的每一个都将被分解成活动。

3. 答案 C 正确。你必须等到机器完全安装好后才能测试，所以这描述了强制性依赖关系。这种关系是完成到开始的关系（而不是答案中给出的开始到完成）。至于选择性依赖关系，是指可以改变依赖关系，而外部依赖关系是项目团队无法控制的。

4. 答案 A 正确。因为一个人必须在另一个人开始撒盐之前开始清雪，所以这是开始到开始的关系。在完成到开始的关系中，你先完成一项活动再开始另一项活动。在题目描述的情况下，完成到开始的关系在逻辑上可能是合理的，因为在现实中，你在开始撒盐之前就完成了清雪的工作，但是你必须从题目的表述上考虑。题目指出，你必须在完成一项活动之前开始另一项活动。在从开始到完成的关系中，一项活动必须在另一项活动完成之前开始，而在从完成到完成的关系中，一项活动必须在另一项活动完成之前完成。

5. 答案 C 正确。尽管题目背景指出你正在开发网站，但你很可能认为这将是敏捷型项目并选择 T 恤尺码或相对估算。在这里，你只需将当前的项目与之前的项目进行比较，这采用的就是类比估算。

6. 答案 A 正确。答案已在问题中给出。预期活动持续时间就是 PERT。最乐观和最悲观时间是不相关的，是用于分散注意力的。如果你错误地认为最可能时间是 26，那么你将计算出 PERT 是 31.5 天，这是不正确的。要始终理解公式，并理解这些术语的含义，这样你就不会在无意中做出错误的计算。

7. 答案 D 正确。资源平滑是一种资源优化技术，使用资源平滑可以使你的项目进度不会落后于进度计划。一种常见的方法是将资源从非关键路径活动转移到关键路径活动。资源平衡是指根据资源的可用性来调整活动的开始和结束时间，这可能会导致进度的延误。

8. 答案 A 正确。客户缩短了两周的时间，所以这意味着你有两周的负浮动时间。项目浮动时间是指如果客户说你可以晚两周完成。正浮动时间是指如果你提前完成。

9. 答案 B 和 C 正确。按需进度和带有待办事项列表的迭代进度是敏捷中使用的工具。其他的答案中的工具是用于预测型的。

10. 答案 B 正确。虽然题目问题看起来有点模糊，但你在真正的考试中也可能会遇到这种模糊的问题。你必须认识到，由于题目涉及敏捷型项目，只有答案中的敏捷术语才是相关的。答案 A、C 和 D 都是预测型术语。

7.9　复习题答案

1. 答案 B 正确。这里的关键短语是如何继续推进项目。进度管理程序记录在进度管理计划中。如果该项目是敏捷型项目，你可能会与团队协商；但是，题目中说的是期限紧迫，这就排除了敏捷型项目。在某些时候，你可能会更新风险登记册和执行影响分析，但题目问的是指如何继续推进，也就是审查进度管理计划。

2. 答案 C 正确。WBS 的最底层是工作包，不包含活动，所以初级项目经理是正确的。的确，有不同的方法来创建 WBS，但它不应该包含活动。活动显示在一个单独的文件中，该文件称为活动清单。

3. 答案 B 正确。因为你必须先断开燃气管道，然后才可以拆除燃气灶台，这描述了强制性依赖关系，也被称为硬逻辑关系。强制性依赖关系是由于物理限制。选择性依赖关系意味着你可以根据需要移动活动顺序。首选逻辑关系是选择性依赖关系，取决于你的偏好。内部依赖关系是团队内部的。

4. 答案 D 正确。最初，你采用完成到开始的关系（在开始测试之前完成配置）。但现在你已经决定以平行的方式进行，所以现在采用开始到开始的关系（在开始测试前就开始配置）。你不能把强制性依赖关系改变成选择性依赖关系，反之亦然（硬逻辑是强制性的；软逻辑是选择性的）。

5. 答案 D 正确。因为这是预测型的项目，你可以排除 T 恤尺码（题目背景告诉你，你要在最后期限内交付最终产品）。因为存在不确定因素，这意味着你需要计算最乐观、最可能和最悲观时间，这就是三点估算。

6. 答案 C 正确。团队成员没有在其最优水平上得到利用，所以你应该使用资源优化技术来平衡工作量。资源平衡是指根据资源的可用性来调整开始和结束时间，这可能延长进度（你的项目进度不能落后于进度计划，所以这就排除了答案 A）。资源平滑意味着你可以在浮动时间范围内进行资源调整，而项目进度不会落后于进度计划，因此答案 C 正确。没有证据表明有任何表现不佳的团队成员，所以排除答案 B。

7. 答案 A 正确。项目浮动时间是指项目可以推迟多久而不影响客户的最后期限。在此题中，最后期限是 85 天，而关键路径的总工期为 55 天。所以项目可以推迟 30 天（85-55）而不影响最后期限，这就是项目浮动时间。其他答案给出的数字与该问题无关。

8. 答案 C 正确。如果客户决定赶工，这意味着额外的成本对他们来说并不重要。你也得到了他们的支持，因为这是他们做出的决定，而且没有理由让变更控制委员会不批准（客户甚至可能是变更控制委员会的一部分）。你现在最担心的应该是找到这些额外的资源来执行这项工作。

9. 答案 D 正确。从队列中抽出工作是指按需进度。敏捷中使用了带有待办事项列表的迭代进度，但它是对一个冲刺阶段的用户故事进行优先级排序（而不是创建队列）。关键路径法是制定预测型项目中进度计划的方法。资源平衡是根据资源限制调整活动的开始和结束时间。

10. 答案 B 正确。当需要对用户故事进行进一步调查时，可以使用刺探。你不需要调整冲刺阶段（无须延长期限）。尽管团队促进者确保团队拥有工具来执行工作，但答案 D 并没有回答题目的问题。

第 8 章

8.1　摸底小测试答案

1. 答案 D 正确。提供新的公式是指新的程序，所以你将更新成本管理计划。你使用新的公式来计算成本基准和实现成本估算。在 PMP 中，没有一个文件叫作公式登记册。

2. 答案 A 正确。最佳分类是直接成本。你可以争辩，如果你确切地知道所需要的原材料的数量，它可以是固定成本，或者如果你不知道数量，它可以是可变成本。然而，无论哪种情况，它仍然是直接成本，因为它直接归属于你的项目。

3. 答案 A 正确。任何由其他团队、业务单位或组织的其他领域分担的成本都被视为间接成本。这些是无论该项目如何，该组织都会产生的成本，比如员工的福利。其他答案都是直接成本，即为执行项目而产生的费用。

4. 答案 D 正确。最详细的估算方法之一是自下而上估算，其要求你对活动进行详细的分析，但这也是最耗时和最昂贵的估算方法之一。

5. 答案 C 正确。ROM 的估算范围是−25%到+75%。

$$25\% \times 200{,}000 = 50{,}000 \text{ 美元}$$
$$75\% \times 200{,}000 = 150{,}000 \text{ 美元}$$

　　因此，ROM 的范围是：

$$200{,}000 \text{ 美元} - 50{,}000 \text{ 美元} = 150{,}000 \text{ 美元}$$
$$200{,}000 \text{ 美元} + 150{,}000 \text{ 美元} = 350{,}000 \text{ 美元}$$

6. 答案 A 正确。因为这种估算是耗时的、准确的和详细的，这些关键词意味着使用自下而上估算。类比估算是高层级的使用历史信息进行估算的方法。参数估算使用单一参数，并根据重复的工作单位来推断结果。计划扑克牌是相对估算（不详细的估算）。

7. 答案 D 正确。因为你之前已经识别了这种风险可能发生，它是一个已知的风险（已知的未知），所以你会在应急储备中预留资金。管理储备由管理层负责，是为了应对不可预见的情况（未知的未知）。风险是供应商无法控制的，这一事实与题目完全不相关。

8. 答案 C 正确。在题目描述的情况下，因为你知道每个房间需要多少加仑（2 加仑）的油漆和有多少个（100 个）房间，你可以推断出总共需要多少加仑的油漆，因此可以推算出多少总的材料（在题目描述的这种情况下，即油漆）将花费多少钱。另外，你知道人工费并可以计算出劳动力成本。参数估算是在重复单位的基础上推断出结果，基本上参数估算=数量×速率。T 恤尺码是对用户故事的相对估算，这里描述的不是这种情况。类比估算是与之前的项目进行比较，而 PERT 则是使用最乐观、最悲观和最可能时间，基于已识别的风险（这里没有提到）进行估算。

9. 答案 C 正确。资金限额调节是指将需要在一定时间内完成的工作数量与高级管理层规定的资金限额进行协调。在题目背景中，你已经估算出总成本为 930,000 美元的工作，但管理层每季度只能负担 310,000 美元。你因此需要规划工作以满足这一资金限额。成本汇总是对覆盖 WBS 中每一层的成本进行估算。注意，题目没有问什么文件需要更新，所以你可以立即排除所有提到任何文件（项目预算和成本基准）的答案。

10. 答案 C 是最佳答案。将实际结果与计划进行比较的过程是监控过程，所提供的答案中，最佳答案是控制成本。成本汇总是通过将项目的所有单个组成部分的成本相加来制定预算的规划过程。估算成本是计算这些单个组成部分的成本的过程。储备分析是指计算应急储备的过程。

8.7　复习题答案

1. 答案 D 正确。直接成本是为实施项目而必须产生的成本，并且只作为项目的结果而产生。在题目背景中，差旅费用只与这个项目有关，所以是直接成本。所有其他成本都是间接成本，因为它们是由项目团队和其他团队以及组织的其他领域共同分担的。

2. 答案 D 正确。如何管理成本的程序记录在成本管理计划中。根据题目背景，你需要审查所有答案中给出的文件。然而，问题中的关键词是如何，这就问到了成本管理程序（负的成本偏差），这些记录在成本管理计划中。

3. 答案 C 正确。题目背景描述了成本管理程序记录在成本管理计划中。因为问题问的是你正在审查什么文件，所以可以立即排除答案 B，因为资金限额调节不是一份文件，它是你做的事情（因此也是一种工具）。账户编码是指在 WBS 中特殊的编号系统，而预算预测答案指的是 EAC。

4. 答案 D 正确。在题目背景下，最好的工具是参数估算，这涉及使用统计关系来推断结果。在题目背景下，如果粉刷一个房间需要 3 个小时，那么 250 个房间应该需要 $3 \times 250 = 750$ 个小时的工作。你可以估算出一个房间的成本，进而估算项目的成本。类比估算使用基于先前类似项目的历史信息来估算。在题目背景下，尽管你在使用历史经验，但是你是通过乘工作单位来推断的，这一事实意味着参数估算是更好的答案。自下而上估算是详细的分析，计划扑克牌用于敏捷型项目。

5. 答案 B 正确。因为这是开工会议，你最多只能估算 ROM，也就是-25%到+75%的范围。开工会议意味着你没有任何详细的信息，所以这个阶段的估算是非常高层级的。相对估算在敏捷型项目中使用，但这是预测型项目，因为最后期限是固定的。

6. 答案 D 正确。注意题目中的诱导转向！题目背景与问题完全无关。问题只是问哪种工具能提供最准确的成本估算，答案是自下而上估算。始终训练自己首先阅读题目最后一句话，以防遇到这种类型的问题时产生误判。

7. 答案 A、B 和 D 正确。管理储备不是成本基准的一部分，但是包含在项目总预算中（因此答案 C 和 E 不正确）。答案 F 是迷惑性答案。

8. 答案 B 是最佳答案。你正在进行第三次冲刺，这一事实意味着这是敏捷型项目，而敏捷型项目不设置基准（因此排除答案 C）。你不会自动遵守高级管理层的规定（你必须促进高级管理层参与和合作以确保他们理解正确的程序），因此答案 A 不正确。尽管你可以争辩，成本管理计划将记录成本管理程序，因为在敏捷中没有基准，但你需要向高级管理层解释这一点（因此答案 B 是最佳答案）。

9. 答案 B 正确。你在确定所有的成本，这意味着你正在制定成本基准，包括工作包、活动、控制账户的成本和应急储备。项目预算包括管理储备，这超出了你作为项目经理的权限。你可能会利用成本汇总来实现题目的目的，但成本汇总不是一个文件，而是一个工具。工作包和控制账户显示在 WBS 上，但它们并不显示成本。

10. 答案 B 正确。题目问的是使用什么工具，因此排除项目预算和成本基准（因为它们是文件）。成本汇总将所有活动和工作包的成本估算汇总起来，以建立成本基准（包括应急储备）。

第 9 章

9.1 摸底小测试答案

1. 答案 D 正确，因为它正确地列出了《PMBOK®指南》第六版的资源管理部分的 3 个过程，描述了项目资源的规划和获取。答案 A 不正确，因为尽管采购资源是获取资源的一部分，但它并不包括内部分配的资源，因此是不完整的。答案 B 不正确，因为缺少资源管理的规划过程，而预算资源是与项目成本管理相重叠的综合活动，不是资源管理的独有过程。答案 C 不正确，因为面试资源不是一个正式的流程步骤。面试候选人是获取资源的一部分，但它并不包括完整的活动范围。

2. 答案 B 正确，因为资源管理计划的重点不是确定项目所需的所有团队成员和物理资源的完整清单。这个工件的重点是在整个项目中定义如何管理资源。答案 A 不正确，因为这个答案定义了项目组织结构图，这通常是包括在资源管理计划内的。答案 C 和 D 不正确，因为它们也是资源管理计划的关键要素。

3. 答案 D 正确。它正确地强调了高绩效团队的 3 个特点。答案 A 可能正确，但其在低绩效团队中也可能是正确的，在可能的答案中不是最佳答案。答案 B 可能正确，但不能保证拥有该特点的团队一定是高绩效团队。答案 C 对于高绩效团队来说正确，但它的关注点过小。高绩效团队中的个人对项目的所有方面（从项目愿景到他们自己的任务）都很清楚，他们对所有的项目成果都有所有权，而不仅仅是他们自己的任务。

4. 答案 C 正确。它正确地指出了塔克曼阶梯模型的 4 个原始阶段。答案 A 不正确，因为它提到了 Drexler/Sibbet 团队绩效模型 7 个步骤中的 4 个步骤。答案 B 不正确，因为所提到的事项可能是团队发展过程中的要素，但它们没有反映出共同的术语来描述任何通用的团队发展模型。答案 D 不正确，因为各阶段的顺序不正确。

5. 答案 B 正确。它正确地列出了 3 个管理原则，有助于最大限度地提高团队绩效。答案 A 不正确，因为你并不希望让团队参与每一个决定。如果这样做，团队会远离他们的首要任务且降低生产率。答案 C 不正确，因为你想在项目进程中就庆祝每一个胜利，而不是都留到最后。这对团队的积极性和团队文化都有促进作用。答案 D 不正确，因为你不想强迫团队成员在他们不擅长的领域工作。作为一项原则，你想利用每个人的优势，如果他们希望改进劣势，那么你就与他们一起寻找机会改进劣势。

6. 答案 B 正确。它正确地列出了可以提高团队绩效的 3 种管理技术。答案 A 不正确，因为 X 理论的管理思维不适合复杂的、具有挑战性的项目工作或知识工作者。答案 C 不正确，因为虽然使用敏捷方法可能是合适的，但它们不一定会自动导致更好的团队绩效。答案 D 不正确，因为出于对团队成员时间和工作生产力的尊重，你要有目的地召开会议。

7. 答案 D 是最佳答案，因为它指出《PMBOK®指南》第七版中 4 个领导力技能的组成部分。答案 A 不正确，因为根据 PMI 的规定，冲突管理、决策和情商是人际交往技能，所以答案中缺少了激励、批判性思维、建立和保持愿景。答案 B 不正确，因为仆人式领导和公开演讲不是领导力技能的 4 个组成部分之一。另外，仆人式领导更像领导力类型或风格。答案 C 不是最佳答案，因为销售技巧和魅力没有明确列出作为领导力技能的 4 个组成部分，并且情商和决策是人际交往技能的组成部分。

8. 答案 D 正确地列出了情商的 4 个方面。答案 A 不正确，因为自我意识和社会技能不算在情商内。具备自我控制力和先想后做是自制力的内容。阅读身体语言和其他非语言线索、有同理心都是社会意识的内容。答案 B 不正确，因为拥有社交媒体技能不属于情商的范畴。答案 C 不正确，因为没有考虑到自我意识和自我管理的方面。认识到他人的感受和有同理心是社会意识的例子。建立友好关系是社会技能的内容。

9. 答案 C 正确，因为它描述了与团队一起做项目决策的好处之一。答案 A 不正确，因为这是你在与团队做决策时想要避免的。答案 B 不正确，因为这不是好处，而且项目经理仍然要对项目结果负责。答案 D 不正确，因为实际情况正好相反。团队决策比单独决策需要更多的时间。

10. 答案 A 正确，因为它列出了《PMBOK®指南》第七版推荐的 4 种冲突管理方法。答案 B 不正确，因为你并不总是想采取妥协的方法。答案 C 不正确，因为你并不总是想假设任何冲突会自行消失。答案 D 不正确，因为你要把注意力放在问题上，而不是放在相关人员身上。

11. 答案 C 是最佳答案。根据《PMBOK®指南》第七版，列出的 4 个变量可以影响项目所需的领导力风格。答案 A 不正确，因为使用敏捷方法不是裁剪领导力风格的因素，原因是敏捷方法往往决定了领导力风格是方法的一部分。答案 B 不是最佳答案，尽管列出的变量似乎是合理的。答案 D 不正确，原因与答案 A 不正确的原因相似。

12. 答案 B 是最佳答案，因为这是了解情况的关键第一步。答案 A 不正确，因为尽管团队的其他成员确实在看着，但更重要的是公平地处理这种情况，并平衡个人的情况和团队的整体绩效。答案 C 和 D 不是最佳答案，因为这些不是应该采取的第一个行动步骤。

9.8　复习题答案

1. 答案 C 正确。这个答案涉及情商的内容。答案 A 是情商的一部分，但题目并没有谈到这方面的内容。答案 B 不正确，因为激励需要了解团队中每个成员的主要激励因素是什么，然后运用这种因素从每个人身上获得最佳绩效。答案 D 是情商的结果。答案 E 不正确，因为虽然情商是所有人与人之间互动的基础技能，其中包括教练，但题目内容并没有描述教练。

2. 答案 C 正确。震荡是塔克曼阶梯模型的阶段，在震荡阶段，团队成员之间可能会出现最初的冲突。其他答案是塔克曼阶梯模型的其他阶段，但与题目不相关。

3. 答案 B 和 C 是最佳答案。两者都是项目经理可以采取的积极行动，以提高团队的生产力。答案 A 不是最佳答案，因为项目经理往往可以促进问题更快地解决，项目经理希望预测潜在的问题并采取行动来防止问题发生或减轻问题。答案 D 不是最佳答案，因为项目经理往往更有能力完成这些任务（根据经验），理想的情况下，如果团队成员正在这样做，即自己获取完成工作所需的资源，这将耽误他们启动工作，和/或使他们远离自己的首要任务。答案 E 不正确，因为这是一个非生产性的行动事项且会导致团队工作重心变化，因为如果团队成员总是被问及某事，就会转而专注于此事。

4. 答案 E 是最佳答案。虽然把一个具有挑战性的工作任务交给一个新的团队成员可能有一些价值，这并不总是最佳行动方案，答案 A 到 D 都是建议的行动事项，以帮助团队成员尽快提高生产力。

5. 答案 A 到 D 都正确，它们都是项目经理展示领导力的例子。答案 E 不正确，因为该答案置流程管理优先于对项目团队的领导。

6. 答案 B 到 E 都正确，它们说明了其他团队成员发挥领导力的行为。答案 A 不正确，因为这不是技术领导发挥领导力的例子。技术领导可以发挥领导力的途径之一是尽快识别潜在的风险。

7. 答案 A、B、D 和 E 正确，因为每个答案都提供了在项目环境中批判性思维有价值的原因。答案 C 不正确，因为在大多数情况下，事实会相反。为了应用批判性思维做出决策，通常需要更多的时间和更多其他人在此过程的参与。

8. 答案 B、C 和 E 是最佳答案。面对/解决冲突和合作肯定是高绩效团队所使用的方法，因为团队中存在着高度的信任和协作，并且工作关系受到高度重视。也可以采用妥协的方法，因为团队成员的权力地位相对平等。答案 A 不是最佳答案，因为这种方法通常是在双方当事人拥有不同的权力地位的情况下采用的。答案 D 不是最佳答案，因为这在高绩效团队中并不常见。

9. 答案 A、B、C、E 和 G 是最佳答案。每个答案都是有效的方法，可以帮助你赢得所领导的那些团队成员和干系人的尊重。答案 D 不是最佳答案，因为这与你想做的事相反，会导致团队成员的理想幻灭。这并不意味着你不能继续用项目愿景来激励他们，但不能以处理当前的现实情况为代价。答案 F 不是最佳答案，因为这也与你想做的事相反，可能会导致你失去团队的尊重。

10. 答案 A、B、C、E 和 G 是最佳答案。每个答案都是仆人式领导思维的展现。答案 D 不是最佳答案，因为仆人式领导对所有的项目成果承担责任。这并不意味着他们不为团队成员提供机会来承担更多的责任和成长，但仆人式领导不会放弃最终的责任。答案 F 不是最佳答案，因为仆人式领导的思维模式使其在做决定时尽可能征求他人的意见和反馈，特别是在做那些会影响项目的决定时。

11. 答案 D 是最佳答案，因为它着重于如何管理项目资源以及所需的工作量，这是规划资源管理的主要价值。答案 A 不正确，因为这个步骤是在实际确定项目所需的资源，而不是集中在如何管理项目资源上。答案 B 不是最佳答案，因为这不是过程的主要价值，但这是过程的常见输出。答案 C 不是最佳答案，因为和答案 B 一样，它不是主要价值，但它是合适的规划资源管理的一个重要好处。

12. 答案 B、C 和 D 是最佳答案。每个答案都是预分配工具的例子，可用于评估和评价项目团队角色的潜在候选人。答案 A 不是最佳答案，因为资源需求确定了项目所需资源的类型和数量。答案 E 不是最佳答案，因为培训计划确定了已成立的团队的培训需求。答案 F 不是最佳答案，因为团队章程定义了工作团队的价值观、协议和操作指南。

第 10 章

10.1 摸底小测试答案

1. 答案 A 正确。互动沟通意味着人们可以根据需要进行交谈，视频会议通常被认为是互动沟通。你可以争辩，在某些情况下，视频会议可以是正式的口头的；然而，你必须选择最好的答案，视频会议并不总是正式的口头交流，但它总是互动的，这就是为什么互动沟通是更好的答案。拉式沟通是单向的沟通（如语音邮件、备忘录），紧密矩阵指的是团队成员同处一地办公。

2. 答案 A 正确。干系人之间的沟通制约因素都是记录在沟通管理计划中的。团队章程可能会记录沟通的程序和制约因素，但对整个项目来说，这些事项应记录在沟通管理计划中。

3. 答案 C 正确。最佳答案是根据发送方-接收方沟通模型的反馈。你可以争辩，这也是互动交流，但某人重复信息这一事实表明他正在参与互动沟通，这是一种沟通类型。重复信息这一物理行为是给对方的反馈。

4. 答案 B 正确。干系人之间的沟通程序都记录在沟通管理计划中，这是你首先要参考的文件。你可以在事后与干系人进行跟进，但是题目问的是你应该先做什么。答案 D 不正确。你不应该把所有的信息传达给所有的干系人，你应该把相关的信息传达给相关的干系人。

5. 答案 C 正确。会议记录都是非正式的，即使会议是正式的。其他答案都指出了正式的书面文件。

6. 答案 C 正确。题目的关键词是“一开始”。你总是要选择最积极、主动的方法，最积极参与的方法，或最合作的方法。在题目背景下，首先要找出绩效下降的原因，并鼓励该团队成员提高绩效。一开始，你应该与他进行信息交流，找出他绩效不佳的原因。

7. 答案 D 正确。计算沟通渠道的数量的公式为：$n(n-1)/2$。因为你最初要管理 15 个人，所以你的团队总共有 16 个人，因此最初的沟通渠道的数量为：$(16 \times 15)/2 = 120$。再加 2 人后的沟通渠道的数量为：$(18 \times 17)/2 = 153$。沟通渠道的数量增加了：$153 - 120 = 33$。

8. 答案 A 正确。发送方的责任是确保接收方已经收到并理解信息。你应该跟进以确保所有参加会议的干系人都收到了报告。

9. 答案 A 正确。紧密矩阵的另一个术语是共同办公（Colocation），因此在这里渗透性沟通将发挥最佳效果。渗透性沟通意味着你在潜意识中听到了周围的对话，即使你没有参与对话，也没有偷听。这种类型的沟通在虚拟环境中是不可能的。面对面的交谈是直接沟通（不是渗透性沟通）。

10. 答案 C 正确。看板显示尚未开始的工作、正在进行的工作，以及已经完成的工作。显示哪些工作已经完成的图表是燃起图。燃尽图显示哪些工作仍未完成。

10.7　复习题答案

1. 答案 B 正确。你已经识别了一个新的沟通程序，因为你现在需要每周通过电子邮件向干系人同步信息。你应该首先更新沟通管理计划，该计划记录了每个干系人的沟通需求，以及其他事项。题目背景表示了这不是敏捷型项目，所以提到团队促进者和信息发射源的答案是不正确的。你可以将新需求告知团队，但是必须首先在沟通管理计划中记录它。

2. 答案 B 正确。根据发送方-接收方沟通模型，发送方的责任是确保接收方已经收到并理解该信息。在发送信息时，发送方首先对信息进行编码（而不是解码）。发送方只有在收到反馈后才对信息进行解码。

3. 答案 A 正确。这是发送方-接收方沟通模型中噪声的一个例子。噪声是任何会产生干扰或导致误解的事物。没有证据表明这些团队成员缺乏沟通技巧或缺乏沟通方式评估。也没有任何证据表明他们不能容忍彼此。

4. 答案 C 和 D 正确。5C 是指正确的（Correct）语法和拼写，简洁的（Concise）表达和删除多余的词语，明确的（Clear）目的和针对读者需要的表达，连贯的（Coherent）思维逻辑，以及克制的（Controlling）文字和想法。

5. 答案 C 正确。沟通方法有互动、推式和拉式。将信息保存在中央存储库中的是拉式沟通，人们可以在其中检索他们需要的信息。

6. 答案 C 正确。戴维向所有干系人提供了所有的信息。但是，他应该只向适当的干系人提供相关信息。在题目背景下，干系人感到困惑是因为他们获取了太多的信息，其中许多信息可能与他们无关。

7. 答案 B 正确。关键词是最初。你想促进干系人参与和合作，所以最初你要找出问题所在并与团队成员一起工作。如果团队成员的这种行为仍然继续存在，你可以将沟通升级为正式的书面沟通。

8. 答案 B 和 E 正确。积极倾听意味着向发送方提供反馈，而有效的沟通意味着及时提供信息，这两者都是沟通的促进因素。噪声是沟通的障碍。正式的口头表达和拉式沟通既不是促进因素，也不是障碍，它们是沟通方法。

9. 答案 D 正确。确保某人理解信息的最有效方法是要求他向你重复信息，这就是积极倾听。发送电子邮件并不能确保对方已经理解信息。在题目背景中，你们正在电话沟通，所以你无法看到身体语言。简单地仅仅要求凯西确认并不能确保她理解所有内容。

10. 答案 A 正确。首先，你应该意识到这是敏捷型项目，因为你是团队促进者。在敏捷型项目中，让关键干系人了解项目最新状况的最佳方式是通过信息发射源。如果你愿意，你可以邀请干系人参加每日站会，但这并不是告知干系人信息的主要方法。加入电子邮件分发名单是干扰答案。敏捷中没有每周的状态会议。

第 11 章

11.1 摸底小测试答案

1. 答案 A 正确。修复过程或机械装置是纠正措施。修复不符合要求的可交付物是缺陷补救。预防措施是为了事前防止问题发生。纠正措施是非一致性成本，而不是一致性成本。

2. 答案 D 正确。质量是指产品是否符合需求，而不是它是否能工作。可以使用但不符合需求的产品是有缺陷的，因此答案 A 不正确。一台用于测试产品的机器不能正常工作，如果对其进行修复这是纠正措施。连续 7 个数据点低于平均值线的数据是失控的，但答案中缺少连续这个词。你可能已经发现了 7 个低于平均值线的数据点，但在这 7 个数据点之间可能还有一些数据点高于中心线。

3. 答案 B 正确。当产品到达客户手中时，客户发现缺陷，这就是外部失败成本。因为召回发生在产品到达客户手中之后，所以这是外部失败成本。内部失败成本是指在产品交付给客户之前发现的问题。评估成本指的是与产品和过程的检查和测试有关的成本。一致性成本指的是与防止失败有关的成本。

4. 答案 B 正确。一个新的程序（在题目中是质量标准）已经被确定并批准了。因此，接下来你要做的是更新质量管理计划。之后，你可以通知团队或发起人，但首先你需要更新文件。启动会议将在测试阶段开始时举行以开启该阶段。

5. 答案 B 是最佳答案。质量审计是一种结构化的独立审查，旨在确保项目活动遵守过程、政策和程序，这也是题目中另一个小组正在做的事情。团队通过测试产品来执行质量控制，但如果确保团队遵守程序，则是在执行质量保证。请注意，题目问的是使用什么工具。虽然答案 C（质量保证）看起来正确，但最佳答案是答案 B（质量审计），因为质量保证是过程，而质量审计是这个过程中使用的工具。一定要注意本题这种情况，即不只一个答案看起来正确统计抽样用于检验整体样本中具有代表性的样本。

6. 答案 A 正确。题目背景要求找到问题的根本原因，而最好的工具是石川图（也被称为鱼骨图和因果图）。帕累托图是用来识别 20% 的原因导致 80% 的问题。统计抽样是对整体样本中具有代表性的样本进行检验。散点图显示了两个变量之间的相互关系。

7. 答案 C 正确。该方案描述了"80:20"原则，即 80% 的问题是由 20% 的原因造成的。石川图是用来识别根本原因的。统计抽样是检验有代表性的样本的。散点图用于显示两个变量之间的相互关系。

8. 答案 B 正确。高于控制上限的一个数据点是不受控制的。高于平均值线的 7 个数据点是可以接受的，但是连续 7 个数据点高于平均值线则不能接受（注意这些答案中没有连续这个词）。高于控制下限的一个数据点表明是在统计控制内的（低于控制下限的一个数据点则是失控）。常见原因的偏差在统计控制内。

9. 答案 C 正确。Kaizen 意思是"持续改进"。冲刺回顾会的主要功能是召开经验教训会来确定哪些方面做得好，哪些方面可以改进，这是一种持续改进的方法。待办事项梳理会是重新排列用户故事的优先级，而冲刺回顾会是向产品负责人演示产品。每日站会为团队和团队促进者提供最新状态。尽管这些会议都可以识别成功和失败，但在冲刺回顾会上讨论这些成败并采取行动。

10. 答案 D 正确。朱兰提倡"适用性质量管理法"，而克劳士比提倡"零缺陷理论"。"80:20"原则是帕累托法则。全面质量管理的十四法是由戴明提出的。

11.9　复习题答案

1. 答案 D 正确。更换一台机器是纠正措施，因为该机器是过程的一部分。修复缺陷则是缺陷补救或返工。预防措施是指在任何缺陷发生之前，你就发现机器的某个部分即将出现问题，并将此部分更换。

2. 答案 D 正确。质量目标和目的记录在质量管理计划中，所以你应该审查质量管理计划。项目章程可能有一些关于质量标准的高层级信息，但不包含质量目标和目的。题目中说"项目的质量目标和目的"，所以你不会审查 OPA，因为 OPA 是针对组织的。你不会向团队寻求帮助，因为你作为项目经理，需要确保团队遵循质量标准。

3. 答案 B 正确。这是外部失败成本，因为产品已经到达客户手中，且客户已经发现了问题。内部失败成本是指团队在交付产品给客户之前发现并修复的缺陷。内部失败成本也称为返工。

4. 答案 D 正确。团队应该首先遵循质量管理计划中的指导，因为质量管理计划记录了有关质量管理的程序——本题中即公差范围。质量管理计划也会指出你是否需要遵循行业标准或组织的标准。不应该与 PMO 协商。

5. 答案 A 正确。审查文件以确保团队遵循程序，这是质量审计，一般由独立的团队进行。质量控制是对产品进行测试，以确保其符合要求和标准（这也是核实可交付物）。管理质量指的是过程，但这是项目经理的责任。质量审计是管理质量的工具。

6. 答案 A 正确。因为控制上限是 400，而数据点在 375，所以该过程是在统计控制内的。但是因为规格上限是 280（低于数据点），因此该过程不满足客户的要求。

7. 答案 C 正确。要小心这种"诱导性"题目，在这种题目中，题目背景与问题无关。在本题中，问题是用哪种工具来测试代表性样本，也就是统计抽样。题目背景描述了石川图，但与问题无关。要始终关注题目最后一句话，它是真正要回答的问题。

8. 答案 A 正确。迭代回顾的主要目标之一是总结经验教训，这是一种持续改进的过程。

9. 答案 D 正确。精确的意思是数据点集中在一起。准确的意思是数据点在平均值上。高于控制上限的一个数据点是不受控制的（既不准确也不精确）。虽然 7 个连续的数据点违反了 7 点规则，但是答案 A 的前半部分不正确，因此整个答案不正确。

10. 答案如下。

    1：答案 C。

    2：答案 A。

    3：答案 D。

    4：答案 B。

    1 和 2：等级指的是产品具有的功能数量和类型，而质量是指产品是否符合客户的要求。一台具有 800 万像素的摄像头的手机比一台具有 1000 万像素的摄像头的手机等级低（但如果两者都各自满足客户的要求，那么两者都是高质量）。如果客户要求 24 英寸的显示器，而你交付了 20 英寸的显示器，你没有满足他们的要求，这就是低质量。

3：评估成本是任何形式的测试。因为答案 D 提到了测试，所以它是评估成本。

4：当你交付产品时，客户发现有缺陷，这是外部失败成本。答案 B 中，客户打电话说产品有问题，这意味着已经交付，所以这是外部失败成本。

第 12 章

12.1 摸底小测试答案

1. 答案 C 正确。在集中采购中，由采购部门为组织执行所有的采购活动。其劣势是，没有专门的采购资源用于你的项目，每次你都可能会被指派给不同的采购人员。因此，其他答案是不正确的，因为它们都是集中采购的优势。

2. 答案 B 是最佳答案。确定是在内部进行工作还是将工作外包，这个过程被称为自制或外购分析。在你决定将工作外包后，就会开始执行采购管理，并接触供应商。同样，在你决定将工作外包后，也会开始规划采购策略并规划外包工作的步骤。成本效益分析用来对项目进行决策，也是一种自制或外购分析。虽然答案 A 看起来可能是一个不错的答案，但答案 B 更好，因为它包含所有用于决定是否外包的因素。

3. 答案 C 正确。因组织喜好倾向而选择供应商称为单一来源合同。在单一来源合同中，只有一个供应商。自制或外购分析是确定工作是否会外包的过程。如果决定向多个供应商征求报价，就需要用到建议书评估。

4. 答案 D 正确。因为这是可以从几个不同供应商处获取的标准设计，你只想知道每个供应商的报价，所以报价邀请书是最好的选择。当你需要在获取报价之前首先了解需求时，就会使用建议邀请书。信息邀请书用于提供一般信息。总价加经济价格调整是一种合同类型，而不是招标文件。

5. 答案 C 正确。意向书不是法律文件，所以银行一般不会根据意向书提供贷款。对于所有其他的答案，题目背景中没有迹象表明这些答案描述的情况存在。

6. 答案 B 正确。如果你同时与所有潜在卖方见面，那么这很可能是投标人会议。因为敏捷与题目无关，所以列出的两个敏捷会议是不正确的。题目中描述的不是干系人状态会议，因为没有讨论干系人状态。

7. 答案 D 正确。寻找供应商的工具之一是广告，通过广告可以让供应商与你联系以了解更多信息。建议邀请书是在你识别到潜在供应商之后发出的获取报价的文件。建议书评估是你在收到所有标书后所做的评估。寻找供应商的程序记录在采购管理计划中，但题目问题是你会用什么工具，在给出的答案中，最佳答案是广告。

8. 答案 B 正确。提前终止合同是只提供给买方的权力，而不提供给卖方。其他答案采用的说法都正确。

9. 答案 D 是最佳答案。解决与供应商的争议的程序在合同本身中就有记录，所以合同是你应该首先审查的内容。这一程序没有记录在采购管理计划中。答案 B 和 C 不是最佳答案，因为他们也会先参照合同。

10. 答案 A 正确。在固定总价合同中，卖方承担了合同的所有风险，因为卖方将不得不承担价格上涨和使用更多资源的成本。买方将担心卖方可能试图削减成本，例如，使用比他们最初计划的质量更差的材料（诱饵和转换的例子）。其他答案都是固定总价合同中供应商应该考虑的问题。

12.6　复习题答案

1. 答案 B 正确。题目的关键是高级管理层是厌恶风险的。这意味着你想要一个对你（作为买方）来说风险最小的合同，即固定总价。

2. 答案 C 正确。建议邀请书用于卖方需要了解客户的需求和期望，然后才能给出报价的情况。定制的解决方案意味着你需要在卖方给出报价之前给出你的需求。所有其他答案都使用的是报价邀请书。

3. 答案 A 正确。高级管理层告诉你哪种类型的供应商会预先具有资格，所以这是供方选择标准。确实，这可以被认为是高级干系人的需求，但最好的答案是供方选择标准，因为这是一个更详细的答案。

4. 答案 D 正确。CPPC 的意思是成本加成本百分比合同。你将向卖方偿付他们的成本，并且支付协商好的成本百分比。在题目背景下，卖方没有动力控制成本，所以这将是你最关心的问题。诚然，供应商可能会接触到专有信息，但这在任何合同中都可能会发生。题目背景中没有迹象表明供应商会接触到任何专有信息。所以你不能做这样的假设。

5. 答案 A 正确。报价邀请书是最好的选择，因为你需要多个相同尺寸和规格的产品。当你需要在提供报价之前了解客户的需求和期望时，使用建议邀请书。固定总价是一种合同类型，题目中没有问到。

6. 答案 A 正确。因为你与分包商没有相对性原则，他们有权不回应你。你应该与你的供应商讨论任何问题，因为你与供应商才有相对性原则。你不能对分包商采取法律行动，而且因为你没有向供应商提出这个问题，所以在这个阶段对他们采取法律行动是不可取的。

7. 答案 B 和 E 正确。不可抗力是指"天灾"，是你无法控制的消极和突然的事件，它无法被预测或也不能被避免。自然灾害和暴乱就属于这一类事件。经济状况不佳和经济衰退可以提前几个月预测。材料价格上涨并不能证明不履行工作。如果价格上涨，成本必须由买方或卖方支付（取决于合同）。

8. 答案 D 正确。在题目描述的这种情况下，延迟是由于买方的不作为，所以这是一个建设性的变更。如果延迟是由于任何其他原因（例如，没有原材料），可以是合同修改。你不会因为团队的不作为而终止合同。这不是风险，而是问题。

9. 答案 C 正确。行政变更是简单的非实质性的变更，不需要大量的工作。

10. 答案如下。

　　1：答案 B。

　　2：答案 C。

　　3：答案 A。

　　4：答案 D。

　　1：只有固定总价合同才会明确告诉你最终成本是多少。其他类型的合同涉及范围和不确定因素。

　　2：如果参数不确定，最好采用费用补偿合同（根据 PMI）。答案中出现的只有成本补偿合同。

　　3：工料合同用于短期的人员扩充项目，这正是答案 A 描述的内容。

　　4：为了减少你所在组织的风险，最好的合同类型是固定价格（卖方承担所有风险），但由于有通货膨胀的调整，可以是总价加经济价格调整合同。

第 13 章

13.1　摸底小测试答案

1. 答案 D 是最佳答案，因为它正确地指出了威胁和机会之间的区别。答案 A 部分正确，它们都需要管理，但在对项目目标的潜在影响上有区别。答案 B 可能正确，对于某些机会来说确实要上报，但对于某些威胁来说也可能需要升级上报。答案 C 不正确，因为只有威胁对项目目标有潜在的负面影响。

2. 答案 C 正确，它正确地指出了这 3 个术语之间的区别。答案 A 不正确，因为这 3 个术语之间存在着差异，尽管它们经常被错误地互换使用。答案 B 不正确，因为风险临界值和风险容忍度的含义不一样。答案 D 不正确，因为风险偏好更多是总体性的态度衡量，而风险容忍度定义了对项目目标的具体影响范围。此外，风险临界值并没有定义必须避免的风险的影响程度。

3. 答案 B 和 D 正确。关于风险管理计划的两种说法都是正确的。答案 A 不正确，因为这句话是风险登记册的内容。答案 C 不正确，因为答案 C 的后半句不正确。风险管理计划并没有列出任何已经识别的风险。风险管理计划的重点是用于管理和控制项目风险的方法论。

4. 答案 B 正确，因为它正确地指出了两个工件在所有风险管理过程中使用。答案 A、C 和 D 都不正确，因为它们都表示这两个工件或其中一个只用于某些风险管理过程。

5. 答案 D 是最佳答案，因为它列出了用来描述常见的项目风险来源的 3 个常用缩写词。PESTLE 代表政治（Political）、经济（Economic）、社会（Social）、技术（Technical）、法律（Legal）和环境（Environmental）。TECOP 代表技术（Technical）、环境（Environmental）、

商业（Commercial）、运营（Operational）和政治（Political）。VUCA 代表易变性（Volatility）、不确定性（Uncertainty）、复杂性（Complexity）和模糊性（Ambiguity）。答案 A 和 B 不正确，因为这些答案不是项目风险来源的常用缩写词。答案 C 不是最佳答案，因为它缺少了描述项目风险来源的 3 个常用缩写词中的一个。

6. 答案 D 是最佳答案，因为它正确地指出了定性风险分析的目的。答案 A 不是最佳答案，因为它指出了定性风险分析的关键活动之一，但不是主要目的。答案 B 不是最佳答案，因为它没有说明主要目的，同时也并不是每个项目都是这样的。答案 C 不正确，因为这是风险应对计划的一部分。

7. 答案 C 正确，因为答案 C 中每个都是定量风险分析工具的例子。答案 A 不正确，因为风险概率和影响矩阵用于定性风险分析，而 SWOT 分析是风险识别的工具。答案 B 不正确，因为只有 EMV 才是定量风险分析的工具。答案 D 不正确，因为 RBS 是风险识别的工具。

8. 答案 A 正确，因为它列出了《PMBOK®指南》第六版和第七版中关于威胁的 5 种应对策略。答案 B 不正确，因为这是对机会的应对策略。答案 C 不正确，因为这是处理一般不确定性的 3 种应对策略。答案 D 不正确，因为这是处理模糊性的 3 种应对策略。

9. 答案 C 正确，因为它是次生风险的定义。答案 A 不正确，因为次生风险与风险的优先级无关。答案 B 不正确，因为这是残余风险的定义。答案 D 不正确，因为它是由已识别风险的原始清单所决定的。

10. 答案 B 正确，因为这是实施风险应对的主要目标。答案 A、C、D 和 E 都不正确，因为每个都是风险监督过程的目标。

13.9 复习题答案

1. 答案 C 正确。风险规避是指完全消除威胁。答案 A、B、D 和 E 都不正确，因为它们是 4 个其他的威胁应对策略。

2. 答案 C 正确，因为这两种应对策略都需要项目团队的努力来降低风险发生的概率（风险减轻）或完全消除风险（风险规避）。答案 A 不正确，因为风险接受是指不采取任何行动。答案 B 和 D 不正确，因为风险上报是将风险上报给比项目团队拥有更高权力的个人。

3. 根据斯泰西复杂性模型，答案 B 是最佳答案。答案 A 不正确，因为这是针对落入简单区域的项目的建议。答案 C 不是最佳答案，因为它没有被模型引用，但它可能是合适的。答案 D 和 E 不是最佳答案，因为它们不是正式的项目方法，而是适应型或混合型项目方法的要素。

4. 答案 E 正确，因为确定对项目的关键路径的影响是利用基于蒙特卡罗模拟的仿真工具的主要原因之一。答案 A 不正确，因为决策树用于在多个备选方案中做出决策。答案 B 不正确，因为龙卷风图是用来确定哪些风险或不确定性的来源对项目目标有最大的潜在影响。答案 C 不正确，因为影响图是图形工具，用来显示导致特定结果的所有因素以及这些因素之间的关系。答案 D 不正确，因为风险概率和影响矩阵是用来对单个项目风险进行优先级排序的。

5. 答案 A、B 和 D 是最佳答案，因为它们都是组织不使用定量风险分析的原因。答案 C 不正确，因为职责和终责不会受到使用定量风险分析的影响。答案 E 不是最佳答案，因为定量风险分析除了金融业外还应用于其他行业。

6. 答案 D 是最佳答案，因为每个因素都来自《PMBOK®指南》第六版所列的内容。答案 A 不是最佳答案，因为政治和经济与项目风险的来源相关。答案 B 不是最佳答案，因为社会影响与项目风险的来源有关。答案 C 不是最佳答案，因为资源可用性是常见的风险，而不是风险评估因素。答案 E 不是最佳答案，因为技术是与项目风险来源相关的。

7. 答案 A 正确，因为风险开拓是指确保机会肯定会发生。答案 B~E 不正确，因为它们都是不同的威胁或机会应对策略，不涉及确保机会一定会发生。

8. 答案 C 正确，因为风险 C 的风险分数最高，为 5.4。题目是使用概率和影响进行定性风险分析的例子，其中风险分数是概率和影响的乘积。对于列出的 4 种风险，分数分别是风险 A = 4.5（0.50 × 9），风险 B = 4.8（0.60 × 8），风险 C = 5.4（0.90 × 6），风险 D = 3（0.30 × 10）。

9. 答案 D 是最佳答案，因为基于效果的风险是根据风险对项目制约因素的影响来分类的。答案 A 不正确，因为基于来源的风险是根据风险来源的类型进行分类的。答案 B 和 C 不正确，因为这些风险都可以按范围、进度、成本或质量来分类。答案 E 不是最佳答案，因为项目目标不一定与项目制约因素相同，而且项目目标通常不用于风险分类。

10. 答案 A 是最佳答案。题目背景中定义了风险偏好的风险容忍度。答案 B 不是最佳答案，因为寻求风险指的是乐于接受风险和不确定性的组织的风险偏好。答案 C 不是最佳答案，因为风险中立指的是当风险和回报之间有明确的利弊权衡时，组织会在短时间内承担风险。答案 D 和 F 不是最佳答案，因为这些不是风险偏好的分类。答案 E 不正确，因为风险厌恶指的是对不确定性感到难以接受的组织的风险偏好。

第 14 章

14.1 摸底小测试答案

1. 答案 B 和 C 正确。根据《PMBOK®指南》第七版，两个关键绩效指标是提前指标和滞后指标。其他答案列举的都是捏造的术语。

2. 答案 B 正确。进行绩效测量是为了确定项目的健康状况。影响分析确定了成本、进度和其他制约因素的影响。答案 A、C、D 都是绩效测量的原因。

3. 答案 C 正确。SMART 原则是指具体的（Specific）、可测量的（Measurable）（或有意义的 Meaningful）、可实现的（Achievable，或商定的——Agreed、可达到的——Attainable）、现实的（Realistic，或合理的——Reasonable、相关的——Relevant）、有时限的（Time-bound，或及时的——Timely）。分析性的（Analytical）不是 SMART 原则之一。

4. 答案 D 正确。显示题目所述信息的图表是看板。你可以争辩，信息发射源也可以用来显示这些信息，信息发射源通常包括看板。这种说法可能是对的。然而，信息发射源并不总是包括看板。另一个迷惑答案是答案 C。累积流量图显示正在进行中的、尚未开始的或已完成的任务数量。它不显示实际任务内容，而题目背景所指的是任务内容。燃起图显示到目前为止已经完成的故事点数。

5. 答案 C 正确。燃起图显示敏捷团队已经完成用户故事或故事点数。燃尽图显示剩余的工作。你可以争辩，信息发射源也可以用来显示这些信息，因为通常情况下信息发射源包括燃起图和其他可以描述这些信息的图表。然而，信息发射源并不总是包括这些图表。由团队促进者来决定哪些图表和图形包括在信息发射源中。周期时间指的是一项任务从开始到完成所需要的时间。

6. 答案 B 和 E 正确。石川图用于分析问题的根本原因，而帕累托图根据频率降序排列问题。所有其他的答案都是用于在项目中进行绩效跟踪的工具。

7. 答案 D 正确。甘特图用于预测型项目，一般不在敏捷中使用（尽管在一些混合项目中可能会使用）。所有其他答案是在信息发射源上常见的图表。

8. 答案 C 正确。CPI 是成本绩效指数，显示到目前为止你已经完成的成本效率水平。TCPI 是完工绩效指数，显示你未来需要实现的成本效率。SPI 是进度工作的绩效指数。CV 是成本偏差，指的是你根据计划应该花费的成本和你实际花费的成本之间的差异。

9. 答案 D 正确。如果 CPI 和 SPI 都是 1，那么你在成本和进度上都按照计划的效率在工作，因此你的成本和进度符合预算和计划。负的 SV 和 CV 意味着你的成本和进度分别超出预算和落后于计划，因此答案 A 不正确。如果 CPI 和 SPI 大于 1，那么意味着你的工作速率比预期的要好，所以你的成本低于预算且进度超前于计划，因此答案 B 不正确。如果 BAC 小于 EAC，那么意味着你的成本将会超过预算，因此答案 C 不正确。

10. 答案 C 正确。如果你有负的 SV，这意味着你的进度落后于计划（而不是成本超过预算）。根据题目描述的问题，它表明你有价值 2,000 美元的工作落后于计划（或有一周的工作落后于计划，因为 2,000 美元的工作=1 周的工作）。但是，你不知道你当前处于哪一周，也不知道项目持续多长时间，所以你无法确定答案 B 和 D 中给出的指标。

14.7　复习题答案

1. 答案 B 正确。进行绩效测量并将其归档是没有意义的。你需要对这些结果进行分析，并让关键的干系人参与进来，以做出适当的决定。题目背景中没有任何内容表明关键干系人无法获得这些文件，且应该由项目经理促进干系人参与决策。因此，答案 A 和 C 不正确。你不能假设团队绩效差导致了这些结果，因为很多因素都可能导致这些结果，所以答案 D 不正确。

2. 答案 A、B、C、D、E 都正确。所有这些答案都是关键绩效指标的例子。

3. 答案 D 正确。工作绩效信息将计划与实际结果相比较来解释偏差情况。你应该将计划进度与实际进度进行比较，才能知道你的进度落后 5%。燃起图和信息发射源是工作绩效报告的例子。答案 B 是工作绩效数据。

4. 答案 A 正确。图表指的是工作绩效报告，所以通过创建这些图表，项目经理正在制定工作绩效报告。信息发射源是工作绩效报告的一种类型。但题目背景中没有内容表明这是敏捷项目；因此，信息发射源这个答案并不适用。项目经理所收集的指标是工作绩效信息，但形成的图表指的是工作绩效报告。这些分析和讨论的目的是评估项目和团队的绩效。

5. 答案 C 正确。净推荐值用来确定干系人的满意度。速度决定了敏捷团队在一个冲刺阶段可以完成的故事点数。ROI 表明项目可能或已经产生的财务回报。实际成本与计划成本的对比用来确定你的成本是否在预算之内。答案 B 和 D 可能会导出干系人的满意度，但实际的测量标准是净推荐值。

6. 答案 A 正确。因为 CPI 和 SPI 都大于 1，这意味着你的进度超前于计划且成本在预算内。因此，在这个阶段客户没有什么可担心的。在本题中，CV 和 SV 数值不相关。所有其他答案都假定项目做得很差，但事实并非如此。

7. 答案 B 正确。BAC 和 AC 在本题中是不相关的。因为 CPI 大于 1，你的成本在预算内。因为 SPI 小于 1，你的进度落后于计划。

8. 答案 D 正确。净推荐值是测量干系人满意度的最佳工具。你首先创建评估问卷，然后根据干系人的选择计算出净推荐值。情绪图用于跟踪任何特定时间点的情绪和反应，在这里情绪图不合适。效益成本比和 ROI 并不能反映干系人的满意度，而只是进行财务上测量。

9. 答案 C 正确。PV 为 63,000 美元意味着到目前为止你应该已经完成了价值 63,000 美元的工作。然而，EV 是 61,000 美元，意味着到目前为止你只完成了价值 61,000 美元的工作，所以你的进度落后于计划。为了完成价值 61,000 美元的工作，你应该花费 61,000 美元，但你实际上已经花了 62,000 美元（AC），所以你的成本超出了预算。

10. 答案如下。
    1：答案 D。
    2：答案 H。
    3：答案 C。
    4：答案 F。

5：答案 B。

6：答案 I。

7：答案 J。

8：答案 A。

9：答案 E。

10：答案 G。

请参阅 14.4 一节，以了解对定义的解释。

第 15 章

15.1　摸底小测试答案

1. 答案 D 正确。所有的答案都是项目收尾的原因，都涉及编写最终的项目报告，这是收尾的步骤之一。

2. 答案 B 和 F 正确。取消项目的常见原因如答案 A、C、D、E 所描述。如果客户有额外的需求，甚至大量的要求，则新的要求必须通过变更控制过程。如果有明显的成本增加，也必须通过变更控制过程，如果有必要，项目将重新确定成本基准。

3. 答案 A 是最佳答案。虽然所有答案看起来似乎都是好的答案，但答案 A 是最佳答案，因为在你开始收尾步骤之前必须执行范围确认。范围确认是客户对可交付物的验收，在预测型项目中，对范围进行确认是在监控过程的确认范围时进行的（在敏捷型项目中，是在迭代评审会上进行的）。所有其他答案都是收尾的一部分。

4. 答案 D 正确。题目背景描述了冲刺回顾，因为团队正在讨论经验、教训和下一个冲刺。题目背景中提到"下一个为期两周的迭代"这一事实暗示了这是敏捷的项目。否则，如果这是预测型项目，答案 A 可能正确。这并不是项目的结束，因此答案 B 不正确。迭代评审会是产品负责人批准或拒绝可交付物的会议，因此答案 C 不正确。

5. 答案 B 正确。项目经理需要确保组织已经做好准备接受可交付物并制定相应的计划。质量控制应该已经完成，而客户已经接受了可交付物，这意味着确认范围也已经完成。完成的定义是敏捷项目中验收标准的一部分。

6. 答案 C 正确。客户验收的程序在范围管理计划中，因为客户验收指的是确认范围过程。所有其他答案都包括在过渡计划（又称实施计划和推广计划）中。

15.6　复习题答案

1. 答案 D 正确。阶段门和阶段关口是同义词，因此答案 A 不正确。没有终端门这个词，所以答案 B 不正确。因为该项目已经取消了，该项目没有上线，所以答案 C 不正确。

2. 答案 A 和 B 正确。根据 PMI，答案 A 和 B 是收尾过程的好处，这个过程同时伴随着计划工作的完成。在收尾前可交付物已经验收（确认范围），而可交付物必须在团队收尾前验收，因此答案 C 不正确。答案 D 和 E 不正确，因为里程碑不一定总是能实现，而且产品不一定总是能成功地进入运营/上线阶段（项目可能被取消）。

3. 答案 D 正确。答案 D 描述了项目章程，项目章程不是最终报告的一部分。所有其他答案都包括在最终报告中。

4. 答案 A 正确。尽管收尾活动没有必然的时间顺序，但你必须认识到，除了答案 A 之外所有其他答案都需要在收尾过程开始之前完成。答案 B 和 C 是同一件事：确认范围是指客户验收，这必须在题目背景描述的任何任务开始之前完成。同样地，核实产品是否符合验收标准是指质量控制，这应该在客户验收之前完成。

5. 答案 C 正确。在敏捷项目中，收尾工作发生在每个冲刺结束时的冲刺回顾会上。在冲刺回顾之前会进行冲刺评审，冲刺评审会上，产品负责人会批准或拒绝可交付物（所以答案 B 不正确）。答案 A 不正确，因为它描述了预测型项目。答案 D 不正确，因为关键干系人并不批准可交付物；而是产品负责人在冲刺回顾中批准可交付物。

6. 答案 A 是最佳答案。虽然其他答案看起来正确，但你必须首先遵循过渡就绪的步骤，以确保组织已经做好准备接受这个新的系统，然后再替换实际环境中的旧系统。终端用户需要培训；他们还需要足够的支持文件和支持人员。你必须在执行任何其他答案的内容之前为过渡做计划。

第 16 章

16.1　摸底小测试答案

1. 答案 D 正确。所有的答案都是裁剪项目管理方法的好处。

2. 答案 B 正确。ADKAR 是组织变革模型。其他答案是裁剪过程的 3 个步骤，同时伴随着为项目进行裁剪。

3. 答案 D 正确。问题中描述的文件是推广计划，因为题目背景描述了组织变更管理的项目。答案 A 不正确，因为变更管理计划记录了项目（而不是组织的变更管理）的变更控制的程序。没有被称为变更控制计划的文件因此答案 B 不正确。项目管理计划（答案 C）包括所有的子项目管理计划、基准和其他组成部分，但题目描述的是推广计划。

4. 答案 A、C 和 F 正确。ADKAR 代表意识——Awareness、欲望——Desire、知识——Knowledge、能力——Ability、强化——Reinforcement。解散是塔克曼阶梯模型中的一个阶段，否定是过渡模型的一部分，而接受是风险应对策略。

16.6　复习题答案

1. 答案 A 正确。因为你在外国，你应该根据当地的文化和习俗来裁剪你的领导力风格。同样的领导力风格并不是在每种情况下都适用；好的领导者会相应地调整领导力风格。

2. 答案 C 正确。项目经理和团队负责根据情况裁剪过程和程序。发起人为项目提供资金，但不负责项目的日常工作。

3. 答案 C 正确。客户验收可交付物的程序在范围管理计划中。所有其他的答案都包括在推广计划中。

4. 答案 C 正确。系统升级项目不是对组织的变革，所以不一定是组织变革管理项目。虽然可以争辩，许多组织变革需要系统升级（这是事实），但系统升级本身并不是组织变革。所有其他的答案都会导致组织的变革。